JN411804

MENTORS

이책 한번만 보면 진짜
미드영어 기본은 한다!

2026년 2월 4일 인쇄
2026년 2월 10일 발행

지 은 이 Chris Suh · 서성덕
발 행 인 Chris Suh
발 행 처 MENTORS
경기도 성남시 분당구 황새울로 335번길 10 598
TEL 031-604-0025 FAX 031-696-5221
mentors.co.kr
blog.naver.com/mentorsbook
* Play 스토어 및 App 스토어에서 '멘토스북' 검색해 어플다운받기!
등록일자 2005년 7월 27일
등록번호 제 2022-000130호
I S B N 979-11-24143-08-7
가 격 33,000원(MP3 무료다운로드)

<영어공부에 미드만하게 없어!>

미드로 영어공부를 하려는 이유는 먼저 드라마의 재미, 흡인력일 것이고 또 하나는 이를 통해서 살아있는 영어를 접하고 자기 것으로 만들 수 있기 때문이다. 물론 영어공부를 책이나 오디오로 따라하면서 할 수도 있겠지만 미드는 재미도 있으면서 영어히어링이 절로 되는 등 미국현지에 가서 영어를 체험한 듯한 효과를 가져다주는 이점이 있다. 그리고 미드를 통해서 영어실력을 늘리려면 지겹도록 많이 봐야 한다. 역시 지겹도록 그자리를 맴도는 영어실력을 한단계 업시키려면 적어도 그 정도와 같은 열정과 헌신이 있어야 할 것이다.

<이책 한번만 봐도 미드영어 기본은 한다!>

이책 <이책 한번만 봐도 진짜 미드영어 기본은 한다!>는 미드의 간만 보다가 주춤거리거나 포기하는 분들을 위해 기획 구성된 교재이다. 뭐든지 부담이 없어야 좋다. 그래야 재미있어지고 즐길 수 있게 되고 자연스럽게 그 속에 빠질 수가 있는 것이다. 이책은 Section 01, 02, 03 그리고 Supplement로 구성되어 있다. Section 01에서는 미드에 자주나오는 패턴과 필수표현들 그리고 미드히어링을 하는데 도움이 되도록 최소한의 듣기요령을 정리하여 초보 미드족들에게는 크게 도움이 될 것이다. 또한 Section 02에서는 실제 미국인들의 대화에서 사용되는 미드핵심표현들을 집중적으로 다루었고, Section 03에선 실제 미드에서 나오는 대사를 수록하여 현장감있는 그리고 다이나믹한 미드표현들을 학습할 수가 있다. 마지막으로 Supplement에서는 학습한 미드표현들의 이해를 돕기 위해 자세한 우리말 설명을 달았으며 이를 학습하고 2번씩 녹음된 영문으로 들으면서 미드표현들의 의미를 머리 속에 되새김하면 미드영어실력이 부쩍 올라갈 것이다.

<미드에서 일상생활에 사용되는 살아있는 엑기스 표현들!>

미드 또한 하나의 정형화된 상황이 아니라 범죄, 배신, 싸움, 부정 등 우리가 접할 수 없는 다양한 배경과 소재를 사용하기 때문에 우리가 미드를 다 듣는다는 것은 거의 불가능하다고 봐야 한다. 대신 우리는 미드에서 일상생활에 사용되는 살아있는 엑기스 표현들만 얌체처럼 빼먹으면 된다. 너무 어려우면 먼저 영어자막이라도 봐야 한다. 영어자막 읽는 것도 결코 쉬운 일이 아니다. 물론 자막을 안보면 좋겠지만 독해용으로 시나리오를 읽는다는 기분으로 영어자막을 제대로 따라가보도록 노력해보자. 꼭 들어야 말할 수 있는게 아니다. 하지만 많이 알아 들어야 더 잘 말할 수가 있는 것이다. 결국 미드는 드라마가 주는 즐거움을 느끼는 동시에 우리에게 필요한 영어표현들이 어떤 상황에서 어떻게 쓰이는가를 감각적으로 받아들이는게 최종목표인 것이다. 전체를 빠짐없이 다 듣고 이해하겠다는 것은 초보자들에게는 위험한 발상이다. 그런 의미에서 이책이 초보 미드족을 위한 소중한 첫 발걸음이 되기를 바란다. 이책을 더 가치있고 의미있게 만들기 위해 함께 고락을 같이 한 골수 미드매니아 서성덕 님의 광적인 열정이 고스란히 녹아 들어 있음을 알려드리며, 그의 헌신적인 노력이 여러분의 미드갈망을 조금이나마 채워주기를 진심으로 바란다.

이책의 특징

1. 초보 미드족들을 위해 미드필수패턴, 미드필수표현들을 간략히 정리하였다.
2. 특히 미드듣기에 필요한 엑기스를 집중적으로 정리하고 녹음하여 초보자들의 미드듣기능력을 높이는데 주력하였다.
3. 네이티브들의 현지대화를 통해 미드에 자주 나오는 표현들을 학습할 수 있도록 하였다.
4. 미드핵심표현들을 필사할 수 있도록 꾸며졌으며 살아있는 예문도 함께 수록하였다.
5. Section 01, 02, 03 그리고 Supplement 모두 다 네이티브들의 현장감있는 목소리로 녹음되어 있어서 듣고만 있어도 미드영어의 첫단계를 훌쩍 뛰어넘을 수 있다.

이책의 구성

1 Section 01 미드영어 기본상식

미드영어 초보자들을 위해 미드에 자주 등장하는 패턴과 표현들을 간략하게 일괄 정리하였을 뿐만 아니라 미드영어 듣기에 고생하는 분들을 위해 꼭 필요한 미드영어듣기 요령을 수록하였다. 구질구질한 발음규칙들은 다 버리고 꼭 미드를 듣는데 필요한 부분만을 실용적으로 정리하여 미드영어의 기본을 최단기간에 단단히 다질 수 있다. 모든 영문은 녹음되어 있다.

1] 미드필수패턴 : 미드에 자주 등장하는 다양한 미드표현들을 양산하는 미드공식들.
2] 미드필수표현 : 역시 자주 등장하는 빈출필수표현들을 예문과 함께 수록하였다.
3] 미드듣기비법 : 미드를 듣는데 꼭 필요한 엑기스만 담은 미드듣기요령 총집합.

2 Section 02 한 눈에 보고 바로 이해하는 미드영어 필수표현

미드 생기초표현들부터 미드핵심표현 그리고 미드에서나 볼 수 있는 미드냄새 팍팍 풍기는 표현들까지 미드알짜표현들을 다 담았다. 네이티브들의 실제대화를 통해 미드영어표현들을 확인하고 필사를 통해서 쉽게 암기할 수 있도록 구성되어 있다.

3 Section 03 실제 미드에서 확인해보기

실제 미드에서는 어떤 표현들이 어떻게 쓰이는지 직접 확인해보는 공간으로 한번 독파하면 미드영어에 자신감이 뿜뿜 솟아 오를 것이다.

4 Supplement 미드영어 필수표현 한 눈에 들여다보기

Section 02에서 학습한 미드표현들을 다시 복습하는 자리로 이해를 돕기 위해 친절하고도 자세하게 우리말 설명을 덧붙였다. 또한 영문들을 네이티브가 2번씩 읽어주기 때문에 따로 이 부분 녹음만 들으면서 우리말 의미를 확인해보는 노력을 해보면 미드영어 실력이 훌쩍 늘어날 것이다.

이책을 잘 보는 법!

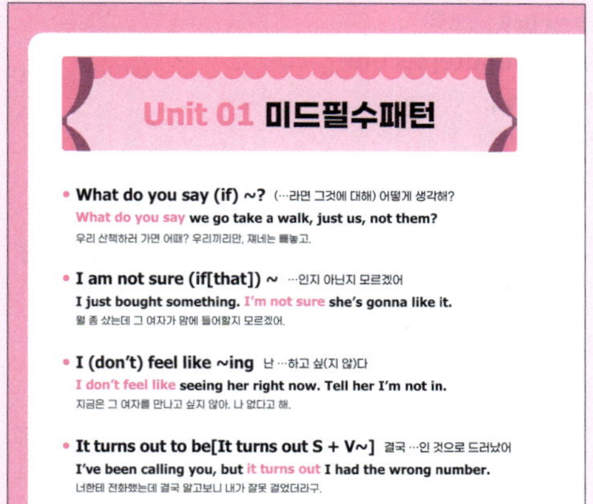

Unit 01 미드필수패턴

- What do you say (if) ~? (…라면 그것에 대해) 어떻게 생각해?
  What do you say we go take a walk, just us, not them?
  우리 산책하러 가면 어때? 우리끼리만, 걔네는 빼놓고.
- I am not sure (if[that]) ~ …인지 아닌지 모르겠어
  I just bought something. I'm not sure she's gonna like it.
  뭘 좀 샀는데 그 여자가 맘에 들어할지 모르겠어.
- I (don't) feel like ~ing 난 …하고 싶(지 않)다
  I don't feel like seeing her right now. Tell her I'm not in.
  지금은 그 여자를 만나고 싶지 않아. 나 없다고 해.
- It turns out to be[It turns out S + V~] 결국 …인 것으로 드러났어
  I've been calling you, but it turns out I had the wrong number.
  너한테 전화했는데 결국 알고보니 내가 잘못 걸었더라구.

미드영어에 꼭 등장하는 기본패턴과 필수표현 그리고 미드를 어떻게 들어야 되는지 등에 관한 방법을 제시하였다.

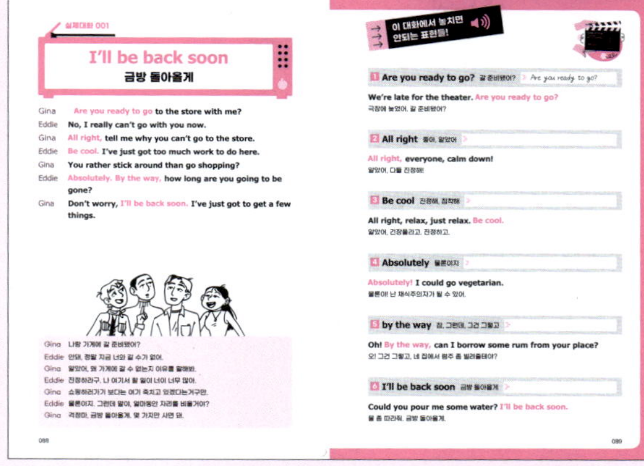

실제대화 001

I'll be back soon
금방 돌아올게

Gina Are you ready to go to the store with me?
Eddie No, I really can't go with you now.
Gina All right, tell me why you can't go to the store.
Eddie Be cool. I've just got too much work to do here.
Gina You rather stick around than go shopping?
Eddie Absolutely. By the way, how long are you going to be gone?
Gina Don't worry, I'll be back soon. I've just got to get a few things.

Gina 나랑 가게에 갈 준비됐어?
Eddie 안돼, 정말 지금 너와 갈 수가 없어.
Gina 알았어, 왜 가게에 갈 수 없는지 이유를 말해봐.
Eddie 진정하라구, 나 여기서 할 일이 너이 너무 많아.
Gina 쇼핑하러가기 보다는 여기 죽치고 있겠다는거구만.
Eddie 물론이지. 그런데 말야, 얼마동안 자리를 비울거야?
Gina 걱정마, 금방 돌아올게. 몇 가지만 사면 돼.

088

이 대화에서 놓치면 안되는 표현들!

1 Are you ready to go? 갈 준비됐어? > Are you ready to go?
We're late for the theater. Are you ready to go?
극장에 늦었어. 갈 준비됐어?

2 All right 좋아, 알았어 >
All right, everyone, calm down!
알았어, 다들 진정해!

3 Be cool 진정해, 침착해 >
All right, relax, just relax. Be cool.
알았어, 긴장풀라고. 진정하고.

4 Absolutely 물론이지 >
Absolutely! I could go vegetarian.
물론이! 난 채식주의자가 될 수 있어.

5 by the way 참, 그런데, 그건 그렇고 >
Oh! By the way, can I borrow some rum from your place?
오! 그건 그렇고, 네 집에서 럼주 좀 빌려줄테야?

6 I'll be back soon 금방 돌아올게 >
Could you pour me some water? I'll be back soon.
물 좀 따라줘. 금방 돌아올게.

089

현지대화에서 나오는 미드영어 필수표현들을 정리하였다. 먼저 현지대화를 들어보고 쪽집게로 집어낸 미드필수표현들을 필사해 본 다음 예문과 함께 암기한다.

001 Friends 1-1

레이첼이 독립하는 것을 도와준다며 친구들이 아버지가 내주고 있는 신용카드를 잘라버리라고 하는 장면이다.

Ross: Come on, you made coffee! You can do anything! C'mon, cut.
Rachel: Y'know what? I think we can just leave it at that. It's kinda like a symbolic gesture...
Monica: Rachel! That was a library card!
Chandler: Y'know, if you listen closely, you can hear a thousand retailers scream.
Monica: Welcome to the real world! It sucks. You're gonna love it!

로스: 이봐, 넌 커피도 만들었잖아! 뭐든 할 수 있다고! 어서 잘라.
레이첼: 저기 말야. 이쯤에서 그만하자. 상징적인 제스처로 하고.
모니카: 레이첼! 그건 도서관 카드였어!
챈들러: 자세히 들으면 수많은 상점주인들의 비명소리가 들릴거야.
모니카: 진짜 세계에 온 걸 환영해! 그지같지만 좋아하게 될거야!

이번에는 미드필수표현들이 실제 미드에서는 어떻게 쓰였나 확인하는 공간으로 친숙한 미드대사를 통해 다시한번 복습하는 자리이다.

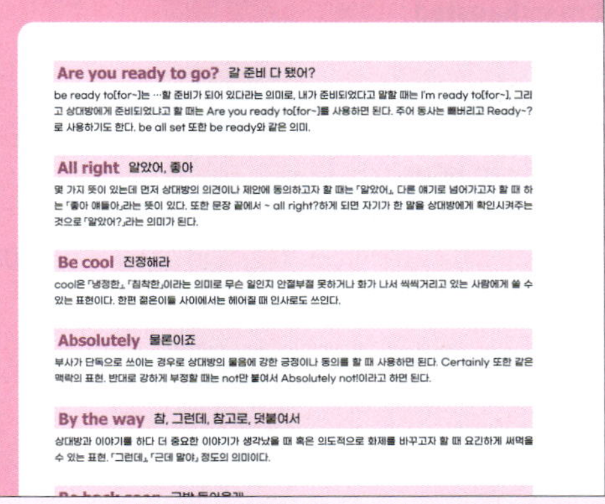

Are you ready to go? 갈 준비 다 됐어?
be ready to[for~]는 …할 준비가 되어 있다라는 의미로, 내가 준비되었다고 말할 때는 I'm ready to[for~], 그리고 상대방에게 준비되었냐고 할 때는 Are you ready to[for~]를 사용하면 된다. 주어 동사는 빼버리고 Ready~?로 사용하기도 한다. be all set 또한 be ready와 같은 의미.

All right 알았어, 좋아
몇 가지 뜻이 있는데 먼저 상대방의 의견이나 제안에 동의하고자 할 때는 「알았어」, 다른 얘기로 넘어가고자 할 때 하는 「좋아 얘들아」라는 뜻이 있다. 또한 문장 끝에서 ~ all right?하게 되면 자기가 한 말을 상대방에게 확인시켜주는 것으로 「알았어?」라는 의미가 된다.

Be cool 진정해라
cool은 「냉정한」, 「침착한」이라는 의미로 무슨 일인지 안절부절 못하거나 화가 나서 씩씩거리고 있는 사람에게 쓸 수 있는 표현이다. 한편 젊은이들 사이에서는 헤어질 때 인사로도 쓰인다.

Absolutely 물론이죠
부사가 단독으로 쓰이는 경우로 상대방의 물음에 강한 긍정이나 동의를 할 때 사용하면 된다. Certainly 또한 같은 맥락의 표현. 반대로 강하게 부정할 때는 not만 붙여서 Absolutely not!이라고 하면 된다.

By the way 참, 그런데, 참고로, 덧붙여서
상대방과 이야기를 하다 더 중요한 이야기가 생각났을 때 혹은 의도적으로 화제를 바꾸고자 할 때 요긴하게 써먹을 수 있는 표현. 「그런데」, 「근데 말야」 정도의 의미이다.

섹션 02 필수표현의 우리말 해설을 깔끔하게 정리한 부분으로 2번씩 녹음된 영문을 들으면서 미드영어 필수표현들을 확실하게 머리속에 저장해둔다.

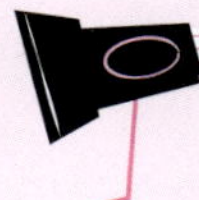

CONTENTS

MEMO

SECTION 01
미드영어 기본상식!

Unit 01 미드필수패턴

- **What do you say (if) ~?** (…라면 그것에 대해) 어떻게 생각해?

  What do you say we go take a walk, just us, not them?
  우리 산책하러 가면 어때? 우리끼리만, 쟤네는 빼놓고.

- **I am not sure (if[that]) ~** …인지 아닌지 모르겠어

  I just bought something. I'm not sure she's gonna like it.
  뭘 좀 샀는데 그 여자가 맘에 들어할지 모르겠어.

- **I (don't) feel like ~ing** 난 …하고 싶(지 않)다

  I don't feel like seeing her right now. Tell her I'm not in.
  지금은 그 여자를 만나고 싶지 않아. 나 없다고 해.

- **It turns out to be[It turns out S + V~]** 결국 …인 것으로 드러났어

  I've been calling you, but it turns out I had the wrong number.
  너한테 전화했는데 결국 알고보니 내가 잘못 걸었더라구.

- **I (just) need to know that ~** …는 꼭 알아야겠어

  I just need to know that you're not gonna tell your sister.
  네 여동생한테 비밀을 지킬 건지 꼭 알아야겠어.

- **It would be nice to + V** …하면 참 좋겠다

  I thought it would be nice to get to know him.
  그 사람하고 친해지면 참 좋겠다고 생각했어.

- **I should have told you about~** …에 대해 말해줬어야 했는데

  I probably should've told you about Betty. She divorced a couple of months ago. 베티에 대해 너에게 말해줬어야 했는데. 베티는 두어 달 전에 이혼했어.

- **You don't need to + V** …할 필요는 없어(=You don't have to~)

You don't need to **bring a gift to the party.**
이번 파티에 선물을 가져올 필요는 없어.

- **There is only one way to + V** …하려면 딱 한가지 방법 밖에 없어

There's only one way to **resolve this. Run!**
이 일의 해결방법은 하나밖에 없어. 튀라고!

- **Now that S + V** 이제는 …니까

Now that **you're not with Cindy, I'd really like to ask you out sometime.** 이제 넌 신디하고 사귀지 않으니까, 언제 너에게 데이트 신청을 하고 싶어.

- **Let's see if S + V** …인지 두고 보자구

Alright, **let's see if** **you're as good in person as you are on paper.**
좋아요. 당신이 서류에 쓰여있는 대로 괜찮은 사람인지 봅시다.

- **Let's say (that) ~** …라고 가정해 보자

Let's say **I had slept with Mark. Would you be able to forgive me?**
내가 마크하고 잤다고 가정해보자구. 그럼 넌 나를 용서할 수 있겠어?

- **What makes you think (that) S + V?** 어째서 …라고 생각하는거야?

What makes you think **we're gonna break up?**
어째서 우리가 잘 안될 거라고 생각하는거야?

- **Can you tell me + N[S+V] ~?** …를 말해줄래?

Can you tell me who **is there, please?**
누구신지 말씀해주실래요? (전화로 상대편에게 혹은 문밖에 찾아온 사람에게 하는 말)

- **It says ~** …라고 적혀 있어

A: What does your fortune cookie say?
B: It says that I should take risks today.
A: 포춘 쿠키에 뭐라고 써있니? B: 오늘 모험에 도전해보라는군.

- **I'd (just) like to say (that) ~** 그러니까 내 말은

* What I'm trying to say is (that) ~ 내가 하려는 말은~
* I'm not saying (that) ~ …라는 말은 아냐

I'd just like to say that it did take a lot of courage for Anna to come here tonight.
그러니까 내 말은, 애나가 오늘 밤 이리로 온 건 굉장히 용기를 내서 한 일이란 얘기지.

I'm not saying that I don't want to have a baby, I'm just saying maybe we could wait a little while.
아기 갖기를 원치 않는다는게 아냐. 그저 좀더 있다가 가질 수도 있겠단 얘기지.

- **It's time to + V** …할 때가 되었다

All right everybody! It's time to open the presents!
좋아 얘들아! 선물 열어볼 시간이다!

- **I can't tell you how much S + V** 얼마나 …한지 모르겠어

I can't tell you how much respect I have for you not going to that stupid audition. 그 바보같은 오디션에 가지 않아서, 내가 얼마나 널 존경하는지 몰라.

- **Tell me S + V** …라고 해줘(=Please tell me...), 제발 …이기를

A: I see a woman with him. B: Tell me it's his mother!
A: 그 남자가 어떤 여자랑 있는 게 보여. B: 제발 그 사람 어머니였으면!

- **That's like saying (that) ~** 이를테면 …란 말이지

*상대방이 한 말의 진의를 확인하고자 할 때 쓰는 말로 Do you mean ~ ?, Are you saying ~ ?의 뉘앙스를 담고 있다.

That's like saying you don't want to work. 그 얘긴 일하기 싫단 말이지?
(=Are you saying you don't want to work?)

- **All I'm saying is (that) ~** 내가 하고 싶은 얘기는 …뿐이야

All I'm saying is, don't judge Robin before you get to know him, all right?
내가 하고 싶은 얘기는, 로빈을 잘 알게 되기도 전에 걔를 판단하려 들지 말라는 것뿐이야, 알겠어?

- **I wouldn't say ~** …라고 할 수는 없지

I wouldn't say she's fat, but if she lost some weight, she'd be attractive.
그 여자가 뚱뚱하다고 할 수는 없지만, 살을 좀 뺀다면 좀 더 매력적이겠지.

• I would have to say~

(생각을 말씀드리자면) …라고 해야겠네요[자신의 생각·의견 등을 말할 때]

* I have to say ~ (솔직히) …라고 해야겠네(frankly speaking의 뉘앙스)

Well, I would have to say that it's a... it's a tragic love story.
글쎄요, 내 생각에 이건 음… 비극적인 사랑 이야기인 것 같네요.

I have to say you really impressed me today.
이 말은 해야겠구나. 넌 오늘 정말 인상적이었어.

• Let's go get sth …를 가지러 가자

All right, come on, let's go get your coat.
좋아, 자, 네 코트 가지러 가자.

• You don't know ~ 넌 모를거야

You don't know how much I missed you when we were living in different cities.
우리 둘이 다른 도시에 떨어져 살 때 내가 널 얼마나 그리워했는지 넌 모를거야.

• Suppose[Supposing] S + V

만약 …이라면 [있음직한 행동이나 상황을 가정해볼 때]

* Suppose[Supposing] I do. 한다면 어쩔건데, 내가 하겠다고 하면 (의문문의 억양이 아님)

Suppose[Supposing] I don't.
내가 안하겠다고 하면, 안한다고 하면 어쩔건데

Kate, suppose one of your lotto tickets wins.
케이트, 네 로또복권 중 하나가 당첨된다고 생각해봐.

- **How would you like + N[to+V] ~ ?** …할래요?, …하는게 어때?

How would you like some coffee? 커피 좀 드실래요?

How would you like to get together? 만날래?

- **Why don't you + V?** …하는게 어때?, 그러지 않을래?

Why don't you just get a roommate?

룸메이트를 구해보는게 어때?

- **I'm[We're] talking about~**

지금 …얘길 하고 있는 거잖아[딴 얘기 하지 말라는 의미]

Come on, we're talking about someone you're going out with.

왜 이래, 지금 네가 데이트할 사람 얘기를 하고 있는 거잖아.

- **You don't want to + V** …하지마

You don't want to work for a guy like that.

그런 사람 밑에서 일하지마.

- **Let's start with~** …부터 시작하자

Okay, let's start with your childhood. What was that like?

자 그럼 어린 시절부터 시작해볼까. 네 어린 시절은 어땠어?

- **I'm calling to + V** …하려고 전화했어

I'm just calling to say that I really hope you can make it to the wedding.

당신이 결혼식에 와주길 진심으로 바란다는 얘길 하려고 전화했어요.

- **Do you want[need] me to + V~ ?** 내가 …해줄까?

Do you want me to stay?

내가 함께 있어줄까?

- **given + N[given (that) S + V]** …라고 가정하면

A: Given the traffic, they might be a little late.

B: I'll try calling them on their cell phone and see how long they'll be.

A: 교통을 감안하면 그들이 좀 늦을 것 같아.

B: 핸드폰으로 연락해보고 얼마나 늦을지 알아볼게.

- **How come S + V?** 어째서 …인 거야?

How come **you guys have never played poker with us?**
너희들은 어째서 우리랑 포커게임을 하지 않는 거야?

- **I am sorry to say (that) ~** …를 말씀드리게 되어 죄송해요

I'm sorry to say that **I have to fire a few of you.**
여러분 중 몇 명을 해고해야 한다는 사실을 말씀드리게 되어 죄송합니다.

- **Isn't there any way S + V?** …할 방도는 없니?

Isn't there any way **we can keep this poor cat?**
이 불쌍한 고양이를 계속 데리고 있을 방도는 없을까?

- **Do you happen to know + N[S+V] ?** 혹시 …를 알아?

Do you happen to know **what I'm supposed to say?**
이런 경우에 내가 뭐라고 해야 하는 건지 혹시 알아?

- **(The) Next time S + V** 다음 번에 …할 땐

Next time **you snore, I'm rolling you over!**
다음번에 또 코골면 밀쳐버릴거야!

- **the way S + V** …하는 방식

* Is this the way S + V? 이런 식으로 …해요?

He wasn't invited because of the way he behaved at our engagement party. 그 사람은 초대 안했어. 우리 약혼식에서 그런 식으로 행동했잖아.

Is this the way **you get girls to go out with you?**
이런 식으로 여자들을 꼬셔서 데이트해요?

- **Don't tell me S + V** …라고는 하지마, 설마 …는 아니겠지

Don't tell me **you just forgot to pick her up.**
설마 걜 데려오는 걸 잊은 건 아니겠지.

- **I told you S + V**

그것봐 내가 …라고 했잖아, 내가 …라고 했는데[내 말을 듣지 않다니!]

I told you **I shouldn't wear this color.**
그것 봐, 난 이런 색깔 옷을 입으면 안된다고 했잖아.

- **I'd say** 말하자면 …이죠, 아마 …일걸요

  * 자신의 의견을 조심스럽게 말할 때 서두에 붙이는 표현.

  I'd say you should take a break.

  내 생각엔 너 좀 쉬어야 할 것 같아.

- **Tell me why S + V** …한 이유를 말해봐

  Tell me why you did this again.

  왜 이런 짓을 또다시 저질렀는지, 이유를 말해봐.

- **That's why S + V** 그게 …한 이유야

  A: You can't live off your parents your whole life.

  B: I know that. That's why I got married.

  A: 평생 부모에게 의지해 살아갈 순 없어.

  B: 나도 알아. 그래서 내가 결혼하려고 했던거야.

- **Why can't we just + V?** 그냥 …만 하면 안되나?

  Why can't we just get some pizza and get some beers and have fun?

  그냥 피자를 좀 먹고 맥주를 마시면서 즐기면 안될까?

- **It's a known fact that S + V** …은 다들 아는 사실이잖아

  It's a known fact that women love babies, all right?

  여자들이 아기를 좋아한다는 건 다들 아는 사실이잖아, 그렇지?

- **There is no way for sb to+V[There is no way that S+V]**

  …할 방법이 없어

  I know there is no way I'm gonna get there in time.

  내가 거기 제 시간에 도착할 방법이 없다는 거 알아.

- **I am afraid (that) ~** …이 걱정돼, …라서 유감이야

  I'm afraid the situation is much worse than we expected.

  유감이지만 상황이 우리가 예상했던 것보다 훨씬 안좋아.

- **You seem to + V** …하는 것처럼 보인다, …인 것 같다

  You guys seem to be having a good time.

  너희들은 재미있는 시간을 보내고 있는 것 같구나.

- **once S + V** 일단 …하면, …하자마자

Once I started talking to her, she got all happy and wouldn't shut up. 일단 그 여자하고 얘기를 시작하기만 하면 그 여잔 완전히 도취되어서 입을 다물지 않는다구.

- **(just) in case S + V** …인 경우에 대비해서

Just in case she comes to the party, I prepared some vegetarian food. 그 여자가 파티에 올 경우를 대비해서 채식위주의 음식을 좀 준비했어.

- **I would give anything to + V** …할 수만 있다면 뭐라도 하겠어

I would give anything to work for a famous designer.
유명 디자이너 밑에서 일할 수만 있다면 뭐라도 하겠다.

- **That's exactly what S + V** 그게 바로 …라구

That's exactly what my dad used to say!
그게 바로 우리 아빠가 늘상 얘기하시던 거라구!

- **Do[Would] you mind if ~?** …해도 괜찮을까?

Do you mind if I turn the heat down? 온도 좀 낮춰도 될까?

- **Have you (ever) + p.p.?** …해본 적 있니?

Have you ever had a boyfriend who was like your best friend?
남자친구가 친한 친구랑 닮았던 경험 있니?

- **in a way that S + V** …한 방식으로

I will wake you up in a way that's very popular these days.
요즘 아주 유행하는 방식으로 널 깨워줄게.

- **The last thing I want to do is + V** 내가 가장 하기 싫은 일은 …야

The last thing I want to do is freak you out or make you feel uncomfortable. 널 깜짝 놀라게 하거나 불편하게 만드는 건 정말로 싫어.

- **make sure (that) ~** 반드시 …하다

Make sure nobody leaves. I'll be back.
아무도 못가게 하라구. 곧 돌아올테니.

- **I was told (that) ~** …라고 들었는데

I was told he would be here on time for the meeting, but he's late.
회의시간에 정확히 맞춰 온다고 들었는데 늦네.

- **know better than to + V** …할 정도로 그렇게 어리석진 않다

Teddy knows better than to do that again.
테디도 이제 와서 또 그런 짓을 할 정도로 어리석진 않아.

- **never, ever + V** 절대로

*그러면 안된다고 거듭 강조하는 표현

OK, you've got to promise you'll never, ever tell Ken that I told you. 좋아, 너 절대로 켄한테 내가 말해줬다는 얘기하지 않겠다고 약속해야 돼.

- **speaking of +** 특정 단어 …에 대해서 얘기하자면, …라니 말인데

*speak for sb …에 대한 감정·의견 등을 말하다

Speaking of being together, how about we send out a holiday card this year? 함께라니 말인데, 올해엔 크리스마스 카드를 보내는 게 어때?

Unit 02 미드필수표현

- **check sth[sb] out** (흥미를 끄는 사람이나 물건을) 보다, …을 확인하다

I wasn't checking her out. I'm into fashion. I was looking at her skirt. 저 여잘 쳐다본 게 아냐. 난 패션에 관심 많잖아. 저 여자 치마를 보고 있었던 거라구.

- **be on call** (언제든 …할 수 있도록) 대기하고 있다[주로 의사, 상담원 등의 경우]

I gotta go. I'm on call tonight. See you later.
난 가야 해. 오늘 밤에 대기해야 하거든. 나중에 봐.

- **go away** 자리를 뜨다(leave), (휴가 등으로) 멀리 놀러가다

Fanny told me she plans to go away during her summer vacation.
패니는 여름휴가 때 멀리 놀러갈거래.

- **as of + 날짜** …일부로, …일 현재

As of this moment, I will never have to deal with demanding customers again. 'Cause I just quit.
지금 이 순간부터 다시는 까다로운 손님들을 상대할 필요가 없을 거야. 나 방금 그만뒀거든.

- **make time to + V[for + N]** …할 시간을 내다

I tell you what, from now on, we will make time to hang out with each other. 있잖아, 지금부터는 서로 함께 있을 시간을 내보자.

- **get sb sth** …에게 주려고 ~를 사오다[가져오다]

Let's get her a gift at that shop.
저 가게에서 걔한테 줄 선물을 좀 사다 주자.

- **for your information** 참고삼아 말하자면, 알아두는 편이 좋을 것 같아서

*글로 쓸 때는 FYI로 줄여쓰기도 한다

A: I have been looking all over for you.
B: For your information, I was doing my homework.
A: 널 여기저기 찾아다녔다구.
B: 참고로 말하자면 난 숙제하고 있었어.

- **make up one's mind** 결심하다

Finally, he will make up his mind and call her.
결국엔 그 사람도 결심을 하고 그 여자에게 전화하겠지.

- **get sb ~ing[to + V]** …가 ~하도록 만들다

He got you to think this was a great idea.
그 사람이 널 그렇게 만든 거야, 이게 좋은 생각이라고 생각하게끔.

- **good for nothing** 아무 짝에도 쓸모없는

This old good for nothing computer breaks down too often.
이 아무 짝에도 쓸모없는 고물 컴퓨터는 너무 자주 고장난단 말이야.

- **make something happen** 일을 벌이다, 새로 시작하다

I think the new manager is going to make something happen at our office. 새로 온 매니저가 우리 사무실에서 무슨 일을 벌이고 있는 것 같은데.

- **as a matter of fact** 사실은

As a matter of fact, when I started dating Judy, I was unemployed.
사실은 내가 주디랑 사귀기 시작했을 때 난 직업이 없었어.

- **come over** 들르다, 오다

Do you guys wanna come over tomorrow? I'll make some pasta.
너네들 내일 들를래? 내가 파스타 요리 해줄게.

- **go with** …와 어울리다, 조화되다

This clock doesn't go with any of the stuff in my room.
이 시계는 내 방에 있는 물건들 중 어느 것하고도 어울리지 않는다구.

- **have trouble ~ing[with + N]** …에 어려움을 겪다

I've been having trouble sleeping at night, lately.
요즘, 밤에 잠자는데 애를 먹고 있어.

- **might[may] as well + V** (가벼운 명령) 그러는 게 좋겠어, …하는 편이 낫겠어

You might as well bring me my book. It's on the counter at your apartment. 내 책을 갖다 주는 게 어떠니. 그거 너네집 현관에 있더라.

- **catch the movie[TV shows, etc.]** 놓치지 않고 영화[TV 프로 등]를 보다

All right honey, we'd better go if we wanna catch that movie.
좋아 자기야, 그 영화 놓치지 않고 보고 싶으면 이제 가야 돼.

- **look forward to + N** …를 기대하다

I'm really looking forward to Saturday night's party!
토요일 밤의 파티가 정말 기대돼!

- **fall off** 떨어지다, 양·정도 등이 줄어들다

A: How did you break your leg?
B: I fell off my bicycle.
A: 어쩌다가 다리가 부러진거야?
B: 자전거 타다가 넘어졌어.

- **from scratch** 맨손으로, 아무것도 없는 데서, 무에서

I'm gonna start a career from scratch.
난 밑바닥에서부터 경력을 쌓기 시작하게 될거야.

- **get along (with sb)** (…와) 사이좋게 지내다

I had no idea they weren't getting along.
걔네들이 사이좋지 않게 지낼 줄은 몰랐어.

- **go along with sth[sb] (~sth)** 받아들이고 따르다, (~sb, idea) 동의하다

I didn't want to go along with it.
난 받아들이고 싶지 않았어.

• **in no time** 즉시

I'll have my car back in no time.
내 차를 즉시 되찾아야겠어.

• **be up to sth[~ing]** …을 감당하다

Oh, he's really shy. I don't think he's up to meeting everyone yet.
아, 그 사람은 정말 수줍음이 많아. 아직 너희 모두를 만나는 걸 감당할 수 없을 것 같아.

• **be bound to + V** 꼭 …하게 마련이다, …하기 십상이다

Linda is bound to be mad when she sees that her favorite dress is stained. 자기가 제일 아끼는 옷이 얼룩진 걸 보면 린다는 십중팔구 무지 화낼텐데.

• **all over again** 다시 한번, 새로이

Sweetheart, just give me another chance. We'll start all over again. 자기야, 한번 더 기회를 줘, 처음부터 다시 시작하는거야.

• **get[be] caught in** (곤란한 상황 등)에 처하다

They got caught in a big rainstorm.
걔네들은 큰 폭풍우를 만났던 거야.

• **put A before B** B보다 A를 중요시하다

If I were you, I would put my career before men.
내가 너라면 남자보다 일을 중요시하겠어.

• **ahead of time** 약속시간보다 빠르게

If you can't come, let me know ahead of time.
올 수 없게 되면 미리 알려줘.

• **give birth** 아이를 낳다

Actually, giving birth to three babies isn't that different from giving birth to one. 사실 아이 셋을 낳는 건 아이 하나를 낳는 거랑 다를 게 없죠.

• **show up** 나타나다

I just wanted to tell you that I was really hurt when you didn't show up the other day.
며칠 전에 당신이 보이지 않아서 정말 가슴아팠다는 얘길 하고 싶었어요.

- **get dressed** 옷을 입다

A: We have 8:00 reservations at the restaurant.
B: Wow, that's in like 20 minutes. You'd better get dressed.
A: 식당 8시로 예약했어.
B: 이야, 20분 남았잖아. 너 옷 입어야겠다.

- **chip in** 갹출하다, (돈, 도움 등을) 모아서 주다(pitch in)

Let's chip in for her dinner tonight.
돈을 조금씩 모아서 오늘 밤에 걔한테 저녁을 사주자.

- **all the time** 언제나, 줄곧

Kevin and I used to play together all the time in grade school.
케빈하고 나는 초등학교 때 언제나 함께 놀았지.

- **play hard to get** 관심없는 척하다, 튕기다

I'm trying to play hard to get. Oh, he's looking over here. Say something funny.
나 관심 없는 척하려고 해. 어머, 그 사람이 이쪽을 보잖아. 뭐 재밌는 얘기 좀 해봐.

- **show[teach] sb a thing or two about** …에 대해 한수 가르쳐주다

We showed them a thing or two about softball.
우리가 걔네들한테 소프트볼에 대해 한수 가르쳐줬지.

- **as it is** 현재 상태에서, 이 상태로는

The company wants to give raises, but as it is, there is not enough money. 회사 측에서는 월급을 올려드리고 싶지만 현재로서는 자금이 충분하지 않습니다.

- **be out of sb's league** 능력 밖이다, 힘에 부친다

I think he's a little out of your league.
그 남자는 너한테 좀 버거운 것 같아.

- **make a day of it** 유쾌한 하루를 보내다

You have to join us on the boat. Karen'll pack a lunch, and we'll make a day of it. 너도 우리랑 보트 타자. 캐런이 도시락을 싸올 거구, 즐거운 하루를 보내게 될거야.

- **the way we were** 예전 그대로

I just want things back. Y'now, the way they were.
난 그저 일들을 되돌려놓고 싶을 뿐이야. 그러니까, 예전 그대로.

- **ask for trouble** 사서 고생하다

Don't tell her about it. It's like asking for trouble.
그 여자에겐 입도 뻥긋 하지마. 괜히 긁어 부스럼 만드는 거라구.

- **hands down** 쉽게(easily), 명백히

* win hands down 낙승을 거두다

Billy would have won hands down, if he hadn't gotten cold.
감기만 안걸렸어도 빌리가 쉽게 이겼을텐데.

- **get[have] the feeling that ~** …한 기분이 들어

I kinda got the feeling that she was sort of... coming on to me.
그 여자가 좀… 나한테 접근하는 듯한 기분이 살짝 들었어.

- **take back** 말실수 등을 인정하다, 다시 주워담다

How could you call my ex-girlfriend a slut? Take that back!
너 어떻게 내 옛날 여자친구를 헤픈 여자라고 할 수 있냐? 취소해!

- **beat the traffic** 교통혼잡을 피하다

You'll have to leave early if you want to beat the traffic on Friday.
금요일에 교통혼잡을 피하려면 일찍 출발해야 할 걸.

- **be[get] ahead of** …보다 앞서다, 능가하다

I need to get ahead of the other competitors.
다른 경쟁자들을 앞질러야 해.

- **to top it (all) off** 게다가

After dinner, he got drunk, and to top it off, he wanted to fight the restaurant's manager.
저녁 먹고 나서 그 사람은 술에 곤드레가 되더니, 거기다 식당 지배인하고 싸우려 들더라구.

- **on such short notice** (미리 알려주지 않고) 갑작스럽게, 급하게

Thank you so much for coming on such short notice.
이렇게 갑작스럽게 찾아와주시니 감사하기 그지없군요.

- **get technical** 전문용어를 쓰다

We are not experts, so please don't get too technical with your explanation. 우린 전문가가 아니니까 설명할 때 전문용어를 너무 쓰지 말라구.

- **get off** 자리를 뜨다(leave a place)

*get off with sb하면 …의 곁을 떠나다라는 뜻.

- **What time do you get off?**
몇시에 가?

- **You guys are all gonna get off and get married, and I'm gonna end up alone.** 너희들은 모두 내 곁을 떠나 결혼하고 난 결국 홀로 남겠지.

- **throw caution to the wind** 간땡이 붓다, 다가오는 위험 등을 무시해 버리다

You quit your job? Hey, you've thrown caution to the wind.
직장을 때려쳤다구? 야, 너 간땡이가 부었구나.

- **have your work cut out (for you)** 어려운[벅찬] 일을 맡다

You might have your work cut out for you.
아무래도 네겐 벅찬 일을 맡은 것 같군.

- **get some sleep** 잠을 좀 자다

I need to get some sleep.
난 잠을 좀 자야겠어.

- **talk sb up** …를 (말로) 치켜세워주다

Please talk her up so your boss gives her a job.
너희 사장님이 걔를 채용하도록 걔 칭찬을 좀 해줘.

- **get back at sb[get sb back]** 앙갚음하다

I am telling you that she is using you to get back at me!
그 여잔 나한테 앙갚음하려고 널 이용하는 거라니까!

- **out of it** (몹시 피곤하거나 하여) 정신이 맑지 않은

Hey, look at Jeff. He seems kinda out of it.
야, 제프 좀 봐. 좀 멍해보여.

- **as usual** 여느 때처럼

They're hanging around at the mall, as usual.
걔네는 언제나처럼 쇼핑몰에서 어슬렁거리고 있어.

- **be even** 공평하다

You buy me a soda and we are even.
소다수 사주세요. 그럼 공평하죠.

- **catch[take, throw] sb off guard** …를 놀라게 하다

You just caught me off guard!
방심하고 있을 때 당했네!, 이거 전혀 예상하지 못한 일인걸!

- **work on** …에 관한 일을 하다

She is sitting on the couch alone, working on a crossword puzzle.
걘 지금 혼자 소파에 앉아서 크로스워드 퍼즐을 풀고 있어.

- **would rather** …하는 편이 좋다

You'd rather be with your family. It's Christmas Eve.
가족들하고 같이 있는 게 좋을거야. 크리스마스 이브잖아.

- **double check** 다시 한번 확인하다

Uh, listen I gotta double check our tickets. Who got what?
어, 있지, 티켓을 다시 한번 확인해야겠어. 누가 뭘 갖고 있지?

- **have something in common** 공통점이 있다, 얘기가 잘 통한다

All I'm saying is... I don't think that Duncan and Kelly have anything in common.
내 말은… 던컨하고 켈리는 공통점이 하나도 없는 것 같다는 얘길 하고 싶은 것뿐이야.

- **keep in mind** 마음에 새기다, 명심하다

Just keep in mind we don't have enough time.
시간이 충분하지 않다는 것, 명심하세요.

- **grab + 음식** 음식을 재빨리 먹다, 요기하다

Let's grab some lunch at that restaurant around the corner first. They have great burgers.
요 모퉁이에 있는 식당에 가서 얼른 점심부터 해치우자. 그 집 버거가 맛있잖아.

- **put through** 전화를 연결시켜주다, 바꿔주다

Hold on a moment. I'll put you through to someone who is responsible for it. 잠시만요. 그 일의 책임자를 바꿔드리죠.

- **have[get] the courage[guts, nerve] to + V** …할 용기가[배짱이] 있다

* work up the courage to + V …할 용기를 내다

A: Have you worked up the courage to ask her out?
B: I'm still too afraid.
A: 용기를 내서 그 여자에게 데이트 신청을 해보지 그래?
B: 난 아직도 너무 두려운 걸.

- **work** 작동하다, 효과가 있다

The phone is working! Why isn't she calling me back?
전화는 잘 되는데! 왜 그 여자가 전화를 안해주지?

- **give sb credit** …를 칭찬하다, 인정해주다

* take credit oneself for …을 자기의 공적으로 돌리다

Come on, let's give him a little credit for being honest.
그러지마, 걔가 솔직하다는 점은 좀 인정해주자구.

I'd like to take the credit for this victory, but it's was actually Mike.
이번 승리를 제 공으로 돌리고 싶지만, 실은 마이크 덕분이죠.

- **put sth behind you** 나쁜 기억 등을 잊어버리다

I'm going to see him so I can put all those feelings behind me.
이런 기분을 모두 잊어버릴 수 있도록 그 사람을 만나러 갈래.

- **feel so bad[good]** 기분이 나쁘다[좋다]

Now I don't feel so bad about beating you.
널 이기니 기분이 그리 나쁘지 않네.

- **keep up with** …에 뒤떨어지지 않다, 따라잡다

I'd like to travel with a laptop so I can keep up with email.
여행갈 때 노트북을 챙겨 가고 싶어, 이메일을 계속 확인할 수 있게.

- **look like** 마치 …처럼 보인다, …인 것 같다

Do I look like a guy who doesn't want to get married?
내가 결혼하고 싶어하지 않는 남자처럼 보여?

- **come up with** 고안해내다, 따라잡다

Wow! It took you all night to come up with that plan?!
우와! 그 계획을 짜내는 데 하룻밤 꼬박 걸렸다구?!

- **lose one's mind** 이성을 잃다

I'm going to lose my mind if I have to continue doing this.
이 일을 계속 해야 한다면 난 미쳐버릴거야.

- **put together** 한데 모으다, 조립하다

Jimmy and Chris are coming over tonight to help me put together my new furniture. 지미하고 크리스가 오늘 밤에 와서 날 도와 새 가구를 조립할거야.

- **make it on one's own** 남의 도움을 받지 않고 스스로 해내다

* make it은 '성공하다'라는 뜻

You'll never make it on your own.
넌 혼자 힘으로는 해내지 못할거야.

- **go through** 경험하다

When Julie and I broke up, I went through the same thing.
줄리하고 내가 헤어졌을 때 나도 똑같은 일을 겪었어.

- **up for grabs** 쉽게 얻을 수 있는(freely available)

At the auction, many antiques will be up for grabs.
그 경매에는 쉽게 얻을 수 있는 골동품들이 많을 겁니다.

- **keep an eye on sb[sth]** …를 감시하다, 계속 지켜보다

A: I want you right here where I can keep an eye on you.
B: You're gonna keep an eye on us?
A: 여기 있었으면 좋겠어. 내가 지켜볼 수 있는 곳에.
B: 우릴 계속 감시하려고?

- **go out of one's way** 각별히 애쓰다

*반드시 해야 할 일이 아니었는데도 특별히 신경썼다는 뉘앙스

He goes out of his way to help me.
그 사람은 날 돕기 위해 애를 많이 쓰지.

- **teach sb a lesson** …에게 단단히 이르다, 하면 안된다는 것을 똑똑히 가르쳐주다

I'm gonna go down there and teach that guy a lesson.
내가 가서 저 자식에게 한수 단단히 가르쳐주겠어.

- **come to think of it** 생각해보니

Come to think of it, you should take a day off.
너 좀 쉬어야겠다. 생각해보니까, 하루 휴가를 내는 게 좋겠어.

- **put on** 옷을 입다

Put this on, you're good to go.
이거 입어, 나가게.

- **get + 사람** 해치우다, 압도하다, 얻다, …와 특별한 관계가 되다

*Do you get me? 내 말 이해했어?

You'll never get me.
넌 절대 날 못이겨.

That's why you won't get Brittany.
그래서 네가 브리트니랑 사귈 수가 없는 거야.

- **on the other hand** 한편으로는, 반대로

I could quit, but on the other hand, I might continue working here.
직장을 그만둘 수도 있겠지만 반대로 여기 계속 근무할지도 몰라.

- **turn into** …이 되다

If Jack doesn't stop eating all of the time, he'll turn into a fat person. 잭이 시도 때도 없이 먹는 걸 그만두지 않는다면 뚱보가 될 걸.

- **get out of the[sb's] way** (방해가 되지 않도록) 피하다, 비키다

Just get out of my way and stop moping.
저리 비켜. 그만 풀죽어 있어.

- **talk sb into ~ing** 설득하여 …하게 하다

He didn't want to go to the nightclub, but his coworkers talked him into it. 그 사람은 나이트클럽에 가고 싶어하지 않았는데 동료들이 설득해서 데려갔어.

- **go in for** …에 흥미를 갖기 시작하다, 몰두하다, 의사에게 진단받다

He really goes in for the sitcom *The Big Bang Theory.*
걘 정말 시트콤 『빅뱅이론』에 재미들렸어.

On Tuesday I'll go in for some work on my sore tooth.
화요일에는 쑤시는 이를 치료받으러 갈거야.

- **make the call** 결정하다

* make a phone call / make some calls 전화를 걸다

Since you are the manager, you'll have to make the call on this project. 당신이 관리자이니까 이 건에 대해 결정을 내려야 해요.

- **throw a party** 파티를 열다

You have to throw a party for Chris.
네가 크리스를 위해서 파티를 열어줘야 해.

- **get there[here]** 그곳[여기]에 도착하다

Call me when you get there. Okay?
거기 도착하면 나한테 전화해. 알았지?

- **say something about** …이 ~에 대해 뭔가 말해주다

*주어가 about 이하의 사실을 드러내준다, 실감하게 해준다는 의미

Doesn't my marriage proposal say something about how much I love you?
내가 결혼하자고 프로포즈한 게 내가 널 얼마나 사랑하는지에 대해 뭔가 말해주지 않아?

- **the other way** 다른 방식(으로), 다른 방향(으로)

Why don't you think about it the other way around?
그 문제에 대해 다른 방향으로 생각해보는 건 어때?

- **either way** 양쪽으로, 어느 쪽으로나

Hey, look, you're in trouble either way!
이거 봐, 넌 어느 쪽으로든 곤란한 상황이라구!

- **end up ~ing[with]** (의도하지는 않았지만) 결국 …이 되다

- **I ended up telling her everything.**
결국 걔한테 모두 다 말했어.

- **We're gonna end up together.**
우리 결국 함께 있게 될거야.

- **I'll end up like my mom.**
난 결국 우리 엄마처럼 되겠지.

- **take sth the wrong way** …을 오해하다, 잘못 받아들이다

Um, don't take this the wrong way, but your place kinda has a weird smell. 음, 오해하진 마, 너희 집에서 이상한 냄새가 좀 나.

- **get out of + N[~ing]** 하기 싫은 일을 성공적으로 하지 않다, 피하다

  *get sb out of + N[~ing] …를 하지 않도록 해주다

  I think he is trying to get out of his commitment to marry you.
  걔가 너랑 결혼 약속을 하지 않으려고 하는 것 같아.

  There are some people who always try to get out of paying.
  돈을 내지 않으려고 항상 애쓰는 사람들이 있다니까.

- **be (just) around the corner** 바로 가까이에 있다, 임박했다

  The changing room is around the corner on your left.
  탈의실은 왼편 모퉁이에 있습니다.

- **find a way to + V** …할 방도를 찾다(figure out a way to + V)

  Well, just figure out a way to talk him out of it.
  걜 설득해서 그걸 못하게 만들 방도를 찾아봐.

- **turn on / be turned on** 성적인 흥미가 생기다

  *turn off 성적인 흥미를 잃다

  I was more turned on by the delivery guy than by Jim!
  짐보다는 차라리 그 배달부에게 더 끌렸어!

- **make one's way to** (+장소) …로 가다, (어려움 극복후) 나아가다, 성공하다

  I've gotta make my way to his place.
  그 사람 집으로 가야겠어.

- **get past** 벗어나다, 넘어가다

  I wanna get past this, I don't wanna be afraid of the commitment thing. 난 이것에서 벗어나고 싶어. 결혼에 관련된 일로 겁내긴 싫다구.

- **all the way** 내내, 여러가지로

  I got on the subway, and it was at night, and I rode it all the way to Brooklyn. 전철을 탔지, 밤이었고, 내내 그걸 타고 브룩클린까지 왔어.

- **catch on** 간파하다, 붙잡다

  I guess I should have caught on when my wife started going to the dentist four or five times a week.
  지금 생각해보니 아내가 일주일에 너댓번씩 치과에 다니기 시작할 때 알아챘어야 했는데 말야.

- **beat sb over the head with** …에게 ~에 관해서 똑같은 소리를 되풀이하다

I understand your argument, so don't beat me over the head with it. 너희들이 뭘 가지고 실랑이하는 건지 알겠으니 계속 똑같은 소리 하지마.

- **make up for** (안좋은 일 등에 대해) 보상하다, 벌충하다

I'm sorry I overreacted. I just wanna make up for it by taking you shopping. 과민반응해서 미안해. 널 데리고 쇼핑하러 나가서 네 맘을 좀 풀어주고 싶어.

- **one at a time** 한번에 하나씩

You have a lot of problems, but you need to learn to take on one thing at a time. 여러 가지 문제가 있지만, 한번에 하나씩 처리할 줄 알아야 해.

- **tell the truth** 사실대로 말하다

Tell me the truth. You're gonna propose to her tonight, aren't you?
사실대로 말해봐. 너 오늘밤에 걔한테 청혼할 거지, 그렇지?

- **get (a) hold of** …을 빌리다, 알아내다, 찾아내다

*get[grab] hold of …을 잡다

How could someone get a hold of your credit card number?
어떻게 다른 사람이 네 신용카드 번호를 알아낼 수 있겠어?

- **put our heads together** 머리를 맞대고 의논하다

I'm thinking if we put our heads together, we can break them up.
내 생각에 우리가 머리를 맞대고 의논하면 걔네들을 갈라놓을 수 있을 것 같아.

- **keep A away from B**

A를 B에서 떨어뜨려두다, (B가 사물일 경우에만) A가 B를 못하게 하다

Just keep him away from me. 그냥 그 사람이 내게 접근 못하게만 해줘.

- **make a move** 움직이다, 행동을 취하다

If you want to buy that house, you'll have to make a move on it soon. 그 집을 사고 싶다면 어서 행동을 취해야 할 걸요.

- **the other way around** (상황 등이) 다른 방향으로, 반대로

Actually, I was kinda hoping it would be the other way around.
실은 다른 방향으로 일이 풀리기를 좀 바랬었어.

- **get in on** (이미 다른 사람들이 시작한 것에) 끼다, 참석하다

  Hey, can I get in on that? I'm kinda hungry myself.
  음… 냄새 좋은데. 야, 나도 껴도 될까? 배가 좀 고파서 말이야.

- **be stuck** 꼼짝달싹 못하다, . …하는 데 푹 빠져있다 (~ing)

  Sorry I'm late, I was stuck at work.
  늦어서 미안해. 일하느라 나올 수 없었어.

  I got stuck in traffic for three and a half hours on the way to my cottage. 오두막에 가는 길에 3시간 반 동안이나 교통체증에 시달렸어.

- **get it on (with sb)** 즐기다, 성적으로 놀다

  She's in the bedroom, getting it on with Mr. Big.
  그 여잔 빅하고 한창 즐기는 중이라구.

- **make up** 꾸미다, 조작하다, 화해하다, 화장하다

  I'll make up a schedule and make sure you stick to it.
  내가 계획표를 짜고 반드시 네가 그 계획을 충실히 지킬 수 있도록 만들게.

- **as far as sb be concerned** …의 생각으로는

  *as far as sth be concerned …에 관한 한

  As far as I'm concerned, there is nothing that stupid guy can do right. 내 생각으론 저 멍청한 남자가 제대로 할 수 있는 거라곤 아무것도 없어요.

- **crank it up a notch** 분발하다, 좀더 열심히 하다

  *시동을 걸어(crank) 기계를 움직이는 데서 착안한 표현으로, crank sth up은 '양을 늘리거나 강도를 강화하다'라는 뜻이고, notch는 '등급,' '단계,' '점수' 등을 의미.

  What do you say we crank it up a notch?
  우리 좀더 분발하는 게 어때?

- **get caught ~ing** …하다 들키다

  Did you hear that Ann got caught smoking by her father yesterday? 앤이 어제 담배 피우다 아버지한테 들켰다는 얘기 들었어?

- **turn down** 거절하다

  I just had to turn down a job catering a funeral for sixty people.
  난 장례식에서 60명 분의 음식을 준비해주는 일을 거절해야만 했어.

• **get through** (작업 등을) 마치다, (어려운 시기 등을) 넘기다

Couldn't you guys get through a day without arguing?
너넨 말다툼을 하지 않고는 하루도 넘길 수가 없는 거니?

I need to get through to the boss with some urgent information.
긴급 정보가 있어서 사장님과 통화해야겠어요.

• **head off to + N** …로 향해 가다

Let's head off to the new bar on our street.
우리 동네에 새로 생긴 술집으로 가자구.

• **make fun of** …을 놀리다

Maybe your resolution is to not make fun of your friends.
네 새해결심이라면 친구들을 놀리지 않겠다는 거겠지 뭐.

• **tell specifically** 구체적으로 말하다 *be (more) specific (좀더) 구체화시키다

A: Go to the store and get me something.
B: Would you please be more specific?
A: 가게에 가서 뭐 좀 사다 줘.
B: 좀더 구체적으로 얘기해줄래?

• **on one's way over here** 여기로 오는 도중에

On my way over here, I stepped in gum.
여기로 오는 도중에 껌을 밟았지 뭐야.

• **way** 훨씬

I'm sorry. It's obviously way too early for us to have that conversation. 미안해. 우린 그런 얘길 나누기엔 분명히 너무나 일러.

- **turn + 나이** …살이 되다

When I turned 50, I got a Porsche.
내 나이 50이 되었을 때 난 포르셰 자동차를 손에 넣었지.

- **mixed up** 머릿속이 혼란스러운

Tell her she doesn't want to get mixed up with me.
그 여자에게 나 때문에 혼란스러워하지 말라고 해줘.

- **kick one's ass** 혼구멍을 내주다

*ass(엉덩이)라는 단어에서 이미 눈치챘겠지만 아무에게나 쓰면 안되는 무례한 언사

Cut it out Morgan! I hate to have to save your life and kick your ass on the same day!
그만해, 모건! 하루 동안 한번은 널 구해줘야 하고 한번은 널 혼내줘야 하다니 싫다구!

- **something like that** 그런 거, 그 비슷한 거

That's the third time someone has said something like that to me today. 오늘 누가 나한테 그런 비슷한 얘기 한 게 이번이 세 번째야.

- **if it helps** 그게 도움이 된다면, 그렇게 해서 네가 편해진다면

If it helps, I can lend you some money until you get paid.
그렇게 해서 도움이 된다면 내가 너한테 돈 좀 빌려줄 수 있어.

- **get in the way** 방해되다

I just came here to observe. Let me know if I get in the way.
난 그냥 참관하러 온 것뿐이니까 방해가 되면 말해줘요.

- **wear[do] makeup** 화장하다

*take off makeup 화장을 지우다

Are you wearing makeup? Interesting. I haven't seen a guy wear makeup. 너 지금 화장하고 있는거야? 재밌네. 남자가 화장하는거 본 적 없는데.

- **talk dirty to sb** …에게 야한 이야기를 하다

If you can't talk dirty to me, how're you going to talk dirty to her?
나한테 야한 얘기를 할 수 없다면 그 여자한테는 어떻게 하려고 그래?

while you're at it 그거 하는 김에

Fill it up with unleaded gas and while you're at it, take a look under the hood and check the oil.
무연가솔린으로 가득 채우고, 하는 김에 엔진부분과 오일을 점검해줘요.

be in trouble 곤경에 처하다

Nothing is going to happen to you. You are not in that much trouble. 아무 일 없을거야. 그다지 커다란 곤경에 빠진 건 아니라구.

make a mess 어지르다, 망쳐놓다

A: I'm afraid I've made a mess here on your desk.
B: Oh, don't worry. Messy is its normal state.
A: 제가 이 책상을 어질러놓은 거 같아요.
B: 어, 괜찮아요. 지저분한 게 정상이거든요.

get married 결혼하다

Don't you think he's a little young to get married?
걔가 결혼하기엔 좀 어리다고 생각하지 않니?

in my defense 내 변호를 하자면, 변명하자면

I know I acted badly, but in my defense, I was drunk.
내가 못되게 굴었다는 거 알아. 하지만 내 변호를 하자면 난 취했었다구.

not in a good way 안좋은 쪽으로, 안좋은 의미로

I think Debbie is an unusual woman, and not in a good way.
데비는 참 독특한 여자같아. 안좋은 의미로.

fall in love with …와 사랑에 빠지다

When do you think you fell in love with your wife?
부인하고는 언제부터 사랑에 빠지게 된 것 같아요?

give sb a call …에게 전화하다

When you find out the results, please give me a call.
결과가 나오면 전화해줘라.

- **come off well** 잘 되다

  Your speech came off well with the audience.
  네 연설이 청중들에게 먹혀 들어갔어.

- **work out** (계획 등이) 잘 되어가다, 문제 등이 풀리다[풀다], 운동하다

  Oh. I'm sorry it didn't work out.
  죄송해요. 일이 잘 안됐어요.

- **that way** (앞에서 말한 내용 등을 받아) 그런 식으로

  I'm glad you feel that way.
  그렇게 생각한다니 기뻐.

- **catch up on** 밀린 것을 하다

  I had a lot of work to catch up on.
  밀린 일이 아주 많아.

- **drop by** 들르다

  A father can't drop by to see his daughter on her birthday?
  아버지란 사람이 딸 생일에 딸 얼굴 보러 들르지도 못하냐?

- **have a blast (with sb)** (…와) 신나게 즐기다(enjoyed very much)

  I had such a blast with Tim the other night.
  요전날 밤에 팀하고 굉장히 신나게 놀았어.

- **fall apart** 산산조각나다, (사람이 주어인 경우) 혼란스러워지다

  He fell apart and started drinking heavily after his divorce.
  그 사람은 이혼 후로 실의에 빠져 술을 많이 마시기 시작했어.

- **settle down** 자리를 잡다, (결혼 등으로) 정착하다, 한 곳에 머물러 살다

  Look, I think it's time for you to settle down.
  이거봐, 넌 결혼해서 한 곳에 정착해야 할 때가 온 것 같아.

- **get over** (어려움 등을) 이겨내다, 슬픔 등을 잊다

  You're just gonna have to get over it.
  이 일을 극복해야 할거야.

- **be written all over sb's face** 얼굴에 다 쓰여 있다

I can see you're lying. It's written all over your face.
너 지금 거짓말하고 있는 거 알아. 얼굴에 다 쓰여 있다구.

- **out of the blue** 갑작스럽게

I know this is out of the blue but uh, I'm getting married tomorrow. 갑작스럽다는 건 알지만, 어, 나 내일 결혼해.

- **~ is my middle name** …라면 자신있어, …하면 나잖아

I can handle this. 'Handle' is my middle name.
그건 내가 처리할 수 있어. "처리"하면 나잖아.

- **on the table** (제안 등을) 검토중인

I'm going to be honest with you and put my offer on the table.
솔직하게 얘기할테니까 내 제안을 한번 검토해보시라구요.

- **let go (of)** (쥐고 있던 것을) 놓다, 걱정 등을 멈추다

Although it had been ten years since the divorce, I couldn't let go of my feelings for her.
이혼한 지 십년이 지났는데도 아내에 대한 사랑을 멈출 수가 없었죠.

- **let one's guard (down)** 긴장을 늦추다 , 방심하다.

You know... when you let your guard down, you start to really care about someone. 있잖니, 그렇게 곤두세우지 말고 누군가를 진심으로 좋아해봐.

- **in the middle of nowhere** 멀리 떨어진 곳에

Why don't we get away to an island that is quiet and in the middle of nowhere?

조용한 외딴 섬으로 여행가는 건 어때?

- **in the nick of time** 아슬아슬한 때에, 겨우 늦지 않게

He got to the presentation just in the nick of time.

그 사람, 프레젠테이션에 아슬아슬하게 도착했다니까.

- **Give me five!** 손바닥 부딪히자!

*How about a high five?(손바닥 부딪히는 건 어때?)라고 말해도 된다.

A: Nice shot. Give me five!

B: I'm glad it went in. I've been practicing my golf swing for months.

A: 잘 쳤어. 하이파이브!

B: 들어가서 기뻐. 수개월동안 골프 스윙을 연습했거든.

- **high and dry** 어려운 처지에 빠져, 고립무원의 상태인

*in a helpless situation의 의미로, 주로 leave high and dry의 형태로 쓰인다

I don't want to leave you high and dry.

도와줄 사람 하나 없는 가운데 널 내버려두고 싶지 않아.

- **Let's split (the bill)** 나누어 내자

*Let's go Dutch라고 해도 된다.

A: Let's split the bill.

B: That sounds like a good idea.

A: 각자 내자.

B: 좋은 생각이야.

- **Neither will I** 나도 안그럴거야

A: I won't be attending the meeting tomorrow afternoon.

B: Neither will I. I've got to go see a doctor.

A: 난 내일 오후 회의에 참석하지 못할거야.

B: 나도 못가. 그 시간에 병원에 가봐야 해.

- **have a soft spot for** …를 좋아한다, …에 약하다(have a weakness for)

Girls have a soft spot for love stories.

여자들은 사랑 이야기에 약하죠.

- **Is that for here or to go?** 여기서 드실 겁니까, 가지고 가실 겁니까?

*대답은 가져갈 때는 To go, please, 여기서 먹을 때는 For here, please라고 한다. 또한 그냥 포장되나요라고 물어보려면 Can I get it to go?라고 물어보면 된다.

A: I'd like to order two hamburgers, a large order of fries and a coke.

B: Is that for here or to go?

A: 햄버거 두 개하고 감자튀김 큰 것 하나, 콜라 한 잔 주세요.
B: 여기서 드실 겁니까 포장해가실 건가요?

- **You're a pain in the neck[ass]** 너 참 성가시네

You're a pain in the neck. No one complains as much as you.

너 참 성가시다. 너처럼 투덜거리는 사람도 없을거야.

- **Could I leave a message?** 메모 좀 전해주세요

*반대는 Can I take a message?라고 한다.

Jill is busy at the moment. Could I take a message?

질이 지금 바빠서요. 메시지를 남기실래요?

- **I made a killing** 떼돈 벌었어

I made a killing in the stock market this year.

올해 주식해서 떼돈 벌었잖아.

- **As I mentioned before** 내가 전에 말했듯이

*간단히 as I said before라고 해도 된다.

As I mentioned before, I've been to Asia.

전에 말했듯이 아시아에 갔다 왔었어요.

- **Behave yourself** 버릇없이 굴면 안돼(아이들에게), 점잖게 행동해

*또한 Your behavior is out of place하면 "네 행동은 무례한 짓이야"라고 야단치는 말이다.

Behave yourself. People here are beginning to stare at us.

점잖게 굴어. 여기 있는 사람들이 우릴 볼거야.

- **Gotcha!** 잡았다!, 속았지!, 당했지!, 알았어! *I've got you!의 줄임말

A: Are you sure that the boss wants me to see him right now?

B: Gotcha!

A: 사장이 나보고 지금 당장 보자고 하는 게 확실해? B: 뻥이야!

- **He's an easy-going person** 성격이 좋은 사람야

She's a really easy-going person. She's easy to talk to.
성격이 아주 둥굴둥굴한 분이야. 얘기하기가 편해.

- **Look alive!** 잠 깨!, 빨리빨리!

Come on boys! Look alive! Do you want to lose this game?
자자, 이봐! 꾸물대지 말고 빨리빨리! 이 게임 지고 싶어?

- **He got lucky with Julie** 걔, 줄리랑 잤대

I wonder if Chris has gotten lucky with Rachel yet.
크리스가 레이첼하고 같이 잤는지 몰라

- **I'm so psyched** 정말 신난다

I was so psyched to hear you're back with my brother!
난 네가 내 오빠와 다시 합쳐서 너무 신났어!

- **It's time we were going** 그만 일어납시다

It's time we were going. We appreciate your hospitality.
이제 가봐야겠어요. 대접 잘 받고 갑니다.

- **I think I'm lost** 길을 잃은 것 같아요

*길을 잃었다고 말할 때는 I got lost, 길을 잃은 사람에게 길잃었냐고 물어볼 때는 "Are you lost?"라고 하면 된다.

Could you tell me how to get to Times Square? I think I'm lost.
타임스퀘어에 어떻게 가야 하는지 알려주시겠어요? 길을 잃은 것 같아요.

- **be that as it may** 그렇다 해도, 그 말이 사실이긴 해도

*상대방의 말이 사실이라도 이미 일어난 일이라 어쩔 수 없다는 뉘앙스

Be that as it may, do you think you could help us out right now?
그렇다곤 해도, 네가 지금 당장 우리를 도와줄 수 있다고 생각해?

- **(It is) (right) Off the top of my head**

깊이 생각해보지 않고 바로, 감으로 대충, 즉석에서

Right off the top of my head, I'd say your plan won't succeed.
지금 막 드는 생각으로는 네 계획이 성공 못할 것 같아.

- **Hopefully!** 바라건대!, 그랬음 좋겠다!

Hopefully, you won't make that mistake again.
바라건대, 절대로 그 같은 실수를 반복하지마.

- **Shit happens** (살다보면) 재수없는 일도 생기는 법이야

Shit happens. I hope that you have good car insurance.
재수없는 일도 생기는 법이야. 네가 든 자동차 보험이 좋은 것이길 바랄 뿐이야.

- **Over my dead body** 내 눈에 흙이 들어가기 전엔 안돼

*Not on your life도 같은 맥락으로 "결사반대!," "절대 안돼!"라는 의미.

She'll get that position over my dead body.
걔가 그 자리를 맡는 건 결사 반대야.

- **Last but not least** 끝으로 중요한 말씀을 더 드리자면

Last but not least, I'd like to wish you a happy new year.
끝으로 한 말씀 더 드리자면, 새해 복 많이 받으십시오.

- **I'm easy (to please)** 네 결정에 따를게, 난 어느 쪽도 상관없어

*비슷한 표현으로는 I'm happy either way 또는 Either will do 등이 있다.

I'm easy to please. What would you recommend?
난 아무거나 상관없어요. 뭘 추천해 줄래요?

- **Things change, roll with the punches** 변화에 순응해라

It'll be OK. Things change, roll with the punches.
괜찮을거야. 변화에 적응해봐.

- **Let's get cracking** 빨리 가자, 시작하자

Let's get cracking. We've got a long drive before we get to New York. 출발하자. 뉴욕에 도착하려면 먼 길을 가야하니 말이야.

- **I'll have the same** 같은 걸로 주세요

*make it two라고 해도 된다.

I'll have the same as she's having.
저 여자가 먹는 걸로 주세요.

- **We're doomed** 우린 죽었다, (그게) 우리 운명이야

There isn't enough time. **We're doomed!**
시간이 부족해. 우린 죽었다!

- **Are you going my way?** 혹시 같은 방향으로 가니?, 같은 방향이면 태워줄래?

I'm going down to the park. **Are you going my way?**
공원에. 나랑 같은 방향으로 가니?

- **Say when** 됐으면 말해

A: Let me pour that for you. **Say when.**
B: OK, stop! I don't want to get drunk tonight.
A: 내가 따라줄게. 됐으면 말해.
B: 좋아, 그만! 오늘 밤엔 고주망태가 되면 안되거든.

- **What do you do for a living?** 직업이 뭐예요?

*종종 for a living을 생략해서 말하기도 한다.

Nice to meet you too. So, **what do you do for a living?**
나도 반가워요. 그런데, 무슨 일 하세요?

- **Where am I?** (길을 잃고) 여기가 어디죠?

Where am I? **This doesn't look familiar at all.**
여기가 어디지? 영 못보던 곳인데.

- **Clear the way!** 비켜주세요!

*거리 등에서 남을 추월할 때는 Coming through!

Clear the way! **We have to move this table into the other room.**
저리 비켜 봐! 이 테이블을 다른 방으로 옮겨야 한단 말이야.

- **Just have him call me** 그냥 전화 좀 해달라고 해주세요

Yes. **Just have her call me** **when she gets home.**
네. 집에 오시면 전화해달라고 해주세요.

- **Would you care to join us?** 우리랑 같이 할래?

I'm going to dinner with my friends tonight. **Would you care to join us?** 오늘 저녁에 친구들하고 저녁 먹을건데. 너도 같이 갈래?

- **So true** 진짜 그래

So true. I've been sweating a lot lately.
정말이라니까. 난 요즘 땀을 엄청 흘렸어.

- **How many times do I have to tell you?** 도대체 몇번 말해야 알겠어?

The floor is dirty again. How many times do I have to tell you to keep it clean? 바닥이 또 더럽잖아. 깨끗하게 해놓으라고 도대체 몇번을 말해야 알아듣니?

- **Make it snappy!** 서둘러!, 빠릿빠릿하게 움직여!

*비슷한 표현으로는 snap to it도 있다.

Jason, I need you to send this email to the home office. And make it snappy!
제이슨, 본사에 이거 메일로 보내줘요. 급해요!

- **What's new?** 뭐 새로운 일 있어?

*What's new with you?는 What's new?라는 질문에 대한 전형적인 답으로, "그러는 넌 별일 있냐?"라는 의미.

A: Hi, Chris. What's new?
B: Um... actually, I'm getting married next week.
A: 안녕, 크리스. 뭐 새로운 일 있어?
B: 어… 실은 나 다음 주에 결혼해.

- **What a small world!** 세상 참 좁네!

What a small world! He's one of my son's professors.
세상 한번 좁군! 그 사람은 우리 아들놈을 가르치는 교수들 중 한 사람이야.

- **It's good to hear your voice** (전화상) 네 목소리 들으니 좋다

  It's good to hear your voice, sweetheart. I've missed you.
  목소리 들으니까 기분좋다, 자기야. 보고 싶었어.

- **Time (out)!** 잠깐만!

  Time out! I'm really okay. All right? Please leave me alone for a while. 잠깐! 나 정말 괜찮다구. 알았어? 제발 잠시 날 좀 내버려둬.

- **Watch out** 조심해

  Well, some people are causing problems. Watch out.
  뭐, 문제를 일으키는 사람들이 있긴 하지. 조심하라구.

- **I am being helped now** 다른 사람이 도와주고 있어요

  Thanks. I'm already being helped.
  고마워요. 이미 다른 분한테 얘기했어요.

- **I am making (some) money** 돈을 좀 벌고 있어

  I'm making some money, but it could be better.
  돈은 좀 벌고 있지만 그저 그래요.

- **give sb a ride** 차를 태워주다

  I'll give you a ride. I have to go near the library anyway.
  내가 태워다줄게. 도서관 근처로 가야 하거든.

- **Don't work too hard** 너무 무리하지 말구

  I'll see you later. Don't work too hard.
  나중에 또 봐요. 너무 무리하지 마세요.

- **It sure is** 그렇고 말고, 맞고 말고

  It sure is. I've never seen anything like it.
  그래. 그와 같은 것을 보지 못했어.

- **Come and get it** 자 와서 먹자, 자 밥먹게 와라

  Supper is ready. Come and get it.
  저녁 다 됐어. 와서 먹어.

- **Nice going!** 참 잘했어!

  Nice going! **I'm not surprised, though. You were studying for that exam for weeks!** 잘 했다! 그치만 놀랄 일도 아니지. 몇주동안 시험공부 했었잖아!

- **What brings you here?** 무슨 일로 오셨나요?

  Hi Jeff, this is a surprise. What brings you here?
  안녕, 제프. 이거 놀라운데. 여긴 어쩐 일이야?

- **I just want to apologize for it** 내 사과할게요

  Last night I acted like a fool. I just want to apologize for it.
  어젯밤엔 내가 바보같이 굴었어. 사과하고 싶어.

- **You can't believe how sorry I am** 내가 얼마나 미안하지 모를거야

  You can't believe how sorry I am. **What can I do to make it up to you?**
  얼마나 죄송한지 모르겠어요. 벌충을 하려면 제가 어떻게 해야 하나요?

- **Let me ask you something** 뭐 좀 물어볼게

  Let me ask you something. **Would it be okay with you if I set Rick up on a date?** 뭐 좀 물어볼게. 내가 릭한테 소개팅을 시켜줘도 너 괜찮겠어?

- **It's out of the question** 그건 불가능해, 절대 안돼

  It's out of the question. **My schedule is too busy.**
  그건 안돼요. 제 스케줄이 너무 빡빡해서 말이죠.

- **I got cold feet** 나 자신없어

  I think he got cold feet **and canceled the wedding.**
  행크가 겁을 먹고 결혼식을 취소한 것 같아.

- **I am swamped** 나 엄청 바빠

  I am really swamped. **I have more work than I can handle.**
  정말 정신을 못차리겠어. 내가 처리할 수 있는 것 이상으로 일이 많다니까.

- **Remember your manners** 버릇없이 굴지 말구, 예의를 지켜야지

  Remember your manners, **children. Always be on your best behavior.** 버릇없이 굴지 마라, 얘들아. 항상 예의바르게 행동해.

- **Way to go!** 잘한다 잘해!

  Way to go! I think our team's going to win this game.
  잘한다! 우리팀이 경기를 이길 수 있을 거라고 생각해.

- **I guess I dropped the ball** 큰 실수를 한 것 같아

  I guess I dropped the ball on the Legenvy project. What should I do? 내가 레젠비 프로젝트에서 큰 실수를 한 거 같아. 어떡하지?

- **The cat got your tongue?** 왜 말이 없어?

  Why are you so quiet tonight? The cat got your tongue?
  오늘밤에 왜 그리 조용해? 벙어리 됐어?

- **Don't be a smart-ass** 건방지게 굴지마

  Don't be a smart-ass. I wouldn't use someone for money.
  잘난 척하지마. 난 돈때문에 사람을 이용하진 않을거야.

- **I have to call in sick** 오늘 결근한다고 전화해야겠어

  I think I caught the flu. I have to call in sick.
  감기에 걸렸나봐. 아파서 못간다고 전화해야겠어.

- **I was just wondering** 그냥 물어봤어

  What do you think of the president? I was just wondering.
  사장님을 어떻게 생각하세요? 그냥 궁금해서요.

- **Attaboy!** 야, 잘했다!

  You completed the presentation in an hour? Attaboy!
  한 시간만에 이 설명회를 끝냈단 말야? 정말 잘했어!

- **Look here** 이것 봐(Listen to me)

  Look here, if you continue to be late, I'll have to fire you.
  이것 봐, 너 계속 지각하면 해고당할거야.

- **You can't do that!** 그러면 안되지!

  You can't do that! We need the money to survive.
  그러면 안돼! 먹고 살려면 돈이 필요하다구.

- **(There is) No doubt about it!** 틀림없어!

There is no doubt about it. We caught her on the security camera.
의심의 여지가 없지. 보안카메라로 그 여자를 잡았으니까.

- **The point is that~** 요점은 …라는 것이다

The point is that we're playing too much.
내 말의 요지는 우리가 너무 많이 놀고 있다는 거야.

- **You've got nothing to lose** 밑져야 본전인데 뭐

Why not? You've got nothing to lose.
왜 안돼? 밑져야 본전인데, 뭐.

- **When can you make it?** 몇시에 도착할 수 있겠니?

We're having a party for Sam. Hope you can make it.
샘에게 파티를 열어주려고 해. 너도 올 수 있었으면 좋겠다.

- **Watch your mouth!** 입 조심해!

Watch your tongue. You shouldn't be starting rumors.
말 조심해. 소문을 만들어내고 그러면 안된다구.

- **You're (such) a loser** 한심한 놈, 꼴통

You are such a loser! I would never be seen with you.
이런 머저리야! 너랑은 절대 데이트 안해!

- **Let's talk later** 나중에 이야기하죠

Let's talk later. I've got to meet a deadline and I'm very busy right now. 좀 있다가 이야기합시다. 마감에 맞춰야 해서 지금 매우 바쁘거든요.

- **What's with you?** 뭐 땜에 그래?

What's with you? You're usually more cheerful.
뭣 때문에 그래? 평소엔 쾌활한 사람이.

- **Get on with it** 제대로 계속해봐

Come on. Just get on with it. If we finish today we can take a break tomorrow. 이러지 마. 그냥 계속 해봐. 오늘 다 끝내면 내일 쉴 수 있잖아.

- **Where am I?** 여기가 어디죠?

  Where are we? I don't recognize this area.
  여기가 어디지? 어딘지 모르겠네.

- **over the top** 과도하게, 지나치게

  Don't you think that's a little over the top?
  그건 좀 지나치다고 생각하지 않아?

- **for the long haul** 오랫동안

  We're in this for the long haul.
  우린 이 일에 오랫동안 매달리고 있어.

Unit 03 미드듣기비법

A 미드영어듣기 기본상식

1 /t/가 [ㄷ] 혹은 [ㄹ]로 들려

/t/가 모음 사이에 끼어 /d/나 /r/로 바뀌는 경우. 이같은 /t/의 음변절은 왜 우리가 입에'버러'(butter)를 잔뜩 발라야 하는지를 절감케해주는 부분. better, getting, dirty 등 이미 많이 알려진 현상이다. 우리가 장난으로 미국식으로 발음한다고 party animal을 [파리애니멀]이라고 발음하는 경우가 바로 그 예이다.

- **He's very excited about the bachelor party.**
  걔는 총각파티한다고 무척 들떠있어.
- **I'd better get back to my desk.**
  난 책상으로 돌아가는게 낫겠어.
- **Hey, the wedding is so close! Are you getting nervous?**
  야, 결혼식이 다가왔는데 긴장돼?
- **Talk dirty to me.**
  내게 야한 이야기를 해줘.

2 /t/는 [은/ㄴ]·[을]·[츄]로도 들려

/t/는 또한 /ㄴ/(/n/ 앞), /을/(/l/ 앞), /은/(끝이 /n/으로 끝나는 경우)으로 들리기도 한다. /r/ 발음 앞에서 /추/에 가까운 소리로 바뀐다는 것도 주목해본다. 일례로 네이티브가 [렉세너]라 발음하는게 뭐냐하면 각종 레크리에이션 기구 등이 갖춰진 recreation center를 줄여서 발음한 것이다.

- **We need to stop the interview.**
  우리는 인터뷰를 중단해야 돼.
- **I have absolutely no interest in his personal life.**
  난 걔 사생활에 아무런 관심도 없어.
- **5 days ago the same thing happened at the local recreation center.**
  5일전, 같은 일이 지역 레크레이션 센터에서 벌어졌어.

3 /d/도 지조없어 [ㄹ], [쥬]로 변해

/d/도 /t/와 비슷해서 모음 사이에 올 경우 발음하기 편하게 /r/에 가까운 소리를 낸다. middle, riddle, drug 등이 대표적 경우.

- **We're in the middle of a homicide investigation.**
  우리는 살인사건을 수사하고 있는 중입니다.
- **You took a lethal drug home from work?**
  네가 직장에서 집으로 치명적인 마약을 가져온거야?

4 연음현상 [1]

/t/, /d/, /s/ 발음으로 끝나는 단어가 반모음 /j/로 시작하는 단어와 야합하여 우리말의 /취/, /쥐/, /쉬/와 같은 하나의 발음으로 들리는 경우. 멍하니 아무 생각없이 듣다가는 기본단어들도 못듣는 패가망신을 당할 수도 있다. 대표적인 것으로는 this year(디쉬어ㄹ), find you(퐈인쥬), miss you(미쉬유) 등이 있다.

- **Third time he's been caught this year.**
  걘 금년에 세번 체포됐어.
- **Chris, how did he find you?**
  크리스, 걔가 널 어떻게 찾아낸거야?
- **I just wanted to call to say I miss you.**
  난 그냥 네가 보고 싶다고 말하려 전화하고 싶었어.

5 연음현상 [2]

앞 단어의 끝자음과 뒷 단어의 앞모음이 연음되어 남녀의 합체처럼 두 몸뚱아리가 하나의 몸뚱아리로 된 경우이다. 영어듣기를 더욱 어렵게 하는 대표적 주범중의 하나. 그만큼 예가 너무 많아서 하나둘 드는게 무의미할 수도 있다.

- **It really only hurts when I think about it.**
  내가 그걸 생각할 때면 맘이 정말 아파.
- **Stevie's an old family friend.**
  스티비는 오래된 가족의 친구야.
- **That's what we need to find out.**
  그게 바로 우리가 알아내야 하는거야.

6 발음대로 표기도 해

going to나 want to를 발음나는대로 표기하는 gonna나 wanna가 확고히 자리잡은 것처럼, 바쁜 세상 그냥 발음나는대로 적으려는 경향, 즉 축약되고 변형되는 발음들이 표기에까지 영향을 미치는 현상이 더욱 가속화되고 있다.

1 「동사+to」의 노골적인 합체 : wanna/gonna/oughtta/gotta...

- **have to → [hafta]**
- **got to → [gotta]**
- **going to → [gonna]**
- **want to → [wanna]**
- **Let me → [Lemme]**
- **give me → [gimme]**
- **don't know → [dunno]**

- **We've gotta get something to eat.**
  우린 뭘 좀 먹어야겠어.
- **I didn't know what was gonna happen.**
  난 무슨 일이 일어날지 몰랐었어.
- **I wanna see! Lemme see! Lemme see!**
  나도 보고 싶어! 보여줘! 보여줘!
- **I dunno. Who cares?**
  몰라. 누가 신경이나 쓴데?

2 「동사+ing」는 버린 자식

-ing는 -in'까지만 발음하려고 하고 대본같은 곳에서는 표기까지 goin'/havin'/doin'이라고 한다.

- **Hi, Jack. How you doin'?**
  안녕, 잭. 어떻게 지내?
- **What's goin' on?**
  무슨 일이야?
- **I got somethin' to show ya.**
  네게 보여줄 게 있어.

3 너(you)도 예외는 아냐 you → ya, /t/ + you → cha

- **Do you → [Do ya' / Dya']**
  can't you → [can't cha]
  got you → [gotcha]
  you know → [y'now]
  What do you mean? → [Whaddaya mean?]

- **Do ya like, ya like?**
  너 좋아해, 좋아하냐고?

- **What are ya gonna do, Dick, huh?**
  딕, 넌 어떻게 할건데?
- **I've uh, y'know, I've got a cab, I've got a girlfriend.**
  저기 말야, 택시가 기다리고 있고, 여친도 기다리거든.

4 그들(them)을 -들('em)로

- **get them → [get 'em]** **want them → [want 'em]**
  kill them → [kill 'em]

- **Get 'em out of here! What's wrong with you?**
  걔네들 쫓아내! 너 어떻게 된거냐?
- **Pass 'em forward.**
  그것들 앞으로 보내세요.
- **I wanna see 'em.**
  걔네들 만나보고 싶어.

5 of는 어디에

- **out of → [outta]** **a lot of → [lotta]** **kind of → [kinda]**
  sort of → [sorta]

- **Get outta here!**
  썩 꺼져!
- **Sex is kinda like pizza.**
  섹스는 어느정도 피자와 같아.

- **We just sorta looked at each other.**
  우리는 좀 그냥 서로 쳐다봤어.

6 아예 줄여줄여

- **because → ['cause, 'coz, 'cuz]** **about → ['bout]**
- **and → ['n']**

- **How 'bout that?**
  이거 어때요?
- **C'mon, you're the smartest person I know.**
  이러지마, 넌 내가 아는 가장 스마트한 사람야.
- **It's funny 'cause it's true.**
  그게 진짜라니 웃기는구만.

7 세 단어도 붙여

연음을 계속 적용하다보면 세단어까지도 연이어 속도감있게 발음하며 그중에는 whodunit (Who done it? ← Who did it?:「추리소설」)이나 wannabe(추종자)처럼 아예 연음된 채로 단어로 쓰이는 경우도 있다.

- **What did you~? → [Whaddya~?]**
- **What are you~? → [Whatcha~?]**
- **What do you~? → What are you~? → Whaddaya~?**

- **Whatcha doing?**
  너 뭐하고 있는거야?
- **Let's go out for a lunch break, whaddya say?**
  잠깐 멈추고 점심먹으러 나가는 거야, 어때?
- **Whaddaya say? I just wanna talk with you.**
  무슨 말이야? 난 단지 너랑 얘기하고 싶은거야.

7 듣기 오적

기차가 지나갈 때 열차칸들은 보이지만 그 열차들을 연결하는 고리들은 잘 보이지 않는다. 마찬가지로 영어에서도 단어들을 연결시켜주며 문장을 만드는 접착제 역할을 하지만 기차의 경우에서처럼 발음상 대접을 못받는 품사들(기능어)이 있다.

1 관사

a는 약모음 /어/, the는 /드/ 내지 /어/ 정도로 슬렁슬렁 발음되는 게 보통. 그러나 특별히 a를 강조할

때는 /에이/로, the를 강조할 때는 [더]나 [디]]로 발음한다.

- **with a** [위ㅌ어] → [위더]
- **sign the** [싸인더] → [싸인너]

- **Saturday she was here with a guy.**
  토요일, 걔는 어떤 사람과 여기에 있었어.
- **These people were in the wrong place at the wrong time.**
  이 사람들은 부적절한 시간에 부적절한 장소에 있었어.

2 관계사

관계대명사, 관계부사 등도 문장 연결기능을 갖는 품사.

- **He is not what he was.**
  걘 예전의 그가 아냐.
- **I know what I am doing.**
  내일은 내가 알아서 한다고.
- **That's the last thing that I remember.**
  저건 정말 내가 가장 기억하기 싫은거야.

3 접속사

단어 및 문장 등을 연결해주는 접속사도 발음은 스리슬쩍.

- **You look so tan and gorgeous!**
  넌 멋지게 선탠한 것같고 아주 매력적으로 보여!
- **Do you think that men can't be trusted?**
  남자들은 믿지 못할 것들이라고 생각해?
- **I'm not gonna say or do anything to you.**
  난 네게 아무런 말도 행동도 하지 않을거야.

4 전치사

마찬가지로 연결사 역할을 하는 전치사도 발음은 두리뭉실.

- **Me and some of the boys were out huntin'.**
  나와 얘들 몇몇이 나가서 사냥하고 있었어.

- **There are 10 new victims as of tonight.**
  오늘밤 시각으로 새로운 희생자가 10명이야.

5 h로 시작하는 인칭대명사

h로 시작하는 인칭대명사는 h가 힘을 잃거나 아예 발음이 안된다.

- **him**[힘] →[임]　　**his**[히즈] → [이즈]　　**her**[허ㄹ] → [어ㄹ]

- **We'll go see him first thing in the morning, OK?**
  우리는 내일 아침 일찍 걔를 만나러 갈거야, 알겠지?
- **He's gone back to his old patterns.**
  걔는 다시 자기의 옛방식으로 돌아갔어.
- **She stole her foster mom's credit card.**
  걔는 위탁모의 신용카드를 훔쳤어.

8 생략해서 말하기에 익숙하면 미드가 편하게 들린다!

우리말과는 달리 주어를 꼬박꼬박 채워주는 영어도 시대의 변화에는 어쩔 수 없는 노릇. 의사소통에 지장이 없는 범위내에서 뻔한 주어는 과감히 생략하는 추세이다. 함께 그 현장을 가보자.

1 말 안해도 다 알아 I, It

Nice to meet you, Sounds like 등의 표현은 앞에 It's 및 It이 생략된 경우로 생략된 표현이 오히려 더 자연스럽다. 이처럼 어떤 상태나 기분을 나타내는 비인칭 주어 It 및 It's는 부담없이 생략하고 말하기도 한다. 또한 문맥상 나(I)를 빼고 말해도 지장이 없을 때 편한 걸 너무 좋아하는 언어의 속성상 아예 생략하는 경우가 많다. 거의 굳어진 표현처럼 쓰인 Sounds like~, Looks like~, Beats me, Nice to meet you 외에 Gotta go, Afraid not, Be right back 등 말안해도 통하는 경우에는 주어를 생략하는 경향이 점점 강해지고 있다.

- **Gotta go. Excuse me.**
  가야 돼. 미안.
- **Hope he didn't have any children.**
  걔가 자식이 없었기를 바래.
- **Won't happen, 'cause I'll be there looking out for you.**
  내가 너를 지켜줄테니 그럴 일은 없을거야.

2 주어 You는 조동사와 함께 생략해

'명령문'에서 You가 생략되는 것과 마찬가지로'권고'및'질문'등도 상대방 You에게 하는 것임은 당연한 일. 따라서 You를 빼고 말한들 어떠하리. 이때 함께 다니는 조동사도 You와 함께 과감히 생략해본다.

대표적인 경우로 had better에서 had는 'd로 축약되다 못해 아예 속편하게 빼고 말하는 것을 흔히 들을 수 있다.

- **You had better call soon. → You'd better call soon. → You better call soon. → Better call soon.**

- **(Do you) Mind if I join you?**
  내가 같이 가도 괜찮겠어?
- **(You had) Better get used to it.**
  거기에 익숙해지도록 해야 돼.
- **(Do you) Want some more?**
  좀 더 먹을래요?
- **(Do you) Understand it?**
  알겠니?

3 빼도 말이 되면 are, have도 빼

주어도 빼는 판국에 조동사인들 가만 놔둘 리 만무하다. 특히 다른 단어들과 몸을 섞어 값어치가 떨어진 조동사들이 능멸의 주 대상. 살아있는 현장영어인 건 사실이나 아직까지 공인된 합법(?)적 문법은 분명 아니다. 대표적인 경우에 How you doing?, You okay? 등으로 are를 빼거나 보통 've로 축약되어 발음되지만 아예 생략되기도 하는 have, 마지막으로 의문문에선 Is도 빼고 말하기도 한다.

- **(Are) You sure about that?** 그거 확실해?
- **You (are) done?** 끝냈어?
- **You (are) a nice guy.** 자네 멋진 친구로구만.
- **Where have you been?**(어디 갔다 왔어?) → **Where've you been?** → **Where you been?**
- **How have you been?**(어떻게 지냈어?) → **How've you been?** → **How you been?**
- **I have got to go.**(가봐야겠어요) → **I've got to go** → **I got to go** → **I gotta go**
- **You have been keeping busy.**(너 그간 계속 바빴었구나) → **You've been keeping busy** → **You been keeping busy**
- **What have you got?** → **What you got?** 무슨 일이야?, 어떻게 됐어?
- **(Is) Someone feeling sick today?** 오늘 누구 몸 안좋은 사람있어?

4 문법개판 5분전

우리도 말을 하다보면 문법에 어긋나는 경우가 비일비재하다. 인터넷 언어에서 보듯 언어는 끊임없이 변하기 때문이다. 이번에는 비문법적인 그러나 현재 통용되고 있어 언젠가는 공식적인 문법계에 데뷔(?)할 비문법적 사항들을 알아보도록 한다. 미국의 남부 등 지역적인 방언 또는 street talk 등 non-standard English에서 두드러지게 나타나는 Be와 Do 동사의 인칭·수를 지키지 않는 현상이나 시제의 일치를 깨고 과거형이 와야 할 자리에 현재형을 쓰는 문장들이 미드영어에서는 자주 나타난다.

- **How're you doing?**(잘 지내니?) → **How's you doing?**
- **This doesn't concern you.**(이 일은 너랑 관계없어) → **This don't concern you.**
- **Where're my shoes?**(내 신발 어디 있지?) → **Where's my shoes?**
- **There're a lot of people over there.**(저기에 사람들이 많네)
  → **There's a lot of people over there.**
- **She said they would take a bus.**(걔 말이 그 사람들은 버스를 이용할거래.)
  → **She said they will take a bus.**
- **How did he know I was here?**(내가 여기 있다는 걸 걔가 어떻게 알았어?)
  → **How did he know I am here?**

9 미리 정확한 발음을 알고 들어가면 좋은 단어들

McDonald's (패스트푸드점)
Wal-Mart (할인매장)
muffin (머핀)
Las Vegas (라스베거스)
Bloomingdale's(백화점)
Macy's (메이시 백화점)
colonel (대령)
realtor (부동산 중개업자)
valet (시종, 호텔보이)
bona fides (선의)
virtuoso (음악의 대가)
marijuana(마리화나)
sauna (사우나)
Tylenol(약품명)
cafeteria (셀프서비스식 식당)
Mexico (멕시코)
New Jersey (뉴저지)
Central Park (센트럴 파크)
Alzheimer's disease(알츠하이머)
corps (부대)
suite (호텔 등의 스위트룸)
trivia (토막상식)
cum laude (우등으로)
avatar (화신, 구체화)
allergy (앨러지)
penis (페니스)
Viagra(약품명)
pasta (파스타)
Berlin (베를린)
Manhattan (맨하튼)
erotic(에로틱)
archive (기록보관소)
diabetic (당뇨병의)
unanimous (만장일치의)
vice versa (반대로)
deja vu (전에 봤던 것)
lingerie(란제리)
leisure (레저)
Statue of Liberty (자유의 여신상)
Waldorf Astoria (월도프 아스토리아 호텔)
ASAP (가능한 한 빨리 As soon as possible)
aka (일명 …라고도 하는 also known as)

- **If you take the Staten Island ferry from Manhattan, you'll get a chance to see the Statue of Liberty up close.**
  맨해튼에서 스태튼 아일런드 페리호를 타고 가면 자유의 여신상을 가까이서 볼 수 있을 거야.
- **I talked to the realtor about the proposed bid, but he seemed doubtful we would make the sale.**
  부동산 중개업자와 사겠다는 사람이 제시한 가격에 대해 얘기를 나눴지만 부동산 업자는 그게 팔릴지 미심쩍어 하는 것 같았다.
- **I was 14 and graduating summa cum laude from college.**
  난 열네살에 최우등생으로 대학을 나왔어.
- **Garcia needs to talk to us ASAP.**
  가르시아가 가능한 빨리 우리에게 말해야 된대.
- **On Valentine's Day in America, boys give girls chocolate, and vice versa.**
  미국에서는 밸런타인 데이에 남자가 여자에게, 여자가 남자에게 초콜렛을 준다.
- **When I was running yesterday, I ran into a pipe and hit my groin.**
  어제 달려가다가 파이프에 내 거시기를 부딪혔다.

B 진짜 안들리는 인칭대명사+조동사(be, do)

be 동사가 주격 (인칭)대명사와 만나면 개별적으로 발음되기도 하지만 일반적으로 관계(?)가 너무나도 뜨거운 나머지 be 동사는 주어와 축약·변절되는 게 일반적인 현상이다.

1 주격 (인칭)대명사에 착 달라붙는 be 동사

1 긍정

be 동사가 주격(인칭)대명사와 긍정적으로 만나서 축약되는 경우.

- **I'm~** **You're~** **We're~** **They're~**
  There're~ **She's~** **He's~** **It's~**
  There's~ **That's~**

- **I think you're thinking about this the wrong way.**
  내 생각엔 네가 이걸 잘못 생각하고 있는 것 같아.
- **My father said she's very beautiful.**
  아버지는 걔가 무척 아름답다고 하셨어.
- **Hurry up. There're people waiting.**
  서둘러. 사람들이 기다리고 있어.

2 부정

be 동사의 부정형인 aren't, isn't, wasn't, weren't는 모두 끝철자 t 발음이 약하게 파열되므로 /t/ 보다는 /n/으로 부정(否定)임을 알아차려야 한다. 그리고 ain't는 비문법적인 표현으로 am not, are not, is not 등 be 동사의 부정형을 나타내는 슬랭. 끝의 /t/ 발음은 역시 대개 이어지는 단어들의 발음에 영향을 받는다.

- **You aren't~** **We aren't~** **They aren't~**
- **There aren't~** **She isn't~** **It isn't**
- **There isn't~** **I wasn't~** **He wasn't~**
- **She wasn't~** **It wasn't~** **You weren't~**
- **We weren't~** **They weren't~**

- **She isn't traveling. She isn't writing a book.**
  걔는 여행하고 있지도 책을 쓰고 있지도 않아.
- **You weren't officially his girlfriend.**
  너는 공식적으로 걔의 여친이 아니었어.
- **We aren't working together.**
  우리는 함께 일하지 않아.

3 의문

이번엔 be 동사가 문두에 위치해 의문꼴의 형태로 쓰이는 경우로 특히 「약화」, 「연음」 및 「생략」의 과정을 거쳐 거의 한소리처럼 들린다.

- **Am I~**[애마이] **Are you~**[아ㄹ유] **Is he~**[이지이]
- **Is she~**[이쉬] **Is it~**[이짓] **Is there~**[이즈데얼]
- **Was I~**[워자이] **Were you~**[워ㄹ유] **Was he~**[워지이]
- **Was she~**[워쉬이] **Was it~**[워짓]

- **Are you ready to go to dinner?**
  저녁먹으러 갈 준비 됐어?
- **Is he available?**
  걔 지금 시간이 돼?
- **Is it okay with you if we bring him in for questioning?**
  걔를 심문하러 데려와도 괜찮겠어?
- **Was she being pressured into having the abortion?**
  걔는 낙태를 하라고 압력을 받았어?
- **Was it the first time you had sex with her?**
  넌 걔와 섹스한 게 처음이었어?

4 부정의문 : be 동사가 주어에 따라 변화무쌍하게 발음이 달라지는 경우들.

- **Aren't you~**[안츄] **Aren't they~**[안ㅌ데이] **Isn't she~**[이즌쉬]
- **Isn't he~**[이즈니] **Isn't it~**[이즈닛]
- **Weren't you~**[원츄] **Wasn't she~**[워즌쉬] **Wasn't he~**[워즈니] **Wasn't it~**[워즈닛]

- **Aren't you going to say anything?** 넌 아무 말도 하지 않을거야?
- **Isn't she a bit young to be made up like a fashion model?**
  갠 패션모델처럼 만들기에는 좀 어리지 않아?
- **Why wasn't he nervous?**
  갠 왜 초조해하지도 않는거야?

2 조동사 do와 주격 (인칭)대명사의 질펀한 어우러짐

do 동사도 주어의 뜻대로 이랬다 저랬다 하는 것은 be 동사와 매한가지. 긍정의 경우는 막강한(?) 기본 실력으로 제끼고 여기서는 듣기 어려운 「부정」및 「의문」, 그리고 「부정의문」형만을 살펴보도록 한다.

1 부정

do 동사의 부정형 don't, doesn't, didn't은 모두 끝철자 t가 제대로 파열되지 않아 [돈], [더즌]으로 그리고 didn't은 여기에 한술 더 떠 「변절」까지 해 [디든] 또는 [디른] 정도로 들린다.

- **I don't~** **You don't~** **We don't~**
- **They don't~** **She doesn't~** **He doesn't~**
- **It doesn't~** **I didn't~** **You didn't~**
- **We didn't~** **They didn't~** **She didn't~**
- **He didn't~** **It didn't~**

- **You don't think I'm serious?**
  내가 심각하지 않다고 생각하는거야?
- **Uh, there's a brother she doesn't talk to.**
  어, 걔가 얘기하고 싶어하지 않는 동생이 있어.
- **They didn't have to shoot her.**
  걔네들은 그녀를 쏠 필요가 없었어.

2 의문

do가 의문문에서 문두에 위치해 주어와 연결될 경우 [드] 정도로 약화되어 들린다. 그밖에 Does나 Did의 경우 이어지는 주어에 따라 아래와 같이 「변절」 및 「약화」의 과정을 보이게 된다.

- **Do I~**[두아이] **Do you~**[드야] **Do we~**[드위]
- **Do they~**[드데이] **Does she~**[더쉬] **Does he~**[더지이]
- **Does it~**[더짓] **Did I~**[디라이] **Did you~**[디쥬]
- **Did we~**[딛위] **Did they~**[디데이] **Did she~**[딛쉬]
- **Did he~**[딛히] **Did it~**[디리잇]

- **Do you remember the name of the taxi company?**
  택시회사 이름이 기억나?
- **Does she look sixteen to you?**
  너한테는 걔가 16세처럼 보여?
- **Does it look like I'm kidding you?**
  내가 장난하는 것처럼 보여?
- **Did they bring you anything to drink?**
  걔네들이 뭐 마실거 갖다 줬어?
- **Did she find you, or did you find her?**
  걔가 널 찾은거야 아니면 네가 걜 찾은거야?

3 부정의문

don't[doesn't]와 didn't은 기본적으로 /t/ 발음의 「변절」 및 「약화」 원리에 따라 뒤따라온 주어와 한 몸인 양 소리난다.

- **Don't you~**[돈츄] **Doesn't she~**[더즌쉬] **Doesn't he~**[더즈니]
- **Doesn't it~**[더즈닛] **Didn't you~**[디든츄] **Didn't she~**[디든쉬]
- **Didn't he~**[디든히] **Didn't it~**[디든닛]

- **Don't you want to be famous?**
  너 유명해지고 싶지 않아?
- **Doesn't he look like a pimp?**
  저 사람은 포주같이 보이지 않아?
- **Didn't she mention we dated?**
  우리가 데이트했다고 걔가 말하지 않았어?

3 조동사 have와 주격 (인칭)대명사의 질편한 어우러짐

['ve]로 약화되어 들리는 have 역시 주격 (인칭)대명사와의 어우러짐은 남못지 않다.

1 긍정

have, has, had가 주어와 만나면 축약되어 발음되는 게 보통이다. 특히 He's, She's, It'd 그리고 I'd 등은 각각 be 동사나 would 등이 주어와 축약된 것으로 착각하기 쉽기 때문에 눈으로 볼 때보다 들을 때 더욱 귀를 쫑긋해야 한다.

- **I have(I've)~** **You have(You've) ~** **We have(We've)~**
- **They have(They've)~** **She has(She's)~** **He has(He's)~**
- **It has(It's)~** **I had(I'd)~** **You had(You'd)**
- **We had(We'd)~** **They had(They'd)~** **She had(She'd)~**
- **He had(He'd)~** **It had(It'd)~**

- **I've never been in love.**
  난 사랑을 해본 적이 전혀 없어.
- **They've already been warned.**
  걔네들은 이미 경고를 받았어.
- **She's only been missing since last night.**
  걔는 어젯밤에 실종됐어.
- **You'd forgotten all about Jamie.**
  넌 제이미에 대한 모든 것을 잊었었어.

2 부정

have 동사의 부정형, haven't, hasn't, hadn't 역시 끝철자 /t/ 발음이 힘을 제대로 못쓰는 경우로 [해븐], [해즌], [해든]/[해른] 등으로 발음된다.

- **I haven't~** **You haven't~** **We haven't~**
- **They haven't~** **She hasn't~** **He hasn't~**
- **It hasn't~**

- **I hadn't~** **You hadn't~** **We hadn't~**
- **They hadn't~** **She hadn't~** **He hadn't~**
- **It hadn't~**

- **Well, I haven't slept in two days.**
  어, 나 이틀동안 잠도 못잤어.
- **She hasn't had a boyfriend since high school.**
  걔는 고등학교 이래 남친을 사귀어본 적이 없어.
- **It hasn't been used for a while.**
  그것은 잠시 사용되지 않았어.
- **He hadn't even told his wife about it yet.**
  걘 아직 그것에 대해 아내에게 얘기조차 하지 않았었어.

3 의문

이번엔 have 동사가 문두에 위치해 의문꼴의 형태로 쓰이는 경우. 앞서 살펴본 be 동사나 do 동사와 마찬가지로 「변절」 및 「약화」의 과정을 거쳐 발음이 재생산되는 경우들을 나열해 본다. 눈으로만 보거나 귀로만 듣지말고 자신의 입과 귀로 듣는(?) "총체적이고도 입체적인 듣기연습"을 해보도록 한다.

- **Have you~**[해뷰-] **Has she~**[해ㅈ쉬] **Has he~**[해지]
- **Has it~**[해짓] **Haven't you~**[해븐츄] **Hasn't she~**[해즌쉬]
- **Hasn't he~**[해즌니] **Hasn't it!**[해즌닛]

- **Have you found a job yet, dad?**
  아빠, 아직 취직못했어?
- **Has she said anything about the fires?**
  걔가 화재에 관해 뭐 얘기한게 있어?
- **Haven't you ever been unemployed?**
  실직해본 적 있지 않아?

4 will, can, should 등과의 만남

그밖의 조동사들은 주격 (인칭)대명사와 어떻게 축약 및 약화되는지 대표적인 경우들을 통해 알아보기로 한다.

1 will

will은 주어와 합체하여 축약되며 또한 연음과 약화의 과정도 거친다. 특히 won't는 [wount]로 발음된다는 점에 주목하자.

- **I'll~** **You'll~** **We'll~** **They'll~**
- **She'll~** **He'll~** **It'll~** **Will I~**
- **Will you(Will ya)~** **Will they~** **Will she~** **Will he~**
- **Will it~** **Won't you~**[워운츄] **Would you~**[우어쥬]
- **Wouldn't you~**[우든츄]

- **I'll have what she's having.**
  저 여자가 먹는 걸로 주세요.
- **It'll be all day, it'll be boring.**
  하루 종일 걸릴거구, 지겨울거야.
- **Will you dance with me?**
  나와 춤출래?
- **I won't be here tomorrow.**
  난 내일 여기 오지 않을거야.
- **Would you like another cocktail?**
  칵테일 한잔 더 할래?

2 할 수 있다는거야 없다는거야?: can vs. can't

/t/의 발음은 어딜 가도 골치덩어리. 특히 부정 축약형을 만드는 경우(-n't) 마지막 자음 t가 앞음절의 받침으로 편입되는 까닭에 앞서 언급했듯이 긍정형과 부정형의 구분이 어렵다. 그래서 구분을 /t/가 아니라 /n/을 기준으로 하라고 했으나 조동사 끝단어가 아예 -n으로 끝나는 can의 경우는 긍정형(can)과 부정형(can't)의 구분은 거의 난공불락이다. 된다는 보장은 없지만 열씨미 듣고 또 들어 감각적으로 익숙해지도록 한다.

- **I can~** **You can~** **We can~**
- **They can~** **He can~** **She can~**
- **It can~** **I can't~** **You can't~**
- **We can't~** **They can't~** **He can't~**
- **She can't~** **It can't~**
- **Can't you~**[캔츄] **Could you~**[쿠쥬] **Couldn't you~**[쿠든츄]

- **I can't believe it.**
  그럴 리가.
- **Jessica is 8 years old. She can't defend herself.**
  제시카는 8세이고 자신을 보호할 수 없어.
- **Can't you wait for my break?**
  내가 쉴 때까지 기다릴 수 없어?
- **I can do whatever I want!**
  내가 원하는대로 할거야!

3 should've + p.p. / shouldn't have + p.p.

have가 should, would, could, might, must 등의 조동사와 만나면 [어브] 내지 [어] 혹은 [브] 정도로 과감하게 축약되어 연음된다.

- **should've**[슈더브] → [슈럽]
- **would've~**[우더브] → [우럽]
- **could've~**[쿠더브] → [쿠럽]
- **might've~**[마잇어브] → [마잇럽]
- **must've~**[머스터브]
- **shouldn't have**[슈든어브] → [슈드너브]
- **wouldn't have**[우든어브] → [우드너브]
- **couldn't have**[쿠든어브] → [쿠드너브]
- **mustn't have**[머슨어브] → [머스너브]

- **You should've told me that from the beginning.**
  넌 시작할 때부터 내게 그걸 말했어야 했어.
- **You shouldn't have done this.**
  뭐, 이런 걸 다 주시고.
- **I could've done that better.**
  더 잘 할 수 있었는데.
- **It must've been very hard for you.**
  너한테 무척 힘들었음에 틀림없었겠다.

C 진짜 안들리는 의문사+인칭대명사+조동사

이미 합체한 「(조)동사+주어」 세트가 각종 의문사와 격렬히 포옹하는 모습을 알아보는 첫번째 시간. 먼저 be 동사중 am과 are의 경우로 각각 예상되는 주어인 'I'와 'you', 'we', 'they'와 결합되어 어떤 소리를 만들어 내는지 함께 들어보자.

1 의문사 + be 동사 현재형 am과 are

1 의문사 + am ~?

am은 「의문사 + am I ~ ?」의 형태밖에 없다. am은 의문사와의 합체시 음이 약화되어 [m] 정도로 들린다. 상대적으로 출현 빈도수가 적다.

- **What am I going to do?**
  이제 뭘 해야 하지?
- **Where am I?**
  여기가 어디지?
- **So, when am I gonna know when it's time?**
  그럼, 언제 내가 때가 되었음을 알게 될까?
- **How am I gonna raise a kid?**
  내가 어떻게 아이를 키울까?

2 의문사+are ~?

이번에는 be 동사 중 활용도가 가장 높은 are와 의문사의 만남. 이때 are은 약화되어 발음되고, 또한 앞 의문사와 연음되어 아래와 같이 발음된다. 가장 주목할 경우는 /t/를 모신 What과의 결합. What are you[왓알유]는 「변절」과 「약화」를 통해 [와라유] 내지 [와라야]로 발음된다.

- **So what are we gonna do?**
  그럼 우리는 어떻게 해야 되지?
- **What are you gonna do if we win?**
  우리가 이기면 너 무엇을 할거야?
- **So when are you getting married?**
  그럼 너 언제 결혼하는거야?
- **Whoa, wait. Uh, where are you going?**
  와, 잠깐, 너 어디가?
- **Who are you talking about?**
  너 누구얘기하는거야?
- **Why are you so worried, Castle?**
  캐슬, 왜 그렇게 걱정하는거야?
- **How are you gonna do that?**
  넌 저걸 어떻게 할거야?

2 의문사+be 동사의 현재형 is

이번엔 be 동사의 3인칭 단수형인 is. 대개 he, she, it 그리고 소유격인 his와 her로 시작되는 주어부와 연결되는 상황으로 「의문사+is+주격[소유격] 대명사[형용사]」를 한단위로 듣는 연습을 해본다.

- **What is she doing here? She wasn't invited.**
  쟤 여기 웬일이야? 초대도 하지 않았는데.
- **What is he wearing?**
  걔는 뭐를 입고 있어?
- **When is this gonna stop?**
  이게 언제 멈추게 될까?
- **When is he gonna pick you up?**
  걔가 널 언제 픽업할거야?
- **Where is that stupid waiter?**
  저 멍청한 웨이터 어디있는거야?
- **Who is she seeing now?**
  걔 지금 만나는 사람있어?
- **Who is her father working for?**
  걔 아버지가 어디서 일하고 있어?
- **Why is she asking me that?**
  걔가 왜 내게 그걸 물어보는거야?
- **Why is his hair all messy?**
  왜 걔 머리가 엉망이야?
- **How is he going to finish it?**
  걔가 그걸 어떻게 마무리할거랴?

3 의문사+be 동사의 과거형 was, were

be 동사의 마지막 경우인 과거형 was와 were. 우선 was와 were가 각각 의문사들과 격렬하게 포옹하면서 어떤 괴성(?)을 지르는지 귀기울여 들어본다.

1 의문사 + was ~?

was의 경우 의문사와 결합해 소리가 약화된다는 사실 외에는 별 변화를 겪지 않는다. 따라서 이런 경우엔 의문사를 정확히 듣고 또한 was 뒤에 이어지는 he, she, it 등이 was와 연음되어 하나의 단어처럼 들린다는 점만 주의하면 된다.

- **Wait. What was she talking about?**
  잠깐. 걔가 뭐에 대해 얘기하고 있었어?

- **What was I supposed to say?**
  내가 뭐라고 말해야 되는 거였어?
- **When was the last time you spoke to her?**
  네가 걔하고 마지막으로 이야기한게 언제야?
- **Who was he looking for?**
  걔는 누구를 찾고 있는거야?
- **Why was that house so clean of prints?**
  저 집은 왜 지문하나없이 깨끗한거였어?
- **How was your date with Sara?**
  새라와의 데이트는 어땠어?
- **How was he killed?**
  걔는 어떻게 죽었어?

2 의문사 + were ~?

이번에는 마지막으로 복수 과거형 were가 바로 앞의 의문사 및 다음에 나오는 you, we, they 등과 결합되는 소리.

- **What were you talking about?**
  너는 무슨 얘기를 하고 있었던거야?
- **When were you leaving?**
  넌 언제 떠날거였어?
- **Where were you staying?**
  너는 어디에 머무르고 있었어?
- **Who were you connected to?**
  너는 누구와 연결되었던거야?
- **Why were you late today?**
  넌 왜 오늘 늦었어?
- **How were you feeling?**
  네 기분은 어땠어?
- **How was the computer show you attended?**
  네가 참가했던 컴퓨터 박람회는 어땠어?

4 의문사+do 동사의 현재형 do와 does

1 의문사+do ~?

대표 연음현상으로 단골로 등장하는 What do you ~[왓두유]가 [와루유]로 들린다. 하지만 속도를 더 내면 Whaddaya([와다야] → [와라야])처럼 들리며 앞서 나온 What are you와 마찬가지로 아예 표기 자체를 Whaddaya로 하는 경우도 있다. 다음 When do you는 [웬다], Where do you는 [웨어류], Who do you는 [후루유] 내지 [후루야] 심하면 [후류]/[후랴] 정도로 들린다. 또한 Why do you는 [와이다]로 그리고 마지막으로 How do you는 [하우류] 정도로 들린다.

- **What do you do for a living?**
  너 직업이 뭐야?
- **When do they show up?**
  걔네들이 언제 온대?
- **Where do you want to stay?**
  너 어디서 머물고 싶어?
- **Who do you think you are?**
  네가 뭐라도 되는 것처럼 생각하는거야?
- **Why do you think I'm angry?**
  왜 내가 화났다고 생각하는거야?
- **How do you do that?**
  어떻게 그런거야?

2 의문사 + does ~?

3인칭 단수형인 does가 의문사와 만나면 /d/ 음이 생략되거나 약화되어 발음된다.

- **What does this place mean to our unsub?**
  그럼, 이 곳이 우리가 찾는 미확인범에게 무슨 의미가 있을까?
- **When does she do her laundry?**
  걔는 언제 빨래를 해?
- **Where does he wanna meet you?**
  걔는 어디서 너를 만나고 싶어해?
- **Who does the account belong to?**
  이 계좌는 누구꺼야?
- **Why does she act like that?**
  왜 걔는 저렇게 행동하는거야?
- **I don't understand. How does everybody know?**
  모르겠어. 다들 어떻게 알고있지?

3 의문사+did ~?

앞의 do, does와는 달리 비위 좋은 과거형 did는 인칭을 가리지 않고 살을 섞는 즐거움을 만끽한다. 따라서 뒤에 등장하는 주격(인칭)대명사들과의 다양한 만남에 여러분의 귀 또한 다양하게 열어 놓도록…. 의문문의 속성상 상대방(you)에게 혹은 제 3자에 관한 내용을 질문하게 되는 경우가 대부분인데 이때 가장 많이 쓰이는 시제는 바로 현재와 과거. 여기서는 do 동사의 과거형인 did가 2인칭 you 및 그밖의 다양한 주격대명사들과 결합한 것들을 세트로 모아본다. 개별 발음이 아닌 하나의 발음덩어리로 익숙해지는 기회로 삼아보자.

- **What did you do to Jack?**
  너 잭에게 어떻게 한거야?
- **Oh! Grace. When did you get here?**
  오, 그레이스. 언제 여기 온거야?
- **Now, think! Where did you leave it?**
  이제 생각해봐! 그걸 어디에 둔거야?
- **Who did we decide to hire?**
  우리는 누구를 채용하기로 결정한거야?
- **Why did you wait twelve hours to call the police?**
  왜 12시간이나 기다렸다 경찰을 부른거야?
- **How did she contact the police?**
  걔는 어떤 방법으로 경찰에 연락한거야?

5 의문사+have[has]

이번엔 have 동사와 의문사들의 결합을 실제 일상생활에 초점을 맞춰 자주 쓰이는 경우만을 집중적으로 알아본다. What have you [와어ㅂ], Where have you [웨얼해ㅂ], Why have I [와이해ㅂ], When have you [웬헤ㅂ], Who have you [후해ㅂ], 그리고 끝으로 How have you [하우해ㅂ] 등을 잘 알아둔다.

1 의문사+have you + p.p. ~?

have 동사가 의문사와 어울려 만드는 가장 대표적인 경우.

- **What have you done to your hair?**
  네 머리에 무슨 짓을 한거야?
- **What have we got here?**
  무슨 일이야?
- **Where have you been all day?**
  종일 어디 있었어?

- **Why have I been taken off this case?**
  내가 왜 이 사건에서 제외된거야?
- **Why have you been following me?**
  왜 나를 계속 쫓아다니는거야?
- **Come on, Nate. When have you ever been happy?**
  이봐, 네이트. 넌 언제 행복해본 적 있어?
- **Good gracious! Who have you killed now?**
  맙소사! 너 누굴 죽였던거야?
- **How have you been, Gordon?**
  고든, 어떻게 지냈어?

2 의문사+has he[she/it] + p.p. ~?

이번에는 3인칭 단수형 has와 의문사와의 만남을 알아본다.

- **Where is Hellen? What has happened to her?**
  헬렌 어디있어? 걔한테 무슨 일이 생긴거야?
- **That's enough. What has gotten into you?**
  됐어. 도대체 왜 그러는거야?
- **When has finding someone ever been easy for me?**
  내가 사람찾는게 언제 이렇게 쉬웠던 적이 있나?
- **Where has she been the past 12 hours?**
  걔는 지난 12시간동안 어디에 있었어?
- **How has he been feeling?**
  걔는 기분이 어땠어?

6 의문사+will, can, may ~?

의문사와 조동사 현재형인 will, can, may를 사용하여 만든 의문문에서 「의문사」와 「조동사」가 결합하여 나는 소리를 들어보자. 빈도수가 높은 will과 can을 중점적으로 살펴보기로 한다.

1 조동사 will을 포함하는 의문문

will과 다음에 이어지는 주격대명사 사이에는 복잡한 연음관계가 없어, will 발음이 [월] 정도로 약화된다는 사실을 중점 확인해보자.

- **What will** [와를] **~?** **When will** [웨늘] **~?** **Where will** [웰월] **~?**
- **Who will** [후월] **~?** **Why will** [와이월] **~?** **How will** [하우월] **~?**

- **What will you do when you find it?**
  네가 그걸 찾으면 어떻게 할거야?
- **Okay, well, when will she get better?**
  좋아, 어, 걔가 언제 나아질까?
- **You have forty people. Where will you hide them?**
  40명이야. 어디에다 걔네들을 숨길거야?
- **Who will be there to catch you when you fall.**
  네가 떨어지면 누가 거기서 널 잡아줄거야?
- **Who'll protect my mom?**
  누가 내 엄마를 보호해줄까?
- **Why will you get in trouble?**
  니가 왜 어려움에 처하는데?
- **How will you pay for this?**
  이거 어떻게 계산하실건가요?

2 의문사+can ~?

다음은 의문사들과 can의 발음이 어떻게 조화를 이루는지에 초점을 맞춰 본다. 또한 may의 경우 How may I help you?처럼 주로 주로 1인칭(I, we) 대명사와 어울리는 게 일반적이다.

- **What can** [왓큰] **~?** **When can** [웬큰] **~?** **Where can** [웰큰] **~?**
- **Who can** [후큰] **~?** **Why can** [와이큰] **~?** **How can** [하우큰] **~?**

- **What can I say? I know what women want.**
  뭐랄까? 난 여자들이 뭘 원하는지 알아.

- **What can** you tell me about these?
  넌 이것들에 대해 내게 뭐라고 말할 수 있는거야?
- **When can** we talk with him?
  우리 언제 걔와 얘기를 할 수 있을까?
- I want you so bad. **When can** I see you again?
  난 정말 널 원해. 언제 다시 볼 수 있을까?
- **Where can** I find him?
  어디서 걔를 찾을 수 있어?
- **Who can** blame him?!
  누가 걔를 비난할 수 있겠어?!
- **Why can** you not accept the truth?
  넌 왜 진실을 받아들이지 못하는거야?
- **How can** you be sure it was John's truck?
  그게 존의 트럭이었다고 어떻게 확신하는거야?

7 의문사+would/should/could/might

1 의문사+ would ~?

조동사 과거형 would와 각종 의문사와의 만남. 「의문사 + would」다음에는 다양한 인칭이 오지만 여기서는 의문사와 조동사만 한세트로 들어보자.

- **What would** [왓우어ㄷ] **~? When would** [웬우어ㄷ] **~? Where would** [웰우어ㄷ] **~?**
- **Who would** [후우어ㄷ] **~? Why would** [와이우어ㄷ] **~? How would** [하-우어ㄷ] **~?**

- **How would** you feel if he touched me? What would you do?
  걔가 날 만지면 네 기분이 어떨 것 같아? 넌 어떻게 할거야?
- **What would** you do if you actually met God one day.
  네가 언젠가 진짜로 신을 만난다면 너 어떻게 할거야?
- **When would** I have time to go out and get in trouble?
  나가서 사고칠 시간이 내가 어디 있어?
- Garcia said he's got nobody. **Where would** he go?
  가르시아가 걔는 아는 사람이 아무도 없대. 어디에 갔을까?
- **Why would** I have to sleep with you?
  내가 왜 너와 자야 하는데?
- Let me ask you a question. **How would** you protect our country?
  하나 물어보자. 너 어떻게 우리나라를 지킬거야?

2 의문사+should ~?

조동사 과거형 should의 경우. 마찬가지로 인칭대명사와의 연음은 생략하고 의문사와 조동사의 발음을 통째로 익혀보기로 한다.

- **What should** [왓슈ㄷ] **~? When should** [웬슈ㄷ] **~? Where should** [웰슈ㄷ] **~?**
- **Who should** [후슈ㄷ] **~? Why should** [와이슈ㄷ] **~? How should** [하우슈ㄷ] **~?**

- **What should I do first in New York?**
  내가 뉴욕에서 제일 먼저 뭘 해야 하는데?
- **What should we tell them?**
  우리는 걔네들에게 뭐라고 말해야 할까?
- **I went too far, didn't I? When should I have stopped?**
  내가 너무 심했지, 그지 않아? 내가 언제 멈췄어야 했는데?
- **Where should I take my clothes off?**
  내 옷을 어디에다 벗어놔야 돼?
- **Thanks. Where should I put this?**
  고마워. 이거 어디에다 두어야 돼?
- **Who should I be looking at?**
  내가 누굴 바라다보고 있어야 돼?
- **Why should we believe your evidence?**
  우리가 왜 네 증거를 믿어야 돼?
- **How should I know? We were at the movies.**
  내가 어떻게 알아? 우리는 영화보고 있었어.

3 의문사+could ~?

could도 마찬가지. 여러 인칭과 어울리는 사교적인 조동사이지만 여기서는 의문사와 조동사 could의 '결합발음'만을 귀에 박히도록 들어보자.

- **What could** [왓쿠ㄷ] **~? When could** [웬쿠ㄷ] **~? Where could** [웰쿠ㄷ] **~?**
- **Who could** [후쿠ㄷ] **~? Why could** [와이쿠ㄷ] **~? How could** [하우쿠ㄷ] **~?**

- **What is he hiding? What could be so bad?**
  걔 뭘 숨기는거야? 뭐가 그렇게 나쁠수가 있지?
- **When could you come over to my place?**
  넌 언제 우리 집에 올 수 있어?

- **Where could I find someone who looks exactly like me?**
  어디서 나랑 똑같은 사람을 찾을 수 있겠어?
- **Who could say "no" to me?**
  누가 내게 "아니"라고 말할 수 있겠어?
- **How could you not recognize me?**
  어떻게 날 못알아볼 수가 있어?
- **How could you know that?**
  이걸 어떻게 알았어?

MEMO

SECTION 02
한 눈에 보고 바로 이해하는 미드영어 필수표현

실제대화 001

I'll be back soon
금방 돌아올게

Gina **Are you ready to go to the store with me?**

Eddie **No, I really can't go with you now.**

Gina **All right, tell me why you can't go to the store.**

Eddie **Be cool. I've just got too much work to do here.**

Gina **You rather stick around than go shopping?**

Eddie **Absolutely. By the way, how long are you going to be gone?**

Gina **Don't worry, I'll be back soon. I've just got to get a few things.**

Gina 나랑 가게에 갈 준비됐어?

Eddie 안돼, 정말 지금 너와 갈 수가 없어.

Gina 알았어, 왜 가게에 갈 수 없는지 이유를 말해봐.

Eddie 진정하라구. 나 여기서 할 일이 너이 너무 많아.

Gina 쇼핑하러가기 보다는 여기 죽치고 있겠다는거구만.

Eddie 물론이지. 그런데 말야, 얼마동안 자리를 비울거야?

Gina 걱정마, 금방 돌아올게. 몇 가지만 사면 돼.

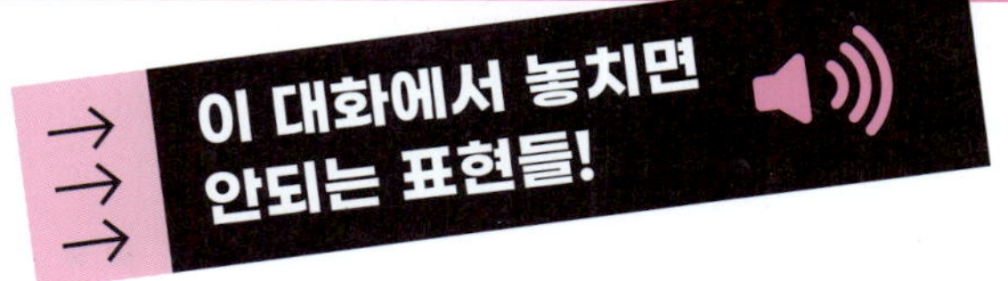

1 Are you ready to go? 갈 준비됐어? » Are you ready to go?

We're late for the theater. Are you ready to go?
극장에 늦었어. 갈 준비됐어?

2 All right 좋아, 알았어 »

All right, everyone, calm down!
알았어, 다들 진정해!

3 Be cool 진정해, 침착해 »

All right, relax, just relax. Be cool.
알았어, 긴장풀라고. 진정하고.

4 Absolutely 물론이지 »

Absolutely! I could go vegetarian.
물론야! 난 채식주의자가 될 수 있어.

5 by the way 참, 그런데, 그건 그렇고 »

Oh! By the way, can I borrow some rum from your place?
오! 그건 그렇고, 네 집에서 럼주 좀 빌려줄테야?

6 I'll be back soon 금방 돌아올게 »

Could you pour me some water? I'll be back soon.
물 좀 따라줘. 금방 돌아올게.

실제대화 002

I'll catch you later

나중에 연락할게

Anne I don't understand it. **Why do you look so tired?**

Mike I'm exhausted. **I stayed up all of last night.**

Anne Cheer up! **You'll be able to go to bed early tonight.**

Mike I guess so. **Unfortunately, my wife and I fight every night.**

Anne **Just go get a hotel room and grab a nap. No one will bother you.**

Mike **Hey, that's a great idea.** I love it!

Anne **So go do that right now.** I'll catch you later.

Anne 어째 그래? 왜 그렇게 피곤해보여?

Mike 지쳤어. 밤을 꼬박 샜거든.

Anne 기운 내! 오늘은 일찍 잘 수 있잖아.

Mike 그럴 수도 있지. 불행하게도 아내랑 매일 밤 싸워.

Anne 그냥 호텔방에서 가서 낮잠이나 자. 아무도 방해하지 않을거야.

Mike 야, 그것 참 좋은 생각이다. 맘에 들어!

Anne 그럼 지금 당장 가서 그렇게 해. 나중에 연락할게.

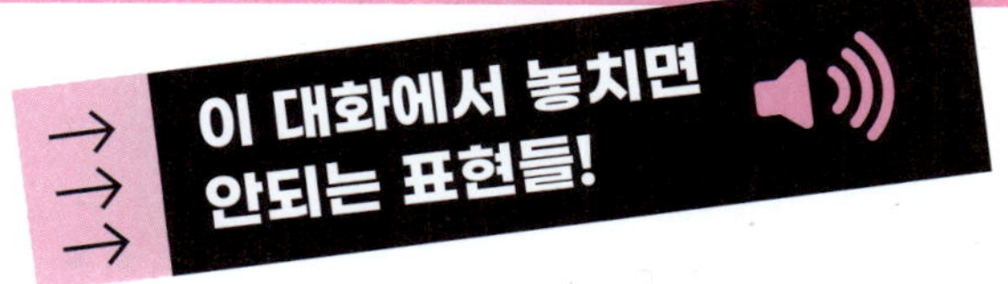

1 I don't understand (it) 왜 그런지 모르겠어, 알 수가 없네

》 I don't understand (it)

I don't understand. Why do we need private sessions?

이해가 안돼요. 왜 우리가 개인상담이 필요한가요?

2 I'm exhausted 지쳤어 》

I've been drinking lots of cups of coffee because I'm exhausted!

난 너무 지쳐서 커피를 마시고 있는 중야!

3 Cheer up! 기운내! 》

Cheer up! You're gonna see him again, right?

힘내! 기운내라고! 걔를 다시 보게 될거야, 그지?

4 I guess so 아마 그럴 걸 》

I guess so. I didn't see anyone.

그럴 걸. 난 아무도 못봤어.

5 I love it! 정말 좋다! 》

Are you kidding? I love it.

내 맘에 꼭들어! 그걸 말이라고 해? 정말 맘에 든다고.

6 Catch you later 나중에 보자 》

Look, I'm running late. I'll catch you later.

이봐, 나 늦겠어. 나중에 보자.

실제대화 003

Are you serious?

정말야?

Rudy **Excuse me, did you hear someone was robbed in this building?**

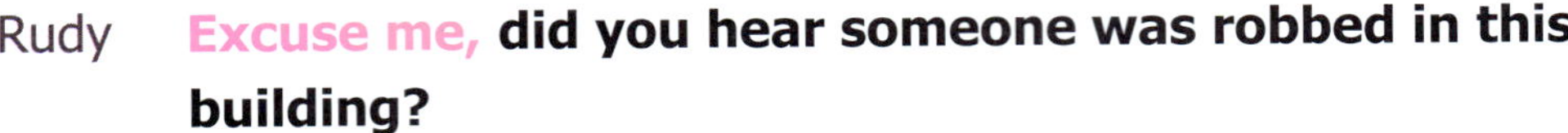

Tina **Are you serious? Was the security guard on duty?**

Rudy **Yeah, he was downstairs, same as always.**

Tina **Well, I guess we need to keep our doors locked all the time.**

Rudy **That's right, stay safe. And good luck to you.**

Tina **Thanks for the info. Could I call you if I ever see a prowler?**

Rudy **You're very welcome. And please call me any time.**

Rudy 저기, 이 빌딩에 도둑이 들었다는거 들었어?

Tina 정말야? 경비원들이 근무하고 있었대?

Rudy 어, 언제나처럼 밑에 층에 있었어.

Tina 그럼, 우리 항상 문을 잠그고 있어야겠네.

Rudy 맞아, 조심하고 행운을 빌어.

Tina 알려줘서 고마워. 혹 수상한 사람보면 연락해도 돼?

Rudy 물론이지. 언제든지 전화해.

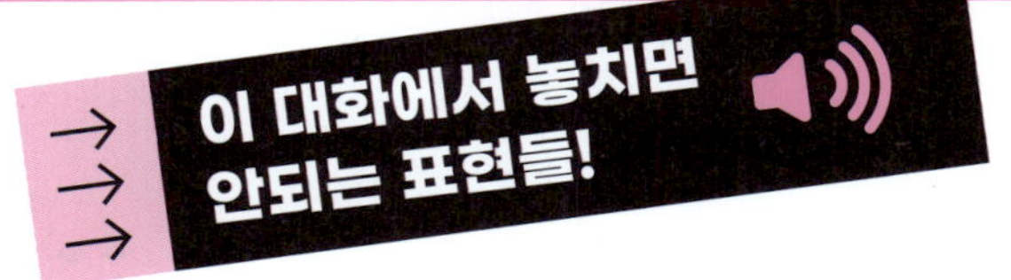

1 Excuse me 실례해요, (말꺼내면서) 저기 » Excuse me

Excuse me, I'll come back later.
실례지만, 나중에 다시 올게요.

2 Are you serious? 정말이야?, 농담 아냐? »

She's a virgin? Are you serious?
걔가 처녀라고? 정말이야?

3 Same as always 맨날 똑같지 뭐 »

You know what? Your relationship is the same as always.
그거 알아? 네 관계는 늘상 똑같아.

4 Good luck to you 행운을 빌어 »

Good luck to you guys. You can do it!
너희들 모두에게 행운을 빌어. 너희들은 할 수 있어!

5 Could[Can] I call you? 나중에 전화해도 될까요?

»

Dad, can I call you back tomorrow?
아빠, 내일 전화 다시 해도 돼요?

6 You're (very) welcome 천만에, 별말씀요, 물론이지

»

You're welcome. We'll talk about it later.
천만에. 우리 그 얘기는 나중에 하자.

실제대화 004

How about you?

너는 어때?

Ted **Thank you for the party to welcome me home. I enjoyed it.**

Mary **That's great. Everyone had a lot of fun.**

Ted **I'd like to have another drink. How about you?**

Mary **No thanks. It's getting late and I must go home.**

Ted **Do you really have to get going?**

Mary **I'm afraid so. I need to wake up early tomorrow.**

Ted **OK, goodbye for now. And thank you for everything.**

Ted 집에 돌아온 나를 환영하는 파티를 열어줘 고마워. 즐거웠어.

Mary 잘됐다. 다들 재미 엄청 있었어.

Ted 난 한잔 더 하고 싶은데. 넌 어때?

Mary 난 됐어. 늦었는데 집에 가야 돼.

Ted 정말 꼭 가야 돼?

Mary 그래야 될 것 같아. 내일 일찍 일어나야되거든.

Ted 좋아, 그럼 오늘은 그만 헤어지자. 여러모로 고마웠어.

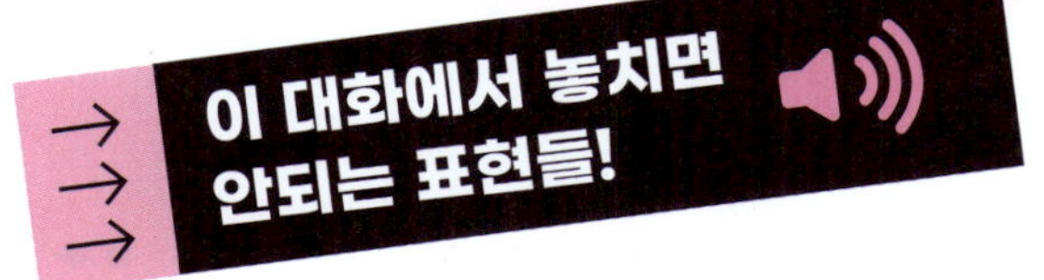

1 Welcome home 어서 와, 잘 다녀왔어 » Welcome home

Welcome home, Director. How was the Interpol conference?
국장님 어서 오세요. 인터폴 회의는 어땠어요?

2 That's great 아주 좋아, 대단해, 잘됐다 »

That's great! I'm so glad you had a good time in France!
잘됐다! 네가 프랑스에서 즐거웠다니 너무 좋다!

3 Have fun 즐겁게 지내 »

And we're gonna have a lot of fun, right?
그리고 우리는 재미있게 노는거지, 그렇지?

4 How about you? 네 생각은 어때? »

I had fun. How about you?
난 재미있었어. 너는 어때?

5 I'm afraid so (안타깝게도) 그런 것 같아 »

I'm afraid so. It looks like you're the latest victim.
그런 것 같아. 네가 마지막 피해자인 것 같아.

6 Goodbye for now 그만 여기서 작별하죠 »

Goodbye for now. I'll see you next week.
그만 헤어지고, 다음 주에 보자.

실제대화 005

That's right

맞아, 어 그래

Laura **Hello there,** how may I help you?

Pete **I need ten dollars right now!** Hurry up!

Laura Wait a minute, **why should I give you any money?**

Pete **My girlfriend is sick, and I need to pay for a taxi to her house.**

Laura Be honest, **you really think I'll give you ten dollars?**

Pete That's right. **I'm sure you can help me.**

Laura I'm sorry about this, **but I won't pay for your taxi.**

Laura 야, 안녕, 뭘 도와줄까?

Pete 지금 당장 10달러 필요해! 빨리!

Laura 잠깐만, 내가 왜 너한테 돈을 줘야 하는데?

Pete 여친이 아파서 집에까지 데려다 줄 택시비가 필요해.

Laura 솔직히 얘기해봐, 넌 내가 너한테 10달러를 줄거라 생각하는거야?

Pete 어. 네가 날 도울거라 확신해.

Laura 미안하지만, 네 택시비를 대주지 않을거야.

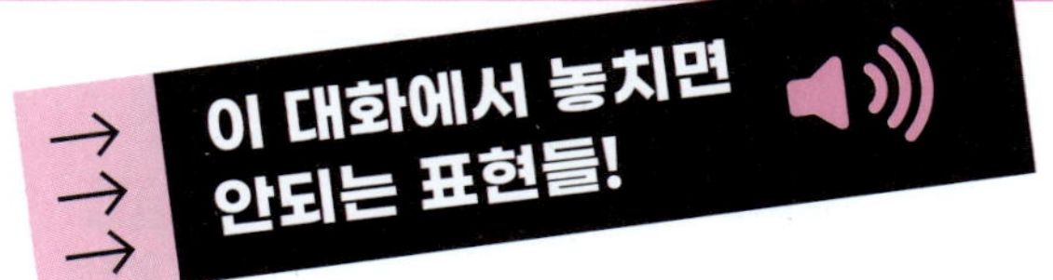

1 How may I help you? 어떻게 도와드릴까요? » How may I help you?

Rachel Green's office, how may I help you?
레이철 그린 사무실입니다, 뭘 도와드릴까요?

2 Hurry up! 서둘러! »

Hurry up! You promised to get me to the zoo by 2:00.
서둘러! 2시까지 동물원에 데려가기로 했잖아.

3 Wait a minute[second] 잠깐만 »

Wait a minute. I've got an idea.
잠깐만. 내게 좋은 생각이 떠올랐어.

4 Be honest 솔직히 털어놔 »

Now, tell me what you see. Be honest.
이제, 보이는 것을 내게 말해봐. 솔직하게 말야.

5 That's right 맞아, 그래 »

That's right, Chris. It's now or never.
맞아. 크리스. 지금 아니면 기회가 없어.

6 I am sorry about that 미안해 »

Hey, I'm sorry about that. Are you okay?
저기, 그거 미안해. 너 괜찮아?

실제대화 006

Doing okay?

잘 지내?, 괜찮아?

Megan **Hey there Jeff. Are you doing okay today?**

Jeff **I'm good. I'm on my way to a blind date.**

Megan **That's nice. What time are you two meeting?**

Jeff **Right away. We've got plans to go to the theater.**

Megan **I like that. Going to see a play is a lot of fun.**

Jeff **Yes, it is. Well, I'm sorry, but I've got to go now.**

Megan **Okay, have a good time. I'll see you later.**

Megan 안녕, 제프. 오늘 어때?

Jeff 좋아. 소개팅하러 가는 중이야.

Megan 잘됐다. 언제 만나는데?

Jeff 지금 바로. 우리는 극장에 갈 계획야.

Megan 좋지. 연극보러가는 건 정말 재미있어.

Jeff 맞아, 그래. 저기, 미안하지만, 나 지금 가봐야 돼.

Megan 좋아. 좋은 시간 보내고. 나중에 보자.

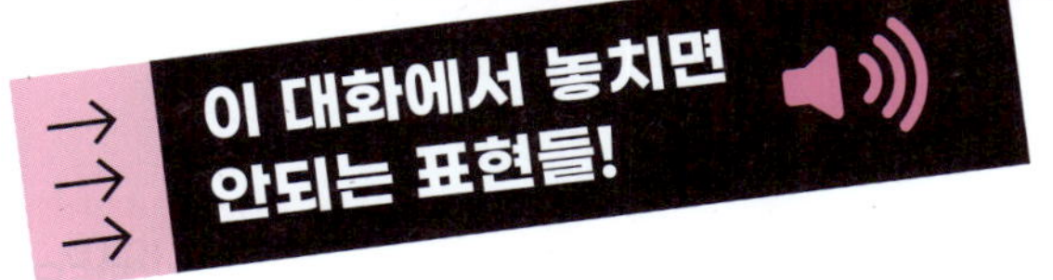

1 (Are you) Doing okay? 잘지내?, 괜찮아? » (Are you) Doing okay?

So are guys doing okay?
그래, 너희들 잘지내고 있어?

2 That's nice 좋아 »

Well, that's nice, but what about our lives?
저기, 좋아, 하지만 우리의 삶은 어떻게 되는거야?

3 Right away 지금 당장 »

I need you back here right away.
너 지금 당장 이리로 돌아와라.

4 I've got plans 나 계획있어 »

Can't do it. I've got plans this weekend.
안돼. 이번 주말에 계획이 있어.

5 I like that 그거 좋은데, 맘에 들어 »

I like that! That's exactly what we need.
맘에 들어! 바로 우리가 필요한거야.

6 (I'll) See you later 나중에 봐 »

Well, I gotta go you guys. I'll see you later.
자, 얘들아, 나 가야 돼. 나중에 봐.

실제대화 007

It's my fault

내 잘못이야

Angie **You look kind of sad. Is everything okay?**

Phil **I'm cool, it's just that I may be getting a divorce soon.**

Angie **No way! How's your family doing? Are they upset?**

Phil **Yes, but it's my fault. I've fallen in love with someone else.**

Angie **Look, let's talk tomorrow. Do you have time to get together?**

Phil **Yes, I can meet you for lunch. Thanks for your concern.**

Angie **It's my pleasure. Anything I can do to help.**

Angie 너 좀 슬퍼보여. 다 괜찮은거야?

Phil 괜찮아, 곧 이혼할 지도 몰라서야.

Angie 말도 안돼! 너희 가족은 어때? 화나 있어?

Phil 어, 하지만 내 잘못이야. 내가 다른 사람과 사랑에 빠졌거든.

Angie 이봐, 내일 얘기하자. 내일 만날 시간 돼?

Phil 어, 점심때 만날 수 있어. 걱정해줘서 고마워.

Angie 무슨 말을. 도움이 된다면 뭐든지 할게.

이 대화에서 놓치면 안되는 표현들!

1 (Is) Everything okay? 잘 지내지?, 일은 다 잘 되지?

» (Is) Everything okay?

You've been quiet all morning. Is everything okay?
아침내내 말이 없네. 무슨 일 있어?

2 I'm cool 잘 지내, 난 괜찮아 »

I'm cool. Have a great time.
난 괜찮아. 즐겁게 지내.

3 How's the[your] family? 가족들은 다 잘 지내죠? »

How's the family? Is everything okay at home?
가족들 다 잘 지내? 집에 별 일 없지?

4 It is my fault 내 잘못이야 »

'Cause my dad thinks this is my fault.
아빠는 그게 내 잘못이라고 생각하기 때문이야.

5 Let's talk 같이 이야기해보자 »

Let's talk about it in the morning, okay?
아침에 그거에 대해 얘기해보자, 알았지?

6 It's my pleasure 도움이 됐다니 내가 기쁘네, 무슨 말을, 별말씀을

»

It's my pleasure. I'm always happy to help Chris out.
무슨 말을. 언제든 기쁜맘으로 크리스를 난 도와줘.

실제대화 008

Are you sure?

정말이야?

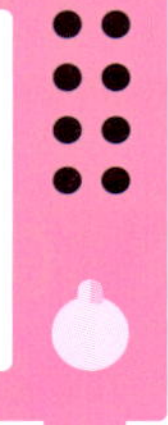

Andrew **Hi Carol. Long time no see.**

Carol **Nice to see you too. I think it's been a few years.**

Andrew **Are you sure? Didn't I see you at my Christmas party?**

Carol **No, I wasn't there. Anytime you have a party, I miss it.**

Andrew **Oh, that's sad. Would you like my wife to e-mail you party invitations?**

Carol **No, thank you. I really don't like going to parties.**

Andrew **Are you okay? I thought everyone liked social events.**

Andrew 안녕, 캐롤. 오랜만이야.

Carol 나도 만나서 반가워. 몇 년만인 것 같아.

Andrew 정말야? 내 크리스마스 파티 때 보지 않았어?

Carol 아냐, 난 안 갔었어. 네가 파티할 때마다, 내가 놓치잖아.

Andrew 안됐다. 아내보고 파티 초대장 보내라고 할까?

Carol 고맙지만, 됐어. 난 정말 파티에 가는 걸 싫어해.

Andrew 그래도 되겠어? 다들 사교모임을 좋아한다고 생각했는데.

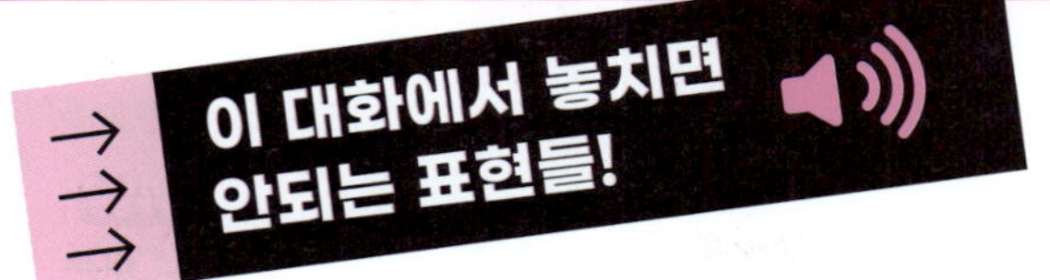

1 Long time no see 오랜만이야 » Long time no see

Long time no see, **Mr. Miller. Where have you been?**
밀러 씨, 오래간만예요. 어디 계셨어요?

2 Nice to see you 만나서 반가워요, 반가웠어요 »

Peter, nice to see you, **but Steve and I have a meeting.**
만나서 피터, 만나서 반갑지만, 스티브와 회의중이야.

3 Are you sure? 정말이야? »

She seems to hate you. Are you sure?
걘 너를 싫어하는 것 같은데, 정말이야?

4 Anytime 언제든지, 별말씀을 »

Yeah, anytime, **Chris. I'll see you tonight, okay?**
그래, 언제든지, 크리스. 저녁에 보자, 알았지?

5 No, thank you 고맙지만 사양하겠어 »

No, thank you. **It's all right.**
고맙지만 됐어. 괜찮아.

6 Are you okay? 괜찮아? »

Hi. Are you okay? **I've been texting you all day.**
안녕, 별 일없지? 종일 문자를 보냈는데.

실제대화 009

How are you doing?

어떻게 지내?, 잘 지내?

Leon **Hi there Brittany. How are you doing?**

Brittany **I'm nervous. Someone robbed our store and a clerk got killed.**

Leon **Oh my God! Are you all right? Were you hurt?**

Brittany **Sure, I'm okay, but I can't believe someone got murdered.**

Leon **Same here. This place always seems so safe.**

Brittany **It's not always as safe as you think. I need to go speak to the cops.**

Leon **Alright, take care then. I hope this never happens again.**

Leon 안녕, 브리티니. 어떻게 지내?

Brittany 떨려. 우리 가게가 털렸고 점원이 살해됐어.

Leon 맙소사! 너 괜찮은거야? 다쳤니?

Brittany 어, 난 괜찮지만 사람이 살해되다니 믿기지 않아.

Leon 나도 그래. 이 곳은 안전한 것 같았는데.

Brittany 네 생각처럼 항상 그런 것은 아냐. 경찰한테 가서 진술해야 돼.

Leon 그래, 그럼 조심하고. 이런 일이 다시는 없었으면 좋겠다.

이 대화에서 놓치면 안되는 표현들!

1 How are you doing? 안녕?, 잘 지냈어?, 어때? » How are you doing?

How you doing? You look terrific.
잘 지냈어? 너 아주 끝내주게 멋져 보인다.

2 (Are) You all right? 괜찮아? »

Oh, my God! I'm so sorry! Are you all right?
맙소사! 정말 미안해! 괜찮아?

3 Sure 물론, 당연하지, 뭘 »

Sure. He's a nice guy, a hard worker.
그럼. 걘 멋지고 일도 열심히 하는 친구야.

4 Same here 나도 그래 »

A: Nice to meet you. B: Same here.
A: 만나서 반가워. B: 나도 그래.

5 Not always 항상 그런 건 아니야 »

First of all, these tests are not always accurate.
무엇보다도, 이런 테스트는 항상 정확한게 아니야.

6 Take care! 조심하고!, »

Take care. Good to see you.
잘 가! 잘 가고. 만나서 반가웠어.

실제대화 010

Are you insane?

너 미쳤어?, 정신나갔어?

Linda **I heard you got in a fight last night. How are you doing today?**

Sam It was my mistake. **I got drunk and punched someone.**

Linda Are you insane? **You'll get thrown into jail.**

Sam You're right. **I didn't get arrested, but I cut my hand.**

Linda It's all right? **I don't see where it was injured.**

Sam **Yeah, it was just a small cut. Thanks for asking.**

Linda What are friends for? **But I hope you're more careful in the future.**

Linda 어젯밤에 싸웠다며. 오늘은 괜찮아?

Sam 내가 잘못했어. 술취해서 폭행을 했어.

Linda 너 미쳤냐? 감방에 갈거야.

Sam 네 말이 맞아. 체포되지는 않았지만 손을 벴어.

Linda 괜찮아? 어디 다친 데가 보이지 않는데.

Sam 어, 조금 베였어. 물어봐줘서 고마워.

Linda 친구 좋다는게 뭐야? 하지만 앞으로는 좀 더 조심해.

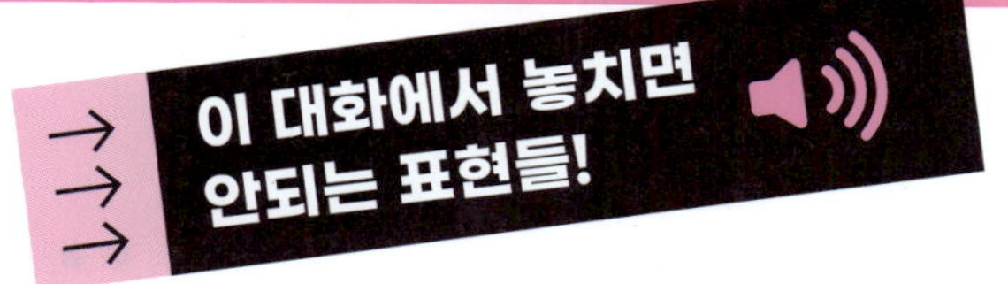

1 It was my mistake 내 잘못이야 » It was my mistake

Honey don't worry, it was my mistake.
자기야, 걱정마, 그건 내 잘못이었어.

2 Are you insane? 너 돌았니? »

Are you insane? You're gonna miss Chris!
너 미쳤니? 너 크리스를 잃게 될거야!

3 You're right 네말이 맞아 »

Jack, you're right. Maybe we shouldn't tell her.
잭, 네 말이 맞아. 걔한테 말하지 않는게 좋을 것 같아.

4 That's all right 괜찮아, 됐어 »

That's all right. I'll get over it.
괜찮아. 난 이겨낼거야.

5 What are friends for? 친구 좋다는게 뭐야? »

You don't need to thank me. What are friends for?
나한테 고맙다고 할 필요없어. 친구 좋다는게 뭐야?

실제대화 011

Don't be upset

화내지마, 속상해하지마

Rich How's it going, Helena? You look unhappy.

Helena You know, I really hate being a cop at a murder scene.

Rich Don't be upset. We have a very important job to do.

Helena Guess what? Not everyone likes seeing blood and dead bodies.

Rich You have to get used to it. Soon it becomes very normal.

Helena Never mind. I'm sure you're right about this.

Rich Yes, I am. This is just an unpleasant part of our work.

Rich 헬레나, 어떻게 지내? 안좋아보여.

Helena 저말야, 난 정말이지 경찰로 살인현장에 있는게 너무 싫어.

Rich 화내지마. 우린 매우 중요한 일을 하는거야.

Helena 그거 알아? 모든 사람이 피를 보고 죽은 시체 보는 것을 좋아하는 것은 아냐.

Rich 익숙해져야지. 곧 일상적으로 보일거야.

Helena 신경쓰지마. 네 말이 맞을거야.

Rich 어, 그래. 이건 단지 우리 일의 불쾌한 한 부분일 뿐이야.

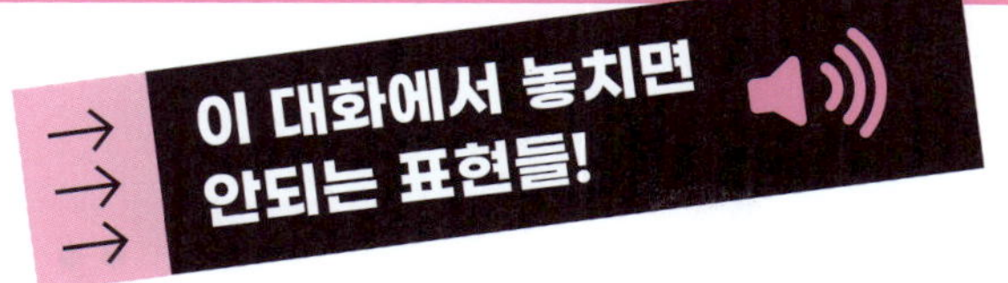

1 How's it going? 잘 지내?, 어때? » How's it going?

How's it going? How you holding up?
어떻게 지내? 어떻게 견디고 있는거야?

2 You know 저기 말야 »

I mean, you know, we've never really talked.
저기 말야, 내 말은 우리가 정말 진지하게 얘기해본 적이 없다는거야.

3 Don't be upset! 화내지 말고! »

I'm sorry, please don't be upset, it could happen to anyone.
미안, 제발 화내지마, 누구에게든 일어날 수 있는 일이야.

4 Guess what? 저기 말야?, 그거 알아? »

Guess what? Chris is going to be in a TV commercial!
그거 알아? 크리스가 TV광고에 나올거래!

5 You have to get used to it 적응해야지 »

You need to get used to being alone.
넌 홀로 지내는 거에 적응해야 돼.

6 Never mind 신경쓰지마, 맘에 두지마 »

Whatever. Never mind. I'll bring him back tomorrow.
어쨌든. 신경쓰지마. 내일 걜 데려올게.

실제대화 012

Do you have some time?

시간 좀 있어?

Pam **Do you have some time? I need to talk about some problems I have.**

George **Come on! You have way too many personal problems.**

Pam **Don't get mad at me. My boyfriends treat me badly.**

George **Damn it, just stop dating so many losers!**

Pam **Don't worry, someday I'll find the man of my dreams.**

George **I hope it's no problem for you, but I think the men you like suck.**

Pam **Watch it! I don't intentionally date guys who are bad.**

Pam 시간 좀 있어? 내 문제 좀 이야기해야 돼.

George 이봐! 넌 개인적 문제가 너무나 많아.

Pam 내게 화내지마. 내 남친들도 내게 못되게 군다고.

George 젠장, 그런 한심한 놈들하고 데이트 좀 그만해!

Pam 걱정마, 언젠가 내가 꿈에 그리던 남자를 찾을거야.

George 네게는 별 문제가 아니기를 바라지만 네가 좋아하는 남자들은 밥맛인 것 같아.

Pam 말 조심해! 내가 일부러 별로인 놈들하고 데이트하는 것은 아냐.

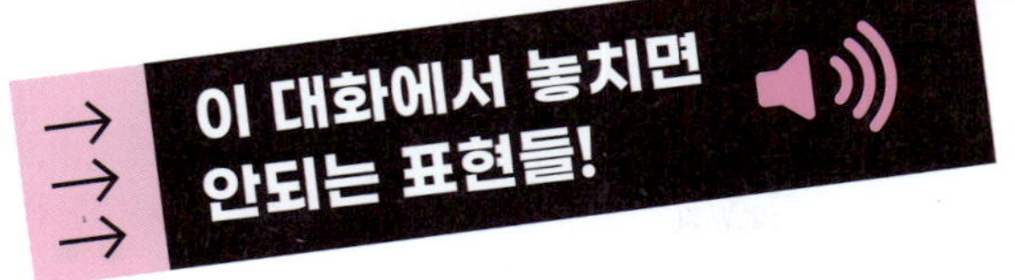

1 Do you have (some) time? 시간 있어요? » Do you have (some) time?

Do you have to go to the new house right away, or do you have some time?

새집으로 지금 바로 가야 돼, 아니면 시간 좀 돼?

2 Come on! 어서!, 그러지마!, 제발!, 자 덤벼! »

Come on! Not all married women feel that way.

그런 말마! 유부녀가 다 그렇게 느끼는 것은 아냐.

3 No problem 문제없어 »

Oh, no problem. I'm just gonna move in with you.

어, 문제없어. 너와 동거할게.

4 Don't get mad (at me)! 열받지 말라고! »

Don't get mad. She asked me to come.

화내지마. 걔가 나보고 와달라고 했어.

5 Don't worry 걱정마, 미안해할 것 없어 »

Don't worry about me, I'll be fine.

내 걱정마, 난 괜찮을거야.

6 Watch it! 조심해! »

Watch it! Hands off!

조심해! 내 몸에서 손을 떼라고!

실제대화 013

This is for you

이거 너 주려고

Jack These are for you. **I hope you like them.**

Brenda Excuse me? **Why are you giving me roses?**

Jack **I want to show I'm so happy I met you.** Today is my lucky day.

Brenda I had no idea **that you felt that way about me.**

Jack **Oh, absolutely.** You look great **tonight. I'm falling in love.**

Brenda That's not true, **is it? We just met a week ago.**

Jack **Haven't you ever heard of love at first sight?**

Jack 이거 너 주려고. 맘에 들었으면 해.

Brenda 뭐라고? 왜 내게 장미를 주는거야?

Jack 널 만나서 정말 행복하다는 걸 보여주고 싶어서. 오늘은 내겐 운좋은 날이잖아.

Brenda 네가 나를 그런 식으로 느끼는지 몰랐어.

Jack 물론이고 말고. 너 오늘밤에 멋져보이고, 난 사랑에 빠졌어.

Brenda 진짜 아니지, 그지? 우리 만난지 일주일 되었잖아.

Jack 첫눈에 반한 사랑에 대해 들어본 적 없어?

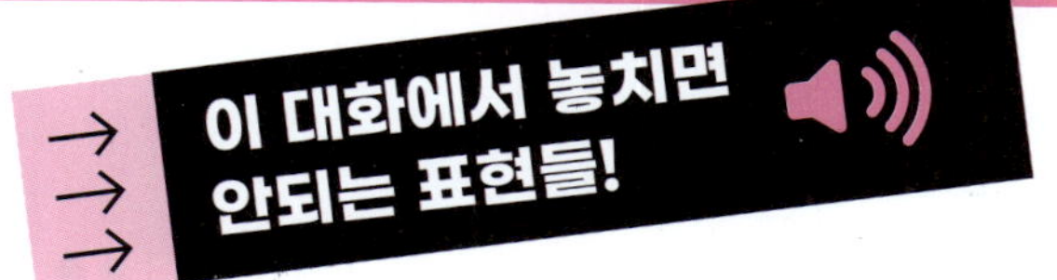

1 This is for you 널 위해 준비했어, 이건 네거야 » This is for you

This is for you. I gave one to all the boys in the hall.
이거 네거야. 기숙사 남자애들에게 하나씩 다 줬어.

2 Excuse me? 뭐라구요?, 잠깐만요? »

Excuse me? Did you just say this man was a partner?
뭐라구? 이 남자가 파트너라고 말한거야?

3 Today is my lucky day 오늘 일진좋네 »

You're thinking, "Today's my lucky day, the window's not locked."
넌 생각하지," 오늘 일진 좋으네, 창문도 잠겨져 있지 않고."

4 I have no idea 몰라, 모르겠어 »

I have no idea what you two are talking about.
너희들이 무슨 이야기를 하는지 모르겠어.

5 You look great! 너 멋져 보인다! »

You look great. Did you get a haircut?
너 정말 멋지다. 머리 깎았어?

6 That's not true (is it?) 그렇지 않아 »

That's not true. I know great couples that met on blind dates.
그렇지 않아. 소개팅에서 만난 멋진 커플들을 알고 있어.

실제대화 014

What a shame!

안됐네!

Mitt **Good morning. What can I do for you?**

Celia **My dad got sick this morning, and I need medical advice.**

Mitt **What a shame. Well, come on in and tell me about it.**

Celia **He said his stomach was hurting after he ate.**

Mitt **Give him some of this pink medicine. We'll see if it helps.**

Celia **Okay. Thank you, and I'll call to tell you if he feels better.**

Mitt **Sounds good. Give my best to your folks.**

Mitt 안녕. 무슨 일이야?

Celia 아빠가 오늘 아침 아프셔서 의료관련 조언이 필요해.

Mitt 안됐구나. 저기, 어서 들어와서 말해봐.

Celia 식후에 배가 아프시다고 하셨어.

Mitt 이 핑크색 약을 조금 드려봐. 약효가 드는지 보자고.

Celia 좋아. 고마워, 나아지시는지 전화해서 알려줄게.

Mitt 좋아. 가족들에게 안부 전해드리고.

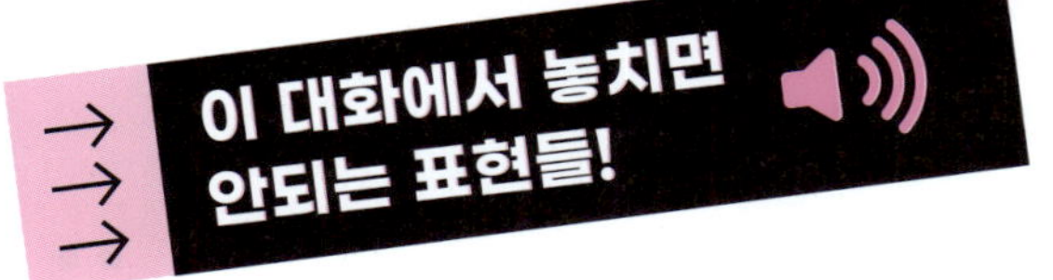

1 What can I do for you? 뭘 도와드릴까요? » What can I do for you?

Officers, what can I do for you?
경관님들, 무슨 일이세요?

2 What a shame! 안됐구나! »

What a shame. The conversation's over.
안됐지만, 대화는 이제 끝났어요.

3 Come on in 어서 들어와 »

Come on in. Let me take your coat.
어서 들어와. 코트는 내게 주고.

4 We'll see 좀 보자고, 두고 봐야지 »

We'll see if Jack wants to come back.
잭이 돌아오고 싶어하는지 두고보자고.

5 Give my best to your folks 가족에게 안부전해줘 »

I'm fine. Send my best to your dad.
난 괜찮아. 네 아빠에게 안부전해줘.

실제대화 015

Forget about that
그건 됐어, 잊어버려

Tim **Feel free to ask** **me anything you want.**

Joanna **Hang on a minute,** **you'll answer any questions I have?**

Tim **Well, I won't answer questions about my sex life.** **Forget about that.**

Joanna **For shame.** **I thought you'd be honest about everything.**

Tim **Hey,** **whatever.** **I need to keep some things in my life private.**

Joanna **Well, I'm going to leave now.** **Give me a call** **if you want to be totally open.**

Tim **Oh, come on! Don't get angry and leave!**

Tim 무엇이든 물어보고 싶은거 편하게 물어봐.

Joanna 잠깐만 기다려, 뭘 물어보든지 답해줄거야?

Tim 음, 성생활에 대한 질문은 답하지 않을거야. 그건 됐고.

Joanna 아쉬워라. 네가 모든 문제에 대해 솔직할 줄 생각했는데.

Tim 야, 어쨌거나. 난 내 생활의 일부는 사적인 걸로 지켜야 돼.

Joanna 저기, 나 이제 간다. 완전히 솔직해지고 싶으면 전화해.

Tim 어, 이러지마! 화를 내고 가지마!

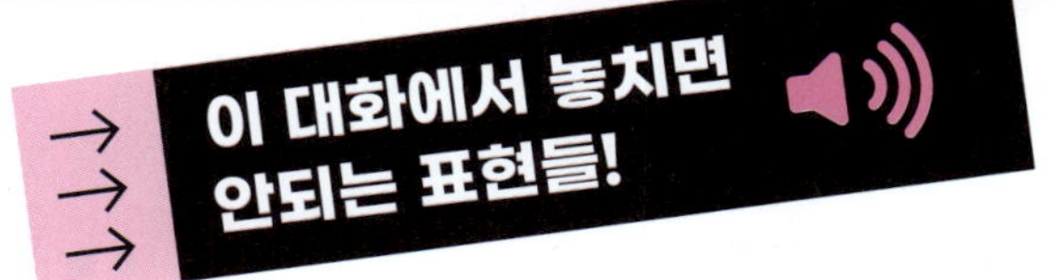

1 Feel free to ask 뭐든 물어봐, 맘껏 물어봐 » Feel free to ask

Feel free to ask any personal questions.
개인적인 질문 뭐라도 편히 해.

2 Hang on (a minute) 잠깐만, 끊지말고 기다려요 »

Hang on, do you not realize what we just did?
잠깐만, 우리가 지금 무슨 짓을 했는지 몰라?

3 Forget (about) it! 잊어버려!, 됐어! »

Honey, forget about it. I'm glad you made me come in.
자기야, 됐어. 네가 날 여기로 오게 해서 기뻐.

4 For shame 부끄러운 줄 알아야지, 창피한 일이야 »

You were flirting on your anniversary, for shame.
네 기념일에 집적대다니, 부끄러운 줄 알아야지.

5 Whatever! 뭐든지간에! »

Whatever! Everybody has problems.
어쨌거나! 문제없는 사람은 없지.

6 Give me a call 전화해 »

Give me a call when you get back in town.
다시 돌아오면 전화해.

실제대화 016

It's not that bad

그렇게 나쁘지 않아, 괜찮아

Karen **You said you had something terrible to tell me. What's up?**

Britt **It's not that bad, but I heard Phoebe cheated on her boyfriend.**

Karen **Hold it! Did you say Phoebe cheated on Brian? How come?**

Britt **She said he was ignoring her and she felt lonely.**

Karen **We better go see if we can comfort Brian.**

Britt **That's so sweet. Let's meet at his apartment at seven.**

Karen **Alright, seven is good. I'll see you then.**

Karen 내게 끔찍한 일이 있다고 말했지. 뭔 일이야?

Britt 그렇게 끔찍하지 않지만 피비가 남친 몰래 바람핀다고 들었어.

Karen 잠깐! 피비가 브라이언 몰래 바람핀다고? 어째서?

Britt 걔가 자기를 무시해서 외롭다고 했어.

Karen 가서 브라이언을 위로해보는게 낫겠어.

Britt 그럼 좋지. 7시에 걔 아파트에서 보자.

Karen 좋아, 7시 좋지. 그럼 그때 보자.

1 What's up? 안녕?, 무슨 일이야? » What's up?

My office called and said it was some kind of emergency.
What's up?
사무실에서 전화와서 급한 일이라고 하던데. 무슨 일야?

2 It's not that bad 괜찮은데, 그렇게 나쁘지 않아 »

So what do you think, Tony? It's not that bad, is it?
그래, 토니, 네 생각은 어때? 괜찮지, 맞지?

3 Hold it! 그대로 있어!, 잠깐! »

Hold it! Let me see your hands!
꼼짝마! 두손을 내가 볼 수 있도록 해!

4 That's so sweet of you 고맙기도 해라 »

You got a present for my parents? That's so sweet.
내 부모님 드릴 선물을 샀어. 정말 고마워라.

5 I'll see you then 그럼 그때 보자 »

You have no idea how grateful I am. See you then.
내가 얼마나 고마워하는지 넌 모를거야. 그럼 그때 보자.

실제대화 017

That's a good point
맞는 말이야

Olivia **Hold on a minute,** **when is the interview for the job?**

Tommy **It will start soon. Help yourself to some coffee. It's fresh.**

Olivia **I'm glad to hear it. I need some coffee.**

Tommy **The interview will be difficult. Don't give up too easily.**

Olivia **That's a good point. I always try my best.**

Tommy **And don't waste your time talking about unimportant things.**

Olivia **Okay, I've got it. Thank you for your advice.**

Olivia 잠깐만, 취업면접이 언제야?

Tommy 곧 시작할거야. 커피 좀 갖다마셔. 바로 만든거야.

Olivia 반가운 소리네. 난 커피 좀 마셔야 돼.

Tommy 면접은 어려울거야. 쉽게 포기는 마.

Olivia 맞는 말이야. 난 항상 내 최선을 다해.

Tommy 그리고 쓸데없는 이야기하는데 시간 버리지 말고.

Olivia 어, 알았어. 충고해줘서 고마워.

이 대화에서 놓치면 안되는 표현들!

1 Hold on (a second [a minute])! 잠깐만요!

» Hold on (a second [a minute])!

Hold on a second, I have another call.
잠깐만, 다른 전화가 와서.

2 Help yourself 마음껏 들어, 어서 갖다 드세요 »

You always help yourself to something sweet while you work?
넌 일하는 중에 항상 단것을 먹는거야?

3 I am glad to hear it 반가운 소리야 »

I'm glad to hear you're not seeing Cindy anymore.
네가 신디랑 더이상 안만난다니 기쁘네.

4 Don't give up too easily 너무 쉽게 포기하지마 »

You've come this far, Tammy. Don't give up now.
태미야, 여기까지 왔잖아. 지금와서 포기하지마.

5 That's a good point 좋은 지적이야, 맞는 말야 »

That's a good point. So uh, how long are you gonna punish her?
좋은 지적이야. 그럼, 어, 얼마동안이나 걜 벌줄거야?

6 Don't waste your time 시간낭비하지마 »

Come on, Mike, don't waste your time.
이봐, 마이크, 시간낭비하지 말라고.

실제대화 018

What's going on?
무슨 일이야?

Zander **What's going on? Why are the police here?**

Maddie **Some thugs just robbed a store. We're just looking for them.**

Zander **That's too bad. Does anyone know what they looked like?**

Maddie **I don't think so. They were wearing masks.**

Zander **Go on, tell me what clothes they were wearing.**

Maddie **No, that's enough talking. I need to get back to work.**

Zander **Well, I hope you're able to lock up those criminals.**

Zander 무슨 일이야? 왜 경찰들이 온거야?

Maddie 어떤 불량배들이 가게를 털었대. 그놈들을 찾고 있어.

Zander 안됐네. 누구 인상착의를 아는 사람이 있어?

Maddie 없을 걸. 마스크를 쓰고 있었대.

Zander 그놈들이 무슨 옷을 입었는지 어서 말해봐.

Maddie 싫어, 그만 얘기해. 나 다시 일해야 돼.

Zander 그래, 네가 그 범죄자들을 잡기를 바래.

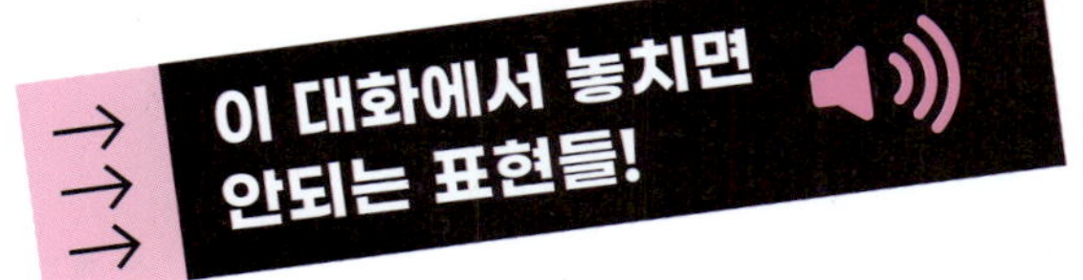

1 What's going on? 무슨 일이야? » What's going on?

What's going on? **Are you mad? Are you depressed?**
무슨 일이야? 화났어? 기분이 상했어?

2 I'm looking for you 널 찾고 있어 »

Hey, I was looking for you**. Where are you going?**
야, 너 찾고 있었어. 어디 가는거야?

3 That's too bad 저런, 안됐네, 이를 어쩌나 »

That's too bad, **but I don't love you.**
안됐네, 하지만 난 너를 사랑하지 않아.

4 I don't think so 그런 것 같지 않은데 »

I don't think so. **I've got to go back with the body.**
그렇지 않아. 다시 시신을 봐야겠어.

5 Go on 그래, 어서 계속해 »

Go on, **Catherine. Do your work.**
어서 해, 캐서린. 네 일을 하라고.

6 That's enough! 이제 그만!, 됐어 그만해! »

All right detectives, that's enough**.**
좋아요, 형사님들, 이제 됐어요.

실제대화 019

Can I ask you a question?

하나 물어볼게, 질문하나 해도 돼?

Jess **Hello, is Jen there? I need to talk with her.**

Hunt **Let me see. No, I think she left already.**

Jess **Can I ask you a question? Where did she go?**

Hunt **I think she went out with her boyfriend. She'll be back late.**

Jess **Are you nuts? I'm her boyfriend! Did she go out with another guy?**

Hunt **First things first, maybe she just went out with a friend.**

Jess **I think I'd better try calling her cell phone now.**

Jess 여보세요, 젠 있나요? 얘기 좀 해야 되는데요.

Hunt 글쎄요. 없는데요, 벌써 나간 것 같아요.

Jess 하나 물어볼게요. 어디 갔나요?

Hunt 남친하고 외출한 것 같아요. 늦게나 돌아올거예요.

Jess 미쳤어요? 내가 남친인데요! 다른 놈하고 나갔다구요?

Hunt 중요한 것부터 말하죠, 걘 아마 친구하고 외출했을 수도 있어요.

Jess 당장 핸드폰으로 전화해봐야겠군요.

이 대화에서 놓치면 안되는 표현들!

1 Is sb there? …씨 계세요?, …있어? » Is sb there?

Is Steve there? Could I speak to him?
스티브 있어요? 얘기할 수 있을까요?

2 Let me see 그러니까 (내 생각엔), 저기, 어디보자 »

Let me see. Come on, sit down and show me.
어디보자. 어서, 앉아서 내게 보여줘.

3 Can I (just) ask you a question? 질문 하나 해도 될까?
»

Excuse me. Can I ask you a question?
실례지만 질문하나 해도 될까요?

4 I'll be back 다녀 올게, 금방 올게 »

I need to draft a statement, I'll be back.
성명서 초안을 작성해야 돼. 금방 돌아올게.

5 Are you nuts? 너 미쳤니? »

Are you nuts? You can't sleep on the street.
너 미쳤냐? 거리에서 자면 안되지.

6 First thing's first 중요한 것부터 먼저 하자 »

All right, hold on okay? First things first.
좋아, 기다려, 알았지? 중요한 것부터 하고.

실제대화 020

Good for you

잘됐네, 잘하고 있어

Amanda **Pete, there's a phone call for you!**

Pete **Tell them to hold on, I'll be right there.**

Amanda **The caller wants to know if you and I want to grab some dinner.**

Pete **No way! I am really full and couldn't eat another bite.**

Amanda **So am I. Look, I'll tell the caller not right now, thanks.**

Pete **Sure, let's stay home. I've been trying to save money and this helps.**

Amanda **Good for you. You don't need to spend money at a restaurant.**

Amanda 피트, 전화왔어!

Pete 기다리라고 해, 금방갈게.

Amanda 전화한 사람이 너와 내가 저녁을 간단히 먹고 싶을건지 알고 싶어해.

Pete 절대 안돼! 정말 배불러서 한입도 더 먹지 못할거야.

Amanda 나도 그래. 야, 전화한 사람에게 고맙지만, 지금은 사양한다고 할게.

Pete 그래, 집에 있자. 돈을 절약하려는데 안나가면 도움이 될거야.

Amanda 잘하고 있어. 식당에서 돈을 쓸 필요가 없지.

이 대화에서 놓치면 안되는 표현들!

1 Phone call for you 너한테 전화왔어 » Phone call for you

There's a phone call for me?
내게 전화가 왔다고?

2 I'll be right there 곧 갈게, 지금 가 »

I'll be right there. Just stay put.
곧 갈테니까. 거기 그대로 있어.

3 No way! 절대 안돼!, 말도 안돼! »

Oh, my god! No way! She's such a fox!
맙소사! 말도 안돼! 걔는 정말 여시야!

4 So am I(or So do I) 나도 그래 »

You make your hotel bed, too? So do I.
너도 호텔가면 침대 잠자리도 다시 준비해? 나도 그래.

5 Not right now, thanks 지금은 됐어요 »

I don't want any coffee right now, thanks.
지금은 커피생각이 없어, 고마워.

6 Good for you 잘됐네, 잘했어 »

That's great. Good for you guys.
아주 좋아. 너희들 잘했어.

실제대화 021

Let's get together
우리 만나자

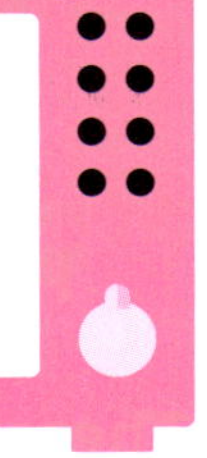

Milo **Look out, I think Mr. Stevens is out to get you.**

Scarlet **I don't care. That guy has never liked me.**

Milo **Well, it's going to be okay. He won't be your boss next year.**

Scarlet **You're saying that just for fun. He'll still be my boss.**

Milo **No, he's getting transferred in a few months. Just hang on till then.**

Scarlet **I can do that. I can't wait until he's out of here.**

Milo **Let's get together to celebrate when that happens.**

Milo 조심해. 스티븐스 씨가 널 노리고 있어.

Scarlet 상관없어. 그 사람 날 좋아한 적이 없어.

Milo 어, 괜찮을거야. 내년에 네 사장이 아니겠지.

Scarlet 그걸 농담이라고 하는거야. 아직 내 사장이라고.

Milo 아니, 몇달 후면 전근갈거야. 그때까지만 기다려.

Scarlet 그러지. 그 사람이 빨리 가는게 마구 기다려지네.

Milo 그렇게 되면 만나서 기념하자.

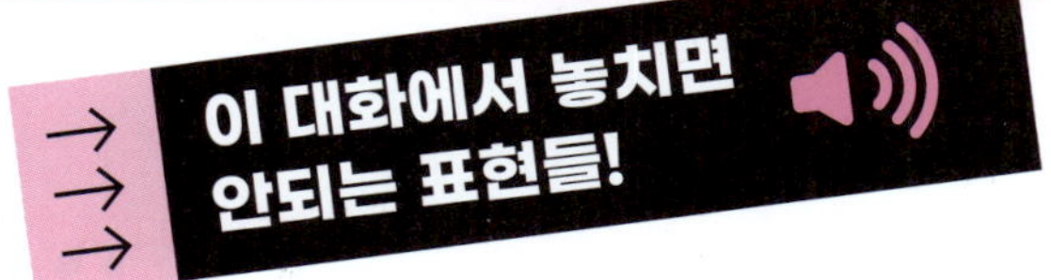

1 Look out! 조심해!, 정신 차리라고! » Look out!

Look out! Heads up! Coming through!
조심해요! 조심해요! 지나갑니다!

2 I don't care (about it) 상관없어, 관심없어 »

I don't care about making you feel better.
널 기분좋게 해주는데 관심없어

3 It's going to be okay 잘 될거야, 괜찮을거야 »

It's going to be okay, honey. Just listen to me.
자기야, 잘 될거야. 내말을 들어봐.

4 Just for fun 그냥 재미로 »

It was just for fun. We did it all the time.
그냥 장난이었어. 우린 늘상 그렇게 했어.

5 I can do that[it, this] 내가 할 수 있어 »

It's okay. I can do it.
괜찮아. 난 할 수 있어.

6 Let's get together (sometime) 조만간 한번 보자
»

Let's get together, and this time, I'll show up. Okay?
한번 보자, 이번엔 꼭 나올게. 알았지?

실제대화 022

I didn't know that

모르고 있었어

Alonzo **You're picking your nose again. Please don't do that.**

Gwen **I didn't know that it bothered you so much.**

Alonzo **It does. I'm so ashamed of your behavior.**

Gwen **Okay, okay, I won't do it. Not anymore.**

Alonzo **Good. So it's not likely you'll embarrass me again?**

Gwen **That's right. Now I don't want to talk about this stuff.**

Alonzo **Me neither. Let's just change the subject.**

Alonzo 너 또 코파고 있네. 제발 그러지마.

Gwen 그렇게 네게 신경쓰이는지 몰랐어.

Alonzo 신경씌여. 네 행동이 정말 창피하다니까.

Gwen 알았아, 알았어. 그러지 않을게. 더 이상 말야.

Alonzo 좋아. 그럼 나를 또 당황하게 만들지 않겠네?

Gwen 맞아. 이젠 이 이야기는 그만하자.

Alonzo 나도 그래. 다른 이야기하자.

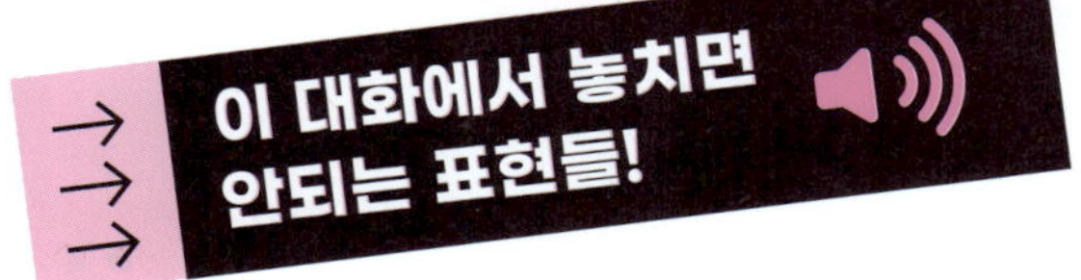

1 Please don't do that 제발 그러지마 » Please don't do that

Don't do that. **Don't pretend you don't care.**
그러지마. 상관없는 척하지 말라고.

2 I didn't know that 모르고 있었지 뭐야 »

I didn't know that. **Um, what's going on?**
난 몰랐었어. 음, 무슨 일이야?

3 I'm ashamed of you (or I'm so humiliated) 정말 창피해, 부끄러워
»

I can't believe you did this. I'm so humiliated.
네가 그랬다니 믿기지 않아. 정말 부끄러워.

4 Not anymore 이젠 됐어, 지금은 아니야 »

It did at first, but not anymore**.**
처음에는 그랬지만 지금은 아니야.

5 Not likely 그럴 것같지 않은데 »

It's not likely**. She's got 100 grand in cash.**
그럴 것 같지 않아. 걘 현금으로 백만달러를 갖고 있어.

6 Me neither 나도 안그래 »

Good! Me neither! **So it's not a problem.**
좋아! 나도 안그래! 그럼 문제가 안되네.

실제대화 023

That's for sure

확실하지, 물론이지

Alfred **I want you to say hello to a friend of mine. You two could go out.**

Isabel **I don't want you to try and set me up. It's sort of embarrassing.**

Alfred **So what? Have you dated a lot this year?**

Isabel **No, not too much. I haven't had any luck finding a boyfriend.**

Alfred **That's for sure. That's why I'm trying to help you out.**

Isabel **Look, let me think about it. I'll give you a call tonight.**

Alfred **Good, do that. I'll talk to you soon.**

Alfred 내 친구에게 인사해. 너희 둘은 나가도 좋아.

Isabel 네가 날 소개시켜주는 걸 원치 않아. 좀 당황스러워.

Alfred 그래서 어쨌다고? 금년에 데이트 많이 한거야?

Isabel 아니, 별로. 남친찾는데 운이 없었어.

Alfred 그렇겠지. 그래서 내가 널 도와주려는거야.

Isabel 저기, 생각 좀 해볼게. 오늘밤에 전화할게.

Alfred 좋아, 그렇게 해. 곧 통화하자고.

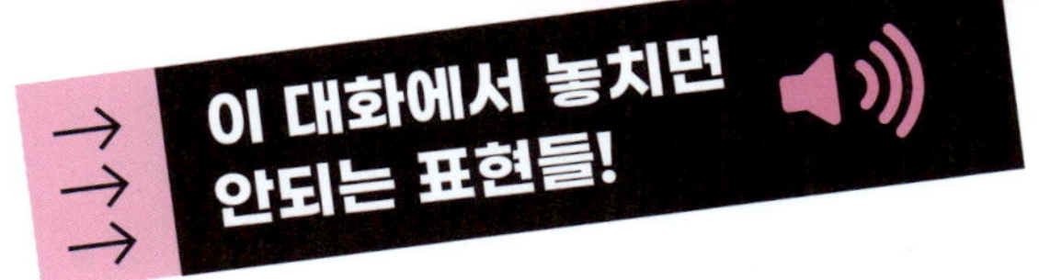

1 Say hello to sb …에게 안부 전해줘, 인사하다 » Say hello to sb

You didn't get a chance to say hello to Olivia, did you?
너 올리비아에게 인사할 기회가 없었지, 그지?

2 Sort of 어느 정도는, 다소 »

I sorta have some bad news, can I come in?
좀 안좋은 소식이 있는데, 들어가도 돼?

3 So what? 그래서 뭐가 어쨌다고? »

So what? You obviously don't love him.
그래서 뭐 어쨌다고? 넌 확실히 걔를 사랑하지 않잖아.

4 Not (too) much 별일 없어, 그냥 그럭저럭 »

A: What did Penny tell you? B: Not too much.
A: 페니가 네게 뭐라고 말했어? B: 별로.

5 That's for sure 확실하지, 물론이지 »

She was the love of his life, that's for sure.
걔는 그의 인생에서 하나밖에 없는 소중한 사람이었어, 그건 확실해.

6 Talk to you soon 또 걸게, 다음에 통화하자 »

Okay, we have to go now. Talk to you soon.
그래, 우리는 지금 가야 돼. 다음에 얘기하자.

실제대화 024

What's the problem?

뭐가 문제야?

Ivy	**It's good to see you again. What brings you here?**
Jared	**I need to find the person who stole my underwear. Who was it?**
Ivy	**Someone stole your underwear? That's just too much!**
Jared	**You think that's funny? I'm really upset about it.**
Ivy	**Just buy some more. What's the problem?**
Jared	**Yeah, I guess I could go to the store right now and get a few pair of them.**
Ivy	**What's the hurry? Let's have some coffee and you can go afterwards.**

Ivy	다시 보게 돼서 반가워. 여기 어쩐 일이야?
Jared	내 속옷을 훔친 사람을 찾아야 돼. 누구였을까?
Ivy	누가 네 속옷을 훔쳤다고? 그건 너무 하네!
Jared	그게 웃기다는거야? 난 열받아 있는데.
Ivy	그냥 몇개 더 사. 뭐가 문제야?
Jared	그래, 지금 가게 가서 몇벌 사야겠다.
Ivy	뭐 그리 급해? 커피 좀 마시고나서 가.

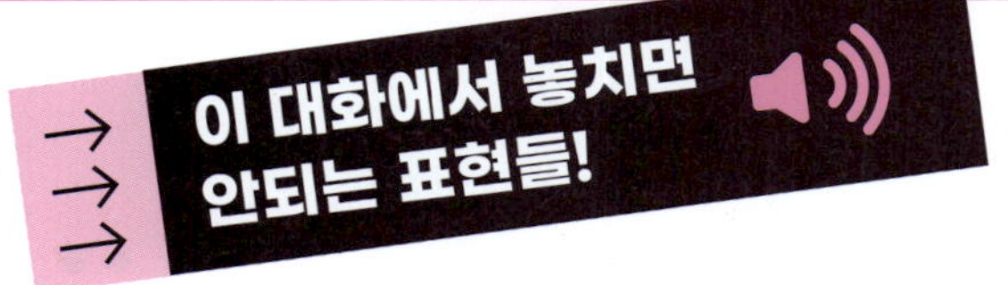

1 (It's) Good to see you 만나서 반가워, 만나서 반가웠어

» (It's) Good to see you

Well, thanks for coming, it's good to see you.

여기 와줘서 고마워, 만나서 반가워.

2 That's (just) too much! 해도 해도 너무해!, 너무 재밌다!, 그럴 필요는 없는데!

»

Your daughter joined the police? That's too much!

네 딸도 경찰에 들어갔다고? 그거 너무하다.

3 That's funny 거참 이상하네 »

That's funny. She was here a minute ago.

이상하네. 걔 조금 전에 여기 있었는데.

4 What's the problem? 무슨 일인데?, 뭐가 문제야?

»

I don't know what it is. What's the problem?

그게 뭔지 몰라. 무슨 일인데?

5 What's the rush? 왜 그렇게 서둘러?, 왜 이리 급해? »

What's the rush? Am I pregnant?

왜 이리 서둘러? 내가 임신한거야?

실제대화 025

That's another story

그건 또 다른 얘기야

Monica I was sorry to hear **that someone in your family died.**

Steve It's very nice of you to **say that. I've been feeling sad.**

Monica Who was it? **Was it someone you were close to?**

Steve **It was my Aunt Patty. We were close, but** that's another story**.**

Monica I can't wait to **hear more about her. I have a favorite aunt too.**

Steve What a coincidence. **I guess we bond with certain family members.**

Monica **That's right. I have some very good memories of my aunt.**

Monica 가족 중에 누가 사망했다며, 안됐어.

Steve 그렇게 말해줘서 고마워. 슬펐었어.

Monica 누구였어? 너하고 가까운 사람이었어?

Steve 패티 숙모였어. 친했지. 하지만 그건 다른 이야기이고.

Monica 숙모님에 대해 더 이야기해줘. 나도 좋아하는 숙모가 있어.

Steve 정말 우연이네. 우린 친족들하고 유대관계가 좋은가봐.

Monica 맞아. 난 내 숙모님과 아주 좋은 기억들이 좀 있어.

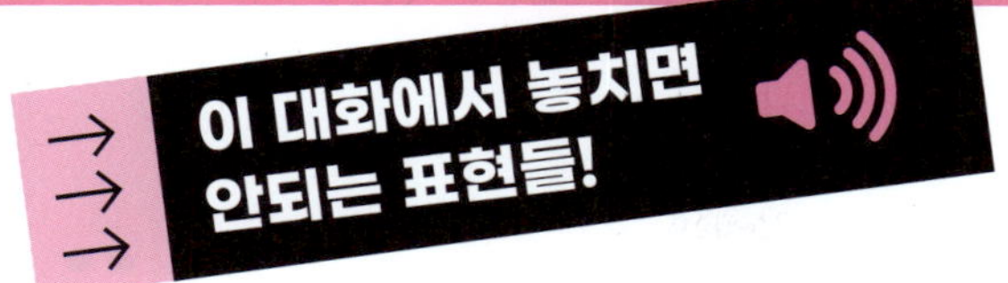

1 I'm sorry to hear that 안됐네 » I'm sorry to hear that

I'm sorry to hear that. That'll cause a big delay, won't it?
안됐네. 그러면 많이 늦어질텐데, 그렇지 않아?

2 It's very nice of you 정말 친절하네요 »

That's very nice of you, but I made other plans.
정말 친절해 고맙지만, 난 다른 계획이 있어.

3 Who was it? 누군데? 누구였어? »

If it wasn't them then who was it?
걔네들이 아니었다면 그럼 누구였어?

4 That's another story 그건 또 다른 얘기야 »

Convicting him of rape is another story.
걔를 강간으로 기소하는 별개의 이야기야.

5 I can't wait to do it 지금 당장이라고 하고 싶어 »

He's my best friend and I just can't wait to live with him.
걔 내 베프야, 걔랑 살고 싶어 죽겠어.

6 What a coincidence! 이런 우연이! »

What a coincidence, I just stopped being a cop.
우연의 일치네, 나 방금 경찰 그만뒀거든.

실제대화 026

I'm cool with that

난 괜찮아, 상관없어

Wayne **Can we talk? I don't like the way you've been treating me.**

Elise **Sorry, there's no time. I've really got to run.**

Wayne **I'm cool with that, but you'd better make time tonight.**

Elise **Let me just say that tonight or tomorrow would be better than now.**

Wayne **That's fine by me, but don't you forget about it.**

Elise **Sounds like a plan. We'll meet up tonight when I get home.**

Wayne **And remember, this is serious. We may have to break up.**

Wayne 얘기 좀 하자. 너 날 대하는게 맘에 안들어.

Elise 미안, 시간이 없어. 정말 빨리 가야 돼.

Wayne 좋아, 하지만 오늘밤 시간내라고.

Elise 오늘밤이나 내일이 지금보다는 좋지.

Wayne 나도 좋아, 하지만 잊지 말라고.

Elise 좋아. 오늘밤 집에 오면 만나자고.

Wayne 그리고 기억하라고, 이거 장난아냐. 헤어질 수도 있다고.

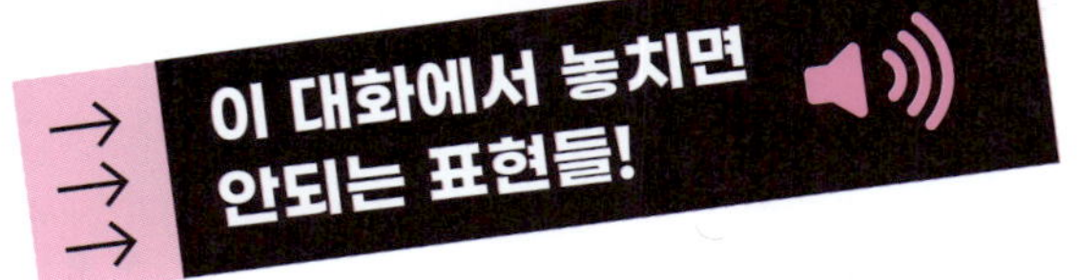

1 Can we talk? 얘기 좀 할까? » Can we talk?

Can we talk? It's about my wife.
얘기 좀 할까? 내 아내 이야기야.

2 I've got to run 서둘러 가봐야겠어 »

Hey, sweetie, I gotta run. Thanks for everything.
자기야, 나 가야 돼. 여러모로 고마워.

3 I'm cool with that 난 괜찮아, 상관없어 »

I'm cool with your ex-girlfriend sleeping in your apartment.
네 옛 여친이 네 아파트에 자도 괜찮아.

4 Let me (just) say 말하자면, …라 할 수 있지 »

First, let me just say you have amazing taste.
먼저, 너는 정말 대단한 취향을 가졌다고 할 수 있지.

5 That's fine by[with] me 난 괜찮아 »

I will be fine by myself. I am not a child.
나 자신은 괜찮을거야. 난 어린애가 아니잖아.

6 Sounds like a plan 좋은 생각이야 »

You'd like to meet at noon tomorrow? Sounds like a plan.
내일 정오에 만나자고? 좋은 생각이야

실제대화 027

Something's wrong
뭔가 이상해, 뭔가 잘못됐어

Melinda **Something's wrong with my arm, doctor. Can you help me?**

Guy **You may have strained a muscle. Let me take care of it.**

Melinda **I'm not sure about that. It feels like my arm is broken.**

Guy **We'll take an x-ray. I can't do that until we go to the hospital.**

Melinda **Okay, let's go to the hospital. I'm all right with that.**

Guy **It's strange though, I don't think your arm looks broken.**

Melinda **Neither do I, but it is so painful I'm sure it is.**

Melinda 내 팔이 좀 이상해요, 의사 선생님. 도와주실래요?

Guy 근육에 염좌가 생겼을 수도 있어요. 내가 봐줄게요.

Melinda 잘 모르겠어요. 팔이 부러진 것 같은 느낌예요.

Guy 엑스레이를 찍어보죠. 병원에 가야 찍어볼 수 있어요.

Melinda 좋아요, 병원에 가요. 난 좋아요.

Guy 이상하긴해도 팔이 부러진 것 같지 않아요.

Melinda 나도 그래요, 하지만 너무 아프다보니 부러진 것 같아요

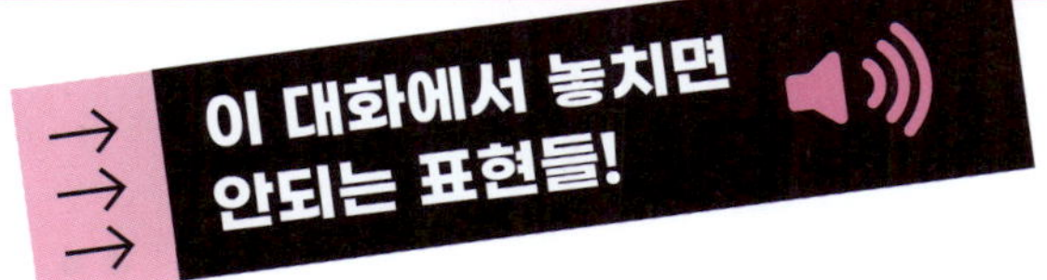

1 Something's wrong 뭔가 잘못된거야 » Something's wrong

Something's wrong with that. I had no choice.
그거 뭔가 잘못됐어. 난 어떻게 할 수가 없었어.

2 Let me take care of it 나한테 맡겨 »

Why don't you let me take care of the sink?
싱크대는 나한테 맡기지 그래.

3 I'm not sure about that 그건 잘 모르겠는데 »

I'm not sure. I'm not sure about any of this.
잘 모르겠어. 이건 전혀 모르겠는데.

4 I can't do this 나 이건 못해 »

I can't do this alone, Jack. I don't want to.
잭, 나 이거 혼자 못해. 하고 싶지 않아.

5 I'm all right with that 난 괜찮아 »

Please don't tell me you're all right with this!
제발 이게 괜찮다고 말하지마!

6 Neither did I 나도 안그랬어 »

The judge didn't find any merits in the claims, neither did I.
판사는 그 주장에 어떤 근거도 찾지 못했고, 나도 그랬어.

실제대화 028

I feel the same way

나도 그렇게 생각해

Brandy **What's wrong with you? Why are you acting so unkind to me?**

Barry **You're dead wrong. I've just been feeling depressed.**

Brandy **I feel the same way. The grey sky and winter weather bring me down.**

Barry **Say it again? You don't like winter either?**

Brandy **I hate it. Last winter lasted so long. It was close to making me crazy.**

Barry **So you aren't mad about the way I've been acting?**

Brandy **No, I guess not. Look, drop me a line in a few days when we both feel better.**

Brandy 무슨 일이야? 왜 그렇게 퉁명스럽게 행동해?

Barry 전혀 아냐. 좀 기분이 꿀꿀해서.

Brandy 나도 그래. 잿빛 하늘과 겨울이 처지게 만드네.

Barry 뭐라고? 너 겨울을 싫어한다고?

Brandy 싫어해. 지난 겨울은 정말 길었잖아. 거의 미칠뻔했어.

Barry 그럼 내가 퉁명스러운거에 화나지 않지?

Brandy 그럼, 그렇지 않아. 이봐, 며칠 지나 우리 둘다 기분 좋아지면 연락해.

이 대화에서 놓치면 안되는 표현들!

1 What's wrong (with~)? 무슨 일이야? 뭐 잘못됐어?

≫ What's wrong (with~)?

I don't get it. What's wrong with you people?
난 이해가 안돼. 너희들 뭐가 문제야?

2 You're dead wrong 넌 완전히 틀렸어 ≫

You are dead wrong. It's too late. It's done.
네가 완전히 틀렸어. 너무 늦었구 다 끝났어.

3 I feel the same way 나도 그렇게 생각해 ≫

I think you feel the same way about your mother.
난 너도 네 엄마에 대해 같은 식으로 생각할거라 생각해.

4 Say it again? 뭐라구요?, 다시한번 말해줄래요? ≫

I couldn't hear what you said. Can you say it again?
네가 한 말 잘 못들었어. 다시 말해줄래?

5 That was close 아슬아슬했어 ≫

That was close. We almost got caught cheating.
아슬아슬했어. 우리 커닝하다 거의 걸릴 뻔했어.

6 Drop me a line (전화, 이메일, SNS 등으로) 연락해 ≫

Drop me a line when you get to your hotel.
호텔에 도착하면 연락해.

실제대화 029

Don't get me wrong
오해하지마

Ernie **Here we go again. Where did all of this work come from?**

Bertha **How should I know? The company sent it to our office.**

Ernie **Listen to me, it's just too much to finish today.**

Bertha **Don't get me wrong, it's a lot, but we can do it.**

Ernie **But I'm exhausted. I worked late every day this week.**

Bertha **Well, go get some rest and come back in an hour or two.**

Ernie **You are letting me take a break? I can't believe it!**

Ernie 또 시작이구만. 이 일 모두 어디서 난거야?

Bertha 내가 어떻게 알아? 회사가 우리 사무실로 보냈어.

Ernie 내 말 좀 들어봐, 오늘 끝내기에는 너무 많아.

Bertha 오해는 말고, 많긴 하지만 할 수는 있어.

Ernie 하지만 난 지쳤어. 이번주 내내 야근했다고.

Bertha 그럼 가서 좀 쉬었다가 한두시간 후에 돌아와.

Ernie 네가 나에게 휴식시간을 주겠다고? 이럴 수가!

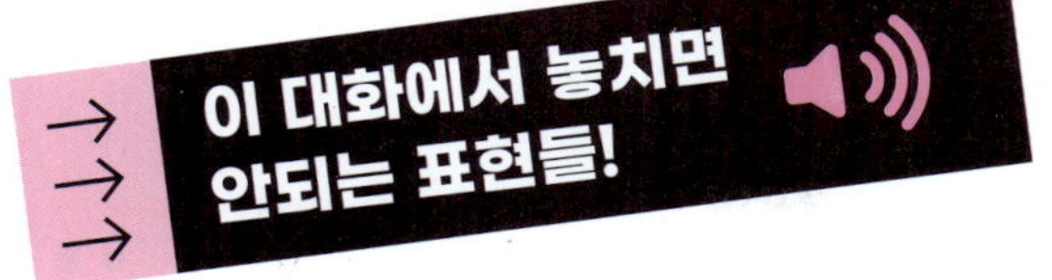

1 Here we go again 또 시작이군 » Here we go again

Here we go again. What's going on with us?
또 그러는구만. 우리에게 무슨 일이 일어나는거야?

2 How should I know? 내가 어떻게 알아? »

How should I know? I haven't seen you in months.
내가 어떻게 알아? 오랫동안 널 못봤잖아.

3 Listen to me 내말 좀 들어봐 »

Listen to me. I'm not gonna make it.
내말 들어봐. 난 해내지 못할 것 같아.

4 Don't get me wrong 오해하지마 »

Don't get me wrong. Christine is great.
오해는 하지마. 크리스틴은 아주 대단해.

5 Go get some rest 가서 좀 쉬어 »

It's late. Go get some rest.
늦었다. 가서 좀 쉬어라.

6 I can't believe it 설마!, 말도 안돼!, 그럴리가, 이럴 수가! »

That's so beautiful. I can't believe it.
정말 멋지네. 믿기지 않아.

실제대화 030

Could you excuse me?

실례 좀 해도 될까요?, 자리 좀 비켜줄래?

Connie **I heard a rumor about you. Are you seeing someone?**

Dan **Are you kidding? I wouldn't cheat on my girlfriend.**

Connie **Someone saw you with another girl. Are you saying it was nothing?**

Dan **I don't know what to say. That girl and I are just friends.**

Connie **Look, don't cheat. It isn't worth the trouble.**

Dan **I've had enough of this conversation. Could you excuse me?**

Connie **Just think about what I said. It's good advice.**

Connie 너에 대한 소문 들었어. 누구 만난다며?

Dan 무슨 소리야? 난 여친두고 바람피지 않아.

Connie 네가 다른 여자랑 있는 것을 누가 봤어. 그게 아무것도 아니란 말야?

Dan 뭐라고 해야 할지 모르겠네. 걔랑 그냥 친구사이야.

Connie 야, 바람피지마. 그건 그럴 가치도 없는거야.

Dan 이런 대화 못참겠다. 실례해도 되겠지?

Connie 내 말 생각해봐. 선의의 조언이라고.

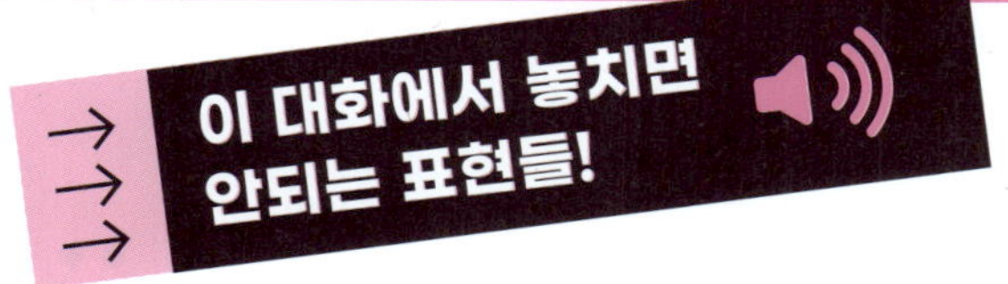

1 Are you seeing someone? 사귀는 사람 있어?

» Are you seeing someone?

Are you seeing anyone interesting?
관심있는 사람 누구 만나?

2 Are you kidding? 농담하는거야?, 무슨 소리야? »

Are you kidding? You cannot dump me! I do not get dumped!
뭔소리야? 넌 날 찰 수가 없어! 난 절대 차이지 않아!

3 It was nothing 별일 아니야 »

It was nothing. I'm not here to complain about a little pain.
별거아냐. 별로 아프지도 않은 걸 가지고 아프다고 할려고 여기 온 것은 아냐.

4 I don't know what to say 뭐라고 말해야 할지

»

I don't know what to say. They said Helen has cancer.
뭐라고 말해야 할지, 헬렌이 암에 걸렸대.

5 It isn't worth the trouble 괜히 번거롭기만 할거야

»

I've been with a lot of girls. Some of them worth the trouble, some not.
난 여러 여자를 만났었지. 일부는 그럴 가치가 있었지만 일부는 그렇지 않았어.

6 Can you excuse us? 실례 좀 해도 될까요?, 자리 좀 비켜주시겠어요?

»

Can you excuse us? We need to talk privately.
실례하지만, 잠깐만 둘이 이야기해도 될까요?

실제대화 031

I've had enough of you
이제 너한테 질렸어

Placido **Walk back to my apartment, we'll have a good time, no strings attached.**

Ina **Say what? You want me to be in your apartment alone?**

Placido **Why not? One way or another, we're attracted to each other.**

Ina **Uh, no, I don't think so. I should really get going.**

Placido **Just relax. Take your time and think about it.**

Ina **Honestly, I've had enough of your advances tonight.**

Placido **Come on, don't be so heartless. I like you a lot.**

Placido 내 아파트로 돌아와, 우리 아무 조건없이 좋은 시간 갖자고.

Ina 뭐라고? 너랑 단둘이서 네 아파트에 있자고?

Placido 안될게 뭐있어? 어떻게든 우린 서로 끌리잖아.

Ina 어, 그렇지 않아. 난 정말 가봐야겠어.

Placido 긴장풀어. 서두르지 말고 생각해봐.

Ina 솔직히 말해서 오늘밤 너 껄떡대는데 지쳤어.

Placido 그러지마, 너무 매정하게 굴지마. 난 널 정말 좋아해.

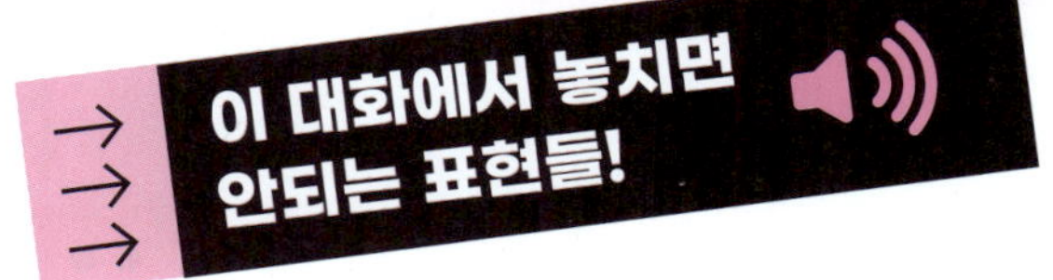

1 No strings (attached) 아무런 조건없이 » No strings (attached)

I just want to have some fun. You know dinner, drinks. No strings attached.

그냥 재미있게 놀고 싶어서. 저기, 저녁먹고 술먹고, 아무런 조건없이.

2 Say what? 뭐라고?, 다시 말해줄래? »

Say what? Is Jack really dead?

뭐라고? 잭이 정말 죽었다고?

3 One way or another 어떻게든 해서 »

Everything's going to work out. One way or another.

모든 일이 잘 풀릴거야. 어떻게든 말야.

4 Let's get going 이젠 어서 가자, 서둘러 가봐야겠어 »

Okay. Well, uh, I should get going. Bye.

좋아. 저기, 난 그만 가봐야겠어. 안녕.

5 Take your time 천천히 해 »

Take your time. There's no rush.

천천히 해. 서두를 것 없어.

6 I've had enough of you 이제 너한테 질렸어 »

I've had enough of you. I'm moving out.

이제 너한테 질렸어. 나 짐싸고 나갈거야.

실제대화 032

It's gonna make a difference

차이가 있을거야

Phil **Nobody knows who killed the guy in this apartment.**

Mona **What else is new? Criminals aren't always obvious to us cops.**

Phil **We'll need to keep trying to find the murderer, and it may take months.**

Mona **Do you think it's gonna make a difference if we investigate after lunch?**

Phil **Not that I know of. The dead guy isn't going anywhere.**

Mona **You know what? I'm hungry for some spaghetti.**

Phil **Great. There's a good Italian restaurant right on the corner.**

Phil 이 아파트에서 저 사람을 누가 죽였는지 아무도 몰라.

Mona 뭐 다른 소식은 없구? 우리 경찰이 누가 범죄자인지 항상 알 수 있는 것은 아니잖아.

Phil 살인자를 찾기 위해 계속 노력해야 되고 수개월이 걸릴 수도 있어.

Mona 점심먹고 나서 조사해도 상관없겠지?

Phil 내가 알기론 그렇지. 죽은 사람이 어디 가나.

Mona 거 말야? 나 스파게티 좀 먹고 싶어.

Phil 좋아. 코너에 괜찮은 이태리 식당이 있어.

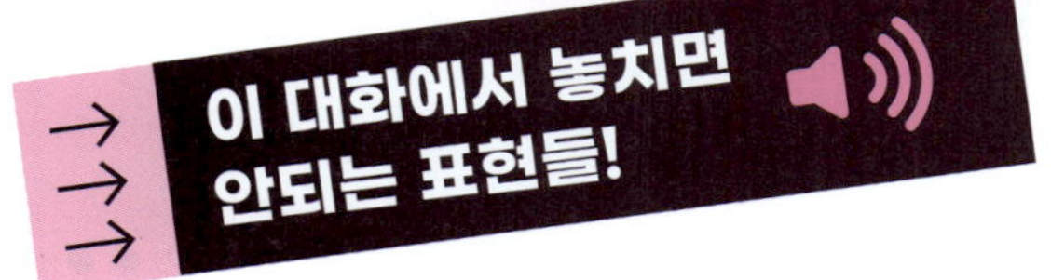

1 Nobody knows 아무도 몰라

» Nobody knows

You were right. Nobody knows who I am.

네 말이 맞았어. 아무도 내가 누구인지 몰라.

2 What else is new? 뭐 더 새로운 소식은 없어?, 그게 다야?

»

You quit your job? What else is new?

직장을 때려 쳤다고? 다른 소식은 없어?

3 Keep trying 계속해봐

»

We keep trying to act like we can overcome anything.

우리는 뭐든 다 이겨낼 수 있는 것처럼 행동하려고 하고 있어.

4 It's gonna make a difference 차이가 있을거야, 달라질거야

»

It's going to make a difference once the Feds get you, anyway.

FBI가 일단 널 잡으면 얘기가 달라지지.

5 Not that I know of 내가 알기로는 아냐

»

Not that I know of. Their son can't even swim.

내가 알기로는 아냐. 그들의 아들은 수영도 못하는데.

6 You know what? 그거 알아?, 근데 말야?

»

You know what? I'm going back.

근데 말야. 나 돌아갈래.

실제대화 033

You want some more?

더 먹을래?

Cleo **If you don't mind,** **could you pass me another bottle of beer?**

Bruce **Do you want some more? You seem drunk already.**

Cleo **So what? You turn me on when I drink a lot.**

Bruce **Why don't you get your act together? I don't want you to be an alcoholic.**

Cleo **What's the difference? I don't care about my future.**

Bruce **Let's just say you don't want to ruin your life.**

Cleo **Okay, stop lecturing me and hand me a beer already!**

Cleo 괜찮으면, 맥주 한 잔 더 줄테야?

Bruce 더 먹겠다고? 벌써 취한 것 같은데.

Cleo 그래서 뭐? 나 취하면 너한테 끌려.

Bruce 정신 좀 차려. 너 알콜중독자되는 것 싫다.

Cleo 그게 뭐 어때서? 내 미래는 상관없어.

Bruce 넌 네 인생을 망치고 싶지 않을거야.

Cleo 좋아, 강의그만하고 맥주나 하나 달라고!

이 대화에서 놓치면 안되는 표현들!

1 If you don't mind 네가 괜찮다면 » If you don't mind

If you don't mind, I'd like a minute to consult with my patient.
괜찮으면 내 환자하고 잠깐 상담 좀 할게.

2 Do you want some more? 더 먹을래? »

You like that? You want some more?
너 저거 좋아해? 더 먹을래?

3 You turn me on 넌 내 맘에 쏘옥 들어, 넌 날 흥분시켜 »

You know this angry divorce thing really turns me on.
이렇게 안좋게 끝나는 이혼은 정말 날 흥분시키잖아.

4 Get your act together 기운차려 »

You should take some time and get your act together.
넌 시간 좀 갖고 기운을 차리라고.

5 What's the difference? 그게 무슨 상관이야? »

What's the difference? I'm guilty.
그게 무슨 상관이야? 난 유죄인데.

6 Let's just say~ …라고 생각해 »

Let's just say I'm getting sick of the campfires.
난 캠프파이어가 지겹다고 생각해.

실제대화 034

That makes me sick

역겨워

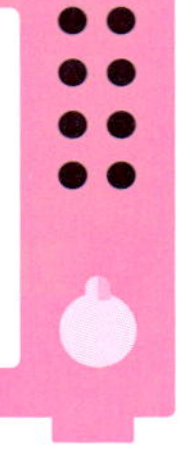

Jack	**Excuse me, miss. Can I have a word with you?**
Penny	**Who do you work for? Why are you here?**
Jack	**I'm with the New York Police Department, and I need some help.**
Penny	**Are you here because of the murder? That makes me sick.**
Jack	**My fingers are crossed that you know some important information.**
Penny	**My friend may know something, but I don't. Please leave me alone.**
Jack	**I need to talk to your friend. Let's get in touch with her.**

Jack	실례합니다, 아가씨. 잠깐 얘기 좀 할 수 있을까요?
Penny	뭐 하시는 분예요? 왜 여기 오셨구요?
Jack	뉴욕경찰입니다. 도움이 필요해서요.
Penny	살인사건 때문에 오신거예요? 끔찍해요.
Jack	뭐 좀 중요한 정보를 알고 계시기를 바래요.
Penny	내 친구가 뭐 좀 알지 몰라요. 저는 몰라요. 그냥 놔두세요.
Jack	친구분하고 얘기해야겠군요. 연락 좀 하십시다.

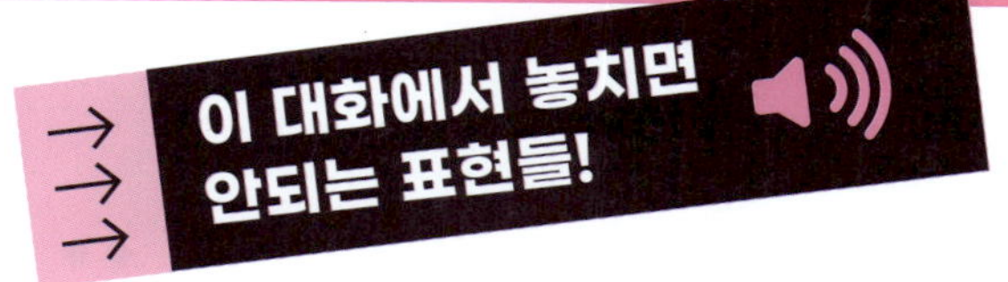

1 Can I have a word? 잠깐 얘기 좀 할까?(~with you)

» Can I have a word?

Can I have a word with you in private?
개인적으로 잠깐 얘기 좀 할까?

2 Who do you work for? 어디서 일해? »

You know, this is my turf! Who do you work for?
저기, 여긴 내 구역야! 당신 어디서 일해?

3 This makes me sick 역겨워 »

I know what you did. It makes me sick and I'm going to tell.
네가 무슨 짓을 했는지 알아. 역겹고 사람들한테 알릴거야.

4 My fingers are crossed 행운을 빌어 »

She just got placed with a foster family, so, fingers crossed.
걔는 위탁가정에 들어갔으니 행운을 빌어주자고.

5 Leave me alone 나 좀 내버려둬, 귀찮게 좀 하지마 »

Leave me alone! You're not my mommy!
나 좀 내버려 둬! 네가 내 엄마냐!

6 Let's get[keep] in touch! 연락하고 지내자! »

If we wanted to get in touch with you, how would we reach you?
당신과 연락하려면 어떻게 해야 되죠?

실제대화 035

How could you do that?

어쩜 그럴 수가 있니?

Kurt I have a question for you. **Are you pregnant?**

Lynn Are you out of your mind? **It's stupid to think I'm pregnant.**

Kurt I'm not sure what you mean. **Your stomach has gotten larger.**

Lynn You're making fun of me? **Are you saying I'm fat?**

Kurt **Well, maybe you have gotten fat. I told everyone you were pregnant.**

Lynn How could you do that? **You know it isn't true!**

Kurt **I guess I was mistaken. Excuse me,** I must be going **now.**

Kurt 네게 질문이 하나 있어. 너 임신했어?

Lynn 너 제정신이야? 내가 임신했다고 생각하다니 한심하다.

Kurt 무슨 말인지 모르겠구만. 네 배가 많이 불렀어.

Lynn 너 나 놀리는거야? 내가 뚱뚱하다고 말하는거야?

Kurt 저기, 네가 뚱뚱해졌을 수도 있겠지만 난 네가 임신했다고 사람들에게 말했어.

Lynn 어떻게 그럴 수가 있어? 사실이 아닌 것을 알고 있잖아!

Kurt 내 잘못한 것 같으네. 미안하지만 나 지금 가야겠어.

이 대화에서 놓치면 안되는 표현들!

1 I have a question for you 질문 있는데, 물어볼게 있어

» I have a question for you

I have a question for you. Do you have a crush on Julie?
물어볼게 하나 있어. 너 줄리에게 빠졌냐?

2 Are you out of your mind? 너 제정신이야? »

You nearly got that kid killed. Are you out of your mind?
너 거의 그 아이를 죽일 뻔했어. 너 제정신이야?

3 I'm not sure what you mean 무슨 말인지 모르겠어

»

I'm not sure what you mean when you say "deja-vu."
네가 "기시감"이라고 말하는데 무슨 말인지 모르겠어.

4 You're making fun of me? 너 지금 나 놀리냐? »

Are you making fun of my size? Don't make fun of me because of it! 너 내 크기갖고 놀리는거야? 내 크기로 날 놀리지마!

5 How could you do this [that]? 어쩜 그럴 수가 있니?

»

How could you do that to an old man?
너 어떻게 나이드신 분에게 그럴 수가 있어?

6 I must be going 그만 가봐야 될 것 같아 »

Thanks for buying me lunch. I must be going.
점심 사줘서 고마워. 나 그만 가봐야 돼.

실제대화 036

Got a minute?
시간돼?

Chrissy **Got a minute? I really need to talk with you.**

Gary **Yeah, sure. So here we are. What do you want?**

Chrissy **Listen, do you have a problem with me?**

Gary **Don't make me laugh. I get along with you just fine.**

Chrissy **So why did you ignore me when we worked together?**

Gary **Look, everything's going to be all right. I was just hired at the company.**

Chrissy **Oh, I didn't know that. I'm a stranger here myself.**

Chrissy 시간돼? 너랑 얘기 좀 해야겠는데.

Gary 그래, 물론. 그래 왜 그러는데?

Chrissy 저기, 너 나한테 불만있어?

Gary 웃기지마. 난 너랑 잘 지내고 있는데.

Chrissy 그럼 함께 일할 때 나를 무시한거야?

Gary 이봐, 다 잘 될거야. 나도 입사한지 얼마 안됐어.

Chrissy 어, 난 몰랐네. 나도 얼마 안됐어.

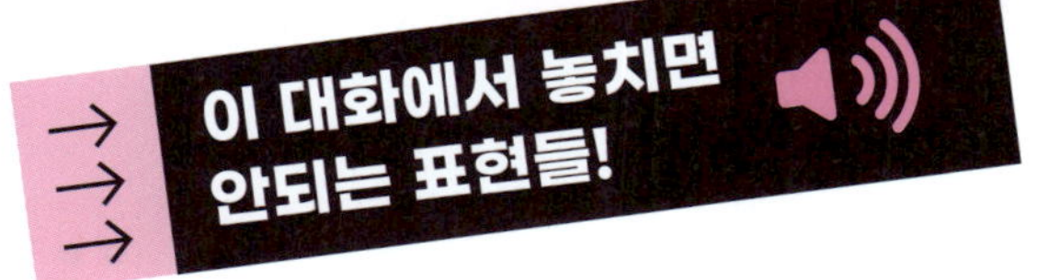

1 Got a minute? 시간돼? » Got a minute?

You got a minute? I'm feeling a little down.
시간돼? 내가 좀 울적해.

2 Here we are 자 (드디어) 도착했다, 여기 있다 »

Well, here we are, in Massachusetts, a state with no death penalty. 자, 이제 사형제도가 없는 매사추세츠주에 드디어 왔다.

3 Do you have a problem with me? 나한테 뭐 불만있는거야?
»

I don't think you have a problem with me as your lawyer.
변호사로서 내게 불만이 있을거라 생각안해.

4 Don't make me laugh! 웃기지 좀 마!, 웃음 밖에 안 나온다!
»

Don't make me laugh. You're buggin' me.
웃기지마. 너때문에 짜증난다.

5 I get along with you 나 너와 잘 지내고 있어 »

We get along with everyone in our neighborhood.
우리는 우리 이웃들과 다 잘 지내고 있어.

6 Everything's gonna be all right 다 잘 될거야
»

It's all right! Everything's gonna be all right.
괜찮아. 다 잘 될거야.

실제대화 037

Back off!

비켜!, 물러서!

Willy **It's getting late. I'm gonna take off in a few minutes.**

Georgia **Are you leaving so soon? I don't understand.**

Willy **My wife is going to have a fit if I get home late.**

Georgia **You've got to be kidding. Doesn't she trust you?**

Willy **Hey, back off. This is a personal thing between her and me.**

Georgia **Fine. But I'm telling you, you should stay longer.**

Willy **Maybe next time. Thanks for inviting me over tonight.**

Willy 늦겠어. 몇분내로 출발할거야.

Georgia 이렇게 일찍 가는거야? 이해가 안돼.

Willy 아내가 내가 늦게 집에 가면 노발대발할거야.

Georgia 농담하는거지. 아내가 널 못믿는거야?

Willy 야, 그만둬. 이건 우리 부부간의 개인사야.

Georgia 알았어. 하지만 정말이지 좀 더 있다가.

Willy 다음에 그럴게. 오늘밤에 초대해줘서 고마워.

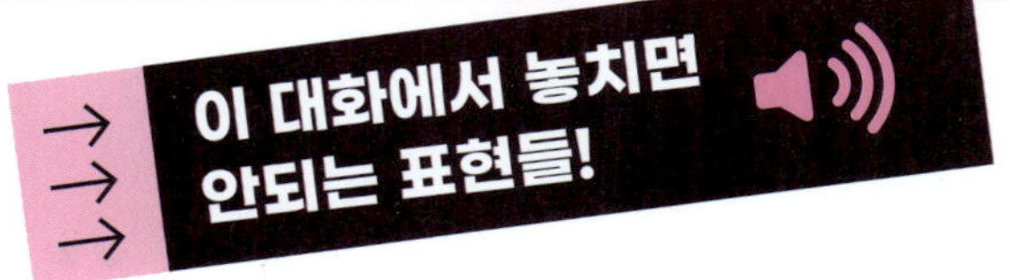

1 I must be off 이제 가봐야겠어 » I must be off

I think I'm gonna take off now.
나 지금 가봐야 될 것 같아.

2 Are you leaving so soon? 벌써 가려구?, 왜 이렇게 빨리 가?
»

What are you doing? Are you leaving?
뭐하는거야? 벌써 가려구?

3 You've got to be kidding! 농담말아!, 웃기지마!, 농담하지마!
»

You gotta be kidding me! I don't believe this!
장난하는거지! 말도 안돼!

4 (You) Back off! 비켜! 물러서! »

Back off, all right. It's none of your business.
그만두라고, 그래. 그건 네가 상관할 바가 아니야.

5 I'm telling you 정말이야, 잘 들어 »

I'm telling you: If you're innocent, you go to the police.
정말이지, 네가 결백하다면 경찰에 가라고.

실제대화 038

No harm done

손해본건 없어, 잘못된거 없어, 괜찮아

Carol **Can I get you something more to eat?**

Brad **No, I'm on a diet. Please stop bugging me about food.**

Carol **Well, it was fun having you. I didn't mean to mess up your diet.**

Brad **No harm done. I just have to be careful about what I eat.**

Carol **Good. I'm glad you aren't upset. Let's be friends, rather than arguing.**

Brad **I'm not upset at all with you. Not even close.**

Carol **How about a cup of coffee? There aren't any calories in that.**

Carol 뭐 먹을거 좀 더 갖다줄까?

Brad 아니, 다이어트하고 있어. 음식갖고 괴롭히지마.

Carol 너랑 같이 있는게 즐거웠어. 네 다이어트를 망치려는 건 아니고.

Brad 뭐 괜찮아. 단지 먹는거 조심하려는 것뿐이야.

Carol 좋아. 화안났다니 다행야. 다투지말고 친구로 지내자.

Brad 너한테 전혀 화나지 않았어. 조금도 말야.

Carol 커피한잔 어때? 칼로리가 들어있지 않잖아.

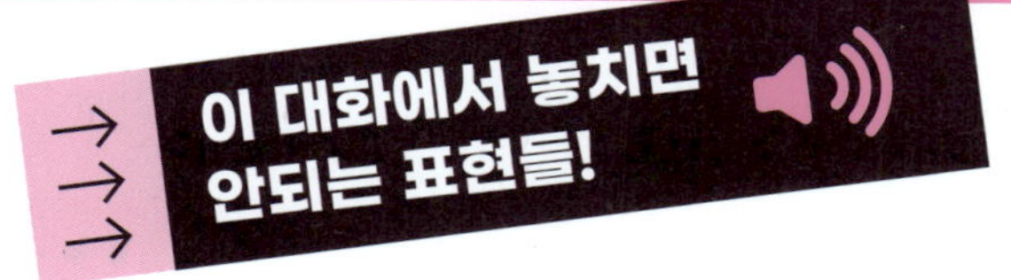

1 Can I get you something? 뭐 좀 사다줄까?, 뭐 좀 갖다줄까?

» Can I get you something?

Excuse me. Can I get you something to drink? Some coffee or something? 실례지만 뭐 마실 것 좀 줄까요? 커피나 뭐 그런걸루요?

2 Please stop bugging me 나 좀 귀찮게 하지마

»

I'll be likable, sympathetic, sincere, stop bugging me!
난 우호적이고, 호의적이고, 진정성있게 행동할테니, 그만 좀 귀찮게 해!

3 It was fun having you 같이 해서 즐거웠어 »

It was fun having you visit my house.
네가 우리집 방문해줘서 즐거웠어.

4 No harm (done) 손해본건 없어, 잘못된 거 없어, 괜찮아 »

It's fine. No harm done.
괜찮아. 아무렇지도 않은데.

5 She's friends with my brother 그녀는 우리 형하고 친구야

»

Are any of your clients friends with Monica?
네 고객중 누구 모니카와 친구인 사람있어?

6 Not even close 어림도 없어 »

We're not even close. Let's go over it again.
헛짚었어. 다시 검토해보자.

실제대화 039

Get out of here!

꺼져!, 웃기지마!

Doris **You want to borrow $1,000? Get out of here!**

Boyd **Hey, if you lend me the money, I'm for it.**

Doris **You need to take it easy with all the money you use.**

Boyd **Very funny. I'm just using it to pay my rent this month.**

Doris **Take a look at this book. It teaches how to save money and do it right.**

Boyd **Do you think it will teach me to be a millionaire?**

Doris **Easy does it, becoming a millionaire takes a lot more work.**

Doris 천달러를 빌려달라고? 웃기지마!

Boyd 야, 내게 돈 빌려주면 내가 좋을 것 같아.

Doris 너 돈 좀 아끼고 절약해서 써야 돼.

Boyd 웃기네. 난 단지 이번달 월세내려고 할 뿐이야.

Doris 이 책을 봐봐. 돈을 어떻게 절약하고 제대로 사는지 알려주고 있어.

Boyd 이거보면 백만장자되는 법을 알게 되는거야?

Doris 진정하라구, 백만장자는 그냥 되는게 아니잖아.

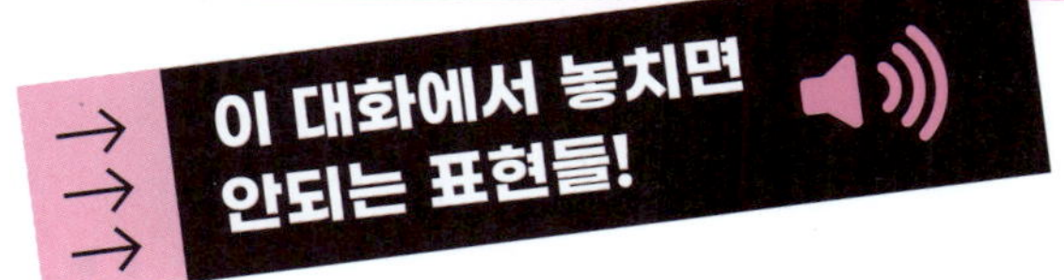

1 Get out of here! 꺼져!, 말도 안돼! » Get out of here!

Get out of here! Get out of my room now!

나가! 당장 내방에서 꺼져!

2 I'm for it 난 찬성이야 »

Helen suggested we go see a movie, and I'm all for it.

헬렌이 영화보자고 그랬는데 난 찬성이야.

3 Take it easy 좀 쉬어가면서 해, 진정해, 잘 지내 »

Let's take it easy. Everybody's a little emotional here.

진정하라고. 다들 좀 감정적이야.

4 Very funny! 그래 우습기도 하겠다! »

Did you hide my car keys? Very funny!

내 차키를 숨겼다고? 참 웃기지도 않는다!

5 Do it right 제대로 해 »

Let's take it slow this time. Do it right.

이번에는 천천히 제대로 해보자고.

6 Easy does it 천천히 해, 조심조심, 진정해 »

Easy does it. Don't say a single word unless I say so.

진정해. 내가 그걸 말하기 전까지는 한마디도 하지마.

실제대화 040

I'm just saying

내 말은 단지 …라는거야, 그냥 하는 말야

Alex **Morris said he'd meet us. Oh look, here he comes.**

Hilda **I don't trust him. He made a move on me once.**

Alex **Really? Well, here's to you for not getting upset with him.**

Hilda **Honestly, it bothered me a little bit at the time.**

Alex **If there's anything you need to talk about, don't hesitate to let me know.**

Hilda **Don't worry, it wasn't serious. I'm just saying he wanted to go on a date.**

Alex **I see. Well, in that case, I won't worry about it.**

Alex 모리스가 우리를 곧 만날거라고 했어. 어, 저기봐, 걔 온다.

Hilda 걘 믿지 못하겠어. 한번은 내게 추근대더라고.

Alex 정말? 음, 걔한테 열받지 않은 건 잘했어.

Hilda 솔직히 말해서, 그때는 좀 짜증났어.

Alex 얘기할게 좀 더 있으면 주저하지 말고 알려줘.

Hilda 걱정마, 심각한 것은 아니야. 내 말은 걔가 데이트를 하고 싶었던거라는거야.

Alex 알았어. 저기, 그런 경우라면 난 걱정하지 않을게.

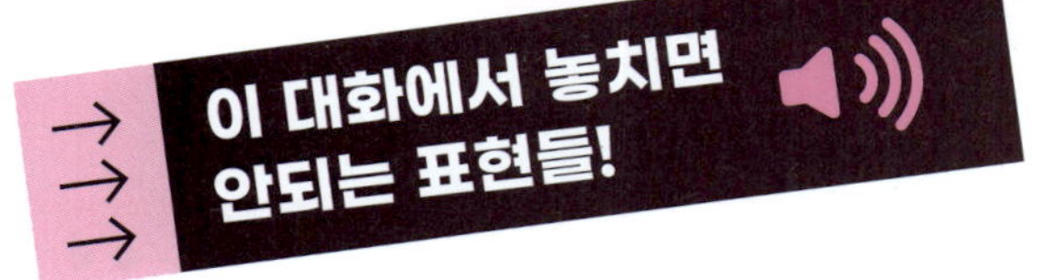

1 Here he comes 저기 오는구만 » Here he comes

Here he comes. Watch out, boy, he'll chew you up.

저기 걔가 온다. 야, 조심해, 걔가 널 엄히 다스릴거야.

2 He made a move on me 그 사람 내게 추근대던데

»

Did she make a move on you?

걔가 네게 들이댔어?

3 Here's to you 당신을 위해 건배, 너한테 주는 선물이야

»

Here's to you. Thanks for all your hard work.

너한테 주는거야. 열심히 일해줘서 정말 고마워.

4 If there's anything you need, don't hesitate

필요한거 있으면 바로 말해

»

If there's anything you need, don't hesitate to ask.

필요한거 있으면 언제든지 물어봐.

5 I'm just saying (that) 내 말은 단지 …라는거야

»

I'm just saying, she's gotta do yoga or something.

내 말은 단지 걔가 요가나 뭐 그런 걸 해야 된다는 뜻이야.

실제대화 041

I never thought I'd get better

내가 좋아지리라고 생각도 못했어

Charo **Did you hear? The doctor said I'll be able to leave the hospital.**

Brent **That's the best news I've heard in a long time. Congratulations.**

Charo **I made it! I never thought I'd get better after the accident.**

Brent **Calm down. You don't want to give your body extra stress.**

Charo **Can I talk to you for a second, though? I have nowhere to go now.**

Brent **Why don't you come over to my house. Stay for as long as you want.**

Charo **Thanks for the offer, but it isn't to my taste. I'll find an apartment to rent.**

Charo 얘기 들었어? 의사가 나 퇴원할 수 있을거래.

Brent 오랜간만에 듣는 최고의 소식이네. 축하해.

Charo 내가 해냈어! 사고 후에 나아지리라고 생각못했거든.

Brent 진정해. 네 몸 더 나빠질라.

Charo 그래도 잠깐 얘기 좀 해. 내가 당장 갈 데가 없어.

Brent 우리 집에 와. 원하는 만큼 머물러.

Charo 제의는 고마운데, 내 스타일이 아니어서. 내가 임대할 아파트를 찾아볼게.

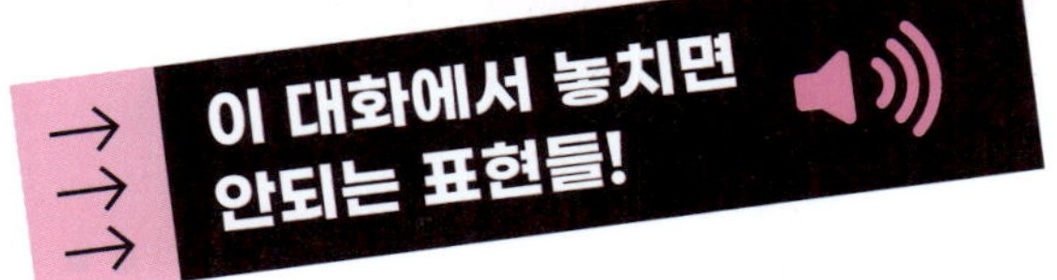

1 Did you hear? 너 얘기 들었니? » Did you hear?

Did you hear? We lost the game.
얘기 들었어? 우리가 게임에서 졌대.

2 I made it! 내가 해냈어! »

I spent every day in terror, but I made it.
매일 두려움 속에서 지냈지만 결국 해냈어.

3 Never thought I'd get better 내가 좋아지리라고 생각도 못했어
»

I never thought that she would be sick.
걔가 아프리라고는 전혀 생각도 못했어.

4 Calm down 진정해 »

Calm down. It's not that big a deal.
진정해. 별일도 아니잖아.

5 Can I talk to you for a second? 잠깐 얘기 좀 할까?
»

Sounds good. Carrie, can I talk to you for a second?
좋아. 캐리, 잠깐 얘기 좀 할까?

6 Come over to my place 우리 집에 들러 »

You can come over to my place; we'll get together before work!
내 집에 들러. 일하러 가기 전에 같이 만나자!

실제대화 042

Shame on you

부끄러운 줄 알아야지, 안됐네

Kelly **Your reservation to Jamaica is all set. I bought the tickets for you.**

Pat **I changed my mind about going. Let me think about it.**

Kelly **Shame on you for wasting all of that money on this trip!**

Pat **It's none of your business what I spend my money on.**

Kelly **Yes, but you are wasteful. No wonder you're always broke.**

Pat **But I'm not ready to go to Jamaica. Maybe some other time.**

Kelly **The tickets say there is no refund if you don't use them.**

Kelly 자메이카 예약은 다 준비됐어. 항공권을 샀어.

Pat 나 가는거 맘바꿨는데. 생각 좀 해보고.

Kelly 이 여행으로 쓴 돈을 날리면 안되잖아.

Pat 내가 내돈을 어디에다 쓰건 네 알바아냐.

Kelly 알아, 하지만 넌 너무 낭비적이야. 네가 항상 돈이 없는 것도 당연해.

Pat 하지만 난 자메이카로 갈 준비가 안됐어. 다음에 갈까봐.

Kelly 항공권은 네가 사용하지 않으면 환불이 안된다고 쓰여 있어.

1 All set 준비 다 됐어 » All set

All set? You don't want me to miss the ruling, do you?
준비됐어? 판결을 놓치면 안되잖아, 그지?

2 Let me think about it 생각 좀 해볼게 »

Let me think about it and get back to you, okay?
내가 생각 좀 해보고 네게 연락할게, 알았지?

3 Shame on you! 창피한 일이야! »

Stop using my name! And shame on you!
내 이름 도용하지마! 창피한 줄 알아야지!

4 It's none of your business 상관 말라구 »

You talked to my wife about my marriage and it's none of your business! 내 아내에게 내 결혼에 대해 말했다는데 남의 일에 신경쓰지 말라구!

5 No wonder 당연하지 »

No wonder she was so pissed off.
걔가 열받는 것도 당연하다.

6 Maybe some other time 다음을 기약하지 »

Maybe some other time when you're feelin' up to it.
네가 기분이 내키는 다음에 하자.

실제대화 043

That's no excuse

그건 변명거리가 안돼

Skyler **We're done for the day.** I can't work with Kevin anymore.

Vera **What's the matter with you?** What did Kevin do?

Skyler **He's got a big mouth.** I'm so sick of listening to him talk.

Vera **That's no excuse.** Everyone else just ignores what he says.

Skyler **Suit yourself,** but I'm not going to put up with him.

Vera You'll probably get fired because of this, but **you asked for it.**

Skyler I know, but I'd rather have another job than work here.

Skyler 그만가자. 난 더이상 케빈하고 일 못하겠어.

Vera 무슨 일인데? 케빈이 어떻게 했는데?

Skyler 완전 떠벌이야. 걔가 말하는 걸 듣는게 지겨워.

Vera 그건 이유가 안돼. 다들 걔말은 무시하잖아.

Skyler 맘대로 해, 난 걜 견디지 못할거야.

Vera 이것 때문에 너 해고될 수도 있어, 네가 초래한 것이고.

Skyler 알아, 하지만 여기서 일하느니 다른 직장을 알아보는게 낫겠어.

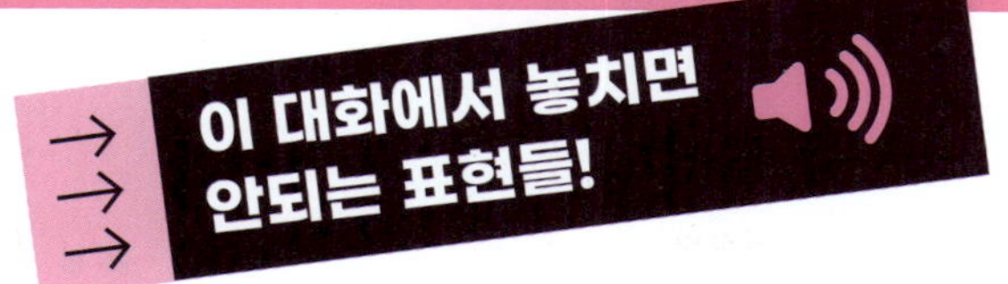

1 We're done for the day 그만 가자, 그만 하자 » We're done for the day

I guess you're not done for the day after all. But when you are, give me a call. 어차피 아직 일도 끝나지 않았네. 끝나면 전화해.

2 What's the matter with you? 무슨 일야?, 도대체 왜 그래?

»

What's wrong? What's the matter with you?
왜 그래? 무슨 일이야?

3 He has got a big mouth 입이 엄청 싸구만 »

He has got a big mouth and he'd better shut up.
걘 입이 너무 싸서 입을 좀 다무는게 나을거야.

4 That's no excuse 그건 변명거리가 안돼 »

That's no excuse. There are more important things in life than winning. 그건 말이 안돼. 인생에서 이기는 것보다 더 중요한 것은 많아.

5 Suit yourself! 네 멋대로 해!, 맘대로 해! »

Suit yourself. But for the record, I was rooting for you to get him. 맘대로 해. 하지만 참고로 말해두지만, 난 네가 걜 잡는데 응원했었어.

6 You asked for it 자업자득이지, 네가 자초한 일이잖아, 그런 일을 당해도 싸다

»

Chris asked for it, and he got what he deserved.
크리스가 자초한 일이야. 걘 당해도 싸.

실제대화 044

You won't believe this

이거 믿지 못할 걸

Leslie **I just decided to break up with my boyfriend.**

Gene **You can't do that! He's been so good to you.**

Leslie **You won't believe this, but he's not so nice when we're alone.**

Gene **It's not going to make any difference. People will think you've been unfaithful.**

Leslie **But I haven't! This is a totally different situation.**

Gene **Are you sure you don't want to carry on seeing him?**

Leslie **Yes. It's time for me to make this change in my life.**

Leslie 남친하고 헤어지기로 맘먹었어.

Gene 그러지마! 걘 네게 정말 잘해주었잖아.

Leslie 믿기지 않겠지만, 걘 둘이 있을 때는 잘해주지 않아.

Gene 그렇다고 달라지는게 없을거야. 사람들은 네가 진실하지 않았다고 생각할거야.

Leslie 하지만 난 그렇지 않았어! 이건 전혀 다른 상황이라고.

Gene 정말이지 더 이상 걔를 만날 생각이 없는거야?

Leslie 어. 내 인생에서 이런 변화를 줄 때라고 생각해.

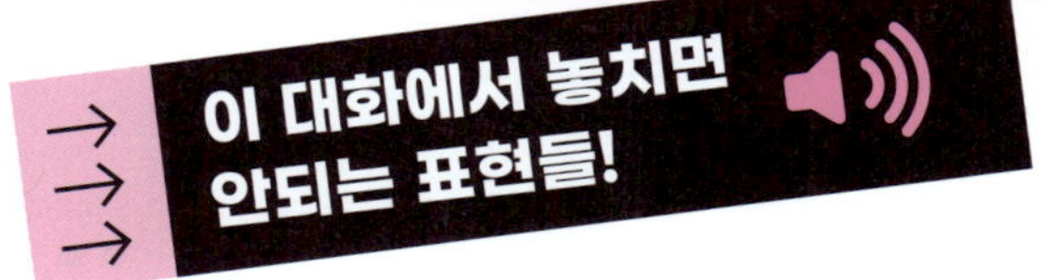

1 I'm gonna break up with you 우리 그만 만나자

» *I'm gonna break up with you*

I want you to break up with my sister.
너 내 여동생과 헤어져.

2 You can't do that! 그러면 안되지! »

You can't do this to me!
나한테 이러면 안되지!, 이러지마!

3 You won't believe this 이거 믿지 못할 걸 »

You won't believe it, Jennifer. We did it.
제니퍼, 믿기지 않을거야. 우리가 해냈어.

4 This is a totally different situation 전혀 다른 상황야

»

This is a totally different situation, and I know that I'm not gonna regret it.
이건 전혀 다른 상황이야, 그리고 난 이걸 후회하지 않을거라는 것을 알고 있어.

5 Carry on 계속해 »

I'm with you. Carry on.
네 말에 동의해. 계속해.

실제대화 045

God only knows

누구도 알 수 없지!

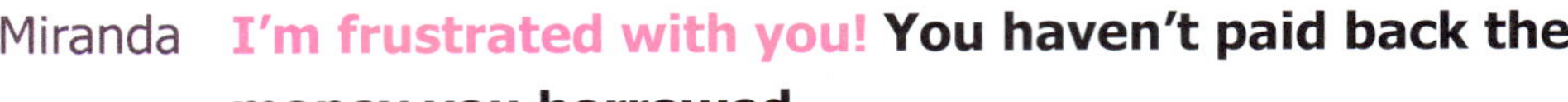

Miranda **I'm frustrated with you! You haven't paid back the money you borrowed.**

Frank **How much do I owe you? A million dollars?**

Miranda **I'm not kidding. When are you going to pay me?**

Frank **Hold your horses. Maybe I can get some money from my boss.**

Miranda **Alright, let's go ask him if you can do that.**

Frank **I'm sorry, but we can't. He's gone for the day.**

Miranda **Geez, God only knows when you'll be able to get it.**

Miranda 너에게 정말이지 실망했어! 빌려간 돈 돌려주지 않잖아.

Frank 얼마인데? 백만달러나 돼?

Miranda 농담아냐. 언제 줄거야?

Frank 서두르지마. 사장한테 돈 좀 얻을 수 있을지도 몰라.

Miranda 좋아, 네가 그렇게 할 수 있는지 가서 물어보자.

Frank 미안하지만, 안돼. 퇴근하셨어.

Miranda 이런, 네가 언제 돈을 얻을 수 있을지 아무도 모르겠구만.

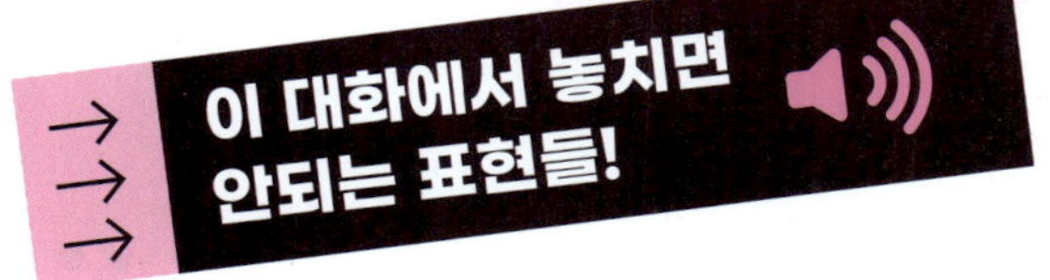

1 I was frustrated with you! 너 땜에 맥이 풀렸어!

» I was frustrated with you!

We're frustrated because we wanted Peter to be a witness at your trial. 우리는 피터가 네 재판의 증인이 되기를 바랬기 때문에 절망했어.

2 How much do I owe you? 내가 얼마를 내면 되지?, 얼마죠?

»

How much do I owe you for these items?
이 물건들 얼마예요?

3 I'm not kidding 정말이야, 장난아냐 »

I'm not kidding. If you do not knock it off, I'm going to call the police! 정말이야. 네가 그만두지 않으면, 난 경찰을 부를거야!

4 Hold your horses 서두르지마 »

Hold your horses, young man. Here in Texas, we pray before we eat. 젊은이, 진정하고. 여기 텍사스에서는 먹기 전에 기도를 한다네.

5 God (only) knows! 누구도 알 수 없지! »

God only knows what your father is gonna say.
네 아버지가 무슨 말씀을 하실지는 아무도 모르지.

실제대화 046

I'm sick of this

진절머리가 나

Aaron	**Can you give me a hand? We're moving this week.**
Bela	**I thought you already left your apartment. Are you still there?**
Aaron	**We wanted to leave early, but you're not supposed to do that.**
Bela	**I'll bring a truck for your furniture. When can I come and get it?**
Aaron	**How about tomorrow? We really appreciate this.**
Bela	**It's no problem. By the way, what made you choose another apartment?**
Aaron	**I'm sick of my old place. It's totally falling apart.**

Aaron	좀 도와줄래? 이번주에 이사해.
Bela	난 네가 벌써 이사한 줄 알았어. 아직도 거기 사는거야?
Aaron	일찍 이사하려 했는데 네가 안된다고 했잖아.
Bela	가구 옮길 트럭을 가져올게. 언제 와서 가구 가져갈까?
Aaron	내일은 어때? 정말 고마워.
Bela	뭘. 그나저나 왜 다른 아파트로 가려는거야?
Aaron	이 낡은 아파트에 짜증나서. 완전히 엉망야.

이 대화에서 놓치면 안되는 표현들!

1 Can you give me a hand? 좀 도와줄래?

» Can you give me a hand?

Can you give me a hand with all this stuff?

이 물건들 정리하는 것 좀 도와줄테야?

2 Are you still there? 듣고 있는거야?, 여보세요?, 아직 거기 있어?

»

Garcia, are you still there?

가르시아, 아직 듣고 있는거야?

3 You're not supposed to do that 그러면 안되는데

»

You're not supposed to do that. That's holy water.

너 그러면 안되지. 저거 성수야.

4 I really appreciate this 정말 고마워

»

Thanks, you guys, I really appreciate this.

고마워, 친구들, 정말이지 고마워.

5 I am sick of this 진절머리가 나

»

I'm sick of everyone telling me what to do.

다들 내게 이래라저래라 하는게 지겨워.

실제대화 047

I'm outta here
나 갈게

Rachel **Are you available to look at a patient, doctor?**

Blake **Yes, let's get started. What's her problem?**

Rachel **She fell down on some ice, and just like that, she hurt her back.**

Blake **The patient told me that never happened.**

Rachel **She denies it, but it happened. She's a smooth talker.**

Blake **If she is going to lie to me, I'm outta here.**

Rachel **Don't worry, doctor, she just lies when she's nervous.**

Rachel 선생님, 환자보실 시간 있으세요?

Blake 예, 시작합시다. 어디가 아프시대요?

Rachel 얼음 위에서 넘어진게 다예요, 허리가 아프대요.

Blake 그 환자는 그런 일이 전혀 없었다고 했는데.

Rachel 말은 아니라고 하지만 그랬어요. 말을 번지르르하게 잘하는 사람예요.

Blake 내게 거짓말할거면 나 빠질래.

Rachel 선생님 걱정마세요, 너무 긴장해서 한 거짓말예요.

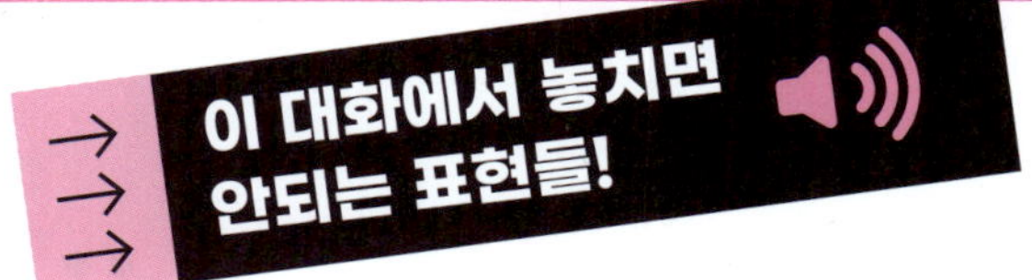

1 Are you available? 시간 돼? » Are you available?

I was wondering if you were available for a follow-up interview. 후속 인터뷰를 할 수 있을지요.

2 Let's get started 자 시작하자 »

I don't know what you just said, so let's get started.
네가 말하는게 뭔지 모르겠어, 그러니 시작하자고.

3 Just like that 그냥 그렇게, 그렇게 순순히 »

Just like that, I had made a Saturday night date with Chris.
그냥 그렇게 됐어, 난 크리스와 토요일 밤 데이트 약속을 했어.

4 It never happened 이런 적 한번도 없었어 »

Sometimes it feels like yesterday; sometimes it feels like it never happened.
때때로 어제처럼 느껴지기도 하지만, 때로는 전혀 그런 적이 없는 것 같아.

5 She's a smooth talker 걔는 정말 말 잘해 »

Oh, that's right. You're the talker.
어 맞아. 너 말이 많아.

6 I'm outta here 나 갈게 »

I'm outta here. Good luck tonight, you guys.
나 갈게. 얘들아, 오늘 밤에 운이 좋기를 바래.

실제대화 048

That makes sense
일리가 있네

Tara **Pull yourself together! Do you want me to order a drink for you?**

Bruno **Nothing for me, thanks. I don't want to get drunk.**

Tara **That makes sense. Is this your first date with Sue?**

Bruno **Yes, it is. I'm coming in with a take it or leave it attitude.**

Tara **Well done. Then you won't be disappointed if it goes poorly.**

Bruno **That makes sense, doesn't it? I want to be realistic.**

Tara **I hope that you two have a really good time.**

Tara 기운 좀 내! 술 주문해줄까?

Bruno 고맙지만, 난 괜찮아. 취하고 싶지 않아.

Tara 그렇겠구나. 수와 첫데이트지?

Bruno 어, 맞아. 잘되든 말든 괜찮다는 맘으로 왔어.

Tara 잘했어. 그럼 잘 안되도 실망하지 않을거야.

Bruno 일리가 있지, 그렇지 않아? 현실적으로 되고 싶어.

Tara 너희 둘 정말 좋은 시간 되기를 바래.

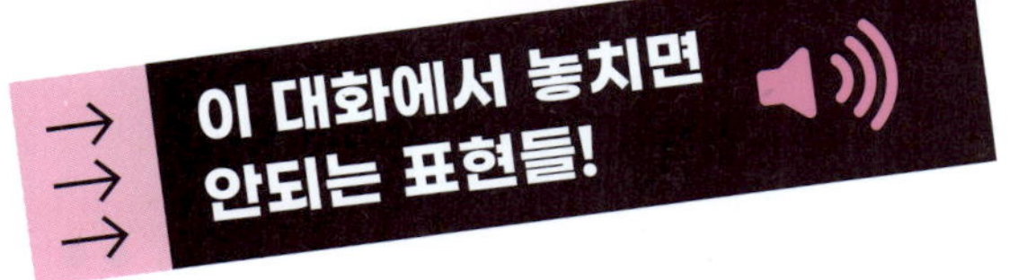

1 Pull yourself together 기운내, 똑바로 잘해 » Pull yourself together

Pull yourself together and do this.
기운 좀 내고 이거 해.

2 Nothing for me, thanks 고맙지만 전 됐어요 »

Nothing for me, thanks. I'm not hungry.
고맙지만 됐어. 난 배고프지 않아.

3 That makes sense 일리가 있네 »

So you charged him. That makes sense.
그래서 걔한테 비용을 청구한거구나. 말이 되네.

4 Take it or leave it 선택의 여지가 없어, 받아들이든지 말든지 알아서 해

»

Three years' probation, take it or leave it.
3년간 보호감찰, 받아들이든지 말든지 해.

5 Well done 잘했어 »

Well done, Warrick. You found our mole.
잘했어, 워릭. 첩자를 찾아냈어.

실제대화 049

What did you say?

뭐라고 했는데?, 뭐라고?

David **What did you say? I couldn't hear you.**

Ruby **I said you are not yourself today. What's up?**

David **My job interview was lousy. I gave it a try, but I failed.**

Ruby **Don't feel so bad about it. What went wrong?**

David **Who knows? The interview committee just didn't like me.**

Ruby **That's unfortunate. Could you hold? I have another call coming in.**

David **Don't worry, I'll call you back later tonight.**

David 뭐라고? 못들었어.

Ruby 너 오늘 제정신이 아니라고 했어. 무슨 일이야?

David 나 취업면접에서 망쳤어. 한번 시도해봤는데 실패했어.

Ruby 너무 속상해하지마. 뭐가 잘못되었는데?

David 누가 알겠어? 면접관들이 날 그냥 싫어했어.

Ruby 안됐다. 잠깐만 기다릴래? 다른 전화가 오네.

David 됐어, 오늘 밤 늦게 내가 전화 다시 할게.

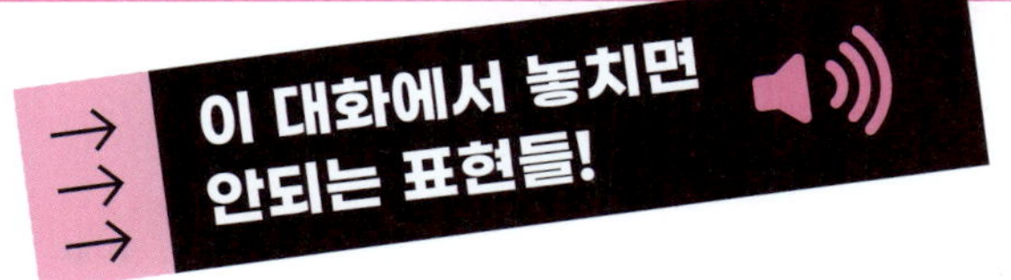

1 What did you say? 뭐라고 했는데?, 뭐라고? » What did you say?

Wait. I'm sorry, I can't hear! What did you say?
잠깐. 미안, 들리지 않아! 뭐라고 했어?

2 You are not yourself 제정신이 아니네 »

Apparently I'm not myself today.
누가봐도 오늘 내가 제정신이 아냐.

3 Give it a try! 한번 해봐! »

Come on, Jackie. Why don't you give it a try?
어서, 재키. 한번 해보라고.

4 Don't feel so bad about it 너무 속상해하지마 »

I don't feel so bad about sleeping with Chris.
난 크리스하고 잠자리한 걸 속상해하지 않아.

5 Who knows? 누가 알겠어? »

Who knows? It might even be fun.
누가 알겠어? 재미있을 수도 있지.

6 Could you hold on? 잠시 기다리세요 »

Could you hold on? I'll try to reach my boss.
잠시 기다리세요. 사장님 연결해볼게요.

실제대화 050

How could this happen?
어떻게 이럴 수가 있니?

Carlo **I don't believe this! You're dating Freddie?**

Rita **Yes, I am. He asked me out, and I accepted.**

Carlo **How could this happen? That guy is a total jerk.**

Rita **I think he's fine. Don't tell me what to do!**

Carlo **Hey, I don't care. If you really like him, go for it!**

Rita **I think he's great. He's really my type, and I'm glad I found him.**

Carlo **Alright, but don't come crying to me if he breaks your heart.**

Carlo 말도 안돼! 네가 프레디하고 데이트하고 있다고?

Rita 어 그래. 걔가 데이트 신청을 했고 내가 받아들였어.

Carlo 어떻게 그럴 수가 있어? 걔 완전히 또라이인데.

Rita 난 괜찮은 애같아. 나에게 이래라저래라 하지마!

Carlo 야, 난 상관안해. 네가 정말 좋아한다면 그렇게 해!

Rita 걔 대단한 것 같아. 내 타입이고, 걔를 발견해서 기쁜 걸.

Carlo 좋아, 하지만 걔가 네 맘을 상처내면 내게 와서 질질 짜지마.

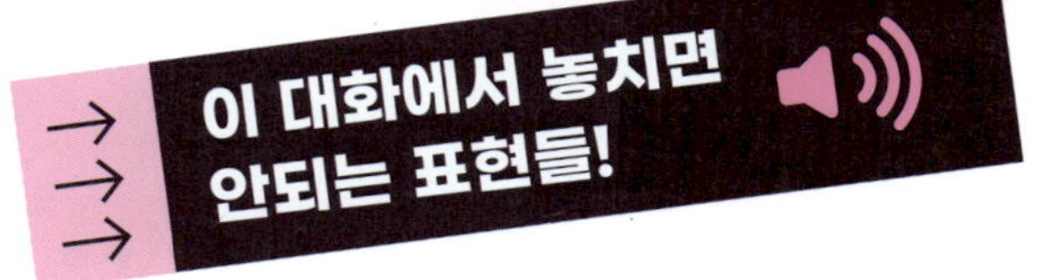

1 I don't believe this! 이건 말도 안돼! » I don't believe this!

I don't believe this! The two of you are in on it?
말도 안돼! 너희 둘이 그거에 연루되었어?

2 He asked me out 걔가 데이트 신청했어 »

Well, she asked me out again and I said yes.
저기 걔가 다시 데이트를 신청해서 좋다고 했어.

3 How could this happen? 어떻게 이럴 수가 있니?
»

Think. How could this happen? There must be an explanation.
생각해봐. 어떻게 이럴 수가 있어. 설명이 있어야 돼.

4 Don't tell me what to do! 나에게 이래라 저래라 하지마!
»

Don't tell me what to do! Okay?
내게 이래라 저래라 하지마! 알았어?

5 Go for it 한번 시도해봐, 찬성하다, 허락하다 »

So do you think your father will go for it?
그럼 네 아버지가 찬성할거라 생각해?

6 He's really my type 그 사람 내 타입이네 »

I never lured her anywhere. She wasn't my type.
난 걔를 어디서도 유혹한 적이 없어. 걘 내 타입이 아냐.

실제대화 051

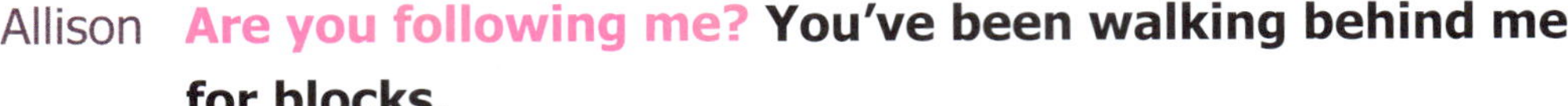

What are you doing here?

여긴 어쩐 일이야?

Allison **Are you following me?** You've been walking behind me for blocks.

Ken Of course not. But **I can see that** we are going in the same direction.

Allison I guess so. Well, **what are you doing here?**

Ken I'm on my way home. **Tell me something,** do you live around here?

Allison **Are you coming on to me?** I'm not telling you where my apartment is!

Ken **No kidding?** Do you think I'm some crazy person?

Allison Who knows? You might be some type of psycho.

Allison 미행하는거예요? 몇 블럭째 내 뒤를 쫓고 있잖아요.

Ken 물론 아니지만 우리 같은 방향으로 가는 것 같아요.

Allison 그렇겠죠. 저기, 여기서 뭐하러 오는거예요?

Ken 집에 가는 길예요. 저기, 이 근처에 사세요?

Allison 내게 수작거는 거예요? 내가 어디 사는지 말하지 않을거예요!

Ken 농담하는거예요? 날 미친 놈으로 생각하는거예요?

Allison 누가 알겠어요? 일종의 사이코일 수도 있죠.

이 대화에서 놓치면 안되는 표현들!

1 Are you following me? 알아듣고 있지?, 날 미행하는거야?

≫ Are you following me?

Then why are you following me, Tom?
탐, 그럼 왜 나를 미행하는거야?

2 I can see that! 알겠어!, 알고 있어요!, …임을 알겠다, …이구나

≫

I can see that! What did you guys do to her?
알겠어! 너희들 걔한테 무슨 짓을 한거야?

3 What are you doing here? 여긴 어쩐 일이야?

≫

Answer my question. What are you doing here?
내 질문에 답해. 여기는 어쩐 일이야?

4 Tell me something 말 좀 해봐 ≫

Tell me something, Malcolm. Were you high when you beat my daughter? 말콤, 말 좀 해봐. 너 내 딸을 때렸을 때 약에 취했었어?

5 Are you coming to me? 지금 날 유혹하는거예요?

≫

I think you're coming on to me.
네가 날 유혹하는 것 같은데.

6 No kidding 설마?, 너 농담하냐!, 진심야 ≫

No kidding. Well, there's always a first for everything.
진심이야. 저기, 모든 것에는 항상 처음이라는게 있는거야.

실제대화 052

You have my word

내 약속할게

Bryson **Welcome aboard. I think you'll like working at this company.**

Tina **What do you mean by that? Is this a good place to work?**

Bryson **You'll make a ton of money here, you have my word.**

Tina **What makes you think so? Will we have to work 7 days a week?**

Bryson **Don't be ridiculous. We work a normal schedule, Monday to Friday.**

Tina **Really? That's great, especially if we get paid well.**

Bryson **That's what I'm saying. All of the employees love it here.**

Bryson 함께 일하게 된 걸 환영해요. 이 회사에서 일하는 것을 좋아할 거예요.

Tina 그게 무슨 말이예요? 일하기 좋은 곳이라는 거예요?

Bryson 여기서 돈 많이 벌거예요, 정말예요.

Tina 왜 그렇게 생각해요? 일주일에 하루도 쉬지 않고 일해야 하나요?

Bryson 무슨 소리를요? 월요일에서 금요일까지 정상적인 스케줄에 따라 일해요.

Tina 정말요? 잘 됐네요, 급여도 많이 받는다면서요.

Bryson 내가 하려는 말이 바로 그거예요. 여기 직원들은 여기를 아주 좋아해요.

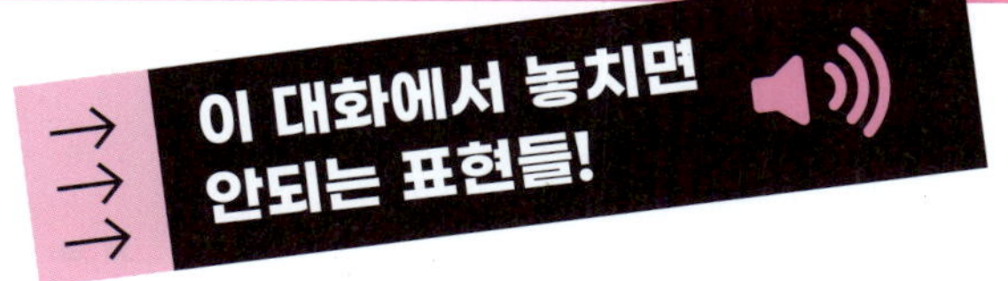

1 Welcome aboard 함께 일하게 된 걸 환영해, 승선을 환영합니다

» Welcome aboard

Welcome aboard flight 672 to London. We will now begin serving lunch.
런던행 비행 672편에 탑승하신 걸 환영합니다. 지금부터 점심식사를 드리도록 하겠습니다.

2 What do you mean by that? 그게 무슨 말이야? »

What do you mean by that, "the nature of our work"?
"우리 일의 성격"이라는게 무슨 말이야?

3 You have my word 내 약속하지 »

If I have any news, I'll call you. I promise. You have my word.
무슨 소식이 있으면 전화할게. 약속할게, 정말야.

4 What makes you think so? 왜 그렇게 생각하니?, 꼭 그런건 아니잖아?

»

What makes you think that I might not be okay?
내가 괜찮지 않을 수도 있다고 왜 생각하는거야?

5 Don't be ridiculous 바보같이 굴지마 »

Okay, don't be ridiculous. Let me talk to him.
좋아, 바보같이 굴지마. 내가 걔하고 얘기해볼게.

6 That's what I'm saying 내 말이 그 말이야 »

That's what I'm saying, we can't get him out.
내 말이 그 말이야, 걔를 빼낼 수가 없어.

실제대화 053

What took you so long?

뭣 때문에 이렇게 오래 걸렸어?

Denny **Sorry that I kept you waiting. What's happening?**

Barb **You're over an hour late. I told you to step on it!**

Denny **Look at you! Your face is red and you look angry.**

Barb **Yeah, of course I'm angry. What took you so long?**

Denny **My subway station was closed. It was the last thing I expected.**

Barb **It's rush hour. Did you get here using a taxi?**

Denny **No, not that way. I actually had to walk to another subway station.**

Denny 기다리게 해서 미안해. 어떻게 지내?

Barb 너 한시간이나 늦었어. 서두르라고 했잖아!

Denny 얘 좀 봐! 너 얼굴이 붉고 화나보여.

Barb 어, 물론 화났지. 왜 이렇게 오래 걸린거야?

Denny 내가 타려는 지하철역이 폐쇄됐어. 전혀 예상못했어.

Barb 러시아워잖아. 택시타고 왔단말야?

Denny 아니, 택시는 안탔어. 실은 다른 지하철역까지 걸어갔어.

이 대화에서 놓치면 안되는 표현들!

1 What's happening? 어떻게 지내?, 잘 지내니?, 무슨 일이야?

» What's happening?

What's going on? What's happening? What are you telling me?
어떻게 된거야? 무슨 일이야? 무슨 말을 하는거야?

2 Step on it! 빨리 해!, (자동차 엑셀레이터를) 더 밟아! »

Step on it! We're almost an hour late!
어서 서둘러! 거의 한시간 늦겠다!

3 Look at you! 얘 좀 봐라!, (어머) 얘 좀 봐! »

Hey, you guys! Look what I found! Look at this!
야, 얘들아! 내가 찾은 걸 봐봐! 이것 좀 봐!

4 What took you so long? 뭣 때문에 이렇게 오래 걸렸어?

»

Finally, you walk into my life. What took you so long, handsome?
마침내 내 인생과 함께 하네. 멋진 사람아, 왜 이리 오래 걸린거야?

5 It was the last thing I expected 생각도 못했어

»

I can't believe it. It's the last thing I expected.
말도 안돼. 그건 생각도 못했던 일이야.

6 Not that way! 그런 식으론 안돼! »

I never touched her, not that way.
난 그런 식으로 걔를 절대 만지지 않았어.

실제대화 054

I'm listening
듣고 있어, 어서 말해

Rick **You want to break up?** How is that possible?

Liza **You're just too selfish for me.** I mean it.

Rick **But I can change and become nicer.** I promise you!

Liza **How are you going to do that?** I'm listening.

Rick I don't know what to do, **but I want to make you happy.**

Liza I know what you are saying, **but this relationship just isn't working.**

Rick **So that's it? You don't want to see me again?**

Rick 헤어지자고? 어떻게 그럴 수가 있어?

Liza 넌 내게 너무 이기적이야. 정말야.

Rick 하지만 내가 변하고 더 착해질게. 약속할게!

Liza 어떻게 그렇게 할건데? 말해봐.

Rick 어떻게 해야 할지 모르겠지만 널 행복하게 해주고 싶어.

Liza 무슨 말인지 알겠어, 하지만 우리 관계는 안될 것 같아.

Rick 그럼 이걸로 끝이야? 날 다시 보고 싶지 않다고?

이 대화에서 놓치면 안되는 표현들!

1 How is that possible? 어떻게 그럴 수가 있지? » How is that possible?

Wait a minute. How is that possible, doctor?
잠깐만요. 선생님, 어떻게 그럴 수가 있어요?

2 I mean it 진심이야 »

I mean it. Don't be late!
정말야. 늦지 말라고!

3 I promise you! 정말이야!, 내 약속할게! »

I promise you, Chris, that will never happen.
크리스, 내 약속할게, 절대 그런 일 없을거야.

4 I'm listening 듣고 있어, 어서 말해 »

Go on, I'm listening.
계속해봐, 듣고 있으니.

5 I don't know what to do 어떻게 해야 할 지 모르겠어
»

I don't know what to do. What do I do?
어떻게 해야 할 지 모르겠어. 내가 어찌해야 돼?

6 I know what you're saying 무슨 말인지 알아
»

I know what you're saying. You want my son.
무슨 말인지 알겠어. 넌 내 아들을 원하는거지.

실제대화 055

I got it
알았어, 내가 할게, 받았어

Jill **Hey, did you get your diagnosis yet?**

Walter **I got it. They say I have a form of cancer.**

Jill **How about that? Did they tell you if it's serious?**

Walter **It's bad, but I'll get better. You just wait and see.**

Jill **I'm real sorry. I'll be there for you whenever you need me.**

Walter **Do you hear that? Is the nurse bringing my medicine?**

Jill **Yeah, here she comes. I'll come back when she's finished.**

Jill 야, 너 진단결과 나왔어?

Walter 나왔어. 암의 형태를 띄고 있대.

Jill 그게 어떻대? 심각한 거라고 말해?

Walter 안좋지만 좋아질거야. 두고보라고.

Jill 정말 안됐다. 네가 필요할 때 언제든 네 옆을 지켜줄게.

Walter 저 소리 들었어? 간호사가 내 약을 가져오나봐.

Jill 어, 간호사가 오네. 간호사가면 돌아올게.

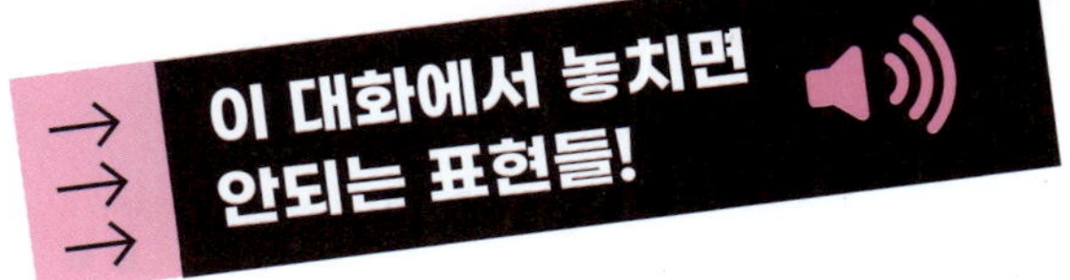

1 I got it 알았어, 내가 할게, 받았어 » I got it

I know, no sugar after five. I got it.

알아, 5시 이후에는 설탕들은 건 금지. 알았어.

2 How about that? 그게 어떻대? »

She's gonna sue you people! How about that?

걔는 너희들을 고소할거야. 어때?

3 I'll get better 좋아질거야 »

I know it's tough now, but things will get better.

현재 어렵다는 것은 알지만 상황이 좋아질거야.

4 You (just) wait and see 두고보라고 »

We'll have to wait and see.

우리는 두고 지켜봐야 돼.

5 I'll be there for you 내가 있잖아 »

We will be there for you the whole time!

우리는 언제나 네 옆을 지킬거야!

6 Here it comes 자 여기 있어, 또 시작이군, 올 것이 오는구만 »

Oh my God! Here it comes!

오 맙소사! 올 것이 오는구만!

실제대화 056

I don't see why not

그래, 안될게 뭐 있나

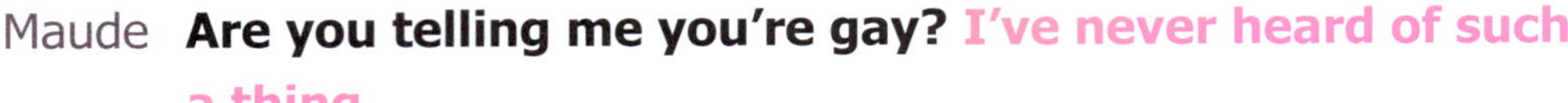

Maude **Are you telling me you're gay? I've never heard of such a thing.**

Parker **I don't see why not. There are a lot of gay people around.**

Maude **I have no problem with that, but you're my son!**

Parker **So tell me what you're thinking. I want to understand.**

Maude **I'll be there for you, but I wish you weren't gay.**

Parker **Being gay isn't my choice. I have nothing to do with this.**

Maude **I'm still your mother, and I'll always love you anyhow.**

Maude 네가 게이라는 말이야? 말도 안돼.

Parker 안될게 있나요. 주변에 게이들이 많은데요.

Maude 그건 상관없지만, 넌 내 아들이잖아!

Parker 그럼 엄마 생각을 말해봐요. 이해하고 싶어요.

Maude 엄만 네 편이지만 네가 게이가 아니었음 해.

Parker 게이가 되는 건 내 선택이 아니예요. 난 그거와는 상관없어요.

Maude 난 여전히 네 엄마이고 어쨌거나 언제나 널 사랑할거야.

이 대화에서 놓치면 안되는 표현들!

1 I never heard of such a thing 말도 안돼, 금시초문야

» I never heard of such a thing

I told her I'd never heard of it.
난 그걸 전혀 들어보지 않았다고 말했어.

2 I don't see why not 그래 »

It may be evidence, but I don't see why not.
증거가 될 수도 있겠지만 왜 안되는지 모르겠어.

3 I have no problem with that 난 괜찮아

»

I've got no problem with that. I'm not a priest.
난 그거에 아무 문제없어. 난 성직자가 아냐.

4 Tell me what you're thinking 네 생각이 뭔지 말해봐

»

Just tell me what you're thinking.
그냥 네 생각이 뭔지 말해봐.

5 I have nothing to do with this 난 아무 관련이 없어

»

You said you had nothing to do with Jane's murder.
너는 제인의 살인과 아무런 관련이 없다고 했어.

실제대화 057

What're you talking about?

무슨 소리야?

Angela **We need to talk** to you about the robberies you've done.

Tito **What are you talking about?** You think I'm a thief?

Angela **Something's come up,** and we got information that you stole some things.

Tito I think you're trying to frame me! You don't care that I'm innocent! **That's it!**

Angela **It happens.** No one will care if we frame you.

Tito **That's not what I mean.** I mean I didn't do any robberies.

Angela I'm the cop. I'll decide if that's true or not.

Angela 네가 저지른 도둑질에 대해 얘기 좀 나누자.

Tito 무슨 말예요? 내가 도둑이라고 생각하는거예요?

Angela 뭔가 나왔고 네가 뭘 좀 훔쳤다는 정보를 얻었지.

Tito 내게 누명을 씌우려는거죠! 내가 결백하다는 것은 상관도 안하고! 그거죠!

Angela 그럴 수도 있지. 우리가 누명을 씌워도 아무도 신경안쓸걸.

Tito 그런 뜻이 아니라. 도둑질을 하지 않았다는 말예요.

Angela 난 경찰야. 사실여부는 내가 결정해.

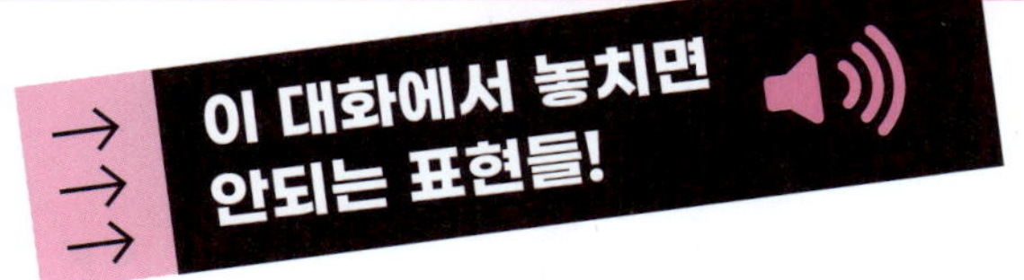

1 We need to talk 우리 얘기 좀 해야 돼 » We need to talk

There's something I need to talk to you about.
너에게 얘기해야 되는게 있어.

2 What are you talking about? 무슨 소리야?
»

What are you talking about? What do you mean?
무슨 소리야? 무슨 의미냐고?

3 Something's come up 일이 좀 생겼어 »

I will talk later. Yeah, something's come up.
나중에 얘기할게. 어, 뭔 일이 좀 생겼어.

4 That's it 바로 그거야, 그게 다야, 그만두자 »

All I'm asking is that you tell me how to find her. That's it.
내가 바라는 것은 네가 걔를 어떻게 찾을 수 있는지 나한테 말해달라는거야. 그게 다야.

5 It happens 그러는거지, 그럴 수도 있지 뭐 »

It happens. Medically we don't know why.
그럴 수도 있어. 의학적으로는 이유를 몰라.

6 That's not what I mean 실은 그런 뜻이 아냐 »

That's not what I meant. I loved Mindy.
실은 그런 뜻이 아니었어. 난 민디를 사랑했었어.

실제대화 058

What's with you?

뭐 땜에 그래?

Lara　I'm a psychologist. What can I do for you?

Mitchell　If you ask me, a psychologist can't help me.

Lara　What's with you? I heard you've been having PTSD.

Mitchell　You have no idea. I have nightmares about being a soldier in the war.

Lara　Tell me about your nightmares. You can count on me to keep them secret.

Mitchell　What for? You don't need to keep them secret.

Lara　I want to respect your privacy. I want to help you.

Lara　난 심리학자예요. 뭘 도와줄까요?

Mitchell　제 생각을 말씀드린다면, 심리학자는 도움이 되지 않아요.

Lara　무슨 문제지요? 외상후 스트레스 증상을 앓고 있다면서요.

Mitchell　선생님은 모르실거예요. 전쟁터에 나가는 것에 대해 악몽을 꾸고 있어요.

Lara　그 악몽에 대해 말해봐요. 절대 비밀로 할테니 믿어요.

Mitchell　뭐 때문에요? 비밀로 할 필요없어요.

Lara　당신 사생활을 존중하면서 돕고 싶어서 그래요.

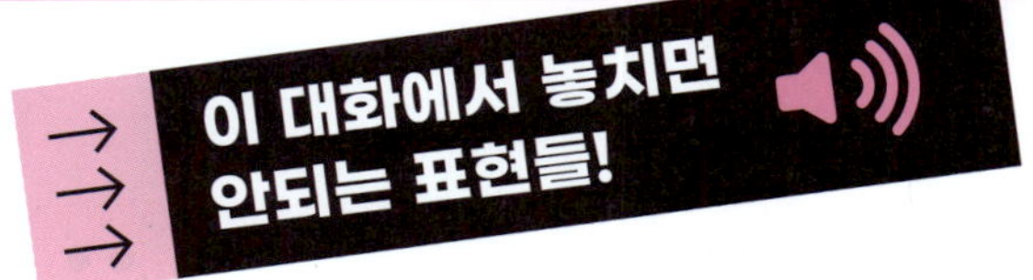

1 If you ask me 내 생각은, 내 생각을 말한다면 » If you ask me

She should still be arrested, if you ask me.
내 생각에 여전히 걔는 체포되어야 한다고 생각해.

2 What's with you? 뭐 땜에 그래? »

What's that? What's with the face?
그게 뭐야? 얼굴이 왜 그래?

3 You have no idea 넌 모를거야 »

This is unbelievable Tony. You have no idea.
이건 정말 놀라운 걸, 토니. 넌 모를거야.

4 You can count on me 나한테 맡겨 »

You can count on us, we're on it.
우리한테 맡겨, 우리가 할게.

5 What for? 왜요? »

You want my blood? What for?
내 피를 달라고요? 왜요?

실제대화 059

What do you think?

네 생각은 어때?, 무슨 말이야?, 그걸 말이라고 해?

Jerry **My theory is our victim was killed with a gun. What do you think?**

Maria **That theory suits me. It looks like a bullet wound to the head.**

Jerry **We're almost there. We just need to find the shooter.**

Maria **I think we're out of luck. There aren't any suspects.**

Jerry **I wish I could find more evidence, but I can't.**

Maria **Right. There is not a single clue here. Not a thing.**

Jerry **Let's go ask if the neighbors saw or heard anything.**

Jerry 내 생각은 피해자가 총으로 살해되었다는거야. 어떻게 생각해?

Maria 나도 그런 것 같아. 머리에 총상이 있는 것 같아.

Jerry 거의 다 됐는데, 총을 쏜 놈만 잡으면 돼.

Maria 우리 운이 없는 것 같아. 용의자가 한 명도 없잖아.

Jerry 증거를 더 찾을 수 있으면 좋겠는데 안되네.

Maria 맞아. 하나의 단서조차 없네 그랴. 전혀 없어.

Jerry 주변 사람 탐문조사를 해보자.

이 대화에서 놓치면 안되는 표현들!

1 What do you think? 네 생각은 어때?, 무슨 말이야?, 그걸 말이라고 해?

» What do you think?

How 'bout I fix you two up? What do you think?
너희 둘 소개시켜줄까? 어때?

2 It suits me (fine) 난 좋아 »

Okay. Back to the big city suits me, boss.
좋아요. 대도시로 돌아가는 건 좋죠, 보스.

3 We're almost there 거의 다 됐어, 거의 끝났어, 거의 다왔어

»

We're almost there. Turn right at the next light.
거의 다 왔다. 다음 신호등에서 우회전해.

4 I'm out of luck 난 운이 없어 »

She was shot. We're out of luck.
걔는 총에 맞았어. 우리는 운이 없어.

5 I wish I could, but I can't 그러고 싶지만 안되겠어

»

Look, I wish I could help you. But I can't.
이봐, 널 돕고 싶지만 안되겠어.

6 Not a thing 전혀 »

A: Do you know anything about babies? B: No, not a thing.
A: 아기들에 대해 너 좀 아는 것 있어? B: 아무것도 몰라.

실제대화 060

Hear me out

내 말 끝까지 들어봐

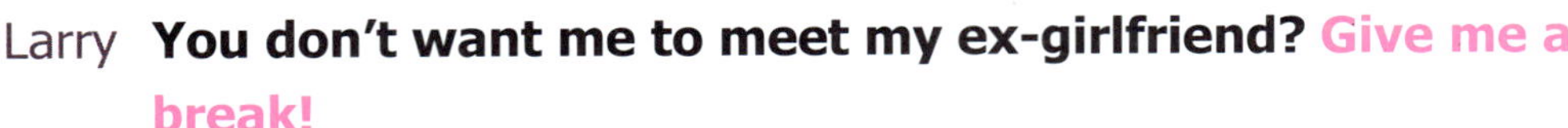

Larry **You don't want me to meet my ex-girlfriend? Give me a break!**

Patty **Hear me out. I think she wants to get back together with you.**

Larry **She doesn't. How could you say such a thing?**

Patty **Well, here goes. She has called at least nine times.**

Larry **Really? I am going to miss you when she and I get back together.**

Patty **Don't even joke about that! I've already had a bad day.**

Larry **Okay, sorry. Trust me, I won't go and meet her.**

Larry 옛 여친을 만나지 말라고? 좀 봐주라!

Patty 내 말 들어봐. 걔가 너랑 다시 합치고 싶은 것 같아.

Larry 아냐. 어떻게 그런 이야기를 할 수 있어?

Patty 저기, 자 이런거야. 걔가 적어도 9번은 전화했어.

Larry 정말? 걔하고 내가 합치면 네가 그리워질거야.

Patty 그런 농담은 하지도마! 오늘 일진이 안좋단 말야.

Larry 좋아, 미안. 날 믿어, 걔를 만나지 않을게.

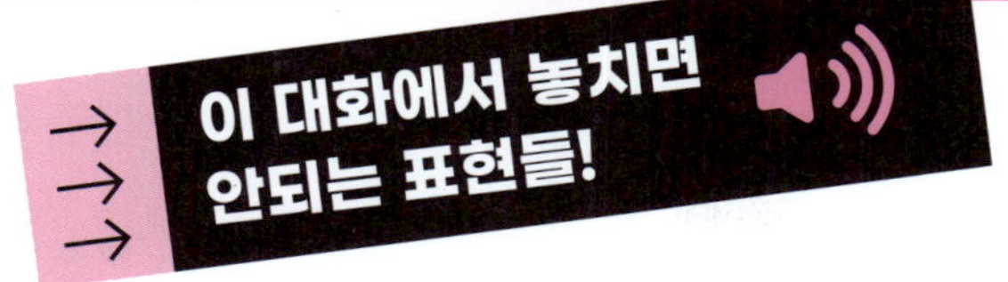

1 Give me a break 좀 봐줘요, 그만 좀 해라 » Give me a break

Give me a break. Come on, she's my type!
그만 좀 해라. 이봐, 걘 내 타입이라고!

2 Hear me out 내 말 끝까지 들어봐 »

Please, just hear me out. I have waited my whole life to find love. 내 말 끝까지 들어봐. 난 평생 사랑을 찾기 위해 기다려왔어.

3 How could you say such a thing? 네가 어떻게 그런 말을 할 수 있니?
»

How can you say that? Of course we want to go home.
어떻게 그런 말을 해? 당연히 우린 집에 가고 싶지.

4 Here goes 한번 해봐야지, 자 시작한다 »

I'll give you my opinion. Here goes.
내 의견을 말할게. 자 시작한다.

5 I'm going to miss you 보고 싶을거야 »

I can't believe I'm saying this, but I'm going to miss you.
내가 이런 말을 할 줄 몰랐지만, 네가 보고 싶어질거야.

6 I had a bad day 진짜 재수없는 날이야 »

I had a bad day, too, Chuck. I was taken advantage of.
척, 나도 오늘 안좋은 날이었어. 내가 이용을 당했거든.

실제대화 061

It doesn't matter to me

난 아무래도 상관없어

Gabe **Are you moving out?** **How could you not tell us?**

Tiff **Not to worry.** **I'll find another roommate to live here.**

Gabe **It doesn't matter to me.** **But it's important that the person has money.**

Tiff **I know the feeling.** **You can't have someone who doesn't pay the rent.**

Gabe **So, are you making extra money that allows you to rent a bigger place?**

Tiff **I'm doing OK.** **I just got a promotion at my job.**

Gabe **I'm happy for you.** **We'll miss you when you're gone.**

Gabe 이사가는거야? 어떻게 내게 말도 하지 않을 수 있어?

Tiff 걱정마. 여기 살 다른 룸메이트 내가 구할게.

Gabe 그건 중요한 게 아냐. 걔한테 돈이 있냐가 중요하지.

Tiff 그 심정 알아. 월세를 안내는 사람하고 살면 안되지.

Gabe 그럼, 넌 더 큰 집 월세를 낼 여유돈을 버는거야?

Tiff 난 괜찮아. 직장에서 승진했거든.

Gabe 네가 잘되서 기뻐. 네가 가면 보고 싶어질거야.

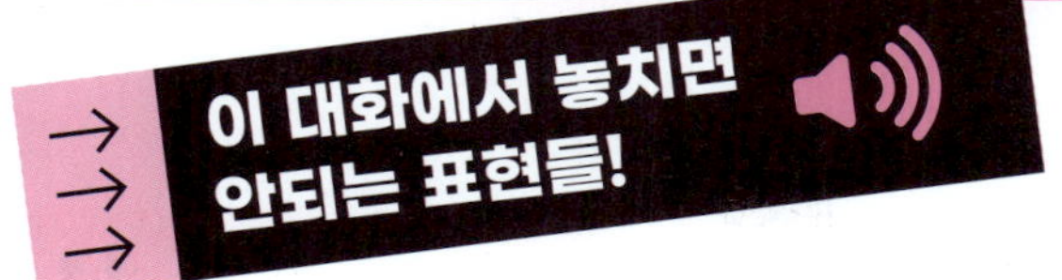

1 How could you not tell us? 어떻게 우리에게 말하지 않을 수 있지?

» How could you not tell us?

I mean how could you not tell me? We lived together, we told each other everything.

내 말은 어떻게 내게 말하지 않을 수 있어? 우리는 함께 살았고, 서로 모든 것을 말했잖아.

2 Not to worry 걱정 안해도 돼 »

Tell her I've had a small breakdown. Not to worry.

걔한테 약한 신경쇠약이라고 말해줘. 걱정 안해도 된다고.

3 Doesn't matter to me 난 아무래도 상관없어 »

If you wanna be gay, be gay. Doesn't matter to me.

너 게이가 되고 싶으면 게이가 되라고. 난 상관없어.

4 I know the feeling 그 심정 내 알지 »

I know the feeling. I'm not looking for a long-term relationship either. 그 심정 알아. 나도 역시 장기적인 관계는 찾지 않아.

5 I'm doing OK 잘 지내고 있어 »

I'm doing okay. I think it's going well.

나 잘 지내고 있어. 잘 될거라 생각해.

6 I am happy for you 네가 잘돼서 나도 기뻐 »

That's great! I mean, I'm happy for you guys.

잘됐다! 내 말은 너희들이 잘되서 기쁘다고.

실제대화 062

Get off my back!

귀찮게 굴지 말고 나 좀 내버려둬

Abbie **I'm all yours. We can spend the evening together.**

Major **I'm so into you, but tonight won't work.**

Abbie **You can't stay? Well, it's your funeral. You'll regret it.**

Major **Please get off my back. I have work to do. It's not my fault.**

Abbie **Really? So what do you have to rush off to do?**

Major **We have a huge project at the office. Could I be excused for tonight?**

Abbie **Yes, I understand. Go ahead, and don't give it a second thought.**

Abbie 난 네가 너무 좋아. 우리 오늘 저녁 같이 보내자.

Major 나도 네가 무척 좋지만 오늘 밤은 안돼.

Abbie 같이 못지낸다고? 저기, 알아서 해. 후회하게 될거야.

Major 그만 좀 귀찮게 해. 나 일해야 돼. 내 잘못이 아냐.

Abbie 정말? 그럼 뭘 그리 급하게 해야 되는데?

Major 회사에서 프로젝트 큰 거 진행중야. 오늘 밤은 그만 일어날게.

Abbie 그래. 이해해. 어서 가, 걱정하지 말고.

이 대화에서 놓치면 안되는 표현들!

1 I am all yours 난 24시간 대기야, 난 네꺼야, 네 맘대로 해

≫ I am all yours

I'm just gonna jump in the shower, and then, I'm all yours.
샤워를 언능하고, 그리고 나서 난 네꺼가 될거야.

2 I'm so into you 너한테 푹 빠져 있어 ≫

I hate to bother you, but in college I was so into you.
귀찮게 해서 미안하지만, 대학교 때 난 너한테 푹 빠져있었어.

3 He's a dead man 걘 이제 죽었다 ≫

I mean, if you get out of the car you're a dead man.
내 말은 네가 차에서 내리면 넌 죽은 목숨이야.

4 Get off my back 귀찮게 굴지 말고 나 좀 내버려둬 ≫

I don't know nothin' about the case. Now get off my back.
난 그 사건에 대해 아무것도 몰라. 나 좀 내버려 둬.

5 Could I be excused? 양해를 구해도 될까요?, 이만 일어나도 될까요?

≫

Could I be excused? I have a meeting to attend.
그만 일어나도 될까요? 참석할 회의가 있어서요.

6 Don't give it a second thought 걱정하지마

≫

It was nothing. Don't give it a second thought.
별거아니니 걱정하지마.

실제대화 063

You're telling me

누가 아니래!, 정말 그래!, 나도 알아!

Amanda **If you cops want to arrest me, be my guest.**

Deacon **You're telling me you don't mind if we arrest you?**

Amanda **What do you want me to say? You want to take me? Let's go!**

Deacon **Have it your way. I'm taking you to jail.**

Amanda **But if worst comes to worst, I'll be in jail for years. I don't want that.**

Deacon **I don't blame you. It's miserable in there.**

Amanda **Look, officer, maybe I don't want to go with you after all**

Amanda 너희 경찰들이 날 체포하려면 맘대로 해요.

Deacon 체포해도 된다는 말인가요?

Amanda 나보고 어찌라고요. 날 데려갈거면 어서 갑시다!

Deacon 좋으실대로. 감방으로 갑시다.

Amanda 하지만 최악의 경우, 내가 오랫동안 감방에 있을텐데, 그건 싫은데요.

Deacon 그럴만도 하지요. 감방생활은 비참하죠.

Amanda 저기 경찰관님, 같이 가지 않으면 안되나요.

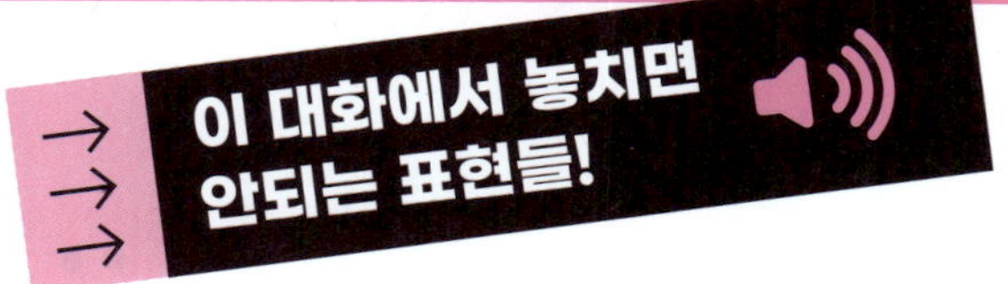

1 Be my guest! 그럼! » Be my guest!

Do you think you could do better than me? Well, be my guest!
네가 나보다 더 잘할 수 있다고? 그래, 맘대로 해봐!

2 You're telling me 누가 아니래!, 정말 그래!, 나도 알아! »

So you're telling me that there is nothing going on between you and Chris. 그럼 너는 크리스와 아무런 관계가 아니라는 말이야?

3 What do you want me to say? 무슨 말을 하라는 거야?, 나보고 어쩌라고?
»

What do you want me to say? Whatever you want me to do, I'll do it. 나보고 어떻게 하라고? 네가 뭘 하라고 하던지, 내 할게.

4 Have it your way 네 맘대로 해, 좋을대로 해 »

Have it your way. You go talk to your people.
너 좋을대로 해. 가서 네 사람들하고 얘기해.

5 If worse comes to worst 최악의 경우라 해도
»

If worse comes to worst, I'll be there for you.
최악의 경우라도, 난 네곁을 지킬거야.

6 I don't blame you 그럴 만도 해, 네가 어쩔 수 없었잖아
»

I know you hate me right now. And I don't blame you. I should've called. 지금 날 무척 싫어하는구만. 그럴 만도 하지. 내가 전화했어야 했는데.

실제대화 064

That works for me

난 괜찮아, 찬성이야

Rita **Sorry for causing you problems. I want to try to make it up to you.**

Carl **I get your point. You shouldn't have started rumors about me.**

Rita **So, shoot me! But I'm willing to change the way I act.**

Carl **You want to be a better person? That works for me.**

Rita **I know what I'm doing. I'll never spread rumors again.**

Carl **Let me sleep on it. I'm still not sure you're being honest.**

Rita **Fair enough. It will take some time for you to trust me.**

Rita 문제를 일으켜 미안해. 보상을 해주고 싶어.

Carl 무슨 말인지 알겠어. 나에 대한 소문을 안냈어야지.

Rita 그래서 뭐! 하지만 내 기꺼이 내 행동을 고치겠다고.

Carl 더 나은 사람이 되겠다고? 그럼 괜찮지.

Rita 내가 알아서 행동한다고. 다신 절대 소문내지 않을게.

Carl 곰곰히 생각해보고. 네가 솔직한지 아직 확신이 안서.

Rita 그럴만도 하지. 날 믿으려면 시간이 좀 걸릴거야.

이 대화에서 놓치면 안되는 표현들!

1 I want to try to make it up to you 내가 다 보상해줄게

≫ I want to try to make it up to you

I'm so sorry. Let me make it up to you.
미안해. 내가 보상해줄게.

2 I get your point 무슨 말인지 알아들었어, 알겠어요 ≫

All right, I get your point.
좋아, 무슨 말인지 알겠어.

3 So, shoot me 그래서 어쨌다는거야 ≫

You don't like my attitude? So, shoot me.
내 태도가 맘에 안든다고? 그래서 어쩔건대?

4 (It) Works for me 난 괜찮아, 찬성이야 ≫

All right. That works for me.
좋아. 난 괜찮아.

5 I know what I'm doing 내가 다 알아서 해 ≫

I know what I'm doing. I just wanted to put a stop to this.
내 할 일은 알아서 한다고. 난 단지 이걸 끝내고 싶었을 뿐이야.

6 Let me sleep on it 곰곰이 생각해봐야겠어 ≫

Don't you think you should sleep on it before you make such a huge decision? 이런 큰 결정을 하기 전에 곰곰히 생각해봐야 된다고 생각하지 않아?

실제대화 065

Do I make myself clear?

알았들었어?

Karen **I want to adopt a child.** Do I make myself clear?

Rex What's the big deal? **You really want a kid soon?**

Karen You said it. **I can't get pregnant, so we have to adopt.**

Rex **Well, honey,** work comes first **for me. I don't have time to be a dad.**

Karen I don't know about that. **You'll do just fine in your free time.**

Rex **Is this a book on parenting? Where did you get it?**

Karen **It's from my mom.** She gave it to me.

Karen 아이를 입양하고싶어. 내 말이 무슨 말인지 알겠어?

Rex 별 일도 아닌 것 가지고. 정말, 벌써 아이를 원하는거야?

Karen 그렇고 말고. 내가 임신이 안되니 아이를 입양해야지.

Rex 저기, 자기야, 나한테는 일이 우선이야. 아버지가 될 시간이 없다고.

Karen 글쎄, 자기 여가시간에 잘해낼거야.

Rex 이책은 육아책이야? 어디서 났어?

Karen 엄마꺼야. 내게 주셨어.

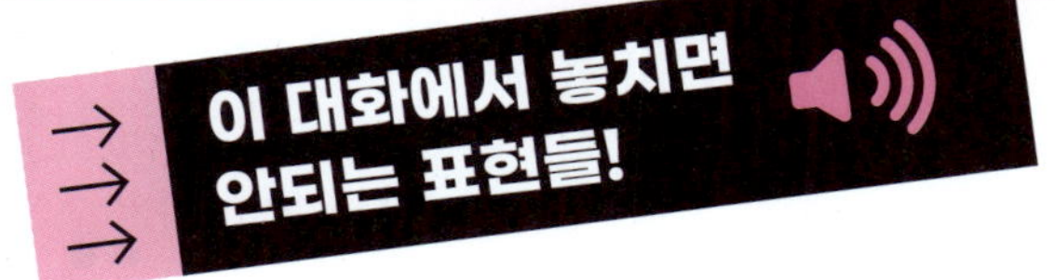

1 Do I make myself clear? 알았들었어? » Do I make myself clear?

Let me make myself clear. This is a mistake.
내가 분명히 말할게. 이건 실수야.

2 What's the big deal? 별거 아니네?, 무슨 큰 일이라도 있는거야?
»

What's the big deal, Susan? Just ask him to dance.
수잔, 별것도 아닌데. 걔한테 가서 춤추자고 해.

3 You said it 네 말이 맞아, 맞는 말이야 »

A: Yeah. Small world, huh? B: Yeah, I'll say.
A: 그래, 세상 참 좁지, 어? B: 그래, 맞는 말이야.

4 Work comes first 일이 우선이다 »

Since my career comes first, you may have to support me.
내 경력이 우선이니까, 나를 도와줘야지.

5 I don't know about that 글쎄 »

I don't know about that. It seems wrong.
잘 모르겠지만, 틀린 것 같아.

6 She gave it to me 나 걔한테 혼쭐이 났어, 나 걔하고 섹스했어
»

She gave it to me when she caught me cheating.
컨닝하다 걔한테 걸려서 혼났어.

실제대화 066

So I figured it out

그래서 그 사정을 알게 되었지

Mina **There you go again. You're really angry at Bill.**

Flynn **Yeah, I'm angry. My money was missing, so I figured it out. He took it.**

Mina **Your desire for revenge is crazy. See what I'm saying?**

Flynn **No, it isn't. He said he didn't steal my money, but I'm not buying his story.**

Mina **Well, mum's the word. You can't just threaten revenge.**

Flynn **You can say that again. I've got to keep this secret.**

Mina **So tell me, what do you plan to do to him?**

Mina 또 시작이구만. 너 빌한테 엄청 화났지.

Flynn 어, 화났어. 내 돈이 없어졌는데, 그 이유를 알게 되었어. 걔가 가져갔어.

Mina 복수하겠다는 네 맘은 쓸데없는 짓이야. 내 말 무슨 말인지 알지?

Flynn 아니 그렇지 않아. 걔는 돈을 훔치지 않았다고 말하는데 난 걔말을 못믿겠어.

Mina 그럼, 이건 비밀이야. 걔한테 그냥 복수하겠다고 협박하지마.

Flynn 물론이지. 이건 비밀로 해야지.

Mina 그럼 말해봐, 걔한테 어떻게 할건데?

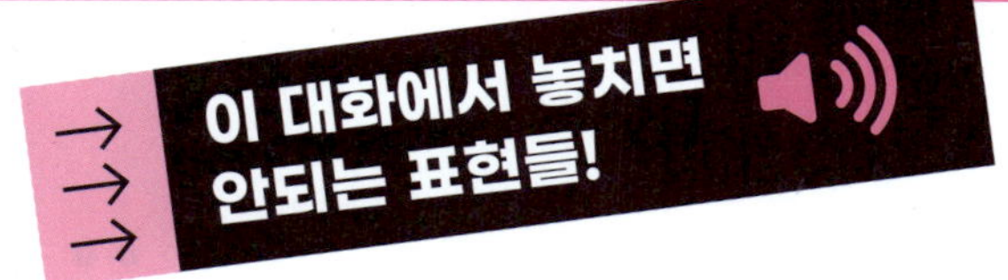

1 There you go again 또 시작이군 » There you go again

There you go again, checking out my basket.
또 시작이구만, 내 바구니에 뭐 있나 확인하고.

2 So I figured it out 그래서 사정[이유]을 알게 되었어 »

So I figured it out after looking at it carefully.
그걸 자세히 본 후에야 그 사정을 알게 되었어.

3 See what I'm saying? 무슨 말인지 알지? »

There's no way to do it. **See what I'm saying?**
그걸 할 수가 없어. 무슨 말인지 알지?

4 We aren't buying your story 네 얘기 믿을 수 없어
»

You've got to get everybody to **buy your story.**
모든 사람들이 네 이야기를 믿게끔 해.

5 Mum's the word 입 꼭 다물고 있어 »

Mum's the word. It has to be a surprise.
입 다물어. 깜짝파티이어야 돼.

6 You can say that again 그렇고 말고, 당근이지
»

You can say that again. You're totally right.
그렇고 말고. 네가 정말 맞아.

실제대화 067

I'm pissed off
열받아, 진절머리나

Cindy **I'm pissed off.** My parents always give my brother more money.

Doug **That doesn't make sense**. Why don't you treat your parents better?

Cindy **Like what?** You mean I should try to be sweeter?

Doug Of course. Treat them kindly, and they'll reward you. **It works.**

Cindy Okay, **I'm with you.** I can act like a really good daughter.

Doug **Are you in?** That's good to hear. Everyone will be happier.

Cindy And maybe they'll start giving me more money than my brother.

Cindy 열받아. 부모님은 언제나 오빠한테 돈을 더 준단말야.

Doug 말도 안돼. 부모님께 더 잘해드려.

Cindy 예를 들면? 내가 더 착해지려고 노력해야 한다는말야.

Doug 당근이지. 잘 대해드리면 네게 보상해주실거야. 그게 통한다니까.

Cindy 그래, 알았어. 정말 착한 딸처럼 행동할 수 있어.

Doug 그렇게 하겠다는거지? 반가운 소리네. 다들 이제 더 행복해질거야.

Cindy 그러면 오빠보다 돈을 더 주기 시작할 지도 몰라.

이 대화에서 놓치면 안되는 표현들!

1 I'm pissed off 열받아, 진절머리나 » I'm pissed off

You were pissed off that she broke up with you?
걔가 너와 헤어져서 화가 났었어?

2 It doesn't make any sense 무슨 소리야, 말도 안돼
»

This doesn't make any sense. Why is she reporting this now?
그건 전혀 말도 안돼. 왜 걔가 지금 그걸 보고하는거야?

3 Like what? 예를 들면? »

Like what? We already matched the guy's voice.
예를 들면. 우린 이미 그 사람의 목소리가 일치하는 걸 알아냈잖아.

4 It works! 제대로 되네!, 효과가 있네! »

We only see what we wanna see and believe what we want to believe. And it works.
우리는 단지 보고 싶은 거만 보고 믿고 싶은 것만 믿지. 그리고 그게 통한다니까.

5 Are you with me? 내 말 이해돼?, 내 편이 돼줄테야?
»

I'm with you. He even asked me if I thought you'd go out with him. 동감야. 걘 네가 걔하고 데이트할거라 생각하냐고 내가 물어보기까지 했어.

6 Are you in? 너도 할래? »

I mean, we know you're out, but are you in?
내 말은, 우리는 네가 안하는 걸로 아는데, 함께 할래?

실제대화 068

I'm done with it

이거 다 끝냈어

Lee **I'm going to break up with you. I've had it with our lousy sex life.**

Regis **Give it a break! You are always complaining about me.**

Lee **I'm totally burned out on you. You never give me an orgasm.**

Regis **How should I put it? You've gotten kind of fat and unattractive lately.**

Lee **You think I'm fat? I'm done with this relationship!**

Regis **Well, maybe I should have tried to be more romantic.**

Lee **Don't be so hard on yourself, we just aren't compatible.**

Lee 헤어져야겠어. 엉망인 우리 성생활이 이제 지겨워.

Regis 그만 좀 해! 넌 늘상 나에게 불만을 늘어놓잖아.

Lee 너한테 지쳤어. 나 오르가즘 느껴본 적도 없어.

Regis 어떻게 말해야 할까? 너 좀 살도 쪘고 최근에 매력도 없어졌어.

Lee 내가 뚱댕이라는 말이야? 우리 관계 이제 끝이야!

Regis 저기, 내가 좀 더 분위기잡는 노력을 했어야 했는데.

Lee 너무 자책하지마, 우리는 안맞는 것일 뿐이야.

이 대화에서 놓치면 안되는 표현들!

1 I've had it with you guys 너희들한테 질려버렸어

» I've had it with you guys

I've had it with you. You are unteachable!

난 너한테 질렸어. 넌 구제불능야!

2 Give it a break! 그만 좀 하지 그래! »

Give it a break! We've heard you complain all morning.

그만 좀 해! 아침내내 네 불평 듣고 있잖아.

3 I am totally burned out 완전히 뻗었어 »

Were you **burned out** from your marriage?

너 결혼생활에 완전히 지친거였어?

4 How should I put it? 뭐랄까? »

Okay. **Let me put it this way.**

좋아. 이렇게 말해볼게.

5 I'm done with this 이거 다 끝냈어 »

I'm done with great love. I'm back to great lovers.

난 위대한 사랑은 이제 안해. 난 멋진 연인을 다시 만날거야.

6 Don't be so hard on yourself 너무 자책하지마

»

Peter, **don't be so hard on yourself**. It's not going to happen overnight. 피터, 너무 자책하지마. 그게 하루 저녁에 일어나는 것은 아냐.

실제대화 069

How'd it go?

어떻게 됐어?, 어땠어?

Cora **Are you using drugs again?** **I can't take it anymore!**

Norman **You're saying that** **I'm addicted to prescription drugs?**

Cora **How can I tell?** **You keep the amount you use secret.**

Norman **Could you lay off please?** **I can handle the drugs I use.**

Cora **I don't know what else to do.** **You need professional help.**

Norman **I went to see an addiction counselor last year.**

Cora **How'd it go?** **I think you went one time and then never again.**

Cora 너 또 약하니? 더 이상 못참겠다!

Norman 내가 처방약에 중독됐다고 말하는거야?

Cora 내가 어떻게 알아? 네가 먹은 양을 비밀로 하잖아.

Norman 제발 그만 좀 해. 내가 복용하는 약은 내가 조정할 수 있어.

Cora 달리 어떻게 해야 할지 모르겠어. 넌 전문가의 도움이 필요해.

Norman 작년에 중독상담가의 진찰을 받으러 다녔잖아.

Cora 어땠어? 한번 가고 다시는 가지 않았잖아.

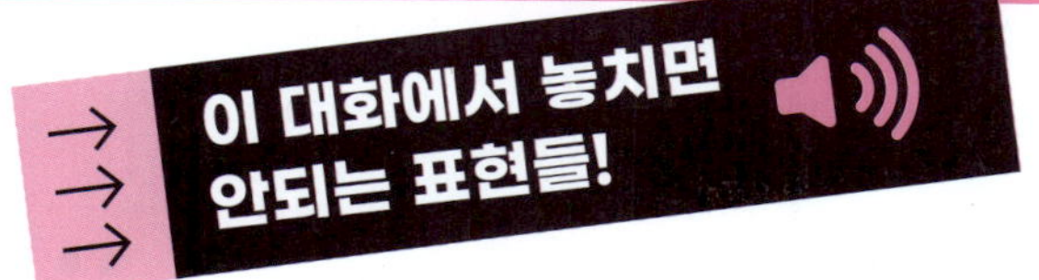

1 I can't take it anymore 더 이상 못 견디겠어 » I can't take it anymore

I can't take it anymore! I feel like an animal caught in a trap!
더 이상 못 참겠어! 덫에 걸린 짐승같아!

2 You're just saying that 그냥 해보는 소리지?, 괜한 소리지? »

You're just saying that to hurt my feelings.
내 맘 속상하게 하려고 그냥 하는 말이지.

3 How can I tell? 내가 어찌 알아? »

How can I tell if my computer has a virus?
내 컴퓨터에 바이러스가 있는 것을 내가 어떻게 알아?

4 Could you lay off, please? 그만 좀 할래요? »

All right, I get the point. You can lay off the sarcasm.
좋아, 알았어. 비아냥은 그만 좀 해.

5 I don't know what else to do 달리 어떻게 해야 할 지 모르겠어 »

I don't know what else to do, okay?
달리 어떻게 해야 할 지 모르겠어, 응?

6 How'd it go? 어떻게 됐어?, 어땠어? »

Hey. How'd it go at the hotel?
야. 호텔에서 어떻게 됐어?

실제대화 070

This can't wait

이건 급해

Shirley **Son, I need to talk to you. This can't wait.**

Bernie **Is this about my marriage? It's going to be fine. I'm on a roll.**

Shirley **Take my word for it, you're not on a roll. There are going to be problems.**

Bernie **Problems? Marriage is difficult, but I'll get the hang of it.**

Shirley **You don't understand. This girl is wrong for you, I swear.**

Bernie **What is it? What don't you like about her?**

Shirley **She's a slut. If anything happens and you get hurt, I won't forgive myself.**

Shirley 아들, 얘기 좀 하자. 급한거야.

Bernie 내 결혼식에 관한 거예요? 잘 될거예요. 잘 풀리고 있어요.

Shirley 내 말 믿어, 잘 풀리고 있지 않아. 문제들이 좀 있을거야.

Bernie 문제들요? 결혼이 어려운 것은 알지만 적응해나갈거예요.

Shirley 넌 이해를 못해. 이 아이는 너한테는 어울리지 않아, 정말야.

Bernie 뭐라구요? 왜 걔에 대해 싫어하는 거예요?

Shirley 걘 좀 못된 애야. 만약 무슨 일이 생기고 네가 상처를 받으면, 내가 나 자신을 용서못할게다.

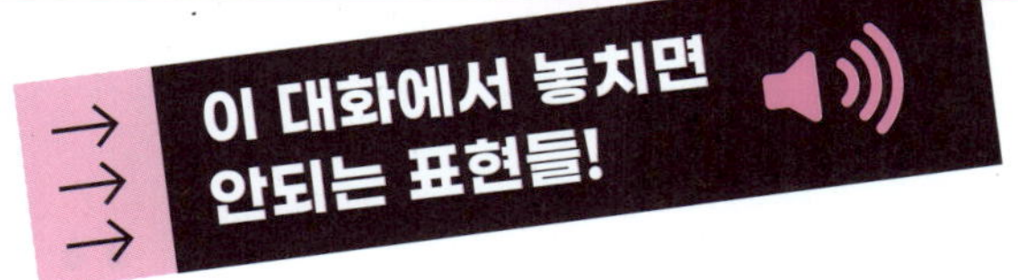

1 That can't wait 이건 급해 » That can't wait

You got something that can't wait, Nick?
급한게 있다며, 닉?

2 She is on a roll 걔 한창 잘나가고 있어 »

Sounds like Brian's on a roll.
브라이언이 잘 풀리고 있는 것 같아.

3 Take my word for it 진짜야, 내 말 믿어 »

You'll have to take my word for it.
너 내 말을 믿어야 돼.

4 You'll get the hang of it 금방 손에 익을거야
»

Darn. I can't seem to get the hang of it.
젠장헐. 난 금방 손에 익지 않을 것 같아.

5 I swear 맹세해 »

I swear to god, I could kill her.
맹세코, 난 그 여자를 죽일 수도 있을거야.

6 If anything happens 무슨 일이 생기면 »

People know where I am if anything happens to me.
내게 무슨 일이 생기면 사람들은 내가 어디 있는지 알거야.

실제대화 071

Why would you say that?

왜 그런 말을 하는거야?

Ted **Are you sleeping with your friend's boyfriend? You never learn.**

Macy **It's no big deal. We're not in a serious relationship.**

Ted **Why would you say that? It's really going to hurt your friend.**

Macy **We're just goofing around. No one else has to know about it.**

Ted **There you are, always acting like a selfish bitch!**

Macy **Oh, you don't say. Why do you think you can judge me?**

Ted **Because I see that you're going to cause a lot of damage.**

Ted 너 네 친구의 남친하고 잤어? 구제불능이구만.

Macy 뭐 별일 아닌데. 심각한 관계 아니야.

Ted 왜 그런 말을 하는데? 네 친구에게 큰 상처를 주게 될거야.

Macy 우린 그냥 별 생각없이 뒹군거야. 다른 누구도 모를거야.

Ted 이것 봐, 항상 이기적인 여자로 행동하네!

Macy 어, 설마. 네가 뭔데 나를 비난하는거야?

Ted 네가 많은 피해를 일으킬 것 같으니까.

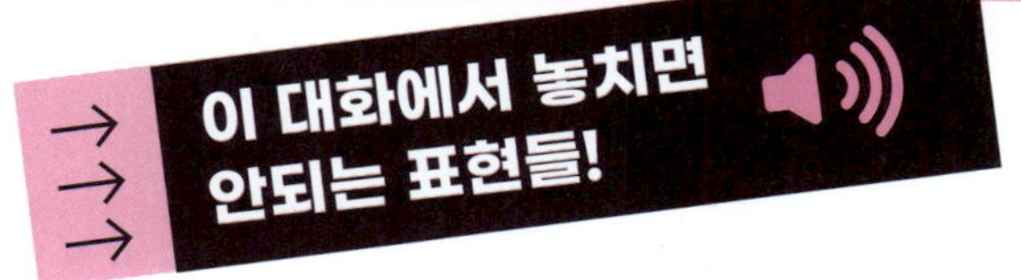

1 You never learn 넌 구제불능이야 » You never learn

You never learn. You always make the same mistakes.
넌 구제불능이야. 넌 늘상 같은 실수를 되풀이한다니까.

2 That's no big deal 별거 아냐 »

Everyone's doing it. It's no big deal.
다들 그러고 있어. 별 일 아냐.

3 Why would you say that? 왜 그런 말을 하는거야?
»

You said that? Why would you say that?
뭐라고? 왜 그런 말을 하는거야?

4 We're just goofing around 우린 그냥 빈둥거리고 있어, (가벼운 관계로 남녀가) 뒹글다 »

We were just goofing around and I dared him to try them.
우리는 그냥 빈둥거리고 있었고 난 걔한테 그것들을 입어보라고 부추겼어.

5 There you are 여기 있어[왔네], 그것봐, 내가 뭐랬어 »

There you are. You're lucky you made it while the turkey's still hot. 여기 왔네. 칠면조가 아직 식지 않을 때 올 수 있어서 다행이다.

6 You don't say! 설마!, 아무려면!, 정말?, 뻔한거 아냐? »

You don't say? What's this world coming to, huh?
설마? 이 세상이 어떻게 돌아가는거야, 어?

실제대화 072

You got it?

맞아, 바로 그거야, 알았어

Wilson **The cops caught someone robbing the neighbors. Isn't it amazing?**

Bonnie **Big time. I thought there was no crime around here.**

Wilson **You're right on. I rarely hear about any problems.**

Bonnie **You'd better double check that the door is locked. You got it?**

Wilson **Okay, I'll do that now. It completely slipped my mind.**

Bonnie **Do you want to watch the news to see if they report on the incident?**

Wilson **Maybe later. I'm not in the mood right now.**

Wilson 경찰이 이웃집 도둑질하는 것을 잡았어. 멋지지 않아?

Bonnie 정말 그러네. 여기는 범죄가 없는 줄 알았는데.

Wilson 맞아. 무슨 문제가 있다는 말을 거의 들은 적이 없어.

Bonnie 문을 잠궜는지 재확인해야 돼. 알겠지?

Wilson 알았어, 지금 그렇게 할게. 깜박 잊었네.

Bonnie 사건을 보도하는지 뉴스를 볼래?

Wilson 나중에 보자. 지금 그럴 기분이 아니어서.

이 대화에서 놓치면 안되는 표현들!

1 Isn't it amazing? 대단하지 않아? 정말 놀라워! » Isn't it amazing?

She is so amazing! You have no idea.
걔 정말 대단해! 넌 모를거야.

2 Big time 그렇고 말고, 많이 »

You guys owe me big time.
너희들 나한테 크게 신세졌어.

3 You're right on 좋아!, 맞아! »

When you say it's too hot, you're right on.
네가 너무 덥다고 말하는 건 정말이지 맞는 말이야.

4 You got it 맞아, 바로 그거야, 알았어 »

You got it. I already have your address.
맞아. 나 네 주소 알고 있지.

5 It completely slipped my mind 깜박 잊었어

»

And that just slipped your mind?
그리고 그걸 깜박 잊은거야?

6 I'm not in the mood 그럴 기분이 아냐 »

I'm really not in the mood to see a movie anymore.
난 더이상 영화를 볼 기분이 아냐.

실제대화 073

Don't let me down

기대를 저버리지마, 실망시키지마

Patton I just can't stand your friends, they've made you depressed.

Debbie It's been a terrible couple of weeks, if you know what I mean.

Patton I get the picture. You thought you could trust them but you couldn't.

Debbie That's right. Even my boyfriend let me down.

Patton I know. I told you that he didn't have a heart.

Debbie You were right. He made love to me then he dumped me.

Patton Many things seem bad now, but they are going to get better soon.

Patton 네친구들 더 이상 못 참겠어. 널 우울하게 만들잖아.

Debbie 내 말뜻을 안다면, 몇주간 끔찍했어.

Patton 알았어. 걔네들을 믿을 수 있다고 생각했었는데 그럴 수 없다는거지.

Debbie 맞아. 내 남친조차 날 실망시켰어.

Patton 알아. 걔 정이 별로 없다고 말했잖아.

Debbie 네가 맞았어. 나랑 사랑을 나누더니 나를 차버렸어.

Patton 많은 일들이 지금은 안좋아보이지만 곧 나아질거야.

이 대화에서 놓치면 안되는 표현들!

1 I just can't stand your friends 네 친구들은 정말 지겨워

» I just can't stand your friends

I can't stand people touching my things.
난 사람들이 내 물건들을 만지는 것을 참을 수 없어.

2 if you know what I mean 내가 무슨 말하는지 안다면 말야

»

He's not just the boss at your office, if you know what I mean.
그 남자는 네 사무실에서 단순한 상관이 아니잖아, 내가 무슨 말을 하는지 안다면 말야.

3 I get the picture 알겠어 »

I get the picture. All right, look, there are six victims.
알겠어. 좋아, 이봐, 6명의 피해자가 있어.

4 Don't let me down 기대를 저버리지마 »

I'm tired of you men acting like boys. You let me down.
너희들이 애들처럼 행동하는거에 지쳤어. 나를 실망시켰어.

5 Have a heart 한번만 봐줘, 온정을 베풀라구 »

Don't you have a heart! He is a little boy.
넌 인정도 없어! 걘 어린 소년이잖아.

6 He made love to me 그 사람과 난 사랑을 나눴어 »

Chris, you're so handsome! I wanna make love to you right here, right now! 크리스, 너 정말 멋져! 지금 여기서 당장 너와 사랑을 나누고 싶어.

실제대화 074

Don't take it personally
기분 나쁘게 받아들이진마

Lucy **Don't take it personally, but I wonder if your shrink is helping you.**

Charles **I can't say he's made my life much easier.**

Lucy **But he keeps charging you a lot of money. Am I getting warm?**

Charles **He does charge a lot, but I can't complain. Psychiatrists are expensive.**

Lucy **Get real! You're getting cheated out of your money!**

Charles **Yeah, maybe. But I need to be healthy mentally.**

Lucy **I couldn't agree with you more, but try going to another shrink.**

Lucy 기분나쁘게 받아들이지마, 하지만 네 상담의가 도움이 되는지 궁금해서.

Charles 내 인생을 더 편하게 만들어줬다고는 말할 수는 없고.

Lucy 하지만 너 돈을 많이 내잖아. 맞는 얘기지?

Charles 비싸지만 불평없어. 정신과 상담의는 비싸잖아.

Lucy 정신차려! 너 바가지 쓰고 있는거라구!

Charles 어, 그럴지도 모르지. 하지만 정신적으로 건강해야 되니까.

Lucy 그건 네 말에 전적으로 동의해, 하지만 다른 상담의 찾아보도록 해.

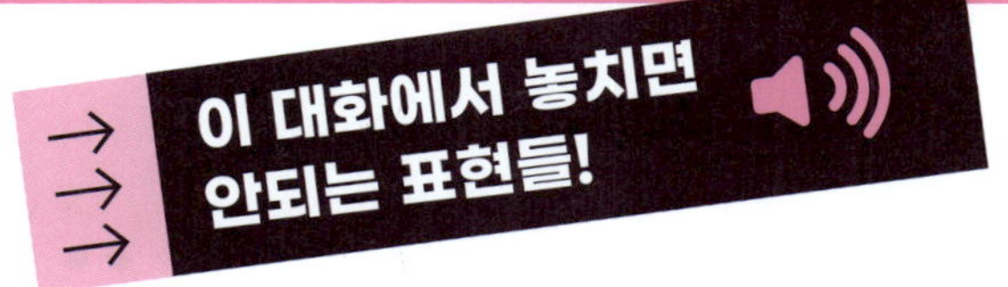

1 Don't take it personally 기분 나쁘게 받아들이진마

» Don't take it personally

Don't take it personally. **He's kind of married to his job.**
기분나쁘게 받아들이지마. 걘 좀 자기 일과 결혼한 셈이지.

2 I can't say 잘 몰라 »

I can't say. **It's classified.**
난 모르지. 기밀이야.

3 Am I getting warm? (정답 등에) 가까워지고 있는거야?

»

I think she may be guilty. **Am I getting warm?**
걔가 유죄일 수도 있어. 내가 점점 맞춰가지?

4 I can't complain 잘 지내 »

My health is pretty good, so **I can't complain.**
건강이 아주 좋아서 잘 지내고 있어.

5 Get a life! (or Get real!) 정신차려! »

Get a life. **Get some independence. Get out of there.**
정신차려. 좀 자립하고 거기서 빠져나와.

6 I couldn't agree wite you more 정말 네 말이 맞아 »

Couldn't agree with you more. **Well anyway, take Sean!**
정말 네 말이 맞아. 어쨌든, 션을 데려와!

실제대화 075

Is that some kind of joke?

이거 장난하는거지?, 이거 장난이지?

Oswald **If it's not too much trouble, maybe you could divorce your husband.**

Janet **Is that some kind of joke? It's really not funny.**

Oswald **Sorry, it was a slip of the tongue. Sometimes I'm very attracted to you.**

Janet **Keep your mouth shut about our affair. I mean it.**

Oswald **The way I see it, we should be together forever.**

Janet **Just sit back and drink your beer for now. Bottoms up.**

Oswald **Bottoms up. Let's have a toast to our future.**

Oswald 너무 힘들지 않다면 네 남편하고 이혼 할 수도 있어.

Janet 장난하는거지? 정말 재미없거든.

Oswald 미안, 말이 헛나왔네. 때때로 내가 너한테 끌려서 말야.

Janet 우리 불륜은 절대 비밀이야. 정말야.

Oswald 내가 보기엔, 우리 영원히 함께 해야될 것 같아.

Janet 지금은 죽치고 앉아서 맥주나 마셔. 위하여.

Oswald 위하여. 우리 미래를 위해서 건배.

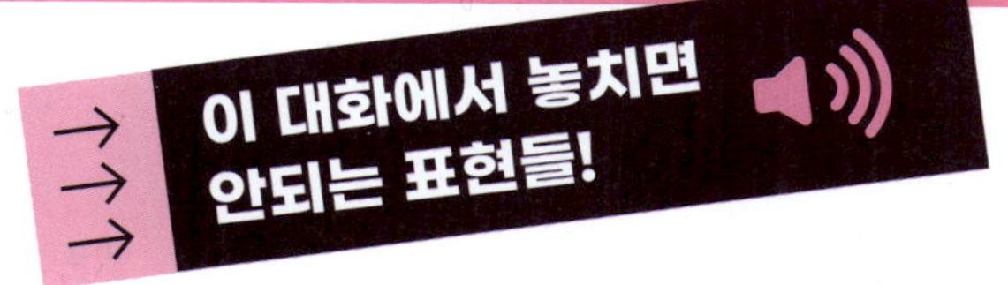

1 If it's not too much trouble 수고스럽지 않다면

» If it's not too much trouble

Could you do me a favor, if it's not too much trouble?
너무 수고스럽지 않다면 한가지 부탁 좀 들어줄래?

2 Is this some kind of joke? 장난하는거지?

»

What do you think, this is some kind of joke?
뭐라고 생각하는거니, 장난인거야?

3 It was a slip of the tongue 실언했네 »

I didn't mean to say it. It was a slip of the tongue.
일부러 그말을 하려는게 아니었어. 실언이었어.

4 Keep your mouth shut 누구한테도 말하면 안돼

»

If you keep your mouth shut 'til tomorrow, I'll let you see her again before she leaves. 내일까지 비밀지키면, 걔가 가기 전에 한 번 더 만나게 해줄게.

5 The way I see it 내가 보기엔 »

The way I see it, I was lucky enough to find someone that I really love. 내가 보기에, 나는 운좋게도 내가 정말 사랑하는 사람을 찾은 것 같아.

6 Bottoms up! 위하여! »

Come on, everybody, bottoms up!
어서! 다들, 위하여!

실제대화 076

Let me get this straight

이건 분명히 해두자

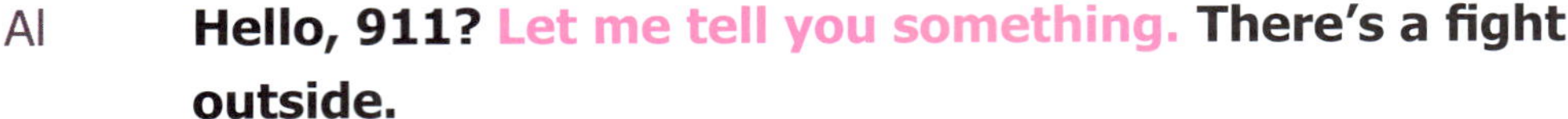

Al **Hello, 911?** **Let me tell you something.** **There's a fight outside.**

Martina **Not again.** **Didn't you report a fight outside your house last night too?**

Al **Search me. I was drunk and can't remember what I did yesterday.**

Martina **Let me get this straight.** **Are you drunk right now?**

Al **That all depends.** **How much do I have to drink to get drunk?**

Martina **I'm sure you've had a lot of alcohol. You sound drunk.**

Al **You win.** **I've been drinking with my friends for the last five hours.**

Al 여보세요, 911이죠? 뭐 좀 말할게 있어요. 밖에 싸움이 났어요.

Martina 또요. 지난 밤에도 싸움났다고 신고하지 않았어요?

Al 몰라요. 난 취해서 어제 일은 기억이 안나요.

Martina 이거하나 분명히 하죠. 지금 취했어요?

Al 경우에 따라 다르지요. 얼마나 마셔야 취하는데요?

Martina 술을 많이 드신 것 같으네요. 취한 목소리예요.

Al 내가 졌네요. 지난 5시간 동안 친구들과 술을 마시고 있거든요.

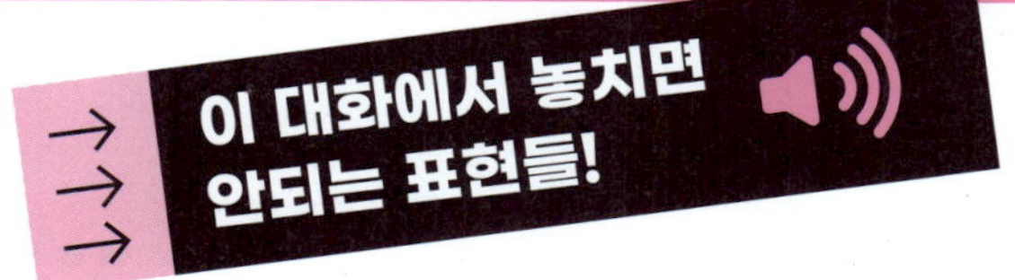

1 Let me tell you something 내가 하나 말할 게 있는데, 정말이지

» Let me tell you something

Let me tell you something. **For my whole life, whenever I've truly wanted something, I've always gotten it.**
내 하나 말하지. 평생, 내가 진정으로 뭔가 원할 때마다, 난 항상 가졌어.

2 Not again! 어휴 또야!, 어떻게 또 그럴 수 있어! »

No way! Not me. No. Not again.
절대 안돼!, 난 안돼, 아냐. 어떻게 또 그럴 수 있어.

3 Let me get this straight 이건 분명히 해두자

»

Let me get this straight, it's okay for you to flirt, but not for me. 이거 분명히 해두자, 네가 집적대는 건 좋은데, 날 위해선 그럴 필요 없어.

4 That (all) depends 상황에 따라 다르지 »

Well, that depends. What are your expectations?
저기, 경우에 따라 다르지. 네 기대치는 어떤대?

5 You win 내가 졌어 »

You never had sex on your honeymoon? You win.
신혼여행가서 한번도 섹스를 안했다고? 내가 졌다.

실제대화 077

No way to tell

알 길이 없어

Judy **It looks like things could be better between you and your girlfriend.**

Kurt **We're on a break right now. She's upset with me.**

Judy **That happens. Sometimes couples need time apart from each other.**

Kurt **I couldn't care less about her. I'm enjoying my freedom.**

Judy **That's interesting. So you're saying life couldn't be better for you?**

Kurt **Exactly. We may never get back together. There's no way to tell.**

Judy **Sorry to hear that. I think you two make a good couple.**

Judy 너와 여친 사이가 별로인 것 같아.

Kurt 지금은 잠시 떨어져 있어. 나한테 화났거든.

Judy 그럴 수도 있지. 때때로 커플들은 서로 떨어져 있는 시간이 필요해.

Kurt 난 걔 생각도 안해. 내 자유를 만끽하고 있어.

Judy 흥미롭구만. 그럼 너한테는 지금이 더할나위 없이 좋다는 말이야?

Kurt 그렇지. 우린 아마 다시 안 합칠 수도 있어. 알 수 없는 노릇이잖아.

Judy 그런 소리를 들으니 안됐네. 난 너희 둘이 좋은 커플이 될거라 생각하는데.

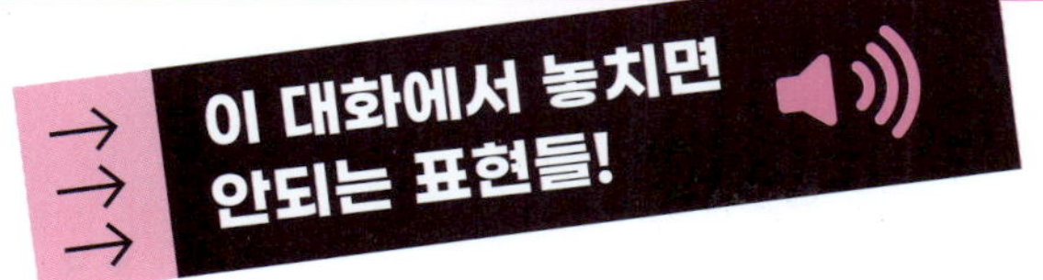

1 Things could be better 별로야, 그냥 그래 » Things could be better

I know you think that. But your life could be better.
네가 그렇게 생각하는 줄은 알고 있지만 네 인생은 그저 그래.

2 We're on a break 잠시 떨어져 있는거야 »

By the way, it's perfectly clear that you were on a break.
그건 그렇고, 너희들이 잠시 헤어져있었던 것은 명백한 것 같아.

3 I couldn't care less 알게 뭐람 »

What are you talking about? He couldn't care less.
무슨 얘기야? 걘 전혀 관심도 없는데.

4 It couldn't be better 최고야 »

You introduced me to all your friends. My business couldn't be better. 네가 네 친구들 모두에게 날 소개시켜줬잖아. 내 사업은 아주 좋아.

5 There's no way to tell 알 길이 없어 »

There's no way to tell whether it was forcible.
그게 강압적이었는지 여부는 알 길이 없어.

실제대화 078

That reminds me

그러고 보니 생각나네

Glenda **I keep bumping into you and Mindy. Are you seeing her?**

Frank **I'm just flirting with her. It's no big deal, believe me.**

Glenda **That's not the point. You already have a girlfriend!**

Frank **How dare you think I'm going to cheat on my girlfriend!**

Glenda **I hope that you won't, but I don't understand your behavior.**

Frank **That reminds me, didn't you just break up with your boyfriend?**

Glenda **Yes, but it is because we live a long distance from each other.**

Glenda 너와 민디, 자주 부딪히는데. 너 걔랑 사귀냐?

Frank 그냥 노닥거리는거야. 별거아냐, 정말야.

Glenda 내 말의 핵심은 그게 아니잖아. 넌 여친이 이미 있잖아!

Frank 어떻게 내가 여친을 놔두고 바람을 핀다고 생각할 수 있어!

Glenda 네가 안 그러길 바래. 하지만 네 행동이 난 이해가 안된다.

Frank 그러고보니 생각나는데, 너 남친하고 헤어지지 않았어?

Glenda 어, 하지만 서로 너무 멀리 떨어져 있기 때문야.

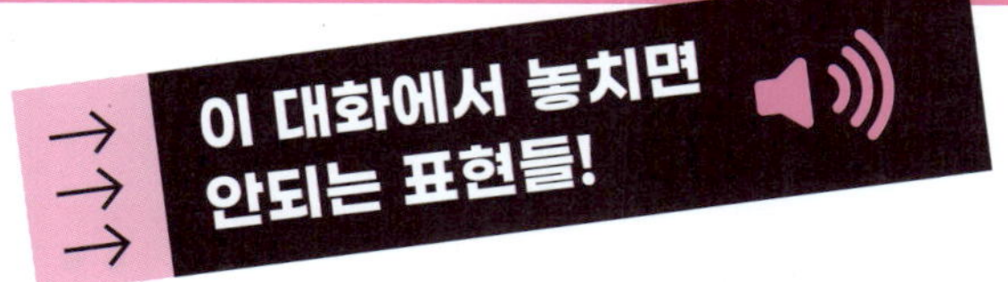

1 I keep bumping into you 우리 자꾸 마주치네요

» I keep bumping into you

I kept on bumping into her.

난 걔와 계속 마주쳤어.

2 I'm just flirting 좀 추근거린 것뿐이야 »

Are you flirting with me to get a better seat?

더 좋은 자리를 얻으려고 내게 집적대는거야?

3 Believe me 정말이야 »

Believe me, a deer hit me.

정말이야, 난 사슴한테 치였다고.

4 That's not the point 핵심은 그게 아니라고, 그게 중요한 것은 아니잖아

»

You can dress it up or dress it down. Anyway, that's not the point. 옷을 차려입어도 돼고 안해도 돼. 어쨌든 그게 중요한 것은 아니야.

5 How dare you + V ~ ? 어떻게 …할 수가 있냐? »

How dare you call me a hooker!

어떻게 나보고 창녀라고 할 수 있어?

6 That reminds me 그러고 보니 생각나네 »

That reminds me. My insurance check still hasn't come.

그러고보니 생각나네. 내 보험사에서 수표가 아직 오지 않았어.

실제대화 079

Go easy on me

좀 봐줘, 좀 살살해

Erin **Don't even think about** watching sports on TV today!

Will **Go easy on me.** I don't like being yelled at.

Erin **You don't even have a clue** why I'm angry. We never go out anymore!

Will **Don't tell me** that. We've been married ten years. Things change.

Erin Yeah, you've gotten fat and lazy! **Don't even ask me** why I married you!

Will **Lucky for you,** I'm still patient when you act crazy.

Erin You bastard! You better start trying to make me happy!

Erin 오늘은 TV로 스포츠 볼 생각조차 하지마!

Will 좀 봐줘. 누가 나한테 소리치는거 싫어.

Erin 내가 왜 화났는지 넌 짐작조차 못할거야. 우린 더 이상 외출을 안하잖아!

Will 그런 말마. 결혼 10년 됐는데 상황이 바뀌는거지.

Erin 그래, 넌 뚱뚱해지고 게을러졌잖아! 내가 왜 너와 결혼했는지 나한테 묻지마!

Will 다행이다, 난 여전히 네가 발광할 때는 참고있잖아.

Erin 이 개자식! 날 기쁘게 해주려고 노력해봐!

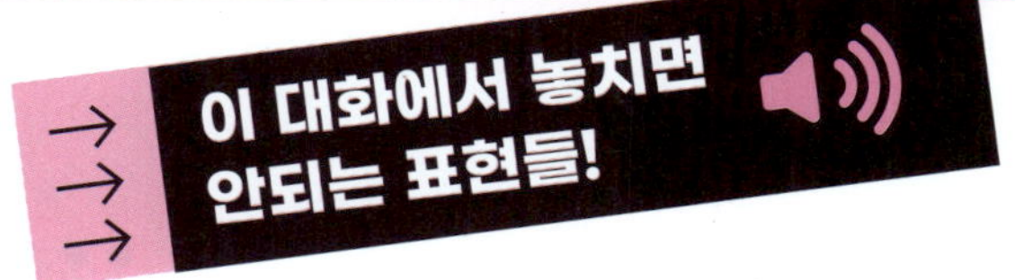

1 Don't even think about it 꿈도 꾸지마 » Don't even think about it

Don't even think about it! Let's go!
꿈도 꾸지마! 자 가자!

2 Go easy on me 좀 봐줘 »

I can't believe they're doing that to him! I told them to go easy on him! 걔네들이 걔한테 그랬다니 믿기지 않아! 걔네들한테 살살하라고 말했는데!

3 He doesn't (even) have a clue 걘 하나도 몰라

»

If they don't have kids, they don't have a clue.
아이들을 키워보지 않으면, 아무것도 몰라.

4 Don't tell me 설마!, 그런 말마, 말하지마 »

Please don't tell me you have low self-esteem.
네가 자존감이 낮다는 것은 아니겠지.

5 Don't ask me 나한테 묻지마 »

Don't ask me. Go ask your mom over there.
내게 묻지마. 저쪽에 있는 네 엄마한테 물어봐.

6 Lucky for you 다행이다, 너 참 다행이야 »

Lucky for you, I ain't greedy.
참 다행이야. 난 욕심이 게걸스럽지는 않거든.

실제대화 080

He set me up with her

걘 나를 그녀에게 소개시켜줬어

Wendy **Are you still here at the office? I thought you'd left.**

Roger **I have to go meet Allen. Do you want to come with me?**

Wendy **Don't try to set me up with Allen. He's not my cup of tea.**

Roger **Why not? He could be Mr. Right for you.**

Wendy **No, I don't buy it. He's arrogant and selfish.**

Roger **Alright, I have to go. What time are you coming in tomorrow?**

Wendy **Your guess is as good as mine. I have a dentist appointment before work.**

Wendy 아직까지 사무실에 있었어? 퇴근한 줄 알았는데.

Roger 앨렌을 만나러 가야 돼. 나랑 같이 갈래?

Wendy 앨렌을 소개시켜주려고 하지마. 걘 내 타입이 아냐.

Roger 왜 아냐? 네게 이상형일 수도 있는데.

Wendy 아냐, 안 믿어. 걘 거만하고 이기적이야.

Roger 알았어, 나 갈게. 내일 몇시에 나올거야?

Wendy 나도 잘 몰라. 출근 전에 치과예약이 있거든.

1 set[fix] sb up with …에게 소개시켜주다 » set[fix] sb up with

You're not trying to set me up with her?
너 날 걔한테 소개시켜줄려고 하지 않겠지?

2 That's not my cup of tea 내 취향이 아냐 »

I don't like camping. That's not my cup of tea.
난 캠핑가는거 싫어해. 내 취향이 아냐.

3 Why not? 왜 안해?, 왜 안되는거야?, 그러지 뭐 »

Why not? We're on the same team.
물론. 우리는 같은 팀인데.

4 He's Mr. Right 걘 내 이상형이야 »

She found the right one.
걔는 이상형을 찾았어.

5 I have (got) to go 이제 가봐야겠어, 이제 끊어야겠어
»

I gotta go, I got a date with Linda.
나 가야겠어, 린다하고 데이트있어.

6 That's anybody's guess 아무도 몰라, 모르긴 나도 매한가지야
»

No, your guess is as good as mine, Chris.
아니, 크리스, 모르긴 나도 마찬가지야.

실제대화 081

It's on me

내가 낼게(*That's on me 내 책임이야)

Greg **I owe you one for getting me this job.**

Dana **You really hit it off with my boss. He likes you.**

Greg **He asked if I was ready to work, and I told him to bring it on.**

Dana **Great. Well, I've got to get moving. Time to go home.**

Greg **Let's call it a day. Do you want to go grab a few beers?**

Dana **Sure, that would be great. It would give us a chance to relax.**

Greg **You can order whatever you want. It's on me.**

Greg 이 직장에 다니게 해줘서 큰 신세졌어.

Dana 너 사장하고 정말 잘 맞더라. 사장님이 너 좋아하셔.

Greg 나보고 일할 준비가 되었냐고 해서, 언제든지 할 수 있다고 했지.

Dana 잘했어. 저기, 나 가야 되겠어. 퇴근할 시간야.

Greg 오늘은 그만 하자고. 가서 맥주 몇 잔 할까?

Dana 물론, 그럼 좋지. 그러면 좀 긴장이 풀릴거야.

Greg 뭐든지 원하는 거 주문해. 내가 낼테니.

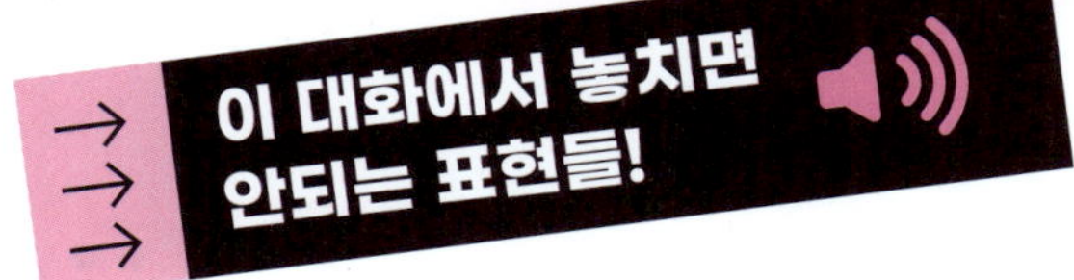

1 I owe you one 신세가 많구나 » I owe you one

Thanks. I owe you one.
고마워. 내가 신세졌어.

2 They really hit it off 걔네들은 바로 좋아하더라고 »

Maybe now we'll hit it off. It might be fun.
이제 우리 서로 잘맞을 것 같아. 재미있을 수도 있어.

3 Bring it on 한번 덤벼봐, 어디 한번 해보자구 »

I may have something that can help you with that. Bring it on.
내가 그 문제를 도와줄 수 있는게 있을지 모르겠어. 어디 한번 해보자고.

4 I('ve) got to get moving 가봐야겠어 »

Enough talking! I have to get moving!
얘기 좀 그만해! 나 가야 돼!

5 Let's call it a day 퇴근합시다 »

I think we should just call it a night.
우리 오늘 그만하는게 나을 것 같아.

6 It's on me 내가 낼게 »

It's on me, don't worry.
걱정마, 내가 낼게.

실제대화 082

No offense

악의는 없었어, 기분 나빠하지마

Angela **Hey boss. You look worried. What's cooking?**

Tony **What can I say? We've got a big problem. Joey talked to the cops.**

Angela **What's your point? Are you thinking we'll have to kill him?**

Tony **I'd have to say no, not yet. But I won't let him put us in jail.**

Angela **I'll say. If he tries that, I'll make him disappear.**

Tony **Really? Are you tough enough to do that?**

Angela **No offense, but I'm tougher than any of the guys in this gang.**

Angela 두목, 걱정있어보이세요. 무슨 일입니까?

Tony 뭐라고 해야 되나? 큰 문제가 생겼어. 조이가 경찰에 불었어.

Angela 어떻게 할까요? 없애야 한다고 생각하십니까?

Tony 아직까지는 아니라고 해야 되겠지. 하지만 그놈 때문에 우리가 감방에 가지는 않을거야.

Angela 물론입죠. 그놈이 그런다면 없애버리겠습니다.

Tony 정말? 그렇게 할 정도로 강인한가?

Angela 오해는 마십시오, 하지만 이 조직에서 어느 누구보다도 강인합니다.

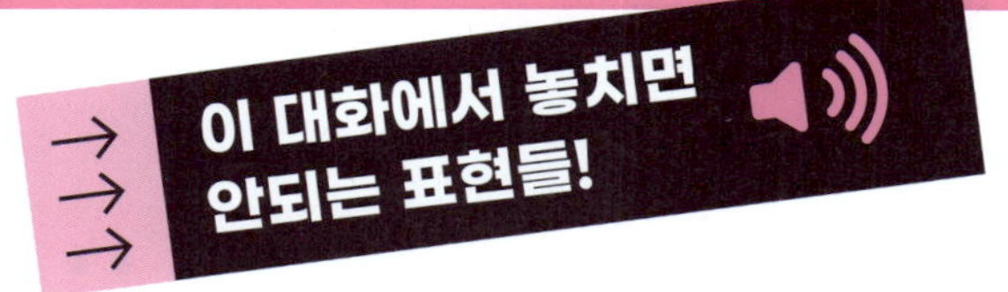

1 What's cooking? 무슨 일이야?, 뭐가 문제야? » What's cooking?

I've found what I'm looking for. Come on. What gives?
난 내가 찾는 것을 찾았어. 이봐, 무슨 일이야?

2 What can I say? 난 할 말이 없네, 나더러 어쩌라는거야, 뭐랄까?
»

What can I say? I like your company.
뭐랄까? 네 회사가 맘에 들어.

3 What's your point? 요점이 뭐야?, 하고 싶은 말이 뭐야?
»

I had a drug problem. What's your point?
난 약물문제가 있었어. 뭘 말하고 싶은거야?

4 I'd have to say no 안되겠는데 »

I'd have to say, you were terrific and I can't wait to hear you sing again. 너 정말 대단했고 네가 노래를 다시 부르는 것을 빨리 듣고 싶다고 해야겠지.

5 No offense 악의는 없었어, 기분 나빠하지마 »

No offense, but do you really want to do that?
기분 나빠하지마, 하지만 정말 그렇게 하고 싶어?

실제대화 083

What do you want from me?

나보고 어쩌라는거야?

Sherry **I asked Tina who broke her heart, and she said you did it!**

Tyler **I broke up with Tina, but you don't know the first thing about it.**

Sherry **It's been hard for her to hang in there. You're acting like a jerk.**

Tyler **Don't call me names. It's really not my fault.**

Sherry **Are you going to make excuses now? I'm all ears.**

Tyler **What do you want from me? I think you want someone to blame.**

Sherry **Of course I blame you. You really hurt my best friend!**

Sherry 티나에게 누가 네 맘에 상처를 줬냐고 물어봤더니 네가 그랬다며!

Tyler 난 티나와 헤어졌는데 넌 아무것도 모르잖아.

Sherry 걔가 견디기가 어려웠다고. 넌 또라이같이 행동하고.

Tyler 나한테 욕하지마. 정말 내 잘못이 아니라고.

Sherry 이제 변명하시겠다고. 그래 열심히 들을테니 말해봐.

Tyler 나보고 어찌라는거야? 넌 누군가 비난할 사람이 필요한 것 같아.

Sherry 물론, 널 비난하지. 넌 내 절친에게 상처를 줬어.

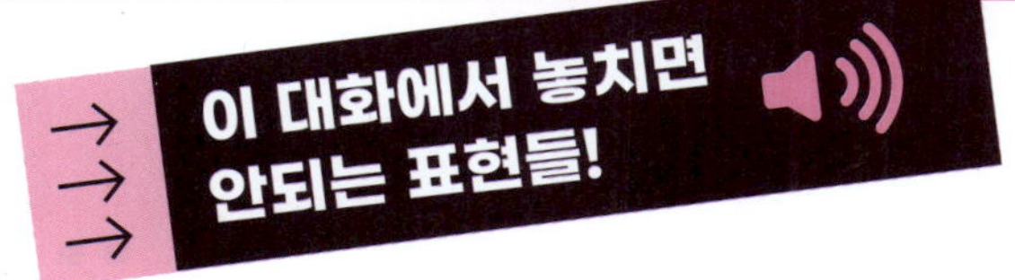

1 You did it! 해냈구나! » You did it!

Congratulations! You did it! You can relax now.
축하해! 네가 해냈어! 이제 쉬어도 돼.

2 You don't know the first thing about it 쥐뿔도 모르면서
»

You don't know the first thing about me.
넌 나에 대해 쥐뿔도 모르면서.

3 Hang in there 끝까지 버텨 »

You're doing great. Hang in there, honey.
너 잘하고 있어. 끝까지 버텨, 자기야.

4 Don't call me names! 욕하지마! »

You're not going to yell at me? Call me names?
나한테 소리지르지 않을거지? 욕할거야?

5 I am all ears 귀 쫑긋 세우고 들을게 »

I'm listening. I'm all ears. Go on.
듣고 있어. 귀기울이고 들을테니 어서 말해봐.

6 What do you want from me? 나보고 어쩌라는 거야? 나보고 어쩌라고?
»

What do you want from me? I'm working on the case.
나보고 어쩌라고? 나 지금 이 사건 다루고 있잖아.

실제대화 084

You tell me

그거야 네가 알지

Danny **I don't know how to tell you this, but we found your husband yesterday.**

Lana **I don't get it. How did you find him? Is he okay?**

Danny **No, he's dead. Now let's get down to business. He was murdered.**

Lana **Stop saying that! He's dead? How was he killed?**

Danny **You tell me. People say you two were always fighting.**

Lana **But we still loved each other. Please, how did he die?**

Danny **You'd like to know how he died? Someone shot him.**

Danny 어떻게 얘기해야 할지 모르겠지만 남편분을 어제 발견했습니다.

Lana 무슨 말이에요? 어떻게 남편을 발견했다는 거예요? 괜찮은 거예요?

Danny 아뇨, 사망했습니다. 본론으로 들어가자면 살해되셨습니다.

Lana 그런 말 마요! 죽었다고요? 어떻게 살해되었는데요?

Danny 당신이 말해봐요. 사람들 얘기가 두분이 늘상 싸웠다면서요.

Lana 하지만 우린 서로 사랑했어요. 제발요, 어떻게 죽었어요?

Danny 어떻게 사망했는지 알고 싶으세요? 총을 맞았어요.

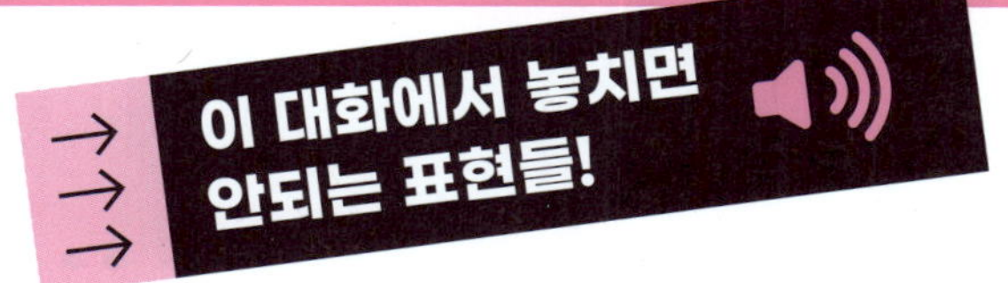

1 I don't know how to tell you this, but~
이걸 어찌 말해야 할지 모르겠지만…

» I don't know how to tell you this, but~

I don't know how to tell you this, but your son is gay.
어떻게 말해야 할지 모르겠지만, 네 아들 게이야.

2 I don't get it[that] 모르겠어, 이해가 안돼 »

I don't get it, she seemed so happy to see me yesterday.
이해가 안돼, 걘 어제 날 기쁘게 만나는 것 같았는데.

3 Let's get down to business 자 일을 시작합시다

»

We don't have much time. Let's get down to business.
시간이 많지 않아. 자 일을 시작하자고.

4 Stop saying that! 닥치라고!, 그만 좀 얘기해! »

Will you stop saying that? It is a big deal.
그만 좀 말할래요! 중요한 문제거든요.

5 You tell me 그거야 네가 알지 »

You were married. You tell me.
네가 결혼했었잖아. 네가 말해봐.

실제대화 085

I'll get right on it

당장 그렇게 할게

Spanky **I'll try my luck** at sleeping with my girlfriend for the first time tonight.

Laura **It could happen,** but you'll have to be romantic.

Spanky **Level with me,** should I buy her flowers and chocolates?

Laura Sure. **It's stuff like that** which will make her feel special.

Spanky **I'll get right on it** then. Thinking about tonight makes me nervous.

Laura I know just how you feel. It's a big step in your relationship.

Spanky **Wish me luck.** I hope everything will go well.

Spanky 오늘밤 처음으로 여친하고 한번 자보려고.

Laura 그럴 수도 있겠지, 하지만 넌 분위기를 잡아야 돼.

Spanky 솔직히 말해줘, 꽃과 초콜릿을 사줘야 해?

Laura 그럼. 그런 것들이 걔의 기분을 특별하게 만들어줄거야.

Spanky 그럼 당장 그렇게 할게. 오늘 밤일을 생각하니 초조해져.

Laura 그 심정 알겠어. 너희들 관계에서 커다란 발전이지.

Spanky 행운을 빌어줘. 모든 일이 다 잘되기를 바래.

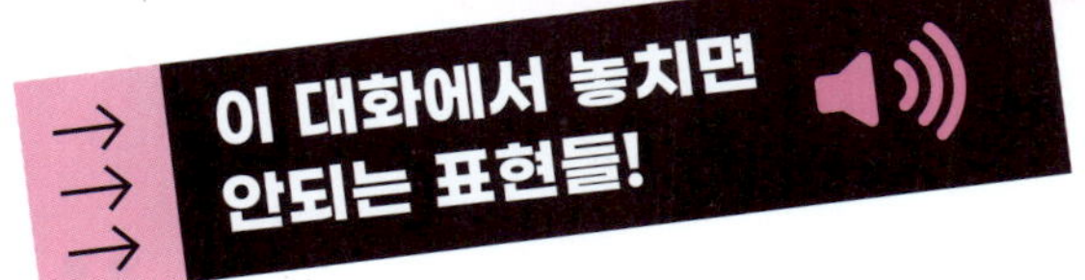

1 I will try my luck (되든 안되든) 한번 해봐야겠어 » I will try my luck

I'm going to try my luck at the hotel casino.
카지노에서 내 운을 테스트해봐야겠어.

2 It could happen 그럴 수도 있지 »

It could happen to anybody. Don't worry. I've got your back.
누구나 그럴 수 있지. 걱정마, 내가 뒤에 있잖아.

3 Level with me 솔직히 말해봐 »

Level with me. Who do you think did this to Catherine?
내게 솔직히 말해봐. 누가 캐서린에게 이런 짓을 한 것 같아?

4 It's stuff like that 그 비슷한거야 »

You shouldn't say stuff like that about your fans.
너는 네 팬들에게 그런 것들을 이야기하면 안돼.

5 I'll get right on it 당장 그렇게 할게 »

We're a little busy. But we'll get right on it.
좀 바쁘지만 바로 시작할게.

6 Wish me luck 행운을 빌어줘 »

All right, I am heading out of here. Wish me luck.
좋아, 나 이제 출발한다. 행운을 빌어줘.

실제대화 086

I'm talking to you!

내가 하는 말 좀 잘 들어봐!

Gerta　**Look who's here. It's my loser ex-boyfriend.**

Slim　**Stop insulting me. It doesn't work anymore.**

Gerta　**You think you're so smart, coming to my party.**

Slim　**It could be worse. I could have brought a date with me.**

Gerta　**I want you to leave right now. I'm talking to you!**

Slim　**Don't push me. I'm not leaving until I'm ready.**

Gerta　**If you don't get out of here, I'm calling the cops!**

Gerta　아니, 이게 누구야. 내 한심한 옛남친이잖아.

Slim　그만 좀 씹어. 더이상 통하지도 않는다고.

Gerta　내 파티에 오다니, 넌 네가 스마트하다고 생각하는가 보구나.

Slim　이만하길 다행이지. 데이트 상대를 데려올 수도 있었어.

Gerta　당장 나가줘. 너한테 말하잖아!

Slim　몰아붙이지마. 내가 갈 때 갈테니까.

Gerta　나가지 않으면 경찰을 부르겠어!

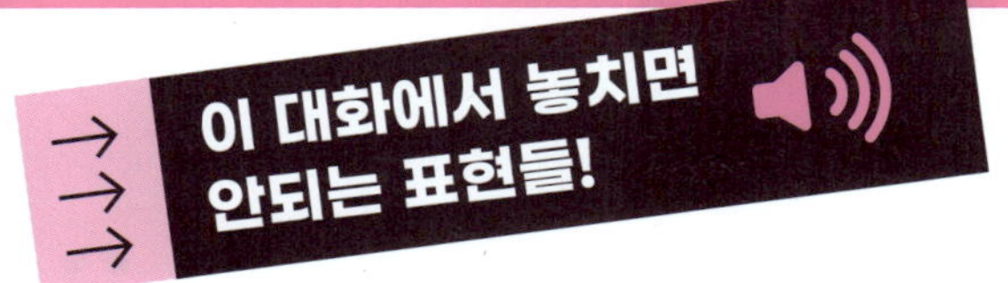

1 Look who's here! 아니 이게 누구야! » Look who's here!

Look who's here! Merry Christmas, everybody!
이게 누구야! 여러분, 메리 크리스마스!

2 It doesn't work 제대로 안돼, 그렇겐 안돼 »

It doesn't work that way over here, Tom. We make decisions together. 탐, 여기서는 그런 식으로는 안돼. 우린 함께 결정을 내려.

3 She thinks she can dance 제 딴에는 춤 좀 춘다고 생각해

»

You think you're so cute.
넌 네가 아주 귀여운 줄 알아.

4 Could be worse 그럭저럭 잘 지내지, 이만하길 다행야 »

What's the big deal? It could be worse.
별일도 아닌데. 이만하길 다행이지.

5 I'm talking to you! 내가 하는 말 좀 잘 들어봐! »

OK, really? You think I'm talking to you?
그래, 정말? 내가 너하고 말할 줄 알아?

6 Don't push (me)! 몰아 붙이지마!, 독촉하지마! »

Don't push me. I've had a tough day.
너무 몰아 붙이지마. 오늘 힘들었다고.

실제대화 087

What's the catch?

속셈이 뭐야?, 무슨 꿍꿍이야?

Artie **You lost the $1000 that you borrowed from me? That can't be.**

Paula **That's the way it is. It was in my house and someone broke in and stole it.**

Artie **What do you take me for? Do you think I'm stupid?**

Paula **I'll tell you what, I'll have the money for you tomorrow.**

Artie **Tomorrow? What's the catch? How will you get the money that fast?**

Paula **I'm going to go out and find a bank to rob.**

Artie **Don't lie. I'm nobody's fool. You'd better find a way to pay me back.**

Artie 나한테서 빌린 천달러를 잃어버렸다고? 그럴 리가.

Paula 사는 게 그런거지 뭐. 집안에 놓았는데 누가 침입해서 훔쳐갔어.

Artie 날 뭘로 보는거야? 내가 바보로 보여?

Paula 근데 말야, 나 내일이면 너 줄 돈이 생겨.

Artie 낼? 뭔 꼼수? 어떻게 그리 빨리 돈을 마련한다는거야?

Paula 나가서 털 은행을 찾아보려고.

Artie 거짓말마. 나 바보아녀. 내 돈값을 다른 방법을 찾아.

→ 이 대화에서 놓치면 안되는 표현들!

1 That can't be 뭔가 잘못된거야, 그럴 리가 없어 » That can't be

That can't be. **Nora was very assertive with her clients.**
그럴리가. 노라는 손님들에게 자기 주장을 분명히 말해.

2 That's the way it is 사는게 다 그런거지 »

We have to obey. That's the way it is.
우리는 명령에 따라야 돼. 원래 그런거야.

3 What do you take me for? 날 뭘로 보는거야?
»

What kind of idiot do you take me for?
날 어떤 종류의 멍충이로 보는거야?

4 I'll tell you what 이게 어때?, 이러면 어떨까?, 저기 말야
»

I'll tell you what. Here's my business card. You call me.
저기 말야. 여기 내 명함야. 네가 전화해.

5 What's the catch? 속셈이 뭐야?, 무슨 꿍꿍이야? »

You're gonna do all this for free? What's the catch, bro?
이걸 다 공짜로 해준다고? 야, 조건이 뭐야?

6 I am nobody's fool! 날 물로 보지마! »

Let me tell you something else. Chris was nobody's fool.
내가 다른 얘기 해줄게. 크리스는 멍충이가 아냐.

실제대화 088

You up for it?
그러고 싶어?

Carmen **I'm going to Vegas this weekend. You up for it?**

Nick **I need to talk to my wife. Let me get back to you.**

Carmen **Please get it done by tomorrow. I need to know if you're coming.**

Nick **Didn't you go to Vegas last month as well?**

Carmen **It was just a one-night thing. There wasn't enough time.**

Nick **Okay, well my wife may let me go. She's very supportive of my travels.**

Carmen **Good. Look, let's hit the road around 10 am on Friday.**

Carmen 나 이번 주말에 라스베거스에 가. 너도 갈래?

Nick 아내하고 얘기해봐야 돼. 나중에 연락줄게.

Carmen 내일까지는 알려줘. 네가 가는지 알아야 되니.

Nick 지난 달에도 라스베거스에 가지 않았어?

Carmen 그건 일박였어. 시간이 충분하지 않았어.

Nick 좋아, 아내가 가게 할지도 몰라. 내가 여행하는 것을 좋아하거든.

Carmen 좋아. 이봐, 금요일 오전 10시 경에 출발하자고.

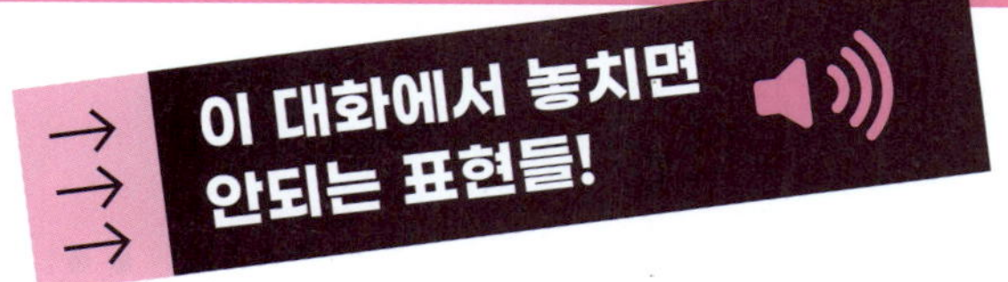

1 You up for it? 그러고 싶어? » You up for it?

I'm gonna stick around for a while. You up for it?
난 잠시 머물러 있을거야? 너도 그럴래?

2 Let me get back to you (on that) 나중에 이야기합시다, 생각해보고 다시 말해줄게 »

I'll have to get back to you on that.
나중에 그거에 대해 말할게.

3 Please get it done by tomorrow 내일까지 마무리해
»

You have a week. Get it done.
일주일 줄테니 그거 끝내도록 해.

4 It was just one-night thing 하룻밤 잔 것뿐이야
»

She got pregnant from the one-night stand.
걔는 하룻밤 사랑놀이로 임신을 하게 됐어.

5 She's very supportive 걘 도움이 많이 되고 있어 »

It's going to be okay. She's been incredibly supportive of me.
괜찮을거야. 걘 엄청 나를 도와주고 있거든.

6 Let's hit the road 출발하자 »

You two hit the road, right now.
너희 둘은 지금 당장 출발해.

실제대화 089

This has never happened before
난생 처음 겪는 일이야

Jonas **So tell me, how come you are so late today?**

Louise **I got stopped by the police. This has never happened before.**

Jonas **That's just the way it goes. Did they catch you speeding?**

Louise **You don't know the half of it. I was going really fast.**

Jonas **So tell me, are you going to have to pay a lot of money?**

Louise **Yeah, you name it, they gave me a ticket for it. It will be expensive.**

Jonas **Oh, that's a shame. Next time be more careful when you're driving.**

Jonas 그래 말해봐, 오늘 왜 그렇게 늦은거야?

Louise 경찰에 걸렸어. 이런 일 처음이야.

Jonas 다 그런거지 뭐. 너 속도위반에 걸린거야?

Louise 말도마. 나 정말 빨리 달렸거든.

Jonas 그럼 말해봐, 벌금을 많이 내야 돼?

Louise 어, 여하튼, 딱지를 끊겼고 돈이 많이 나올거야.

Jonas 어, 안됐다. 다음에는 운전할 때 좀 더 조심해.

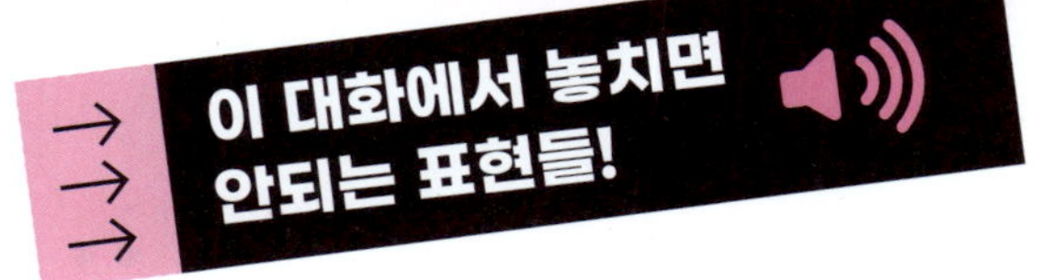

1 So, tell me 자 말해봐 » So, tell me

So, tell me. From the start.
그래 말해봐. 처음부터.

2 That has never happened before 난생 처음 겪는 일이야
»

This has never happened to me before.
이런 일은 난 처음 겪는 일이야.

3 That's (just) the way it goes 다 그런 거지 뭐, 어쩔 수 없는 일이야
»

All the money is gone. That's just the way it goes.
돈을 다 써버렸네. 어쩔 수 없는 일이야.

4 You don't know the half of it 얼마나 심각한지 네가 아직 몰라서 그래
»

You don't know the half of it. I mean, to be betrayed by somebody you loved that much...
너 얼마나 심각한지 몰라서 그래. 내 말은 네가 그렇게 사랑했던 사람에게 배신당한다는게…

5 You name it 말만 해, 뭐든지, 여하튼 »

Height, weight, how much money they have, you name it.
키, 체중, 그리고 재산, 기타 등등.

실제대화 090

Just hang out with me
나랑 그냥 놀자

Michelle **Just hang out with me a minute. I've got some questions for you.**

Dale **I didn't kill anybody, officer. I'm an honest man. Just try me.**

Michelle **Will you listen to yourself? You sound guilty already.**

Dale **Here's the deal. Talking to a cop like you makes me nervous.**

Michelle **Well, we caught you with a dead body. I think you've gone too far.**

Dale **I was in the wrong place. I blew it. But I'm not a murderer.**

Michelle **You know, I think you are lying to me.**

Michelle 나랑 잠깐 있자고. 몇 가지 질문할게 있어.

Dale 아무도 안 죽였어요, 경찰관님. 난 정직한 사람예요. 그냥 나 믿어봐요.

Michelle 멍청한 소리 그만해. 유죄같은 소리하고 있네.

Dale 이런거죠. 당신같은 경찰하고 얘기하면 초조해져요.

Michelle 음, 우린 시체옆에 있는 너를 잡았거든. 네가 무리한 짓을 한거지.

Dale 내가 엉뚱한 곳에 있다 망쳐버린거죠. 하지만 살인범은 아네요.

Michelle 저말야, 네가 나한테 거짓말하는 것 같아.

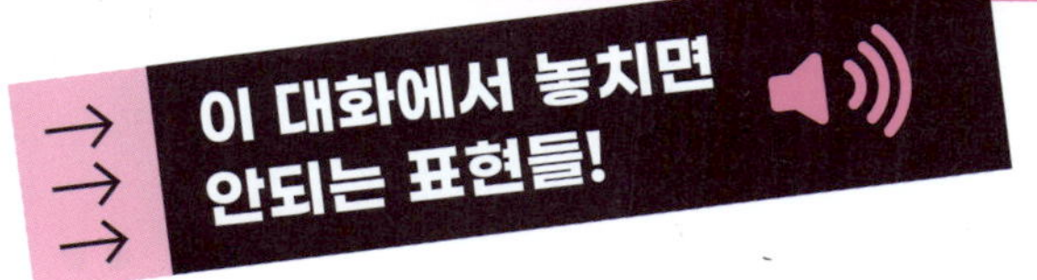

1 Just hang out with me 나랑 그냥 놀자 » Just hang out with me

Jack asked us to hang out with Mr. Novak after work.
잭은 우리에게 근무 후에 노박 씨와 어울리자고 했어.

2 Just try me 나한테 한번 (얘기)해봐, 기회를 한번 줘봐 »

Oh, honey, that makes me feel bad. Try me.
어, 자기야, 그 때문에 내가 기분나빠지네. 기회를 한번 줘봐.

3 Listen to yourself 멍청한 소리 그만해 »

Shut up and listen to yourself. You're disgusting.
입 닥치고 멍청한 소리 그만해. 넌 정말 역겨워.

4 Here's the deal 이렇게 하자, 이런거야 »

Well, here's the deal. You have two options.
저기, 이런 거야. 너한테는 두 개의 선택권이 있어.

5 You have gone too far 네가 너무했어, 심했다 »

You've gone too far, this time.
이번에는 네가 너무 심했어.

6 I blew it (기회 등을) 망쳤다, 날려버렸다 »

We were gonna get married but then I blew it and we split up.
우리는 결혼할 예정이었는데 내가 망쳐버렸고 그래서 헤어졌지.

실제대화 091

Tell me about it

그 얘기 좀 해봐!, 누가 아니래!

Mona **I wasn't coming to this high school reunion, but decided to give it a shot.**

Jason **Tell me about it. I thought this was going to be real boring.**

Mona **Isn't that the girl you'd wanted to date? Can't beat that stylish outfit she's wearing.**

Jason **Don't mess with me. I told you I was too shy to talk to her.**

Mona **Don't just stare at her. She's looking over here.**

Jason **I think she sees me. Oh no, I am so busted.**

Mona **Don't be so afraid. Go with it. Go over and talk to her.**

Mona 고등학교 동창회에 오지 않으려고 했는데 한번 와보기로 맘먹었어.

Jason 무슨 말인지 알겠어. 정말 지겨울거라 생각했어.

Mona 쟤, 네가 데이트하려던 애 아냐? 입고 있는 세련된 의상 멋지다.

Jason 나한테 장난치지마. 난 너무 수줍어서 걔한테 말도 못했다고 했잖아.

Mona 쟤 바라보지마. 이쪽을 바라보고 있어.

Jason 쟤가 날 본 것 같은데. 오 이런, 딱 걸렸네.

Mona 겁내지마. 부딪혀봐. 가서 얘기 걸어보라고.

이 대화에서 놓치면 안되는 표현들!

1 Give it a shot 한번 해봐 » Give it a shot

Well, maybe we should give it a shot. It's not too late.
저기, 우리 한번 해봐야 되겠어. 너무 늦지 않았거든.

2 Tell me about it! 그 얘기 좀 해봐!, 누가 아니래! »

Tell me about it. Every time we fix one of these, another one pops up. 누가 아니래. 이것들 중 하나를 고치면 다른 게 또 튀어나온단 말야.

3 Can't beat that 짱이야, 완벽해 »

This is a gold ring, and you can't beat that.
이건 금반지야. 이거 최고야.

4 Don't mess with me 나 건드리지마, 까불지마 »

Never mess with a guy's sister.
오빠가 있는 여자는 건드리지마.

5 I am so busted 딱 걸렸어 »

Dude, you are so busted.
이 친구야, 너 딱 걸렸어.

6 Go with it 부딪혀봐, 시류에 따라라 »

Yeah, it's great. I'd go with it right now.
어, 아주 좋아. 난 지금 흐름에 따라 갈거야.

실제대화 092

Does that ring a bell?

뭐 기억나는거 없어?

Brandon **Hey sweetheart, let's get together after work. What do you say?**

Rachel **Spare me. I'm not interested in dating a co-worker.**

Brandon **You've got it all wrong. I want to have sex, not a date.**

Rachel **I'm not into it. I don't want any type of relationship with you.**

Brandon **That sucks! I thought you were all hot for me.**

Rachel **This is sexual harassment. Does that ring a bell?**

Brandon **Look, don't complain to the boss. I don't want to be fired.**

Brandon 야, 자기야, 퇴근 후에 만나자. 어때?

Rachel 그만둬. 직장동료와 데이트하는거 관심없거든.

Brandon 네가 잘못 알고 있는거야. 난 데이트가 아니라 섹스를 하고 싶은거야.

Rachel 나 흥미없어. 너와 어떤 종류의 관계도 원치 않아.

Brandon 젠장! 난 네가 나하고 하고 싶어서 달아오른 줄알았는데.

Rachel 이건 성희롱야. 뭐 기억나는거 없어?

Brandon 이봐, 사장한테는 항의하지마. 잘리기 싫으니까.

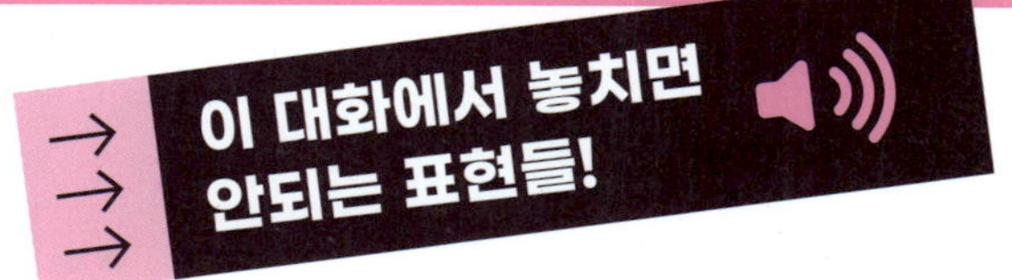

1 What do you say? 어때? » What do you say?

Let's go to Europe in January. What do you say?
일월에 유럽에 가자. 어때?

2 Spare me! 집어치워!, 그만둬! »

Spare me! I don't want to hear your complaints.
집어치워! 네 불평거리 듣고 싶지 않아.

3 You've got it all wrong 넌 잘못 알고 있는거야
»

I'm telling ya, Joan's got it all wrong. Okay?
정말이지, 조앤이 잘못 알고 있는거야. 알았어?

4 I'm not into it 난 그런 건 안해 »

He wanted to go skiing, but I'm not into it.
걘 스키를 타고 싶어했지만 난 그런거 안해.

5 It sucks! 밥맛이야!, 젠장할! *It stinks 젠장, 영 아니야 »

This sucks! Being alone, sucks!
정말 형편없어! 혼자있는 건 정말 아니야.

6 That rings a bell 얼핏 기억이 나네 »

Let me see if any of this rings a bell.
이 중 기억나는게 있는지 볼게.

실제대화 093

How are you holding up?

어떻게 버티고 있어?

Sienna **You've been at the casino for a while. How are you holding up?**

Ray **You got me there. I think I lost a lot of money**

Sienna **Show me what you got. I'll let you know how much is left.**

Ray **What's there to know? This is all of my money.**

Sienna **Wow, you've lost thousands. If you go back out there, don't bet anymore.**

Ray **Let's move on. I'm sick of wasting money here.**

Sienna **Okay. Do you want to go get something to eat?**

Sienna 한동안 카지노에 죽치고 있었지. 어떻게 버티고 있어?

Ray 나도 잘 모르겠어. 돈을 많이 잃은 것 같아.

Sienna 갖고 있는거 보여줘봐. 얼마 남았는지 알려줄게.

Ray 뻔한 걸? 이게 내가 갖고 있는 돈 다야.

Sienna 와, 몇 천 달러를 잃었네. 다시 카지노에 가면 더 이상 베팅하지마.

Ray 다른 곳으로 가자. 여기서 돈 잃는데 짜증난다.

Sienna 좋아. 나가서 뭐 좀 먹을까?

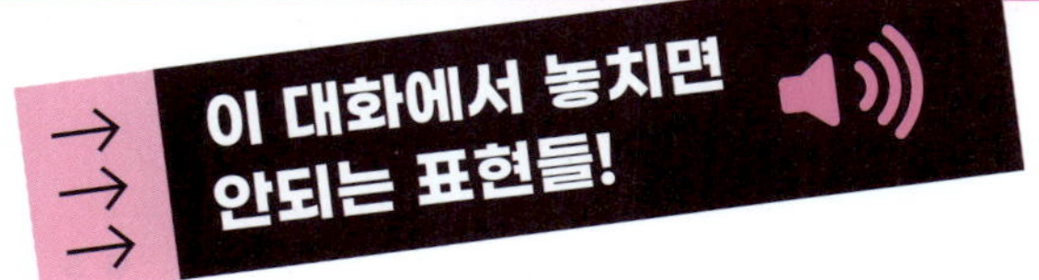

1 How are you holding up? 어떻게 버티고 있어?, 어떻게 견디고 있어?

≫ How are you holding up?

So how are you holding up? You must be exhausted.

그래 어떻게 견디고 있어? 완전 녹초가 되어 있을텐데.

2 You got me (there) 난 모르겠는데, 내가 졌어 ≫

You got me there. I have no excuses.

모르겠어, 네 말이 맞아. 내가 할 말이 없네.

3 Show me what you got 갖고 있는걸 보여줘, 네 실력을 보여줘

≫

Okay, so why don't you show me what you got?

좋아, 그럼 네 실력을 보여줘봐.

4 What's (there) to know? 뻔하잖아? ≫

What's to know? He preyed on young boys.

뻔하잖아? 걘 젊은 소년들을 먹잇감으로 삼았어.

5 You go back out there 다시 뛰어야지, 다시 그곳으로 돌아가라

≫

You go back out there and you seduce her till she cracks!

다시 가서 걔가 무너질 때까지 유혹해!

6 Let's move on 다음으로 넘어가자, 다른 곳으로 가자 ≫

That's funny. But maybe it's time to move on, let it go, y'know?

웃기네. 하지만 그만 다음으로 넘어가야 할 때인 것 같아, 그만 잊어, 알았지?

실제대화 094

You heard me

명심해, 내 말 들었잖아

Marcus **I was so sorry to hear your husband didn't make it.**

Carol **He was a bad guy. He put me through hell when we were together.**

Marcus **Really? He seemed so nice. So he screwed you over?**

Carol **You heard me. I'm not at all sorry he's gone.**

Marcus **Well, you should find another man. You gotta get back in the game.**

Carol **Consider it done. I've already been on Internet dating sites.**

Marcus **I'm kind of shocked that you did that before your husband's funeral.**

Marcus 남편이 생명을 잃다니 정말 안됐어.

Carol 나쁜 사람였어. 함께 있을 때 나 지옥같았어.

Marcus 정말? 사람 좋게보였는데. 그럼 걔가 널 속인거야?

Carol 내 말했잖아. 걔가 죽었다고 전혀 슬프지 않아.

Marcus 저기, 너 다른 사람을 찾아야겠다. 다시 뛰어야지.

Carol 그래야지. 이미 인터넷 데이트사이트에 가입했거든.

Marcus 남편 장례식 끝나기도 전에 그랬다니 좀 충격인데.

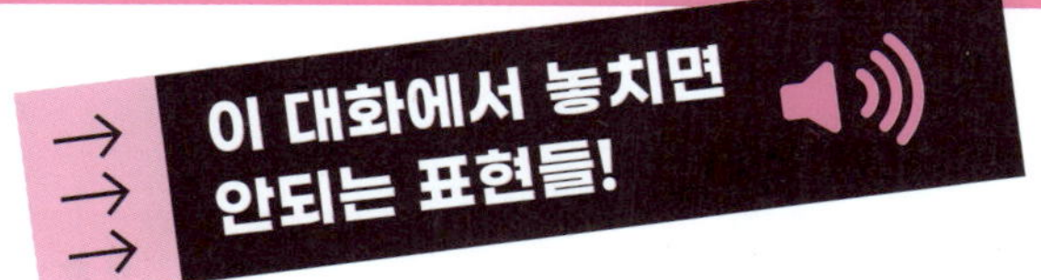

1 He didn't make it 살아나지 못했어 » He didn't make it

He just didn't make it. **I'm so sorry. We did everything we could.** 그분이 해내지 못했어요. 죄송합니다. 우린 최선을 다했습니다.

2 I never wanted to put you through this 절대로 난 네가 이걸 겪게 하고 싶어하지 않았어 »

You don't know what they put me through**.**
걔네들이 나를 어떻게 힘들게 했는지 넌 몰라.

3 You screwed me! 날 속였군! »

Hey, I told you from the beginning what would happen if you screwed me**.** 야, 네가 날 속이면 어떻게 될지는 처음부터 네가 말했잖아.

4 You heard me 명심해, 내 말 들었잖아 »

I know you heard me**. You're like a whiny little boy.**
내 말 들었잖아. 넌 징징대는 어린 소년 같아.

5 You gotta get back in the game 다시 뛰어야지
»

It's time for you to shake off the rust and get back in the game**.**
부진을 털어내고 네가 다시 뛰어야 할 때야.

6 Consider it done 걱정마, 그렇게 할게, 문제없어 »

Consider it done. **It will be finished by morning.**
걱정마. 내일 아침까지 마무리 될거야.

실제대화 095

How do you do that?
어쩜 그렇게 잘하니?

Dillon **We're going in** to kidnap his daughter for ransom money.

Bette **How will you do that?** It sounds dangerous.

Dillon You want to know the details of our plan? No way. **Nice try.**

Bette **Up yours!** I was only interested in helping you out!

Dillon We don't need your help with this. **You're excused** from this job.

Bette Come on, you're really going to need me.

Dillon **Let it go.** This isn't any of your business.

Dillon 우리가 걔 딸을 납치해서 몸값을 받아낼게.

Bette 어떻게 할건데? 무척 위험스럽게 들린다.

Dillon 우리 계획의 세부사항을 알고 싶어? 절대 안돼. 넘어갈 뻔 했네.

Bette 젠장헐! 난 단지 너를 도와주려고 한 거라고!

Dillon 이 일에는 네 도움이 필요없어. 이 일에서는 빠져주라.

Bette 그러지마, 정말이지 날 필요로 할거야.

Dillon 그냥 잊어. 너랑 전혀 상관없는 일이야.

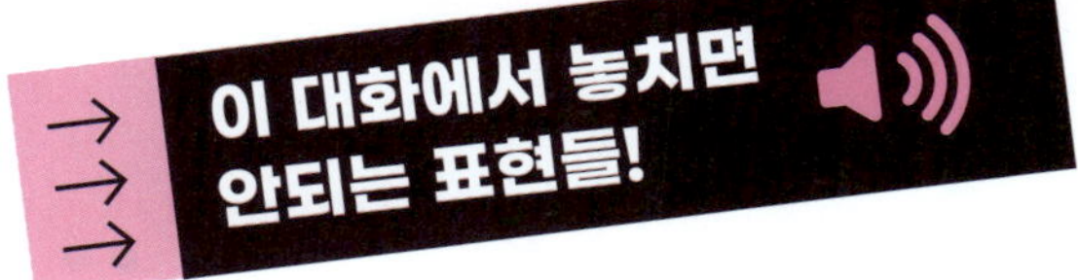

1 We're going in 우리가 맡을게, 우리가 들어간다 » We're going in

I heard you were going to **an autopsy.**
선생님이 또 다른 부검을 한다고 들었어요.

2 How do you do that? 어쩜 그렇게 잘하니? »

That slap looks so real! How do you do that?
그 뺨때리기 정말이지 진짜 같았어! 어떻게 한거야?

3 Nice try (목적은 실패했지만) 잘했어 »

Nice try, **Ms. Curry, but the grand jury testimony is out.**
시도는 좋았어요, 커리 씨, 하지만 대배심은 끝났어요.

4 Blow me (or Up yours!) 제기랄 »

Then I told my boss to blow me**, and I quit.**
그리고 나서 난 사장에게 욕지거리를 하고 그만뒀어.

5 You're excused 그러세요, 괜찮다, 그만 나가, 보거라(꾸지람)
»

You're excused, **Detective.**
형사, 그만 나가봐.

6 Let it go 그냥 잊어버려, 그냥 놔둬 »

Grace, let it go, **okay? He's a colleague.**
그레이스, 그냥 잊어버려 알았어? 동료잖아.

실제대화 096

Don't give me that!

그런 말마!, 정말 시치미떼기야!

Olive **I'm so lonely tonight. Please come over and keep me company.**

Blake **I don't feel up to it. I worked overtime every day this week.**

Olive **Don't give me that! You can still come by.**

Blake **Cut me some slack. I'm really tired and just want to sleep.**

Olive **That figures. You like sleeping more than being with me.**

Blake **You lost me. I'd come over if I wasn't so tired.**

Olive **Okay, okay, never mind. I'll just call someone else and invite them over.**

Olive 나 오늘밤 무척 외로워. 내게 와서 같이 있어줘.

Blake 나 못해. 이번 주 내내 야근했어.

Olive 그런 말 마! 그래도 올 수 있잖아.

Blake 좀 봐주라. 난 정말 피곤하고 자고 싶어.

Olive 그럼 그렇지. 넌 나하고 있기보다 자는 걸 더 좋아해.

Blake 무슨 말이야? 피곤하지 않으면 내가 들릴텐데.

Olive 좋아, 알았어, 신경쓰지마. 다른 사람 전화해서 집으로 오라고 초대할거야.

이 대화에서 놓치면 안되는 표현들!

1 I have company 일행이 있어요 » I have company

Sounds like you have company.
너 일행이 있는 것 같은데.

2 I don't feel up to it 내 능력으론 안돼 »

We'll talk as long as you feel up to it.
네가 가능할 때까지만 이야기를 할게.

3 Don't give me that! 그런 말마!, 정말 시치미떼기야!
»

Don't give me that! You're my best friend!
그런 말마! 넌 내 절친이잖아!

4 Cut me some slack 좀 봐줘, 여유를 좀 줘 »

Cut me some slack. I was on call last night.
좀 봐줘. 어젯밤에 당직이었다고.

5 That figures 그럴 줄 알았어, 그럼 그렇지 »

That figures. All right, I'll have CSU comb through the place.
그럴 줄 알았어. 좋아, CSU보고 이잡듯이 그곳을 뒤지라고 할게.

6 You lost me 못 알아듣겠는데, 무슨 말이야 »

I hope you know what you just said, 'cause you lost me.
네가 방금 말한 거 알고 있겠지, 내가 놓쳤거든.

실제대화 097

Don't go there

그 얘기 하지마

Alice I screwed up. I had an accident while driving your car.

Bryce Beats me how you are so careless when you drive.

Alice I won't let it happen again. I'm really very sorry.

Bryce Well I'm bummed out. You need to ask your dad for money to fix the car.

Alice Oh no, don't go there. I can't do that!

Bryce Cut the crap. You don't have the money yourself.

Alice I know, but if I tell my dad about the accident, he'll be very angry.

Alice 나 완전히 망했어. 운전하다가 사고가 났어.

Bryce 운전할 때 네가 얼마나 부주의한지 몰라.

Alice 다시는 그러지 않을게. 정말이지 미안해.

Bryce 음, 실망야. 네 아빠한테 수리비를 달라고 해야겠네.

Alice 어 아냐, 그런 이야기 하지마. 나 그렇게 못해!

Bryce 헛소리마. 너한테는 돈이 없잖아.

Alice 알아, 하지만 아빠한테 얘기했다간 엄청 화내실거야.

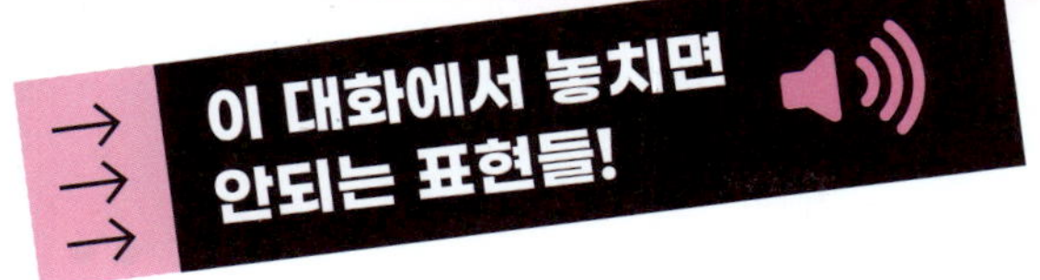

1 I screwed up! 완전히 망했네! » I screwed up!

Tony, face it. You screwed up. All you can do is apologize.
토니, 현실을 직면해. 네가 망쳤어. 그러니 네가 할 일은 사과하는 것뿐이야.

2 Beats me 잘 모르겠는데, 내가 어떻게 알아 »

Beats me. If I'd known he was impotent, I never would've gone out with him in the first place.
몰라. 걔가 발기불능이라는 것을 알았다면, 난 무엇보다도 절대 데이트를 하지 않았을거야.

3 Don't let it happen again 다신 그러지 마
»

I probably shouldn't have said that. Just don't let it happen again, okay?
아마도 내가 그 얘기를 하지 말았어야 하는데. 그냥 앞으로는 그런 일 없도록 해, 알았지?

4 I am bummed out 실망이야 »

I am bummed out because I'm broke.
돈이 다 떨어져서 난 너무 실망이야.

5 Don't go there 그 얘기 하지마 »

Don't go there, I don't want to talk about it.
그 얘기 하지마, 난 그거에 관해 말하고 싶지 않아.

6 Cut the crap! 바보 같은 소리마! »

Cut the crap, Detective. This is harassment.
말도 안되는 소리 그만해요, 형사님. 이건 괴롭힘이예요.

실제대화 098

That's not how it works

그렇게는 안돼, 그렇게 하는게 아니야

Ralph **I'm quitting my job to go back to school. How do you like that?**

Jackie **You can't just go back to school. That's not how it works.**

Ralph **You may be my wife, but I'm calling the shots here.**

Jackie **But studying is not your thing. Why go back to school?**

Ralph **My father said it was my best option, or words to that effect.**

Jackie **I've got to hand it to you, this is the worst plan you've had.**

Ralph **Come on, don't be negative. Everything will turn out okay.**

Ralph 직장 때려치우고 학교에 다시 다닐거야. 어때?

Jackie 그냥 학교로 돌아가면 안되지. 그렇게 하면 안돼.

Ralph 당신이 내 아내지만 이 문제 결정은 내가 해.

Jackie 하지만 공부하는 건 당신과 어울리는 일이 아니잖아. 왜 학교로 돌아가려고 해?

Ralph 아버지가 그게 내 최선의 선택이다라는 뭐 그런 비슷한 말씀을 하셨어,

Jackie 내 손 들었다. 이 결정은 당신이 한 것 중 최악의 계획일거야.

Ralph 그러지마, 부정적으로 생각하지 말라고. 만사가 다 잘 될거야.

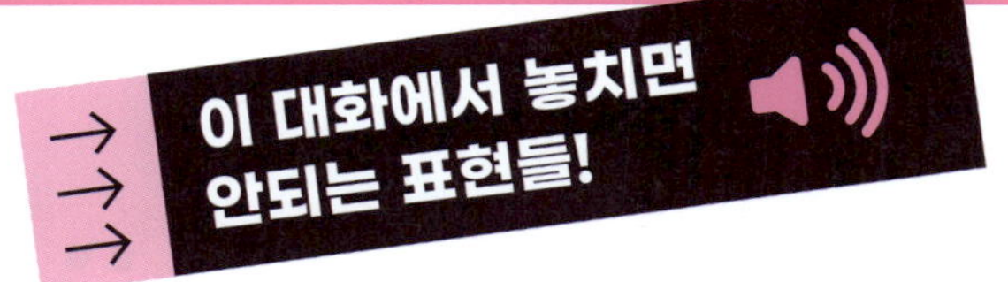

1 How do you like that? 저것 좀 봐, 황당하지 않냐?, 어때?

» How do you like that?

You are no longer Mrs. Rice. How do you like that?

너 더 이상 라이스 부인이 아냐. 어때?

2 That's not how it works 그렇게는 안돼, 그렇게 하는게 아니야

»

First of all, that's not how it works.

무엇보다도, 그렇게 하는게 아니야

3 I'm calling the shots 내가 결정할게 »

Charlie's the one in charge. He's calling the shots.

찰리가 통제하고 있어 걔가 결정을 내리는 걸거야.

4 That's not my thing 난 그런 건 질색이야 »

That's not my thing! I do not love getting divorced!

그런 건 난 질색이야! 나는 이혼하는 것을 좋아하지 않는다고!

5 or words to that effect 뭐 그 비슷한 말이었어 »

She said she wanted a divorce, or words to that effect.

걘 이혼을 원한다고 했어, 뭐 그 비슷한 말이었어.

6 I've got to hand it to you! 너 정말 대단하구나!, 나 너한테 두 손 들었다!

»

I gotta hand it to Chris. It's been over a month, and he's still pretending to be sick.

크리스에게 손들었어. 한달이 더 지났는데도 여전히 아픈 척하고 있어.

실제대화 099

I'll see what I can do

어떻게든 해볼게

Nat **What would you say if I wanted to join your club?**

Cassie **I'll see what I can do, but it's not easy to join.**

Nat **Oh, is there a hazing process? I can suck it up.**

Cassie **Would you believe you get hazed and you have to give $1000?**

Nat **The hell with that! It's way too expensive.**

Cassie **Well the club has many expenses. It all adds up.**

Nat **Yeah, but that's crazy. I can't afford $1000.**

Nat 네 클럽에 들어간다면 어떻게 할거야?

Cassie 어떻게든 해보겠지만 가입이 쉽지 않아.

Nat 오, 신입회원 괴롭히기 같은게 있는거야? 나 잘 견뎌낼 수 있어.

Cassie 괴롭힘당하고 천달러를 내야 하는게 믿겨져?

Nat 말도 안돼! 너무 돈이 많이 들어가잖아.

Cassie 클럽하는데 돈이 많이 들어가. 계산이 맞아.

Nat 그래, 하지만 미쳤다. 난 천달러 여유가 없어.

이 대화에서 놓치면 안되는 표현들!

1 What would you say? 어떻게 할거야?, 넌 뭐라고 할래?

» What would you say?

What if this poor confused soul begged your forgiveness?

What would you say?

이 가여운 혼란스런 영혼이 너의 용서를 빈다면? 넌 뭐라고 할래?

2 I'll see what I can do 어떻게든 해볼게 »

I'll see what I can do. Can I take your coat?

내가 어떻게든 해볼게. 나한테 코트 줘.

3 Suck it up 참아 »

Suck it up, Greg. You're well-rested enough.

참아, 그렉. 넌 잘 쉬었잖아.

4 The hell with that! 알게 뭐람! 맘대로 해!, 말도 안돼!

»

The hell with that! We aren't doing it!

알게 뭐야? 우리는 그거 하지 않아!

5 It all adds up 계산이 맞다, 앞뒤가 들어 맞아 »

This all adds up to prior experience.

이렇게 되면 전과기록과 앞뒤가 맞아.

실제대화 100

I'm on it

내가 처리 중이야, 내가 할게

Stacey **I can't get over my dad dying of a heart attack.**

Buddy **He went overboard eating unhealthy foods.**

Stacey **I tried to get him to go on a diet, but he refused. Would you believe it?**

Buddy **Been there, done that. Your dad was very stubborn.**

Stacey **We could probably live healthier lifestyles too.**

Buddy **It's true. We better get a move on it so we can avoid heart attacks.**

Stacey **I'm on it. I'll start researching healthy diets this afternoon.**

Stacey 심장마비로 돌아가신 아빠를 잊을 수가 없어.

Buddy 건강에 안좋은 음식을 좀 너무 드셨어.

Stacey 다이어트하게끔 했는데 거절하셨어. 그게 말이 되냐고?

Buddy 나도 그런 경험있어. 너희 아빠는 매우 완강하셨잖아.

Stacey 우리는 더 건강한 방식으로 살아갈 수 있을거야.

Buddy 맞아. 빨리 서둘러야겠어, 그래야 심장마비를 피할 수 있지.

Stacey 난 할거야. 오늘 오후부터 건강에 좋은 식단을 조사해보기 시작할거야.

이 대화에서 놓치면 안되는 표현들!

1 I can't get over it 정말 놀라웠어요, 놀랍군

» I can't get over it.

I can't get over how much everything around here has changed. 여기 모든 것이 얼마나 변했는지 정말 놀라워.

2 He went overboard 그 사람이 좀 너무했어 »

I went a little overboard trying to impress my boss.
사장에게 잘 보이려고 내가 좀 오버했어.

3 Would you believe it? 그게 정말이야?, 정말 그렇대?

»

I got a free bottle of whiskey. Would you believe it?
공짜로 위스키 한 병을 얻었어. 그거 믿겨져?

4 Been there done that (전에도 해본 것이어서) 뻔하지

»

No thanks, been there, done that.
고맙지만 됐어, 뻔한 것인걸.

5 I'd better get a move on 빨리 서둘러야겠어

»

It's late. I'd better get a move on.
늦었어. 빨리 서둘러야겠어.

6 I'm on it 내가 처리 중이야, 내가 할게 »

Okay. I'm on it. Absolutely.
좋아, 내가 당연히 할게.

실제대화 101

I get that a lot
그런 얘기 많이 들어

Alan **You're my daughter, and deep down, I'm worried about your boyfriend.**

Diane **I get that a lot. Some people just don't like him.**

Alan **What do you see in him? I think he's a jerk.**

Diane **He's a little rough, but don't let it bother you Dad.**

Alan **Maybe this is better left unsaid, but do you want to marry him?**

Diane **Now there you have me. I don't know if he would be a good husband.**

Alan **Well, take it slow. Don't rush into this relationship.**

Alan 넌 내 딸이잖아, 사실, 네 남친이 걱정돼.

Diane 그런 말 많이 들어요. 그냥 걔를 싫어하는 사람들도 있어요.

Alan 걔 어떤 점이 좋으냐. 머저리같던데.

Diane 좀 거칠지만 너무 신경쓰지마세요, 아빠.

Alan 이거 말해야 할지 모르겠지만, 걔와 결혼하고 싶으냐?

Diane 모르겠어요. 걔가 좋은 남편이 될건지 모르겠어요.

Alan 그럼, 천천히 해. 관계를 맺는데 서두르지 말고.

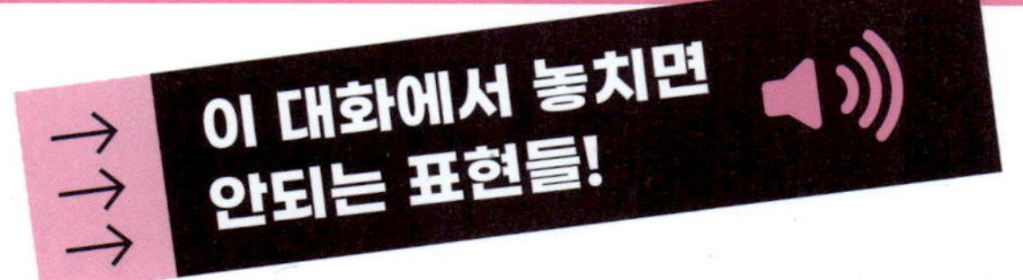

1 Deep down 사실은 말야 » Deep down

And deep down, I think you know that he still has a chance.
그리고 사실은, 걔가 아직 기회가 있다는 것을 네가 알고 있다고 생각해.

2 I get that a lot 그런 얘기 많이 들어 »

Actually, I'm not an actor. But I get that a lot.
사실, 난 배우가 아냐. 하지만 그런 얘기 많이 들어.

3 What do you see in her? 그 여자 뭐가 좋아? »

What do you see in that guy, anyway?
하여간 그 놈의 어디가 그렇게 좋은거야?

4 Don't let it bother you 너무 신경 쓰지마 »

Don't let it bother you. Everyone has problems at times.
신경쓰지 말도록 해. 누구나 때론 문제들이 있잖아.

5 Better left unsaid 말 안하는게 좋겠어 »

Remember, these secrets are better left unsaid.
기억해둬, 이 비밀들은 말안하는게 좋겠어.

6 Now there you have me 그건 정확한 지적이다, 내가 졌다, 모르겠다
»

Now there you have me. I don't know the answer.
내가 졌어. 나는 정답을 모르겠어.

실제대화 102

I don't see that happening

그렇게는 안될걸

Neil **The guy we arrested, I think he's not all there.**

Cary **I can live with that, because I think he'll be convicted of the murder.**

Neil **I don't see that happening. We need to find more evidence.**

Cary **Say no more. We'll go check the crime scene again.**

Neil **I really want my investigative team back. Can we call them?**

Cary **We should do that. We need all the help we can get.**

Neil **All right, let's tell them to meet us where the murder happened.**

Neil 우리가 체포한 놈말야, 제정신이 아닌 것 같아.

Cary 난 견딜 수 있어, 그 자식 살인죄로 기소될 거니까.

Neil 그렇게 안될걸. 우리가 더 많은 증거를 찾아야 돼.

Cary 무슨 말인지 알았어. 다시 범죄현장에 가서 확인해보자.

Neil 내 수사팀이 다시 필요해. 전화해도 돼?

Cary 그렇게 하자. 우린 모든 지원이 필요해.

Neil 좋아, 범행장소에서 만나자고 전화하자.

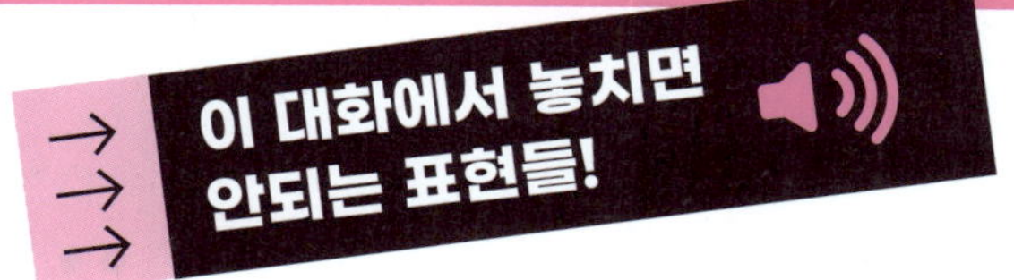

1 He's not all there 잰 정신나갔나봐 » He's not all there

He's not all there. Everyone thinks he's nuts.
걘 제정신이 아냐. 다들 걔를 미친놈으로 봐.

2 I can live with that 참을 만해, 견딜 수 있어 »

If it helps him get through it, I can live with that.
그렇게 해서 걔가 그걸 이겨내는데 도움이 된다면 난 참을 수 있어.

3 I don't see that happening 그렇게는 안될걸

»

I want us to be friends, and if I keep living here, I don't see that happening.
난 우리가 친구이기를 바래, 그리고 내가 여기서 계속 산다면 그렇게 안될거야.

4 Say no more 더 말 안해도 돼, 알았어 무슨 말인지 »

I got it. Say no more.
알았어, 더 말 안해도 알아.

5 I want my team back 내 팀을 돌려줘 »

She looks good, but that's not why I want her back. I miss her.
걔 멋져 보이지만 그 때문에 걔를 되찾고 싶은 것은 아냐. 걔가 그리워.

6 You do that 그렇게 해 »

You do that and someone else dies.
그렇게 해 그렇지 않으면 누군가 죽어.

실제대화 103

It's your call

네가 결정할 문제야, 네 뜻에 따를게

Carla **You can't marry Sara. She's not marriage material.**

Teddy **Look who's talking. You're not the marrying type either.**

Carla **What's gotten into you? Are you sure you love her?**

Teddy **Absolutely. Are you sure she won't be a good wife? Let's have it.**

Carla **I think she'll be a terrible partner, but if you want to marry her, it's your call.**

Teddy **That's more like it. Please respect my personal decisions.**

Carla **I will, but don't say I didn't warn you if you have problems.**

Carla 넌 새라하고 결혼하지마. 걘 결혼감이 아니야.

Teddy 사돈 남말하네. 너도 결혼상대는 아니야.

Carla 왜 이러는거야? 너 정말 걔 사랑하는거야?

Teddy 당근이지. 걔가 좋은 아내가 되지 않을거라 확신해? 어서 말해봐.

Carla 같이 살기에 끔찍할거라 생각하지만 네가 결혼하고 싶다면 네가 결정해야지.

Teddy 이제 좀 낫구만. 내 개인 결정을 좀 존중해줘.

Carla 그래, 하지만 네가 문제가 생기게 되면 내가 경고를 하지 않았다고는 하지마.

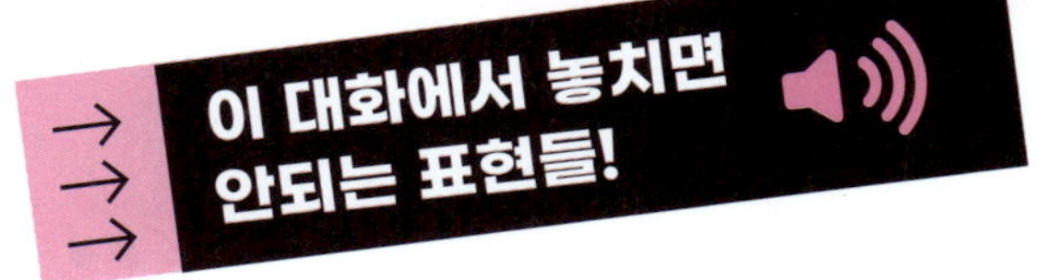

1 He's not marriage material 걘 결혼상대는 아냐

» He's not marriage material

What, am I not boyfriend material?

뭐야, 나는 애인감이 아니라는거야?

2 Look who's talking 사돈 남말하네(You're one to talk)

»

You're one to talk. All my life, that's all you did.

사돈 남말하네. 내 평생, 그게 바로 네가 한 행동이야.

3 What's got into you? 뭣 때문에 이러는거야? »

What's got into you? Why are you acting like a jerk?

왜 이러는거야? 왜 또라이처럼 행동하는거야?

4 Let's have it 어서 말해봐, 내게 줘 »

So, come on, let's have it.

그래, 그럼, 어서 말해봐.

5 That's your call 네가 결정할 문제야, 네 뜻에 따를게 »

Chris, it's your call. Do you or don't you want to proceed?

크리스, 결정하세요. 계속 진행할까요 말까요?

6 That's more like it 그게 더 낫네요 »

Okay. That's more like it.

좋아. 그게 더 낫네.

실제대화 104

It's not what you think
그건 네 생각과 달라, 속단하지 마라

Armando **I may be out on a limb here, but that baby doesn't look like me.**

Joan **Don't get worked up. He looks like you. He's your son.**

Armando **I was somewhere else when you got pregnant.**

Joan **It's not what you think. The pregnancy was just very long.**

Armando **No, that can't happen. I am not this baby's father!**

Joan **That's not true! You are way off base!**

Armando **Maybe, but I want to do a DNA test to prove whether he's my son.**

Armando 이게 맞는 말인지 모르겠지만 쟨 날 닮지 않았어.

Joan 흥분하지마. 걔 널 닮았어. 네 아들이야.

Armando 네가 임신했을 때 난 다른 데 있었거든.

Joan 그건 네 생각과 달라. 가임기간이 길었었어.

Armando 아냐, 그럴 리가 없어. 난 이 아이의 아버지가 아냐!

Joan 그건 사실이 아냐! 네가 잘못 짚었어!

Armando 그럴 수도 있겠지만 난 내 아들인지 DNA 테스트를 해보고 싶어.

이 대화에서 놓치면 안되는 표현들!

1 I may be way out on a limb here 이게 맞는 말인지 모르겠지만

» I may be way out on a limb here

Let me go out on a limb and say one more thing.
내가 헛짚을 수도 있지만 한 가지만 더 얘기할게.

2 He got worked up 걔 열 받았어, 걔 대단했어 »

I had a partner like you, used to get worked up.
너같이, 흥분하곤 했던 파트너가 있었어.

3 I was somewhere else 잠시 딴 생각했어, 다른 곳에 있었어

»

Which means she was somewhere else when he was killed.
그 얘기는, 걔는 그가 살해될 때 다른 곳에 있었다는 의미야.

4 It's not what you think 그건 네 생각과 달라, 속단하지마

»

I don't meet too many women. It's not what you think, I swear. 난 많은 여자를 만나지 않아. 정말이지, 네가 생각하는 그런게 아냐.

5 That can't happen 말도 안돼, 그렇지 않아 »

You mocked me in my OR. That can't happen.
넌 수술실에서 나를 비웃었는데 말도 안되는 일이야.

6 I was way off (base) 내가 완전히 잘못 짚었네, 내 생각[행동]이 틀렸네

»

I'm telling you, you are way off base on this one.
정말이지, 넌 이번 건에서는 완전히 틀렸어.

실제대화 105

We'll see about that
두고 봐야지

Deena What do you know? Someone said this is your gun.

Gary Says who? I don't even own a gun.

Deena We'll see about that. I think you just robbed that bank.

Gary Don't try and pin it on me just because you're a cop.

Deena You should know you'll never get away with it.

Gary I'm telling you I'm innocent, but I know who the robber is.

Deena Now you're talking. Tell me more.

Deena 놀랍네. 누가 이게 네 총이라고 하는데.

Gary 누가 그래요? 난 총기를 소지하지도 않아요.

Deena 그건 두고 봐야지. 네가 저 은행을 턴 것 같은데.

Gary 경찰이라는 이유로 나한테 뒤집어 씌우지 마요.

Deena 넌 절대 그런 짓을 하고 벗어날 수 없다는 것을 알아야 될거야.

Gary 난 결백하다고 말하잖아요, 하지만 누가 턴지는 알아요.

Deena 이제 말이 통하는구만. 더 말해봐.

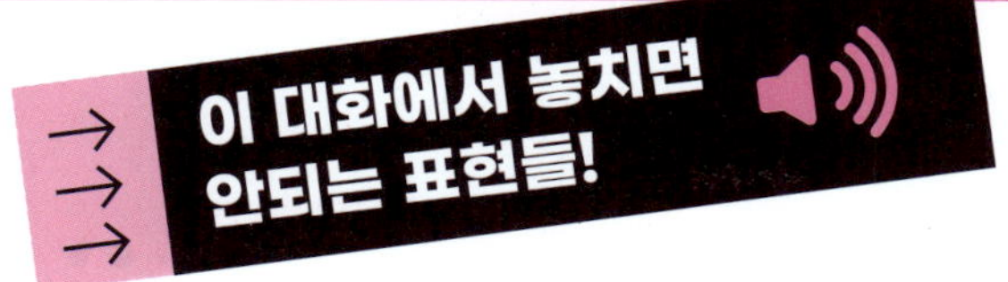

1 What do you know? 놀랍군, 네가 뭘 안다고!

» What do you know?

Well, what do you know? I guess I'll be the one who dies first.

저기, 누가 알아? 내가 가장 먼저 죽을 것 같아.

2 Says who? 누가 그래?, 누가 어쨌다구?

»

Says who? Your dad?

누가 그랬다구? 네 아빠가?

3 We'll see about that 두고 봐야지

»

He's not gonna give up the name of a confidential informant.

We'll see about that. 걘 비밀 정보원의 이름을 대지 않을거야. 두고 봐야지.

4 Don't try to pin it on me! 나한테 뒤집어 씌우지마!

»

You killed a Fed, and then you pinned it on me.

넌 FBI요원을 살해하고 나서 내게 뒤집어 씌웠어.

5 You'll never get away with it 넌 그걸 피할 수 없어

»

A lot of people are smart enough to get away with murder.

많은 사람들이 똑똑해서 살인을 하고도 벌을 받지 않고 있어.

6 Now you're talking 그래 바로 그거야!, 그렇지!

»

Now you're talking. We'll have a great time!

이제 말이 되는군. 우린 좋은 시간을 보낼거야.

실제대화 106

For what it's worth

그렇다 치고, 모르긴 해도

Martha **I can't believe Bill broke up with me. I wish I was dead!**

Stewie **For what it's worth, you're still a very attractive woman.**

Martha **Here's the thing, I feel worthless when I'm alone.**

Stewie **Come on now, you can live without Bill.**

Martha **So I'm supposed to be happy by myself, or what?**

Stewie **I'm probably out of line here, but I would date you.**

Martha **Is that true? You find me attractive?**

Martha 빌이 나와 헤어지다니. 죽었으면 좋겠어.

Stewie 그렇다해도 넌 여전히 아주 매력적인 여자야.

Martha 내 말은 내가 혼자면 쓸모없는 인간이란 생각이 들어.

Stewie 이러지마, 넌 빌 없어도 되잖아.

Martha 그럼 난 나 혼자서 행복하란 말이야, 뭐야?

Stewie 이렇게 말해도 될지 모르겠지만, 나라면 너와 데이트할거야.

Martha 그거 정말야? 내가 매력적이다고 생각해?

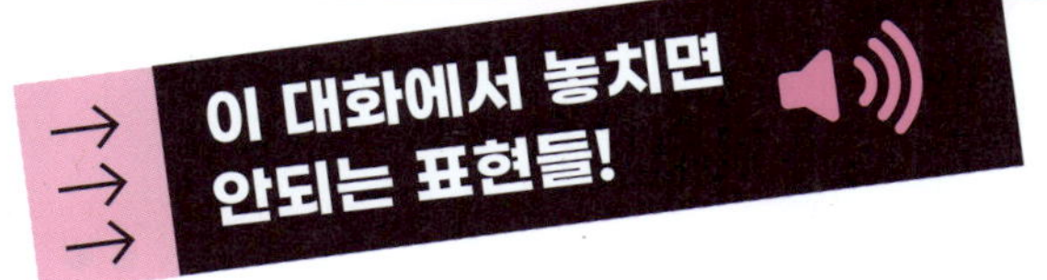

1 I wish I was dead 죽었으면 좋겠어 » I wish I was dead

I'm so depressed, I wish I was dead.
난 너무 우울해. 죽었으면 좋겠어.

2 for what it's worth 그렇다 치고, 모르긴 해도 »

For what it's worth, you did the right thing.
모르긴 해도, 너는 옳은 일을 한거야.

3 Here's the thing 내말인 즉은, 그게 말야 »

Here's the thing. I would like to hang out with you.
내말은 말야. 너와 데이트를 하고 싶어.

4 I could live without it 없어도 돼, 필요없어 »

Sure I can live without them.
물론, 난 그것들 필요없어.

5 ~ or what? 그게 아니면 뭐야?, 그렇지 않아?, 그런거 아냐? »

So what were you doing in there? Were you putting the shot in him, or what? 그럼 넌 거기서 뭐하고 있었어? 걔한테 총쏘고 있던거야, 아니면 뭐야?

6 I'm probably out of line here 이렇게 말해도 좋을지 모르겠지만
»

Listen, Ben. I'm probably way out of line here.
이봐, 벤. 내가 이렇게 말해도 좋을지 모르겠지만 말야.

실제대화 107

Where did that come from?

왜 그런 말을 하는거야?

Lois **My parents want me to get married.** **It's really getting to me.**

Dell **Run that by me again.** **You don't want to get married?**

Lois **No. If I was married, I couldn't stick with it.**

Dell **You never know.** **You might find an excellent partner.**

Lois **I don't want to be serious.** **I want to have a fling.**

Dell **Where did that come from?** **I didn't know you were like that.**

Lois **Don't you think having a love affair would be romantic?**

Lois 부모님은 내가 결혼하기를 바라셔. 정말 짜증나 죽겠어.

Dell 나하고 상의를 해. 넌 결혼을 하고 싶지 않아?

Lois 어. 내가 결혼하면, 결혼을 지속할 수 없을거야.

Dell 그건 모르는 일이잖아. 아주 훌륭한 배우자를 찾을 수도 있잖아.

Lois 난 진지해지는게 싫어. 난 그냥 가볍게 즐기고 싶어.

Dell 왜 그런 생각을 하는거야? 난 네가 그런 줄 몰랐어.

Lois 연애가 낭만적일거라 생각하는 것은 아니지?

이 대화에서 놓치면 안되는 표현들!

1 It's really getting to me 진짜 짜증나게 하네

» It's really getting to me

I think this dating two guys thing is getting to me.
이 두 명하고 데이트하는거 정말 짜증나.

2 Run it[that] by me 다시 한번 설명해줘요, 나한테 먼저 상의해

»

You should run it by me first.
넌 먼저 내게 상의해야 돼.

3 Stick with it 포기하지마, 계속해 »

We're moving forward. We stick with the plan.
우리 앞으로 나아간다. 우리는 계획대로 할거야.

4 You never know 그야 모르잖아, 그야 알 수 없지 »

You never know. We both might learn something.
그거야 알 수 없지. 우리 둘 다 뭔가 배울 수도 있지.

5 I want to have a fling 번개 좀 해야겠어 »

Catherine did have a fling while her husband was overseas.
캐서린은 남편이 해외에 있을 때 바람을 폈어.

6 Where did that come from? 왜 그런 말을 하는거야?

»

My husband is a con man? Where did that come from?
내 남편이 사기꾼이라구요? 어째서 그런 말을 하죠?

실제대화 108

How did it happen?

이게 어떻게 된 거야?

Alan You see that? Chris was holding hands with Penny

Renee Of course he was. He's going out with Penny.

Alan I didn't know they liked each other. How did it happen?

Renee Penny was dating Ray, but she had second thoughts about it.

Alan I heard she broke up with Ray! Now I know what she was up to.

Renee That's right, she decided to date Chris. Hey, have you found a girlfriend yet?

Alan No, not yet, but I'm working on it.

Alan 봤지? 크리스가 페니의 손을 잡고 있는거 말야!

Renee 물론 봤어. 걔 페니하고 데이트하나 봐.

Alan 걔네들이 서로 좋아하는지 몰랐어. 어떡하다 그렇게 된거지?

Renee 페니는 레이와 데이트 중이었지만 생각을 고쳐먹었나봐.

Alan 레이와 헤어졌다는 말 들었어! 이제 무슨 의도였는지 알겠네.

Renee 맞아, 걘 크리스하고 데이트하기로 맘먹은거야. 야, 넌 여친 아직 없는거야?

Alan 어, 아직, 하지만 노력중이야.

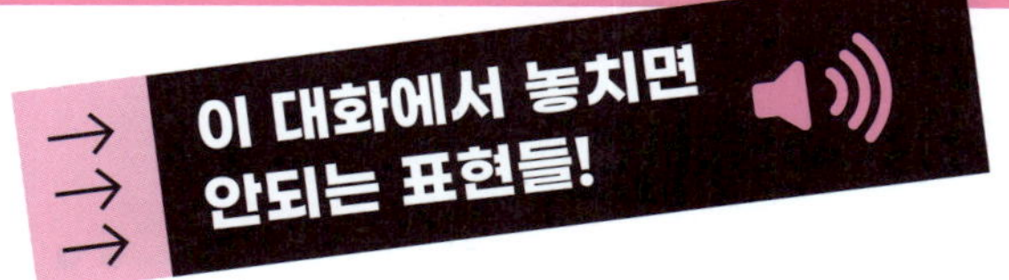

1 You see that? 봤지?, 내 말이 맞지? » You see that?

You see that? I told you the truth.
내 말 맞지? 난 사실을 얘기했어.

2 He's going out with Jane 갠 제인하고 사귀는 중야
»

Why didn't you just tell us you were going out with Sandy?
넌 왜 샌디와 사귀는 중이라고 우리에게 말하지 않은거야?

3 How did it happen? 이게 어떻게 된거야? »

You were there. How did it happen that I agreed to date him?
너 거기 있었지, 내가 어떻게 하다 걔와 데이트 약속을 하게 된거야?

4 We're having second thoughts about it 다시 생각해봐야겠어
»

I don't know. I'm having second thoughts.
나도 모르겠어. 다시 생각해보는 중이야.

5 What are you up to? 뭐해?, 무슨 수작이야? »

You too! So, what are you up to?
너도 그래! 그래, 뭐하는거야?

6 I am working on it 지금 하고 있어 »

Alright while you guys keep working on it, I'm gonna go talk to him. 좋아, 너희들이 그거 하고 있는 동안에 난 가서 걔와 얘기할게.

실제대화 109

What do you think you're doing?

무슨 짓이야?, 너 정신 나갔냐?

Maurice **What do you think you're doing?** Stop touching my back!

Mindy I'm trying to give you a massage. Don't you like it?

Maurice No! **Knock it off! That hurts** my muscles.

Mindy **I'm like you,** it hurt me at first, but I promise it will feel better soon.

Maurice Okay, I guess my shoulders do feel pretty good.

Mindy See what I mean? **Can you believe this is already happening?**

Maurice Wow, it's great. Thanks, **you did a nice job**.

Maurice 너 뭐하는 짓이야? 내 등을 만지지마!

Mindy 마사지해주려고 했지. 좋아하지 않아?

Maurice 싫어! 그만두라고! 근육이 아프잖아.

Mindy 나도 마찬가지야, 처음에는 아프지만 곧 좋아질거야.

Maurice 알았어, 어깨가 가볍게 풀리는 것 같으네.

Mindy 이제 내 말 알겠어? 벌써 이러는데 믿어지지 않지?

Maurice 야, 대단해. 고마워. 아주 잘했어.

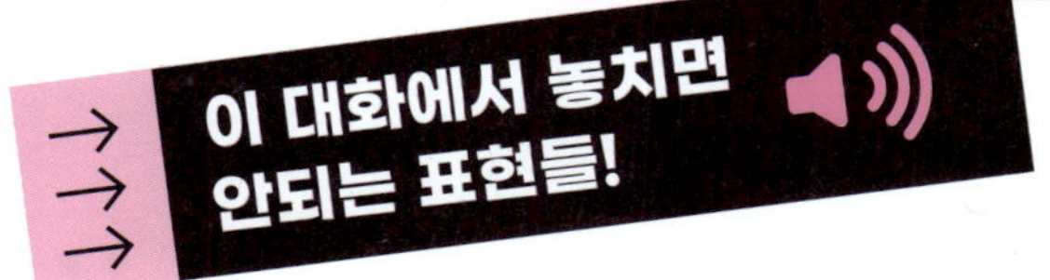

1 What do you think you're doing? 무슨 짓이야?, 너 정신 나갔냐?

» What do you think you're doing?

What do you think you're doing, Sam? You don't work here!
샘 너 뭐하는거야? 넌 여기 직원도 아니잖아!

2 Cut it out! 그만둬! »

Cut it out, Randy! What's wrong?
랜디, 그만둬! 왜 그러는거야?

3 That hurts 그거 안됐네, 마음이 아파 »

You would rather have sex with me than talk to me? Ow, that hurts. 나와 얘기하느니 섹스를 하는게 낫다고? 와, 맘이 아프네.

4 I'm like you 나도 너랑 같은 생각이야, 나도 너랑 같아 »

So you're single now. That's a good thing. Now you're like me, man. 그럼 너 이제 혼자네. 좋은 일이지. 이제 넌 나와 같구만, 친구야.

5 Can you believe this is already happening? 벌써 이렇게 됐나?

»

Can you believe this is already happening? I mean it seems like yesterday they just got married.
벌써 이렇게 된거야? 내 말은 걔네들 결혼한 게 어제 같은데 말야.

6 You did a good[nice] job! 아주 잘했어! »

You did a good job covering your tracks.
네 흔적을 감추는데 아주 잘했어.

실제대화 110

A deal's a deal

약속은 지켜야지

Hank **Did you get an A on the exam? That's the stuff!**

Frieda **Yeah, you told me everything would work out all right.**

Hank **It's true, you did well. Keep up the good work.**

Frieda **My friend failed the exam. I promised to help her tonight.**

Hank **A deal's a deal, help her to study for the next test.**

Frieda **She is very upset that she failed. Maybe that'll teach her to try harder.**

Hank **Someone's knocking at the door. It may be my friend. Would you get that?**

Hank 시험에서 A 받았어? 아주 잘했어!

Frieda 어, 모든게 다 잘 될거라 말했잖아.

Hank 맞아, 네가 잘했어. 지금처럼 계속 열심히 해.

Frieda 내 친구는 시험에 떨어졌어. 오늘 밤에 도와주기로 약속했어.

Hank 약속은 지켜야지. 다음 시험 공부하는데 도와줘라.

Frieda 시험에 떨어져서 열받아있어. 공부를 더 열심히 해야 한다는 걸 깨달았겠지.

Hank 누가 노크하네. 내 친구일거야. 열어줄래?

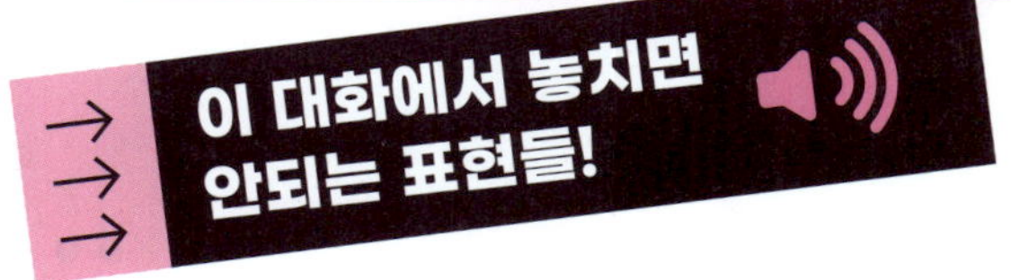

1 That's the stuff 바로 그거야, 잘했어 » That's the stuff

You know, that's the thing. Why should I feel burdened?
저 말야, 바로 그거야. 왜 내가 부담감을 느껴야 돼?

2 Things will work out all right 잘 해결될거야
»

Don't get stressed. Things will work out all right.
스트레스 받지마, 상황이 다 잘 될거야.

3 Keep up the good work 계속 열심히 해 »

She's a good catch. Keep up the good work!
걘 놓치기 아까운 애야. 계속 열심히 잘 해봐!

4 It's a deal 그러기로 한 거야, 내 약속하지 »

Alright, you give me $50, and it's a deal.
좋아, 넌 내게 50 달러를 주는거야, 그렇게 하는거야.

5 That'll teach her! 그래도 싸지!, 당연한 대가야! »

Guess that'll teach her, right?
걔는 당해도 싼 것 같아, 맞지?

6 Would you get that? 문 좀 열어줄래?, 전화 좀 받아줄래?
»

Andy, honey, would you please get the phone?
앤디, 자기야, 전화 좀 받아줄래?

실제대화 111

What do you got?

무슨 일이야?, 어떻게 된거야?

Gary **You're right on time. This is a major murder case.**

Lynn **What do you have? Are there any witnesses to the crime?**

Gary **Yeah, they are inside. Just go see what they all say.**

Lynn **Okay, I got this. You can go home now.**

Gary **Don't blow me off. I'll help you with the police work.**

Lynn **Well, I think I can find the killer by myself by the end of the night.**

Gary **Come on, tell me another. It will take a lot of work to find the killer.**

Gary 제 때에 왔네. 이건 강력살인사건이야.

Lynn 뭐 나온 것 있어? 목격자는 있어?

Gary 어, 안에 있어. 가서 다들 뭐라 하는지 봐.

Lynn 알았어, 이건 내가 맡을게. 넌 집에 가도 돼.

Gary 날 무시하지마. 경찰 업무하는데 내가 도울게.

Lynn 저기, 난 오늘이 가기 전에 나 혼자서 범인을 잡을 수 있을 것 같은데.

Gary 이러지마, 말되는 소리를 해. 범인을 찾는데 많은 일이 필요할거야.

이 대화에서 놓치면 안되는 표현들!

1 You're right on time 제때 왔구나 » You're right on time

No, right on time. Hold on.
아니, 제 때에 왔어. 잠깐만.

2 What do you got? 무슨 일이야?, 어떻게 된거야? »

What you got there anyway?
어쨌든 거기 무슨 일이야?

3 That's probably what they'll say 모두 그러겠지
»

That's probably what they'll say after the funeral.
장례식 후에는 다들 그렇게 말하겠지.

4 I got this 내가 처리할게, 내가 할게 »

I got this. You got a problem?
내가 맡을게. 뭐 문제있냐?

5 Don't blow me off 무시하지마, 피하지마 »

Yeah, I kinda figured you'd try to blow me off.
어, 네가 날 무시할거라 생각했어.

6 Tell me another (one) 말이 되는 소리를 해라 »

Your brother is famous? Yeah, tell me another one.
네 형이 유명하다고? 어, 말되는 소리를 해라.

실제대화 112

I'm flattered

그렇게 말해주면 고맙지, 과찬의 말씀을

Karen **You have no chance of scoring with Matty.**

Mark **I'll bet she'll want to be with me.**

Karen **You done talking? She doesn't like you, even though you're handsome.**

Mark **You think I'm handsome? I'm flattered.**

Karen **Look, don't try to date her. It'll totally freak her out.**

Mark **She'll love me. Everybody loves me. We'll be great together.**

Karen **Speak for yourself. I'm not sure why you think she likes you.**

Karen 너는 매티와 섹스할 가능성이 없어.

Mark 걘 나랑 있고 싶어할게 확실해.

Karen 얘기 다했냐? 걘 네가 잘 생겼지만 널 좋아하지 않아.

Mark 내가 핸섬하다는 말야? 기분이 좋은데.

Karen 야, 걔랑 데이트하려고 하지마. 걔가 기겁할거야.

Mark 날 사랑하게 될거야. 다들 날 좋아한다고. 우린 대단한 커플이 될거야.

Karen 너나 그렇게 생각하지. 왜 걔가 널 좋아한다고 네가 생각하는지 모르겠다.

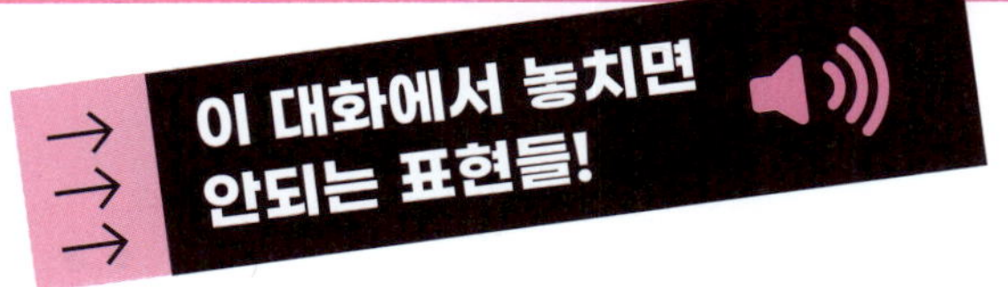

1 You've no chance of scoring with her 재랑 섹스할 가능성은 전혀 없어

» You have no chance of scoring with her

I'm gonna tell you about the girl I scored with last night.
네가 어젯밤에 섹스한 여자애에 대해 얘기해줄게.

2 You bet 확실해, 물론이지 »

You bet. Without a good education, it's hard to get a good job.
물론이지. 좋은 학벌이 없으면 좋은 직장 잡기가 힘들잖아.

3 You done? 다했니? »

You're right, I don't want to talk about it. You done?
네 말이 맞아, 난 그 얘기하고 싶지 않아. 넌 다했니?

4 I'm flattered 그렇게 말해주면 고맙지, 과찬의 말씀을 »

I would love to! I'm just so flattered you'd ask.
그러고 싶어! 네가 부탁한다면 난 고맙지.

5 She's gonna totally freak out! 걔, 완전히 빡 돌아버릴걸!

»

If I don't get off the bus in Chicago tomorrow morning, my mom will freak out. 내가 내일 아침에 시카고에서 버스를 내리지 않으면 엄마가 난리치실거야.

6 Speak for yourself 그건 그쪽 얘기죠 »

Speak for yourself. They are a power couple, there's no doubt about it. 너나 그렇지. 걔네들은 힘있는 커플이고 그건 의심의 여지가 없어.

실제대화 113

It's never going to happen
절대 그런 일 없을거야

Jean **Sweetheart, I've really got a crush on you.**

Colleen **What? I don't know what you're getting at.**

Jean **I like you very much. I want to hook up with you.**

Colleen **No, it's never going to happen. Forget about it.**

Jean **But I've already fallen for you. I've wanted you for a long time.**

Colleen **How did it happen? How did you fall for me?**

Jean **You're just so beautiful, I couldn't help myself**

Jean 자기야, 나 정말 너한테 푹 빠졌어.

Colleen 뭐라고? 무슨 말인지 모르겠어.

Jean 널 무척 좋아한다고. 나 너랑 관계하고 싶어.

Colleen 아니, 그럴 일 없을거야. 잊어버려.

Jean 하지만 난 이미 너에게 빠진 걸. 오랫동안 너와 함께 하고 싶었어.

Colleen 어쩌다 그랬어? 어떻하다가 내게 빠진거야?

Jean 네가 너무 이뻐, 나도 어쩔 수가 없었어.

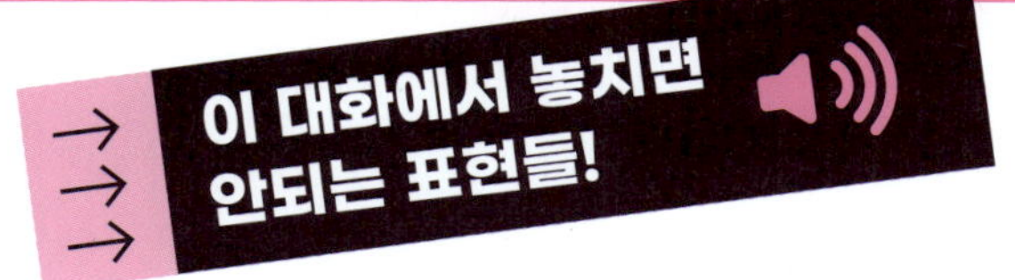

1 I got a crush on you 난 네가 맘에 들어 » I got a crush on you

She has a serious crush on an awesome guy named Chris Suh.
갠 크리스 서라는 한 죽여주는 남자에 깊이 빠졌어.

2 I don't know what you're getting at 무슨 말을 하려는 건지 모르겠어
»

I'm not sure I understand what you're getting at, John.
존, 네가 무슨 말을 하려는 건지 잘 모르겠어.

3 I need to hook up with a woman 여자가 있어야겠어
»

I hook up with different guys. No one special.
난 여러 남자와 관계를 해요. 특별한 사람은 없어요.

4 It's never gonna happen 절대 그런 일 없을거야
»

So, you and me? Never gonna happen.
그래 너와 내가? 절대 그런 일 없을거야.

5 Don't fall for it (속아) 넘어가지마, 사랑에 빠지면 안돼 »

There are two types of guys who fall for beautiful women.
아름다운 여인에게 빠지는 두 타입의 남자들이 있어.

MEMO

SECTION 03
실제 미드 대화에서 확인해보기!

001 Friends 1-1

레이첼이 독립하는 것을 도와준다며 친구들이 아버지가 내주고 있는 신용카드를 잘라버리라고 하는 장면이다.

Ross: **Come on, you made coffee! You can do anything! C'mon, cut.**

Rachel: **Y'know what? I think we can just leave it at that. It's kinda like a symbolic gesture...**

Monica: **Rachel! That was a library card!**

Chandler: **Y'know, if you listen closely, you can hear a thousand retailers scream.**

Monica: **Welcome to the real world! It sucks. You're gonna love it!**

로스: 이봐, 넌 커피도 만들었잖아! 뭐든 할 수 있다고! 어서 잘라.
레이첼: 저기 말야. 이쯤에서 그만하자. 상징적인 제스처로 하고.
모니카: 레이첼! 그건 도서관 카드였어!
챈들러: 자세히 들으면 수많은 상점주인들의 비명소리가 들릴거야.
모니카: 진짜 세계에 온 걸 환영해! 그지같지만 좋아하게 될거야!

002 Big Bang Theory 1-3

레슬리가 레너드에게 키스 실험을 하자고 하면서 서로 입냄새가 나지 않도록 민트를 먹고 키스를 나눈다.

Lesley: **What do you think?**

Leonard: **You proposed the experiment, I think you should present your findings first.**

Lesley: **Fair enough. On the plus side, it was a good kiss, reasonable technique, no extraneous spittle. On the other hand, no arousal.**

레슬리: 어때?
레너드: 네가 제안한 실험이니 네가 먼저 결과를 말해야 할 것 같아.
레슬리: 인정. 좋은 점은 멋진 키스였고, 테크닉도 괜찮았고 과도한 침분비도 없었어. 하지만, 전혀 흥분되지 않았어.

003 Big Bang Theory 3-11

페니가 레너드의 어머니인 베버리를 호텔에 데려다 주는 길에 술을 마시면서 대화를 나누는 장면.

Penny: **I'm sleeping with your son.**

Beverley: **Really? Which one?**

Penny: **The one from whom I live across the hall from.**

Beverley: **Well, that's convenient. How did his penis turn out?**

Penny: **Oh, Beverly, I can't talk to my boyfriend's mother about his penis.**

Beverley: **Oh, fair enough. What can you tell me, if anything, about that busboy's penis?**

페니: 어머니 아들과 자는 사이예요.
베버리: 정말? 어느 아들?
페니: 복도 건너편에 살고 있는 아들요.
베버리: 그것 참 편하겠구나. 걔 고추가 어땠냐?
페니: 남친 어머니에게 남친 고추에 대해 말할 수 없어요.
베버리: 그렇지. 그렇다면 저 접시닦이의 고추는 어떨 것 같냐?

004 Desperate Housewives 3-7

브리가 캐롤린에게 남편의 외도사실을 알려주자 그녀는 총을 들고 남편의 직장인 grocery로 찾아가 손님들을 인질로 잡고 노라에게 총을 쏜다.

Nora: **Listen to me, Lynette. About Kayla...**

Lynette: **Oh, forget it! Forget it! We'll work that out later.**

Nora: **No, I don't have, have later, you stupid bitch. Okay? So listen.**

Lynette: **Okay, I'm listening.**

노라: 제 말 들어봐요, 르넷. 케일라에 대해서…
르넷: 잊어버려. 신경끄라고. 그 문제는 나중에 얘기하자고.
노라: 아뇨, 이 멍청한 여자야, 난 나중이 없어요. 그러니 들어봐요.
르넷: 그래 어서 말해봐.

005 Big Bang Theroy 3-12

페니와 헤어진 레너드는 쉘든의 손님인 플림튼 여박사와 잠자리를 하고, 이를 눈치챈 페니에게 레너드가 변명을 늘어놓는 장면이다.

Leonard: **So you're not judging me?**

Penny: **Oh, I'm judging you nine ways to Sunday, but you don't owe me an explanation.**

Leonard: **Nevertheless, I'd like to get one on the record so you can understand why I did what I did.**

Penny: **I'm listening.**

레너드: 그럼 날 비난하지 않는거지?
페니: 철저하게 널 비난하지만 내가 설명할 필요는 없어.
레너드: 그래도 내가 왜 그렇게 했는지 이해할 수 있도록 설명은 하고 싶어.
페니: 빨리 얘기해.

006 Big Bang Theroy 2-16

빅뱅이론의 유명한 장면 중 하나. 페니가 실수로 쉘든의 소파자리에 물감을 묻히고 뒤집어 놨으나 그 미세한 차이에 쉘든이 몸을 흔들면서 하는 말이다.

Sheldon: **Something's wrong.**

Leonard: **What do you mean?**

Sheldon: **I'm not sure. It doesn't feel right.**

Leonard: **I don't know what you're talking about. Oh, that. Penny did that.**

쉘든: 뭔가 이상해.
레너드: 그게 무슨 말이야?
쉘든: 잘 모르겠어 하지만 뭔가 느낌이 달라.
레너드: 무슨 말하는지 모르겠어. 어 그거. 페니가 그랬어.

007 Friends 9-1

출산한 레이첼에게 조이는 실수로 청혼하게 되고 이에 대해 피비와 레이첼이 나누는 대화.

Rachel: **I just don't know! It just doesn't feel right.**

Phoebe: **Why?! You two are so meant to be together, everybody thinks so.**

Rachel: **Really?! Even Ross?**

Phoebe: **Especially Ross!**

레이첼: 잘 모르겠어. 뭔가 이상해.
피비: 왜? 너희 둘 정말 천생연분이야, 다들 그렇게 생각해.
레이첼: 정말?! 로스도 그렇게 생각해?
피비: 특히 로스가 그래!

008 The Good Wife 2-23

윌과 알리샤가 호텔바에서 함께 술을 마시고 있는 장면.

Will: **Yeah, the women like me until they discover the real me.**

Alicia: **Which is?**

Will: **You don't want to know.**

Alicia: **Oh, come on. I'm constantly spilling it. What's the real you?**

윌: 그래, 여자들은 내가 어떤 사람인지 알기 전까지는 나를 좋아하지.
알리샤: 어떤 사람인데?
윌: 모르는게 나아.
알리샤: 그러지마. 난 다 털어놓잖아. 진짜 어떤 사람인데?

009 House 2-24

하우스가 총에 맞아 치료를 받으면서 다른 환자를 치료하는 에피소드. 병원장인 커디와 얘기를 나누고 있는데…

House: **I'm taking myself off my case.**

Cuddy: **Your patient's in critical care, he's had a fever unabated for two...**

House: **I think I'm losing my mind. I'm having blackouts.**

Cuddy: **You said you weren't having any...**

House: **I lied.**

Cuddy: **If you are doing this to scare me, you made your point. Next time you get shot, I promise to only treat the bullet wounds.**

하우스: 환자에서 손을 떼겠소.
커디: 당신 환자는 위급한 상황이고, 이틀째 열이 내리지 않고 있고…
하우스: 내가 정신을 잃는 것 같아요. 순간적으로 기억상실을 겪고 있어요.
커디: 아무런 후유증이 없다고 말했잖아요.
하우스: 내가 거짓말을 했소.
커디: 나를 겁주게 하려고 한다면, 당신 뜻이 뭔지 알겠어요. 다음번에 총을 맞으면, 꼭 총상만 치료하도록 할게요.

010 Desperate Housewives 2-15

카를로스가 대리모가 되어주겠다던 장모를 데려다 주고 와서 개비에게 입양을 하자고 한다.

Gabrielle: **What was that for?**

Carlos: **No reason. Hey, I was thinking, we should look into adoption.**

Gabrielle: **Seriously? But I thought you wanted a kid with your own D.N.A.**

Carlos: **Blood isn't everything.**

가브리엘: 이건 뭐야?
카를로스: 이유없어. 내가 생각해봤는데, 우리 입양을 생각해보자.
가브리엘: 정말? 하지만 당신은 자신의 핏줄인 아이를 원하는 줄 알았는데.
카를로스: 핏줄이 전부는 아니잖아.

011 Friends 2-18

모니카는 아버지 친구인 리차드와 사귀는 중에 서로 몇명의 이성과 사귀었는지 얘기를 나누고 있다.

Monica: **Alright, before I tell you, uh, why don't you tell me how many women you've been with?**

Richard: **Two.**

Monica: **Two? TWO? How is that possible? I mean, have you seen you?**

Richard: **Well, I mean what can I say? I, I was married to Barbara for 30 years. She was my high school sweetheart, now you, that's two.**

Monica: **Two, it is. Okay, time for bed, I'm gonna go brush my teeth.**

Richard: **Woah, woah, no wait a minute now. C'mon it's your turn. Oh c'mon. Ya know, I don't need the actual number, just a ballpark.**

Monica: **Okay, it is definitely less than a ballpark.**

모니카: 좋아요, 내가 말하기 전에, 몇명의 여자와 사귀었는지 말해봐요.
리차드: 두명
모니카: 두명, 두명요? 어떻게요? 내 말은 당신같이 멋진 사람이?
리차드: 내 말은 낸들 어쩌겠어? 난 고등학교 때 바바라와 만나서 30년간 바바라와 결혼했고, 이제는 너, 그래서 둘이야.
모니카: 두명이네요. 그래요. 잘 시간이네요. 가서 양치질 할게요.
리차드: 어어, 안돼, 잠깐만. 이제 네 차례야, 어서, 정확한 숫자보다 대강만 말해봐.
모니카: 그래요, 분명히 말하지만 대강의 수(야구장에 모인 대략의 관중수)보다는 적어요.

012 Desperate Housewives 2-23

카를로스에 화가 난 가브리엘은 정원사였던 존과 섹스를 하고, 카를로스에게 섹스란 친밀감의 표시에 불과하다고 평가절하하는데…. 존이 가브리엘에게 키스를 한다.

Gabrielle: What was that for?

John: **Thought you needed a kiss.**

Gabrielle: **Well, since this is our last time, I guess** we can make the most of it**.**

John: **So, you really trust him, huh?**

Gabrielle: **Completely.**

가브리엘: 이건 뭐야?
존: 당신에게 키스가 필요할 거라 생각했어요.
가브리엘: 이게 우리의 마지막 시간이니까, 최대한 즐거운 시간을 가져도 되겠구나.
존: 그럼, 당신은 카를로스를 정말 신뢰해요?
가브리엘 : 전적으로.

013 Friends 5-14

챈들러와 모니카가 사귀는 것을 눈치챈 피비는 장난으로 챈들러를 유혹한다.

Monica: That's not possible! **I'm sorry it's just, Phoebe just always thought you were, you were charming in a, in a sexless kind of way.**

Chandler: **Oh, y'know** I-I can't hear that enough.

Monica: **I'm sorry, I think that you just misunderstood her.**

Chandler: **No, I didn't misunderstand, okay?** She was all over me! **She touched my bicep for crying out loud!**

모니카: 말도 안돼. 미안하지만 피비는 성적인 것은 배제하고 네가 매력적이라고 생각했어.
챈들러: 저 말이야, 난 그런 얘기 충분히 들었어.
모니카: 미안해, 난 네가 피비를 오해한 것 같아.
챈들러: 아냐. 난 피비를 오해하지 않았다고, 알아? 피비는 내게 들이댔다고! 이것 참 내 알통을 만졌다니까!

014 Friends 2-7

로스앓이를 하던 레이첼은 소개팅에서 만난 남자의 조언을 듣고 취한 상태로 전화를 걸어 자동응답기에 널 잊었다(I'm over you)라고 메시지를 남긴다.

Ross: **Rach, I got a message from you.**

Rachel: **Oh my God. Oh my God Ross, no, hang up the phone, give me the phone Ross, give me the phone, give me the phone, give me the...**

Ross: **You're over me? Wha... you're uh, you're, you're over me?**

로스: 레이첼, 너한테 온 메시지가 있는데.
레이첼: 맙소사, 로스 전화끊어, 전화기 내게 줘. 전화기 달라고, 전화기…
로스: 나를 잊었다고. 와…네가 나를 잊었다고?

015 CSI: Las Vegas 5-12

새라는 개인적인 문제로 상사들과 부딪히고 이를 걱정한 그리섬은 새라와 대화를 시도해본다.

Sara: **Leave it alone.**

Grissom: **No, Sara.**

Sara: **What do you want from me?**

Grissom: **I want to know why you're so angry.**

새라: 내버려 둬요.
그리섬: 안돼, 새라.
새라: 나보고 어떻게 하라구요?
그리섬: 네가 왜 그렇게 화를 내는지 알고 싶어.

016 NCIS 7-18

토니와 지바가 사건을 해결하고 사무실에서 영화를 보고 있다.

Tony: **Really, then, what are you doing with me watching a movie on a Friday night at work, huh?**

Jiva: **You are my friend.**

Tony: **Really?**

Jiva: **No. My date cancelled.**

Tony: **Mine, too.**

토니: 정말, 그럼 금요일 밤에 사무실에서 나와 함께 영화를 보는 건 뭐야?
지바: 네가 나의 친구야.
토니: 정말?
지바: 아니. 데이트가 취소됐어.
토니: 나도 그래.

017 Big Bang Theory 3-4

라지가 쉘든과 함께 일하게 되면서 레너드는 사생활이 좀 더 생기고, 그 틈을 활용해서 페니와 애무를 시작하려 한다.

Penny: **Mm-hmm. Hey, want to get a little crazy?**

Leonard: **What are you thinking?**

Penny: **Let's slide over to Sheldon's spot and make out.**

Leonard: **You are a dirty girl.**

페니: 우리 미친 짓 좀 해볼까?
레너드: 뭘 하려고?
페니: 쉘든의 소파자리에 가서 애무하자.
레너드: 이런 음탕한 여자같으니라고.

018 Friends 6-8

피비가 레이첼이 근무하고 있는 랄프 로렌 회사에 가서 복사를 하다 가짜 랄프 로렌을 만나는 이야기.

Phoebe: **Yeah. I was just in there. He introduced himself and the next thing I know, we're making out. You know.**

Rachel: **Phoebe, I mean, you do know he's married?**

Phoebe: **No!**

Rachel: **Phoebe…**

Phoebe: **What am I supposed to do? Ask every guy I make out with if he's married?**

피비: 어, 그 안에 있었는데. 그가 자기 소개를 하더니 어느 순간 우리 둘이 키스를 하고 있었어.
레이첼: 유부남인거 알고 있어?
피비: 아니!
레이첼: 피비…
피비: 내가 어떻게 해야 되는데? 내가 키스하는 남자마다 다 결혼했냐고 물어봐야 돼?

019 CSI:Las Vegas 6-12

닉과 캐서린이 증거수집에 애를 먹고 있는 장면이다.

Nick: **Hey, Catherine, I just got back trace on Kelly Gordon's fingernails. I was looking for air bag dust, but all Hodges found was air.**

Catherine: **Well, join the club. No usable prints on the parking garage camera either.**

닉: 캐서린, 켈리 고든의 손톱에 있는 흔적을 가져왔어요. 에어백에 묻은 먼지를 찾았는데 하지스가 발견한 건 공기뿐이었어요.
캐서린: 나도 같은 처지야. 주차장에 있던 카메라에서도 사용가능한 지문을 발견못했어.

020 Desperate Housewives 2-20

톰과 르넷의 사장인 에드를 대신해 르넷이 에드의 부인과 채팅을 하게 됐는데 이게 들통난다. 에드는 그 짓을 한 사람을 해고하기로 부인에게 약속하는데, 톰을 희생양으로 삼으려 한다.

Ed: **I promised her I would fire the person who did it.**

Lynette: **You're gonna fire me?**

Ed: **No, of course not. You're too important here. I'm gonna fire Tom. I told her it was him that send the IMs.**

Lynette: **"What?"**

Ed: **I told her that he had a problem with boundaries. I'm sorry, I didn't want to do this, but my marriage was on the line.**

Lynette: **You can't make my husband your scapegoat! I won't let you!**

에드: 아내에게 그짓을 한 사람을 자르기로 약속했어요.
르넷: 나를 해고할거예요?
에드: 아뇨, 물론 아니죠. 당신은 너무 중요한 사람이니 톰을 해고할거예요. 메신저를 보낸 사람이 톰이라고 했어요.
르넷: 뭐라고요?
에드: 톰이 주제파악을 잘 못한다고 얘기했어요. 이러고 싶지 않지만 결혼생활이 위태해서요.
르넷: 내 남편을 희생양으로 만들 수 없어요. 절대 그렇게 못하게 할거예요!

021 CSI: Las Vegas 5-2

그리섬과 닉이 피해자 신원문제로 얘기를 나누고 있다.

Grissom: **How are you doing with victim ID?**

Nick: **So far we've followed up on eleven missing persons who fit the profile, ruled out every one by case history.**

그리섬: 피해자 신원은 어떻게 돼가?
닉: 지금까지 프로파일에 맞는 실종자 11명의 행방을 뒤지고 있고, 후속사건기록에 따라 모두 다 제외했습니다.

022 Sex and the City 1-7

캐리는 빅의 자유분망한 연애생활을 보면서 파티에서 빅에게 짜증을 부린다.

Carrie: **How many women are you dating?**

BIG: **In the tri-state area?**

Carrie: **Well, let's see, there's me, um, Julia, and let's not forget international Melissa.**

BIG: **I'm not doing this here.**

Carrie: **Fine.**

BIG: **Can't we just enjoy the party?**

Carrie: **I don't know.**

BIG: **Come on, I mean, what do you want from me?**

캐리: 몇명의 여자와 데이트를 하는거야?
빅: 인근 3개주에서?
캐리: 어디보자, 내가 있고, 줄리아, 그리고 국제적인 멜리사를 빼놓으면 안되지.
빅: 여기서 이러지 말자. 캐리: 좋아.
빅: 그냥 파티를 즐기면 안될까?
캐리: 모르겠어.
빅: 그러지말고, 내 말은 나더러 어쩌라고?

023 Big Bang Theory 4-15

기금모임에서 만난 레이섬 부인이 레너드를 개인적으로 만나자고 하자, 쉘든은 특유의 방식으로 이해를 한다.

Leonard: **Excuse me, but you are not the only distinguished scientist in this apartment. I've been published in peer-reviewed journals, I received a Dissertation of the Year award for experimental particle physics.**

Sheldon: **No, that can't be it. And since you seem to have forgotten, the reason we live together is we're best friends. And I got your back, Jack.**

*Jack은 별 의미없이 back과 운율을 맞추기 위해 쓴 단어.

레너드: 미안하지만 너만 이 아파트에서 유일하게 가장 저명한 과학자는 아냐. 난 관련 전문가 검토를 거친 저널에 발표도 해봤고 소립자 실험 물리학 부문 올해의 논문상도 받았어.

쉘든: 아냐, 그럴 리가 없어. 네가 잊고 있는 것 같아서 그런데, 우리가 함께 사는 건 우리가 절친이기 때문이야. 내가 너 뒤를 봐줄게, 잭.

024 Desperate Housewives 2-20

애인 칼이 바람을 핀다고 생각한 이디는 수잔과 함께 그녀가 일하는 식당으로 간다.

Susan: **You know what? It is her.**

Edie: **Really? Why?**

Susan: **She just spit in your wings.**

Edie: **You got my back?**

Susan: **Uh, sure.**

수잔: 저 말이야? 걔가 맞아.
에디: 정말? 왜?
수잔: 걔가 네 치킨에 침을 뱉었어.
에디: 내 편 들어줄거지?
수잔: 물론.

025 Friends 9-19

모니카는 자신이 일하는 고급식당 앞에서 피비가 기타치면서 노래를 부르자…

Monica: **You know how much I love listening to your music, you know, but...**

Phoebe: **But what?**

Monica: **This is kind of a classy place.**

Phoebe: **OK, say no more.**

모니카: 내가 네 노래 듣는 것을 얼마나 좋아하는지 넌 알거야. 그렇지만…
피비: 그렇지만 뭔데?
모니카: 여기는 좀 세련된 곳이잖아.
피비: 알았어. 무슨 말인지 알아들었어.

026 Friends 3-24

챈들러는 회사 사장이 손으로 엉덩이를 치는 것을 하지 말아달라고 조심스럽게 얘기를 꺼내고 있다.

Chandler: **Oh, and don't get me wrong, I appreciate the sentiment. It's just that I, I have a rather, sensitive posterior, and ah, besides, it's making all the other guys jealous.**

Doug: **Well, say no more. Y'know it takes guts to bring this up. Bing! You're okay.**

Chandler: **Okay.**

챈들러: 오해는 하지 마세요. 알아봐주셔서 감사하지만, 제 엉덩이가 좀 민감하거든요, 게다가 다른 직원들이 질투도 하고요.
더그: 무슨 말인지 알았네. 이 얘기 꺼내기에 많은 용기가 필요했을거야. 챈들러! 잘 알았어.
챈들러: 좋아요.

027 Sex and the City 1-8

샬롯은 쓰리섬에 대한 판타지를 애인과 실현해보려고 한다. 다른 여인의 윙크를 받은 샬롯에게 남친이 물어본다.

Charlotte: **I do have another fantasy.**

Man: **What's that?**

Charlotte: **Doing it upstairs at a party.**

Woman: **Can I join you?**

Narration: **She realized that this was her moment. If she was gonna take the plunge, it was now or never.**

샬롯: 난 다른 판타지도 있어.
남자: 그게 뭔데?
샬롯: 파티 때 이층에서 섹스하는거.
여자: 함께 해도 돼요?
나레이션: 샬롯은 지금이 그녀의 때인 것을 깨달았다. 그녀가 결행할거라면, 지금 아니면 영영 기회가 없는 것이었다.

028 Desperate Housewives 1-4

메리는 자살하고 남편 폴은 집을 내놓고 이사하려고 한다. 네 명의 친구들은 메리에게 온 쪽지(I know what you did. It makes me sick. I'm going to tell)를 폴에게 보여줄지 말지 얘기를 나누고 있다.

Susan: **I think we should show Paul the note.**

Lynette: **Are you sure? He's gonna freak.**

Bree: **Well, it's now or never. I mean, I saw what he's asking for the place. It's gonna sell quickly.**

수잔: 폴에게 그 쪽지를 보여주는게 낫겠어.
르넷: 정말? 질겁을 할텐데.
브리: 지금 아니면 영영 기회가 없어. 내 말은 집을 내놓은 조건을 봤는데 금방 팔릴거야.

029 Big Bang Theory 1-5

쉘든의 쌍둥이 동생 Missy의 등장으로 나머지 세명의 친구는 데이트를 해보려고 안달이다. 쉘든은 레너드에게 제안을 하나 하는데 마침 Missy와 페니가 등장한다.

Sheldon: **Am I? Here. Eat this cheese without farting and you can sleep with my sister.**

Missy: **Oh really? Shelly, can I speak to you for a minute? Alone.**

Sheldon: **Why does everyone suddenly want to talk to me alone? Usually nobody wants to be alone with me.**

Leonard: **We all make mistakes, let's move on.**

쉘든: 내가? 좋아. 이 치즈를 먹고 방귀를 뀌지 않으면 내 동생과 잘 수 있어.
미시: 어 정말? 쉘리, 잠깐 얘기 좀 할까? 단 둘이서?
쉘든: 왜 다들 갑자기 나하고 둘이서만 얘기를 하려는 걸까? 보통 때는 아무도 나와 함께 단둘이 있으려고 하지 않는데.
레너드: 우린 모두 실수를 하잖아. 넘어가자고.

030 House 6-22

커디가 하우스에게 사랑을 고백하는 장면이다.

Cuddy: **I'm stuck, House. I keep wanting to move forward, I keep wanting to move on, and I can't. I'm in my new house with my new fiance, and all I can think about is you. I just need to know if you and I can work.**

House: **You think I can fix myself?**

커디: 하우스, 난 벗어날 수가 없어. 앞으로 나아가길 계속 원했고, 잊으려고 계속 원했지만 그럴 수가 없어. 새로운 집도 있고 새로운 약혼자도 있지만, 내가 생각할 수 있는 사람은 오직 당신 뿐이야. 다만 내가 당신하고 가능할지 알아야 돼.
하우스: 당신은 내가 고쳐질 수 있다고 생각해?

031 Breaking Bad 5-10

월터는 스카일러에게 자신이 마약제조를 해서 번 돈을 받고 자식에게 물려주기를 바란다고 하는데…

Walter: **Skyler, I'll make this easy. I'll give myself up. If you promise me one thing. You keep the money. Never speak of it. Never give it up. You pass it on to our children. Give them everything. Will you do that? Please? Please don't let me have done all this for nothing.**

Skyler: **How did Hank find out? Did-- did somebody talk?**

Walter: **No, no one talked. It was me. I screwed up.**

월터: 스카일러, 내가 일을 쉽게 해줄게. 내가 자수할게. 내게 한가지 약속해주면. 돈을 가져. 절대 알려서도 안되고 절대 포기해서도 안돼. 우리 아이에게 넘겨줘. 다 넘겨줘. 그래줄래? 제발? 지금까지 한 일을 의미없게 만들지 말아줘.

스카일러: 행크는 어떻게 알아낸거야? 누가 얘기한거야?

월터: 아니, 아무도 말하지 않았어. 그건 나였어. 내가 다 망쳤어.

032 Game of Thrones 1-3

네드 스타크는 아리아에게 언니 산사의 입장을 이해시키려고 아리아의 방에 들어오는데, 아리아가 검을 갖고 있는 것을 본다.

Ned: **Whose sword is that?**

Ayra: **Mine.**

Ned: **Give it to me. I know this maker's mark. This is Mikken's work. Where did you get this? This is no toy. Little ladies shouldn't play with swords.**

Arya: **I wasn't playing. And I don't want to be a lady.**

Ned: **Come here. Now what do you want with this?**

네드: 그거 누구의 검이냐?

아리아: 제꺼요.

네드: 이리 줘봐라. 누가 만들었는지 알겠는데. 미켄이 만든거구나. 어디서 얻었니? 이건 장난감이 아냐. 어린 소녀는 검을 갖고 놀아서는 안된다.

아리아: 갖고 놀지 않았어요. 그리고 난 숙녀가 되고 싶지 않아요.

네드: 이리 와바라. 이걸로 뭘하려는거냐?

033 Sex and the City 1-11

캐리는 빅과 한 침대에 있을 때 방귀를 뀌게 되고 그 이후로 3번의 데이트에서 섹스를 못했다고 자책한다.

Carrie: **I farted. I farted in front of my boyfriend. And we're no longer having sex. And he thinks of me as one of the boys. And I'm gonna have to move to another city where the shame of this won't follow me.**

Miranda: **You farted. You're human.**

Carrie: **I don't want him to know that. I mean he's this perfect guy. You know, he walks around in his perfect apartment with his perfect suit. And he's just perfect, perfect, perfect, and I'm the girl who farts. No wonder we're not having sex.**

Miranda: **You're insane! It's been 3 times. It's perfectly normal.**

Carrie: **Says who? I mean, say it's not the... then what else is going on? I mean, is it normal to be in the same bed and not do it?**

캐리: 방귀를 뀌었어. 남친 앞에서 방귀를 뀌었어. 그리고 우리는 더 이상 섹스를 하지 않아. 빅은 나를 남자 취급하는 것 같아. 너무 창피해서 다른 도시로 이사가야 할까 봐.

미란다: 넌 방귀를 뀐거야. 넌 인간이야.

캐리: 빅이 모르기를 원해. 내 말은 그는 그 정도로 완벽한 남자야. 완벽한 아파트에서 완벽한 복장을 한 채로 걸어다니는데 난 방귀를 뀌는 여자야. 섹스를 하지 않는 것도 당연하지.

미란다: 미쳤구만! 겨우 3번 걸러놓고. 그건 극히 정상이야.

캐리: 누가 그래? 내 말은 그게 아니라면 그럼 무슨 일인거야? 내 말은 같은 침대에 있으면서도 섹스를 하지 않는게 정상이라는거야?

034 CSI: Las Vegas 6-24

총상을 입은 환자를 두고 의사와 그리섬이 나누는 대화장면.

Grissom: **And without surgery?**

Surgeon: **The bullet could migrate into the artery and, again, cause a stroke or kill him. Or it could stay there for years and do nothing. He might never wake up.**

Grissom: **What are the odds?**

Surgeon: **Mr. Grissom, this isn't a casino. I don't give odds. It's your call.**

Grissom: **Do it.**

그리섬: 수술을 안하면요?
의사: 총알이 동맥에 자리를 잡을 수도 있고, 역시 뇌졸중을 일으켜 죽을 수도 있습니다. 혹은 오랫동안 그 자리에 있으면서 아무렇지도 않을 수도 있습니다. 영영 깨어나지 않을 수도 있고요.
그리섬: 가능성은요?
의사: 그리섬 선생, 이건 카지노가 아녜요. 난 확률을 말하지 않습니다. 당신이 결정해주세요.
그리섬: 해주세요.

035 Friends 8-11

임신 4개월째, 호르몬의 변화로 성욕이 차오르는 레이첼은 검사받으러 병원에 왔는데, 그만 의사가 훈남이다.

Rachel: **Where-where are you from? What do you do?**

Dr. Schiff: **I'm a doctor.**

Rachel: **Right! Right! I-I actually meant in your spare time, do you cook? Do you ski? Or do you just hang out with your wife or girlfriend?**

레이첼: 어디 출신예요? 직업이 뭐예요?
쉬프박사: 의사인데요.
레이첼: 맞아요. 내 말은 여가시간에 뭐하는지요. 요리해요? 스키타요? 아니면 아내나 여친과 시간을 보내나요?

036 Big Bang Theory 3-12

라지와 쉘든은 여자들을 초대하여 시간을 보내고 있는데 라지커플은 소파에서 열심히 키스중이다. 이때 쉘든은 그만 잔다고 자기 방에 가버리자, 파트너는 방까지 찾아와 함께 놀자고 하는데…

Martha: **Sheldon?**

Sheldon: **Yes?**

Martha: **Listen, they're kind of getting busy in the living room, and I was wondering if I could hang out in here for a while.**

Sheldon: **Well, I suppose. Come in. I'll sleep in Leonard's room. Good night.**

마샤: 쉘든?
쉘든: 응?
마샤: 저기, 걔네들 거실에서 좀 바쁜데, 여기 안에서 잠깐 시간을 보내도 될까해서.
쉘든: 그럼. 그래. 들어와. 난 레너드 방에서 잘게. 잘 자.

037 CSI: Las Vegas : 2-8

캐서린이 레이디 헤더와 대화를 나누고 있다.

Lady Heather: **Don't take this the wrong way, but I think you've got everything it takes to make a great Dominatrix.**

Catherine: **I take that as a compliment.**

Lady Heather: **Well, you should. It's just about knowing yourself, being strong and not taking any crap from powerful jerks who are used to giving it all day long.**

레이디 헤더: 이거 오해하고 듣지 마요. 당신은 도미나트릭스가 되기에 모든 자질을 갖추고 있어요.
캐서린: 칭찬으로 알아들을게요.
레이디 헤더: 그래야지요. 그건 자기 자신을 아는 거예요. 강해지고 허구헌날 헛소리나 해대는 멍충이 권력자로부터 헛소리를 듣지 않는거죠.

038 Desperate Housewives : 2-16

같은 직장을 다니고 있는 르넷과 톰은 갈등이 집에서까지 이어지는데…

Tom: **You were pushing on me like you were trying to sack me. I felt it.**

Lynette: **Are you serious? Tom, I wasn't doing anything. I was just going for it. I was just lost in the moment. Oh, come on! Come on, this is silly. I don't wanna argue. I mean, unless it turns you on. Does it? 'Cause then I'm all about it, baby.**

톰: 날 뭉개려는듯 계속 밀어대잖아. 난 그렇게 느꼈어.
르넷: 진담야? 톰, 나 아무 짓도 하지 않았어. 난 그냥 몰두하고 있었어. 그 순간에 빠져 있었어. 그러지마! 바보 같아. 다투고 싶지 않아. 내 말은 그게 흥분되지 않는다면. 그래? 그럼 난 열중할테니 말야.

039 Friends :2-1

레이첼은 로스에게 사랑을 고백하러 중국출장에서 돌아오는 로스를 마중나가는데, 로스는 중국에서 사귄 애인과 나타난다.

Chandler: **So what the hell happened to you in China? I mean, when last we left you, you were totally in love with, you know.**

Ross: **I know, I know I was, but there was always this little voice inside that kept saying it's never gonna happen, move on.**

챈들러: 도대체 중국에서 무슨 일이 있었던거야? 내 말은 떠날 때만해도 레이첼에게 빠져있었잖아.
로스: 알아. 그랬지만 너희들은 절대 안되니까 잊으라고 말하는 내부의 목소리가 계속 들리더라고.

040 Sex and the City :2-4

캐리, 샬롯 그리고 미란다는 조깅을 하다 미란다의 옛 애인인 안과의사를 만난다.

Miranda: **I only slept with him twice. The first time I faked it because it was never gonna happen. The second time I faked it because I did the first time.**

Carrie: **Naturally.**

Miranda: **I didn't wanna fake it again, so I just forgot to return his call.**

Charlotte: **You broke up with an ophthalmologist over that?**

미란다: 걔와 단 두번 잤어. 처음에는 전혀 될 것 같지가 않아서 오르가즘에 오른 척했고 두번째는 첫번째 그렇게 했기때문에 또 그랬어.
캐리: 그렇겠지.
미란다: 난 다시 척하기 싫어서 걔 전화에 답하지 않았어.
샬롯: 오르가즘 때문에 안과의사와 헤어졌다는 말야?

041 Desperate Housewives 1-1

수잔은 이디가 마이클을 초대해서 저녁을 먹는다는 이야기를 듣고 안절부절한다.

Susan: **I can't believe it. This can't be happening. Mike can't like Edie better than me, He just can't!**

Julie: **You don't know what's going on. Maybe they're just having dinner.**

수잔: 믿을 수가 없어. 이럴 수가 없어. 마이크가 나보다 더 이디를 좋아할 리가 없어. 그럴 리가 없다고!
줄리: 무슨 일인지 모르잖아. 그냥 저녁 먹는 것일 수도 있어.

042 Sex and the City: 3-5

미란다의 애인 스티브는 자신의 능력을 알아주지 않는 미란다에게 화를 내고 미란다는 스티브가 농구 슛연습하는 것을 보러 와 응원한다.

Steve: **If this is ever gonna work, I need you to believe in us a little more! I need you to believe in me, even if you think it is fucking stupid!**

Miranda: **All right, hotshot! Show me what you got! Nice legs! Very nice!**

Steve: **Okay! This is for the big money!**

Miranda: **Okay!**

Carrie(Naration): **Steve never did win the big money at Madison Square Garden, but having Miranda show up for him that day, made him feel like a million bucks."**

스티브: 이게 안되더라도 난 네가 조금 더 우리에 대한 믿음을 가졌으면 해! 이게 빌어먹게도 멍청한 일이라 할지라도 나를 믿어주기를 바래!

미란다: 좋아, 거물! 네 능력을 보여줘! 다리 멋진데! 아주 좋아!

스티브: 좋아! 이건 백만불짜리 샷이야!

미란다: 좋아!

캐리(나레이션): 스티브는 매디슨 스퀘어 가든에서 백만불을 타지 못했지만 미란다가 그날 자기를 위해 응원나게 함으로써 자신이 백만 불짜리라는 느낌을 얻었다.

043 Big Bang Theory 5-1

술김에 라지와 잠자리를 한 페니는 집에 돌아와 술을 마시려고 하는데 자칭 절친인 에이미가 찾아온다.

Penny: **You heard what I did?**

Amy: **Well, I heard who you did.**

Penny: **Oh, my God, I screwed up everything. I hurt Leonard, I hurt Raj, I mean, what is wrong with me?**

페니: 내가 무슨 짓을 했는지 들었어?

에이미: 네가 누구랑 했는지 들었지.

페니: 맙소사. 내가 다 망쳤어. 레너드에게 상처를 주고, 라지에게 상처를 주고, 난 도대체 왜 이럴까?

044 Modern Family 1-23

에피소드 시작부분. 필과 클레어가 신혼여행가기로 했던 하지만 일이 생겨서 못갔던 하와이로 가족 전체가 여행을 간다.

Phil: **Actually, Claire and I were supposed to go to Hawaii for our honeymoon... But something else came up.**

Claire: **I got pregnant with Haley.**

Phil: **My bad!**

Claire: **We didn't even have a proper wedding. We just went down to the courthouse on a Tuesday.**

Phil: **The judge sentenced me to life with no chance of parole.**

Claire: **You begged me to marry you.**

Phil: **It's true. I did. Oh! Hold on, my bride. Allow me.**

Claire: **Oh! Whoa. What are you doin'?**

Phil: **Being romantic. God, you're solid.**

Claire: **Sweetie, put me down.**

필: 실은, 클레어와 난 하와이로 신혼여행을 가기로 되어 있었죠. 하지만 일이 생겼어요.
클레어: 헤일리를 임신했어요.
필: 나의 실수였어!
클레어: 우리는 결혼식도 못하고 화요일에 법원에 가서 신고를 했어요.
필: 판사는 가석방 없는 종신형을 선고했어요.
클레어: 당신이 결혼하자고 사정했잖아.
필: 사실이에요. 내가 그랬어요. (다시 여행지에서) 어, 잠깐만, 내 신부. 내가 안아줄게.
클레어: 와, 지금 뭐하는거야?
필: 로맨틱 해질려고. 당신 왜 이렇게 뻣뻣해.
클레어: 자기야, 내려줘.

045 Sex and the City 2-6

헤어진 후에 다시 빅과 데이트를 시작한 캐리는 둘 관계의 정의를 공식적으로 내리고 싶어 한다.

Big: **I don't know what "officially" means.**

Carrie: **"Officially" means officially. You know, for real.**

Big: **Every moment of my life is for real, baby.**

Carrie: **Just answer me this: Why did we break up?**

Big: **You tell me. You're the one who left me high and dry with two tickets to St. Barts.**

빅: 정식으로라는 말이 무슨 뜻인지 모르겠어.
캐리: 정식으로란 말은 정식으로라는 말이야. 자기도 알잖아, 진심으로.
빅: 내 인생의 모든 순간이 다 진심이야.
캐리: 이것만 대답해봐. 우리 왜 헤어진거야?
빅: 네가 더 잘 알잖아. St. Barts 행 비행기 표 두장만 갖고 홀로 남겨두고 날 떠난게 자기잖아.

046 CSI: Las Vegas 5-20

브래스 경감의 골칫덩어리인 입양아 딸인 엘리 브래스와 다투는 모습.

Ellie Brass: **What, you're going to send me to my room and ground me? Have a patrol car pick me up at prom? Or spank me?**

Brass: **Okay. You're right. You're right. I messed up. But I'm just trying to do the best that I can. I wish you could say the same thing.**

엘리 블래스: 그래서, 방으로 보내서 외출금지시키겠어요? 졸업파티에서 순찰자로 나를 끌고 올건가요? 아니면 때리실 건가요?
브래스: 좋아, 네 말이 맞아. 내가 망쳤어. 하지만 난 내가 할 수 있는 최선을 하려고 하고 있다. 너도 같은 말을 해주었으면 한다.

047 Friends 6-20

오디션 일정을 깜박잊고 말해주지 않은 챈들러에게 화를 내는 조이.

Joey: **How could you do this to me Chandler?! This part could've turned my whole career around!**

Chandler: **I messed up. Okay? I'm sorry, I really messed up.**

Joey: **Hey, you don't even live here anymore! What are you doing answering my phone? I have my machine!**

조이: 챈들러, 어떻게 내게 이럴 수 있어? 이 역은 내 커리어 전체를 반전시킬 수도 있는건데.
챈들러: 내가 망쳤어. 미안해. 내가 정말 망쳤어.
조이: 너 여기 살지도 않잖아! 뭐하러 내 전화를 받은거야? 자동응답기도 있는데!

048 House 1-7

하우스와 절친 윌슨 박사의 대화장면

Wilson: **There was no date! I had lunch with one of the nurses. It's her first time in an oncology unit and she's having a tough time, emotionally.**

House: **Perfect.**

Wilson: **I wanted to be nice. That's all. I mean it.**

House: **You always do. It's part of your charm.**

윌슨: 데이트는 없었어! 간호사 중의 한 명과 점심을 했어. 그녀는 종양학 부분에서 첫번째여서 정서적으로 힘든 시간을 보내고 있어.
하우스: 완벽하군.
윌슨: 난 친절하게 대하고 싶었어. 그게 다야. 정말야.
하우스: 넌 항상 그렇지. 네 매력의 일부지.

049 House 3-24

카메론은 하우스에게 사직서를 제출한다.

Cameron: **I've gotten all I can from this job.**

House: **What do you expect me to do? Break down and apologize? Beg Chase to come back?**

Cameron: **No, I expect you to do what you always do. I expect you to make a joke and go on. I expect you to be just fine. I'll miss you.**

카메론: 이 직장에서 배울 수 있는 건 다 배웠어요.
하우스: 내가 어쩌기를 바래? 무릎꿇고 사과하기를? 체이스에게 돌아오라고 사정하기를?
카메론: 아뇨, 박사님이 늘 그러듯이 그러기를 바래요. 농담하시고 하시던 일 계속 하기를 바래요. 박사님이 괜찮기를 바래요. 보고 싶을거예요.

050 Friends 5-15

모니카는 함께 결혼해 살기를 원하지만 챈들러는 얽매이기를 싫어하며 언쟁을 한다.

Chandler: **Oh please, you are obsessed with babies and-and marriage and everything that's related to babies and-and marriage! I've got an idea, why don't we turn down the heat on this pressure cooker?!**

Monica: **Have you lost your mind? Chandler, this isn't about me! This is about you and all your weird relationship commitment crap!**

챈들러: 그러지마, 넌 아기와 그리고 결혼 그리고 아기와 결혼에 관련된 모든 것에 사로잡혀 있어. 내게 좋은 생각이 있어. 압력솥의 온도를 좀 낮추자고?!
모니카: 정신나갔어? 챈들러, 이건 내 문제가 아니라 너와 네 이상한 깊은 만남에 대한 생각때문이야.

051 Sex and the City 2-18

캐리의 주변만 맴돌던 빅이 나타샤와 약혼했다는 이야기를 듣고서…

Carrie: **Engaged? How can you be engaged? You have a problem with commitment, remember? In fact, you told me you never wanted to get married again, ever.**

Mr. Big: **Well, things change.**

Carrie: **Meaning what? You just didn't wanna marry me.**

캐리: 약혼했다고? 어떻게 약혼을 할 수 있어? 너 전념하는데 문제가 있잖아, 기억해? 사실, 다시는 결혼을 하지 않을거라고 내게 말했잖아.
빅: 저기 상황은 변하는거라서.
캐리: 그게 무슨 말이겠어. 넌 단지 나와 결혼하기를 원치 않았던거야.

052 Desperate Housewives 2-4

가브리엘은 감옥에 있는 카를로스와 부부면회(conjugal visit)를 하기 위해 변호사와 얘기를 나누고 있다.

Gabrielle: **Excuse me! We are husband and wife. When we make love it is a very sacred covenant. Okay, look, all we need is twenty minutes.**

Mr. Doyle: **I said no.**

Gabrielle: **You can't tell me no. You work for me. You will make it happen!**

Mr. Doyle: **You can't force me to do anything. I am not your maid. Or your gardener.**

가브리엘: 이봐요! 우리는 부부예요. 우리가 사랑을 나눌 때 그건 신성한 계약이라구요. 좋아요, 우리가 필요로 하는 건 20분예요.
미스터 도일: 안된다고 했어요.
가브리엘: 내게 안된다고 말할 수 없어요. 날 위해 일하잖아요. 그렇게 되도록 하세요!
미스터 도일: 내게 강제적으로 일을 시킬 수는 없어요. 난 당신의 하녀나 정원사가 아녜요.

053 Big Bang Theory 3-11

레너드는 어머니인 베버리의 이혼사실과 애완견 미치의 죽음을 자기가 가장 늦게 알게 되었다면서 항의하다 베버리에게 한방 먹는데…

Beverley: **Excuse me, Leonard, I am the one who's getting a divorce, Mitzy is the one who is dead. Why are you the one making a fuss?**

Leonard: **You're right. I'm-I'm-I'm-I'm sorry, I'm way out of line!**

베버리: 잠깐만, 레너드야. 이혼하는 사람은 나이고, 그리고 죽은 강아지는 미치인데, 왜 네가 그렇게 호들갑이야?
레너드: 엄마 말이 맞아요. 미안해요. 내가 지나쳤어요!

054 Desperate Housewives 1-19

가브리엘에게 혼후계약서에 강제적으로 도장을 찍게 한 카를로스는 침실을 이용하지 못하게 된다.

Carlos: **I am not proud of what I did. I admit, I was way out of line.**

Gabrielle: **You want back in this bed? You know what to do.**

Carlos: **I'm not tearing up the post-nup.**

카를로스: 내가 한 짓이 자랑스럽지 않아. 인정해. 내가 지나쳤어.
가브리엘: 이 침대로 들어오고 싶어? 그럼 어떻게 해야 하는지 알잖아.
카를로스: 난 혼후계약서를 찢지 않을거야.

055 Walking Dead 2-6

릭의 아내는 임신을 하게 되고 유산하려다 릭이 알아차린다.

Laurie: **You want me to bring a baby into this? To live a short, cruel life?**

Rick: **How can you think like that?**

Laurie: **We can't even protect the son we already have.**

Rick: **So this is the solution?**

Laurie: **Rick, I threw them up. I screwed up. I don't know how we do this.**

Rick: **We can make it work.**

Laurie: **How? Tell me how.**

Rick: **We'll figure it out.**

로리: 이런 상황에서 아기를 낳으라고? 잔인하게 짧게 살다 가라고?
릭: 어떻게 그렇게 생각해?
로리: 우린 이미 있는 아이조차도 보호하지 못하잖아.
릭: 그래서 이게 해결책이야?
로리: 릭, 토해버렸어, 내가 망쳐버렸어. 어떻게 해야 할지 모르겠어.
릭: 우리는 해낼 수 있어.
로리: 어떻게? 어떻게 할 수 있는지 말해줘.
릭: 우리가 알아낼거야.

056 Desperate Housewives 2-4

브리가 약사인 조지와 반항아인 아들 앤드류에 대해서 이야기를 나누는 장면.

Bree: **What he said to you was horribly rude. That camp, it's extreme and unless I felt like Andrew was getting really out of control.**

George: **Well, let's hope it doesn't come to that. You know, in spite of everything that's happened, I really like Andrew.**

브리: 걔가 당신에게 한 말은 정말이지 무례한거였어요. 그 캠프는 최후의 수단예요, 앤드류는 정말이지 통제불능였다구요.

조지: 그렇게 되지 않기를 바라죠. 저기, 이런저런 일들이 있었지만, 난 정말 앤드류를 좋아해요.

057 Friends 3-12

조이의 오디션 장면. 감독은 자리를 비우면서 가장 경력이 많은 조이에게 오디션 참가자들의 댄스교습을 부탁하는데…

Director: **No, no, no. What was that?**

Joey: **I know, it was the best I could get out of them.**

Director: **Well, people! Let's try it again, and this time let's watch everybody watch Joey. Show 'em how it's done.**

감독: 아냐, 아냐, 아냐. 이게 뭐였어?

조이: 알아요. 아무리 해도 안되네요.

감독: 자, 여러분. 다시 해봅시다. 이번에는 다들 조이를 보도록 해요. 어떻게 하는지 이들에게 보여줘.

058 CSI: Las Vegas 6-6

캐서린이 피의자를 조사하고 있다.

Sandra Walkey: **Then it was all worth it. My baby has her baby. That's all that really matters.**

Catherine: **Did you ever consider that Christina Adalian is somebody's baby?**

Sandra Walkey: **We each protect our own. That's how it's done.**

Catherine: **Officer, would you please escort Mrs. Walkey to lockup?**

샌드라 월키: 그럼 그럴 가치가 있었네요. 내 아이는 자기 아이를 가지는거죠. 정말 중요한 것은 그것 뿐이죠.
캐서린: 크리스티나 아델리안이 누구의 자식이라는 점은 생각은 해보셨나요?
샌드라 월키: 우리는 모두 자신의 것을 지키는거죠. 그렇게 되는거잖아요.
캐서린: 경관, 월키 부인을 유치장으로 모셔가세요.

059 Friends 7-19

조이는 오디션에 통과하기 위해 포경수술을 안했다고 거짓말했는데, 감독 앞에서 증명하다 그만 붙인게 떨어진다.

The Director: **I've heard everything I need to hear. I just need to, Leslie.**

The Casting Director: **Joey, this is awkward part.**

Joey: **Oh! Hey right! Not a problem. I totally understand. You need to y'know make sure I don't have any horrible scars or tattoos. Don't you worry; I have nothing to hide. So there you go, that's me. One hundred percent natural! I tell ya, that has never happened before.**

감독: 들을 얘기는 다 들었고. 내가 필요하는 것은, 레슬리,
캐스팅감독: 조이, 좀 어색한데요.
조이: 좋아요. 문제 없어요. 완전히 이해해요. 내게 어떤 끔찍한 상처나 문신이 없는지 확인해야 돼죠. 걱정마세요. 난 숨기는게 아무것도 없어요. 자. 이게 접니다. 완벽한 자연산이죠! 정말이 지, 전에는 이런 적 없었는데요.

060 Friends 8-22

임신한 레이첼의 출산이 늦어지자 의사는 매운 음식이나 섹스를 추천한다.

Rachel: **I am feeling nothing. Speaking of hot, watching you do that really makes me want to have sex with you.**

Ross: **Stop it.**

Rachel: **Oh come on Ross, why are we wasting our time with this other stuff?! We know what's gonna work! It's doctor recommended!**

레이첼: 난 아무 느낌없어. '핫'하다고 하니까 그런데, 너 그런거 보니까 너와 섹스하고 싶어져.
로스: 그만해,
레이첼: 그러지마, 로스, 왜 다른 것들로 시간을 낭비하려고해?! 그게 효과가 있을거라는 걸 알고 있잖아. 의사가 추천한거라고!

061 CSI:Las Vegas 5-5

부부교환사건을 수사중인 브래스 경감은 용의자 중 한명인 커닝햄 부인을 심문하고 있다.

Brass: **Mrs. Cunningham, you told us that you spent last night at the Bellagio with your husband.**

Meg Cunningham: **That's correct.**

Brass: **Are you sure about that?**

Meg Cunningham: **D-do I need a lawyer?**

Brass: **I mean, that's your call, that's your right.**

브래스: 커닝햄 부인, 간밤에 부군과 벨라지오 호텔에서 보내셨다고 하셨죠.
커닝햄 부인: 맞아요.
브래스: 정말 확실한 건가요?
커닝햄 부인: 변호사를 불러야 하나요?
브래스: 내 말은, 부인이 결정할 사항이구요, 부인의 권리입니다.

062 Shameless 3-2

피오나의 돈버는 방식에 불만을 품은 필립이 냉정하게 누나를 몰아붙이는 장면.

Philip: **You risked everything, and you didn't even break even.**

Fiona: **It was my first time doing this.**

Philip: **That's not the point. You made a decision without consulting the rest of us.**

Fiona: **I'm in charge of this family.**

Philip: **Really? No, I'm sorry, that's-- that's news to me. You see, Fiona, if we're gonna be every man for himself, this family is going under fast.**

필립: 누나는 모든 것을 위태롭게 했어 그리고 수지타산도 못 맞추잖아.
피오나: 이런 일 하는거 처음이잖아.
필립: 그게 핵심이 아냐. 누나는 나머지 가족들과 상의없이 결정을 했어.
피오나: 내가 이 가족을 책임지고 있잖아.
필립: 정말? 아니, 미안하지만 내게는 낯설은데. 누나, 우리가 각자 알아서 하게 되면 이 가족은 빠르게 파산할거야.

063 Desperate Housewives 2-8

감방에 있는 카를로스는 출소하는 험악한 헥터에게 가브리엘을 지켜달라고 하는데…

Gabrielle: **You know what? I am tired of you judging me. What is it gonna take to get rid of you, hmm? What's your last name?**

Hector: **Ramos.**

Gabrielle: **Ramos. Here is one thousand dollars. I won't tell Carlos you didn't stick around. It'll be our little secret.**

가브리엘: 저기 말예요. 당신이 날 비난하는데 지쳤어요. 어떻게 해야 당신이 사라질거예요? 성이 뭐예요?
헥터: 라모스요.
가브리엘: 라모스. 여기 천달러예요. 카를로스에게 당신이 날 지키지 않았다고 말하지 않을게요. 이건 우리의 비밀예요.

064 Sex and the City 1-7

빅에게 흠뻑 빠져 친구들에게 소원해진 캐리가 미란다와 전화통화를 하면서 만날 약속을 하고 있다.

Carrie: **How about tonight?**

Miranda: **Yeah, tonight will work.**

Carrie: **Alright, so I'll call Charlotte and Samantha and see if they're free, 'cause Big's got this dinner thing, so we didn't have any plans anyway.**

캐리: 오늘밤은 어때?
미란다: 그래, 오늘밤 좋지.
캐리: 그래, 그럼 내가 샬롯과 사만다에게 전화해서 시간 되는지 물어볼게. 빅은 저녁건이 있고 우리 어쨌든 아무런 계획도 없으니 말야.

065 Desperate Housewives 2-21

브리가 아들 앤드류와의 갈등을 견더내지 못하고 한적한 곳에 아들을 유기하는 장면.

Andrew: **What are you doing?**

Bree: **I packed up some of your things. There's also, um, an envelope in here with some money and that should tide you over until you get a job.**

Andrew: **What, you're gonna, you're gonna leave me out here in the middle of nowhere?**

앤드류: 뭐하는거예요?
브리: 네 물건들 가방에 좀 쌌고 그 안 봉투에 돈 좀 넣어뒀으니 그 돈으로 네가 취직할 때까지 버틸 수 있을 거야.
앤드류: 뭐예요, 어딘지도 모르는 곳에 날 버리겠다는거예요?

066 Sex and the City : 6-8

사만다가 연하 애인 스미스를 멕시코 현지 촬영지에 보내면서 나누는 대화.

Smith: **I'm gonna miss you Samantha.**

Samantha: **Oh, save that performance for Mr. Van Sant. It's just two weeks.**

Smith: **It's a long time.**

Samantha: **Would you get out of here already? I'm late as it is. And listen. When you're on location, don't do anything I wouldn't do.**

Smith: **What does that rule out?**

Samantha: **Few things. Karaoke. I don't do that.**

스미스: 보고 싶을거야, 사만다.
사만다: 연기는 구스 반 산트 감독을 위해서 남겨 둬. 단지 2주뿐인데.
스미스: 긴 시간이잖아.
사만다: 빨리 좀 나가줄테야? 난 지금 늦었거든. 그리고 내가 하지 않는 것은 너도 하지마.
스미스: 예를 들면?
사만다: 몇가지가 있지. 가라오케. 난 가지 않아.

067 Desperate Housewives 3-4

부부싸움에 열중인 카를로스와 가브리엘. 카를로스는 경찰폭행으로 경찰서에 한시간 있다가 나온 가브리엘을 차로 데려오면서 화해를 시도한다.

Carlos: **That's a lie. You're just saying that to hurt me.**

Gabrielle: **No, if I wanted to hurt you, I would tell you about last weekend when I slept with John Rowland. Carlos, what are you doing? Carlos! What are you doing?! Carlos! You can't leave me out here in the middle of nowhere!**

카를로스: 그건 거짓말이야. 내게 상처주려고 단지 그러는거지.
가브리엘: 당신에게 상처를 주려 했다면, 지난주에 존과 잠자리를 했다는 것을 말했겠지. 카를로스, 무슨 짓이야? 카를로스! 뭐하는거야? 카를로스! 어딘지도 모르는 곳에 날 두고 가면 안되잖아!

068 Friends 10-2

챈들러와 모니카는 입양을 하려고 하는데, 그 자료들을 본 피비가 모니카와 대화한다.

Monica: **Oh, they're brochures from different adoption agencies.**

Phoebe: **Ooh, babies! Oh, this one is so cute, get this one!**

Monica: **That's not really how it works.**

Phoebe: **Oh, how does it work?**

모니카: 여러 입양기관에서 가져온 안내책자들이야.
피비: 어, 아이들! 이 애가 귀엽다, 얘로 해!
모니카: 그렇게 하는게 아냐.
피비: 어떻게 진행되는건데?

069 Big Bang Theory 2-19

하워드가 이사 나온다고 해서 친구들이 도와주러 집 앞으로 가는데…

Sheldon: **Hold on. You honestly expect me to believe that social protocol dictates we break our backs helping Wolowitz move, and then he only need buy us a pizza?**

Leonard: **I'm sorry, that really is how it works.**

쉘든: 잠깐만. 허리가 부러지면서 하워드의 이사를 도와주는데 고작 하워드는 우리에게 피자한판 사주는게 사회적 관습이라는 걸 내가 믿기 바라는 건 아니지?
레너드: 미안하지만 정말 그렇게 돌아가는거야.

070 Friends 7-18

모니카가 런던에서 찾던 하룻밤 섹스 상대는 자기가 아니라 조이라는 사실을 알게 된 챈들러는…

Chandler: **Look there is no way you're doing this wedding now. Okay?**

Joey: **What?! That's not fair! It's not my fault! I was off with my bride's maid! And who's to say I would've even said yes?! I mean I would've said yes. Chandler, you are making way too big a deal out of this, all right? Look, everything worked out okay!**

챈들러: 이봐, 너 이 결혼식의 주례 볼 생각하지마. 알았어?
조이: 뭐라고?! 공평하지 않아. 내 잘못도 아닌데. 난 신부 들러리와 함께 있었고 내가 모니카의 섹스부탁에 예스라고 했겠어?! (모니카에게) 내 말은 예스라고 했을거라는거야. 챈들러 넌 사소한 문제를 크게 만들고 있어. 이것봐, 모든 일이 다 순조롭게 됐잖아!

071 Friends 5-1

로스는 런던의 결혼식에서 신부 에밀리를 레이첼이라고 부르는 치명적인 실수를 하는데…

Rachel: **Hi. Sorry, things aren't working out so well.**

Ross: **Oh no! It could be better, but it's gonna be okay, right?**

Rachel: **Oh yeah! Of course, I mean, she's gonna get over this, y'know? I mean, so you said my name!**

레이첼: 하이, 미안해. 일이 잘되지 않아서 말야.
로스: 아냐! 더 좋을 수도 있었겠지만 괜찮을거야, 맞지?
레이첼: 그럼! 물론, 내 말은 에밀리는 이걸 극복할거야, 알지? 내 말은 네가 내 이름을 댄거말야!

072 Sex and the City 6-20

파리의 친구들이 캐리를 위한 파티를 열어주는데, 남친인 알렉산더는 일때문에 참석못한다고 한다.

Carrie: **Are you up for it?**

Alexander: **I can't, darling. That's the night I unveil my show to the museum curators and staff. But you go and have a wonderful time. With the throngs of screaming fans.**

Carrie: **I don't mind if I do.**

캐리: 파티에 갈 수 있어요?
알렉산더: 자기야, 난 안돼. 그날 밤에 박물관 큐레이터와 직원들에게 내 전시물을 공개하기로 했어. 하지만 자기는 가서 즐거운 시간을 보내라고. 환호하는 팬들 무리와 함께.
캐리: 그래도 된다면.

073 Big Bang Theory 5-5

버나뎃이 하워드 엄마에게 하워드가 우주에 간다고 고자질하자…

Leonard: **Wait, let me see if I got this right. You actually asked Bernadette to leave your house in the middle of the night?**

Howard: **What choice did I have? She went behind my back and turned my own mother against me.**

레너드: 잠깐, 내가 제대로 이해했는지 보자고. 실제로 네가 밤중에 버나뎃을 집에서 나가라고 했다고?
하워드: 내가 달리 어떻게 할 수 있었겠어? 걔가 날 배신하고 엄마에게 고자질했는 걸.

074 Modern Family 1-15

호텔에서 롤플레이 하다가 에스컬레이트에 코트가 끼인 클레어를 글로리아가 구해주는 장면.

Jay: **Well, take your coat off. Here, let me help you.**

Claire: **No, no, dad, dad...**

Jay: **Come on, what are you, naked under there? Oh, geez.**

Gloria: **It's okay. I got this. Claire, follow my lead, okay?**

Claire: **Okay. Okay. Wow. Okay. Thank you.**

Gloria: **It has happened to me before.**

Phil: **That was impressive.**

제이: 코트를 벗어, 내가 도와줄게.
클레어: 안돼요, 아빠…
제이: 왜 그래, 너 뭐 속에 다 벗었냐? 아이고 맙소사.
글로리아: 괜찮아. 내가 알아서 할게. 클레어, 날 따라해, 알았지?
클레어: 그래요, 와우, 고마워요.
글로리아: 내가 전에 이런 적이 있었어.
필: 인상적인데요.

075 Friends 10-16

파리로 떠나는 레이첼 환송파티에서 레이첼과 모니카가 헤어지는 장면.

Monica: **I know what you mean. You're like a sister to me too.**

Rachel: **I wouldn't know what I'm gonna do without you.**

Monica: **You're the best friend I ever had.**

모니카: 무슨 말인지 알아. 넌 내게 역시 자매같아.
레이첼: 너 없이는 내가 뭘 해야 할지 알 수 없을거야.
모니카: 넌 최고의 절친이야.

076 Desperate Housewives 1-8

오지랍 넓은 수잔은 마이크의 집을 뒤지다 걸리게 된다.

Susan: **Hold on a minute, now. I started snooping around because I found all that money by accident. And, and then, I found a gun. Are you a drug dealer or something?**

Mike: **Is that what you think?**

Susan: **Well, I wouldn't know because you never let me in.**

수잔: 잠깐만. 난 우연히 그 돈을 발견하고는 집안을 뒤지기 시작했어요. 그리고 나서 총을 발견했죠. 마약상이나 뭐 그런거예요?
마이크: 그게 당신이 생각하는거예요?
수잔: 저기, 당신이 얘기를 안해주니까 내가 알 수가 없죠.

077 Sex and the City :1-1

캐리는 옛 애인 커트를 상대로 「남자처럼 섹스하기」 도전에 성공했는데, 다시 바에서 만나게 된다.

Curt: **Lucky me, twice in one week.**

Carrie: **You may not be getting that lucky.**

Curt: **I was pissed off the way you left.**

Carrie: **You were?**

Curt: **Yeah. Then I thought how great! You finally understand that we can have sex without commitment.**

Carrie: **Yeah, right. Sure, I guess. So whenever I feel like it, I'll give you a call.**

Curt: **Yeah, whenever you feel like it. I mean, if I'm alone, I'm all yours.**

Carrie: **Alright.**

Curt: **I like this new you. Call me.**

Carrie: **Yup.**

커트: 내가 운이 좋네, 일주일에 두번이나 보고 말야.
캐리: 그렇게 운이 좋지 않을지도 몰라.
커트: 네가 휙 가버려서 화가 났었어.
캐리: 그랬어?
커트: 어. 그리고 나서 아주 좋았다고 생각했어. 네가 드디어, 서로 얽매임없이 섹스를 할 수 있다는 것을 이해했잖아.
캐리: 어, 맞아. 그럼. 그럼 내가 내키면 전화줄게.
커트: 아, 내키면 언제든지. 내 말은 내가 혼자 있을 때는 난 당신꺼야.
캐리: 좋아.
커트: 이런 새로운 네가 좋아. 전화해.
캐리: 그래.

078 Big Bang Theory 2-13

직장에서 사람들과 친해지는데 문제가 있는 쉘든은 설문지를 만들어 페니에게 보여준다.

Penny: **What is this?**

Sheldon: **It's a questionnaire I devised. I'm having some difficulty bonding with a colleague at work, so I'm doing a little research to better understand why my current friends like me.**

Penny: **Yes. Well, that is a good question. But is this really the best way to figure it out?**

페니: 이게 뭐야?
셸든: 내가 고안한 설문지야. 직장에서 동료와 친해지는데 어려움을 겪고 있어서 왜 현재의 친구들이 날 좋아하는지 더 잘 이해하기 위해서 조사를 하고 있는거야.
페니: 그래. 그거 좋은 질문인데 말야. 하지만 이런게 정말 가장 좋은 방법이라고 생각해?

079 Desperate Housewives 2-2

돈을 쓰려면 매번 감옥에 있는 카를로스에게 와서 수표에 서명을 받아야 하는 가브리엘이 하는 말.

Gabrielle: **This is ridiculous, you know that?**

Carlos: **Pen.**

Gabrielle: **Don't you think I have better things to do than to bring you checks every day? Checks that I could be signing at home?**

가브리엘: 이건 좀 웃기는 일이야, 그거 알지?
카를로스: 펜.
가브리엘: 매일 당신에게 수표를 가져오는 것보다 더 나은 할 일이 있을거라고 생각하지 않아? 수표는 내가 집에서 사인을 해도 되잖아?

080 Sex and the City 3-18

별거중인 샬롯은 이제 남자는 질색이라며 남자를 끊었다고 선언했는데, 트레이가 찾아온다.

Trey: **Ever since you left, I can't stop thinking about you.**

Charlotte: **Honey, we're separated.**

Trey: **I know.**

Narration: **Once Charlotte swore off men, this man couldn't get enough of her.**

트레이: 당신에 떠난 이후로 당신 생각을 떨쳐버릴 수가 없어.
샬롯: 자기야, 우리는 지금 별거중이야.
트레이: 알아.
캐리(나레이션): 샬롯이 남자들을 끊겠다고 하자, 이 남자 트레이는 샬롯이 너무 좋아졌나 보다.

081 Desperate Housewives 2-5

가브리엘은 카를로스에게 면회를 와서 아기의 초음파 사진을 보여준다.

Carlos: **Is that the baby's head?**

Gabrielle: **No, it's his foot.**

Carlos: **That looks like a head to me.**

Gabrielle: **Well, that settles it. When this baby's born, I'll be in charge of putting on the socks.**

카를로스: 이게 아기의 머리인가?
가브리엘: 아니, 발이야.
카를로스: 내게는 머리처럼 보이네.
가브리엘: 좋아, 그럼 하나 해결됐네. 아기가 태어나면, 양말을 신기는 건 내가 할거야.

082 Friends 5-9

센트럴 퍼크 카페에서 모니카와 로스의 대화장면. 모니카는 로스에게 분노조절장애가 있다는 사실, 그리고 휴직을 했다는 사실을 알게 된다.

Ross: **Well, when the psychiatrist told me I had to take a leave of absence because I yelled at my boss, I started to get worked up again, so he offered me a tranquilizer. And I thought was a good idea so, I took it.**

Monica: **Wait a minute, they're making you take time off work?**

로스: 내가 상사에게 소리를 질렀기 때문에 휴직을 해야 된다고 상담의가 내게 말했을 때, 내가 다시 흥분하기 시작했어. 그랬더니 의사가 내게 진정제를 권하더군. 좋은 생각인 것 같아서 받아먹었지.

모니카: 잠깐, 오빠를 휴직시켰다고?

083 Desperate Housewives 2-11

이디가 개비가 르넷의 남편 톰에게 장난으로 키스를 했다고 하자 브리가 중재하고 나선다.

Bree: **Yeah, but to be fair to Lynette, you are an ex-model. And surely it must have dawned on you that some women might prefer it if you didn't kiss their husbands.**

Lynette: **That's all I'm saying.**

Susan: **Oh, you guys, we're all friends. This isn't something to get worked up over.**

Gabrielle: **I'm not worked up.**

브리: 그래 하지만 르넷의 입장에서 보면 넌 전직 모델이잖아. 네가 자기 남편에게 키스하지 않기를 바라는 아내들이 있다는 것을 알아둘 필요가 있겠어.

르넷: 내가 하고 싶은 말이 그거야.

수잔: 야, 우리 다 친구잖아. 이런 일로 흥분할 필요는 없잖아.

가브리엘: 난 화나지 않았어.

084 Breaking Bad 5-6

아이들을 동생 마리 집에 맡긴 스카일러가 불안증세를 보이자 마리가 무슨 일인지 말해보라고 하는 장면.

Skyler: **Marie, there are things you just don't know. That if you knew, you'd never speak to me again.**

Marie: **Try me. Okay. If you're not gonna say it, I will. Skyler, you have to forgive yourself for Ted. You can't keep beating yourself up over some stupid little affair.**

스카일러: 네가 모르는게 있어. 네가 알게 되면 다시는 내게 말하지 않을 그럴 일.
마리: 내게 말해봐. 얘기를 하지 않으면 내가 말하지. 언니, 테드 일은 스스로 용서를 해야 해. 바람 좀 폈다고 계속 자책하지마.

085 Big Bang Theory 2-23

쉘든은 연구하러 북극에 가야 되는지 레너드의 의견을 묻고 있다.

Sheldon: **How can you say that? The scientific opportunity of a lifetime presents itself and my best friend says don't go.**

Leonard: **All right, then go.**

Sheldon: **Listen to you. How can I possibly go?**

쉘든: 어떻게 그렇게 말할 수 있어? 일생일대의 과학적 기회가 앞에 펼쳐지는데, 절친은 가지 말라고 하니.
레너드: 좋아, 그럼 가.
쉘든: 말되는 소리를 해. 내가 어떻게 갈 수 있겠어?

086 Big Bang Theory 3-11

페니가 레너드의 엄마인 베버리와 바에서 술을 마시고 있는 장면.

Beverley: **Oh, that is fascinating. I'm noticing an immediate lowering of my inhibitions. For example, I'm seriously considering asking that busboy to ravish me in the alleyway while I eat cheesecake. What do you think?**

Penny: **Well, we are known for our cheesecake. Hit us again.**

베버리: 아, 끝내주네. 나의 억압들이 바로 풀리고 있는 걸 느끼겠어. 예를 들어, 저 접시닦이에게 내가 치즈케익을 먹는 동안 뒷골목에서 날 범하라고 하고 싶어져. 어떻게 생각해?

페니: 우리가 치즈케익으로 유명하죠. 우리 좀 다시 따라줘요.

087 Big Bang Theory 2-19

윗층에 Alicia가 새로 이사오는데 셸든을 뺀 나머지 세명은 이사를 도우며 집적대고 있다.

Leonard: **Alicia is an actress, just like you.**

Penny: **That is so awesome.**

Alicia: **Well, trying to be, but it's so hard.**

Penny: **Yeah, I know, tell me about it.**

레너드: 알리시아도 너처럼 배우야.

페니: 정말 멋지네요.

알리시아: 배우가 되려고 하지만 정말 어렵네요.

페니: 그래요, 알지요, 누가 아니래요.

088 Modern Family 2-14

발렌타인 데이를 맞아 필과 클레어는 호텔에서 롤플레이를 해보기로 한다. 필은 클라이브로, 클레어는 줄리아나라는 가명으로 처음 만나서…

Claire: **Why do I get the feeling you're not really a salesman?**

Phil: **Ohh... Pretty and smart. Or should I say "pretty smart"? I might do some high-risk work for Uncle Sam that takes me clear around the country.**

Claire: **Mm, so you could say you're a... national man of mystery.**

Phil: **Never did catch what you do.**

Claire: **Didn't you?**

Phil: **Surprising, I know. I'm usually pretty good at catching things from women in bars.**

Claire: **Well, Clive, I am just a bored housewife with a dark side and an hour to kill.**

Phil: **Is that what I think it is?**

Claire: **It's not a gift card. Or maybe it is. I'll be upstairs, Clive. Don't take too long.**

Phil: **I never do.**

클레어: 왜 당신이 진짜 세일즈맨이 아니라는 생각이 들죠?
필: 어… 예쁜데 똑똑하기까지 하고, 아니면 꽤 똑똑하다고 해야 되나요? 국가를 위해서 아주 위험한 일을 할지도 모르죠. 그 때문에 전국을 쭉 돌아다니죠.
클레어: 그럼 당신은 미스테리한 국가적인 인물이라는 말이군요.
필: 당신의 직업은 캐치 못했어요. 클레어: 그랬어요?
필: 놀랍게도, 난 알아요. 보통 바에서 만난 여자들의 속셈을 캐치하는데 능하거든요.
클레어: 클라이브, 난 단지 지루한 전업주부예요. 어두운 이면이 있고 한시간 재미볼 시간이 있어요.
필: 그게 내가 생각하는 그건가요?
클레어: 기프트 카드가 아녜요. 혹은 그거일 수도 있죠. 올라가 있을게요, 클라이브. 바로 올라와요.
필: 절대 늦는 법이 없죠.

089 Desperate Housewives 1-19

앤드류가 있는 캠프에 와서 브리와 렉스가 대화를 나누는 장면.

Bree: **Our son just told us that he might be gay. There are two hundred other boys in this camp. Now, I could explain to you what might happen if we left him here, but I'm a lady, and I don't use that kind of language.**

Rex: **You know, I bet we're worrying ourselves sick over nothing. This is probably just a phase.**

브리: 우리 아들이 방금 자신이 게이일 수도 있다고 말했어. 이 캠프에는 200명의 소년들이 있고. 아들을 여기에 두고 간다면 어떤 일이 벌어질지 설명해줄 수 있지만 난 숙녀라서 그런 걸 입에 담지 못하겠어.
렉스: 저 말야, 별일도 아닌데 우리들이 너무 신경쓰는게 확실해. 이건 아마 지나가는 과정일거야.

090 Desperate Housewives 3-17

이디와 가브리엘이 차 트렁크에서 쇼핑한 것들을 꺼내고 있다.

Edie: **I should never shop for lingerie when I'm horny. It's like buying groceries when you're hungry.**

Gabrielle: **In a slump, huh? How long's it been?**

Edie: **About three weeks, and I am dying. You know, I'm this close to seducing my gardener.**

Gabrielle: **Been there, done that.**

이디: 내가 하고 싶을 때는 란제리를 사지 말아야겠어. 배고플 때 식료품을 사는 것과 같아.
가브리엘: 섹스못하고 있구나? 얼마나 오래됐어?
이디: 3주가량 됐는데 죽겠어. 정원사를 꼬시기 직전까지 갔다니까.
가브리엘: 나도 그런 적 있어.

091 Desperate Housewives 7-14

잭과 그를 찾아온 마이크와의 대화장면.

Mike: **That's the problem with being high. You do things without thinking.**

Zach: **What? I'm not using drugs.**

Mike: **Zach. I've been there. You need help. Now we got to get you into rehab.**

마이크: 그게 마약에 취했을 때의 문제야. 아무런 생각없이 이런저런 일들을 하지.
잭: 뭐라고요? 난 마약 안해요.
마이크: 잭, 나도 그런 적 있어. 넌 도움이 필요해. 우리가 너를 재활원에 보내야겠다.

092 Big Bang Theory 4-4

하워드와 페니의 대화.

Howard: **Okay. Well, you know World of Warcraft?**

Penny: **Um, the online game? Sure.**

Howard: **Well, did you know that the characters in the game can have sex with each other?**

Penny: **Oh, God. I think I see where this is going.**

하워드: 좋아. 저기 워크래프트 알아?
페니: 온라인 게임? 알지.
하워드: 게임 속 캐릭터들이 서로 섹스를 할 수 있다는거 알고 있었어?
페니: 맙소사. 무슨 말 하려는지 알겠다.

093 Big Bang Theory 6-5

에이미와 버나뎃 그리고 페니의 대화장면.

Penny: **I do, it's just he wants to go to that party at the comic book store. A lot of the guys that hang out there are kind of creepy.**

Bernadette: **Like my husband?**

Amy: **And my boyfriend?**

Penny: **I'm, I'm sorry, Amy. You were saying something about Howard's foreskin?**

Bernadette: **Nice try, but you have to go to that party because we're going.**

페니: 좋아하지. 이건 만화방에서 하는 파티에 가고 싶다는거잖아. 거기 들락거리는 많은 사람들은 좀 기이해.
버나뎃: 내 남편처럼?
에이미: 내 남친처럼?
페니: 미안해, 에이미. 너 하워드 음경의 포피에 대해서 말하고 있었지?
버나뎃: 시도는 좋았어 하지만 우리도 파티에 가기 때문에 너도 그 파티에 가야 돼.

094 Big Bang Theory 2-15

레너드의 어머니인 호프스태더 박사와 친구들이 구내식당에서 식사를 하고 있다.

Howard: **So, Dr. Hofstadter, Leonard rarely talks about his incredibly successful brother and sister.**

Leonard: **Please, don't go there, Howard.**

Howard: **I understand that unlike Leonard, they're at the top of their respective fields.**

하워드: 저기, 호프스태더 박사님, 레너드는 뛰어나고 성공한 자기 형제에 대해 거의 얘기를 하지 않아요.
레너드: 제발, 하워드 그 얘긴 꺼내지마.
하워드: 레너드와 달리, 형제들은 각자 자신의 분야에서 최고의 위치에 있다고 알고 있는데요.

095 Sex and the City 1-1

클럽에서 미란다의 생일파티를 해주면서 친구들은 남자와의 섹스에 대해 이야기하고 있다.

Miranda: **It's like that guy, Jeremiah, the poet. The sex was incredible, but then he wanted to read me his poetry and go out to dinner and chat, and I'm like, "Let's not even go there."**

Charlotte: **What are you saying? Are you saying you're just gonna give up on love?**

미란다: 그 친구, 시인인 제레미야가 떠올라. 섹스는 끝내줬는데 그리고 나서 그는 자기 시를 내게 읽어주고 싶어했고 나가서 저녁먹으면서 얘기를 하자고 했어. 난 저기, 그런 얘기는 꺼내지도 말자였고.

샬롯: 무슨 말이야? 사랑을 포기하겠다는 말이야?

096 Big Bang Theory 3-11

레너드의 엄마를 공항에서 픽업해서 오는 차 안. 쉘든이 아들인 레너드보다 엄마 일을 속속들이 알고 있다.

Leonard: **I just don't understand why he knows more about your life than I do.**

Beverley: **Well, I would assume it's because Sheldon and I stay in touch due to mutual interest and respect, while you avoid me, due to unresolved childhood issues.**

레너드: 왜 쉘든이 엄마 생활에 대해 나보다 더 많이 알고 있는지 이해가 안되네요.

베버리: 쉘든과 나는 상호관심과 존경 때문에 계속 연락을 취하고 지내기 때문이지. 넌 풀리지 않는 유아기적 문제들로 날 피하잖아.

097 Desperate Housewives 2-19

수잔과 전 남편, 칼이 침대에서 주고받는 말.

Susan: **Now I wish I hadn't torched our wedding photos. Who would've thought after everything that's happened that we would've ended up back here again?**

Karl: **It's been one hell of a ride, huh?**

수잔: 우리 결혼사진을 태우지 말 걸 그랬어. 그 모든 일이 있은 후에 결국 다시 이렇게 합쳐질 줄 누가 생각이나 했겠어?
칼: 파란만장했어, 그지?

098 Big Bang Theory 4-11

레너드와 페니의 새로운 친구인 잭과 나누는 대화.

Leonard: **If it makes you feel any better, when I was dating Penny, she used to flip out on me all the time.**

Zack: **Whoa. You dated Penny?**

Leonard: **She didn't tell you?**

Zack: **She told me she dated a guy named Leonard. Who would have thought it was you?**

레너드: 이게 네 기분을 좋게 만들지 모르겠지만, 내가 페니와 데이트할 때는 갠 항상 내게 자주 화냈었어.
잭: 와. 네가 페니와 데이트를 했어?
레너드: 페니가 말하지 않았어?
잭: 레너드라는 남자와 데이트했다고 했는데 그게 너일 줄을 생각이나 했겠어?

099 Sex and the City 1-6

빅은 캐리와 거리를 함께 거닐다가 지인을 만나 반가워하지만 옆에 있는 캐리를 소개시켜주지 않아 캐리는 썩소를 짓는다.

Carrie: **Who was that?**

Mr. Big: **Some guy I skied with in Aspen.**

Narration: **I didn't understand. Had I become the invisible woman? I tried not to let it bother me. I also tried not to let it bother me that he took me back to Fung Wa, scene of our post-coital dinner.**

Mr. Big: **I can't make your party tomorrow.**

Carrie: **Oh no. I wanted to introduce you to my friends.**

Mr. Big: **Well, I'll be home later if you miss me.**

캐리: 누구예요?

빅: 아스펜에서 스키타다가 만난 사람이야.

캐리(나레이션): 난 이해가 되지 않았다. 내가 투명인간이 되었단 말인가? 그것 때문에 신경쓰지 않으려고 했다. 지난번에 갔던 섹스 후의 저녁식사 장소인 풍와라는 중국 식당에 또 데려간 것도 신경쓰지 않으려고 했다.

빅: 내일 네 파티에 못갈 것 같아.

캐리: 이런. 내 친구들에게 자기 소개시켜주고 싶었는데.

빅: 보고 싶으면 저녁에 집으로 와.

100 CSI: Las Vegas 4-20

새라와 프랑코 연구원 간의 대화

Sara: That's it? Are you sure? **I'm sorry.** It just doesn't make any sense. **The sex kits came back negative, and now this. I mean, that room reeked of musk.**

Jacqui Franco: **Well, maybe he swapped fluids with someone else. There was a third set of prints. I** ran it through **AFIS.** Got a hit on **a cop. Another one.**

새라: 그게 다예요? 확실해요? 미안해요. 전혀 말이 안돼서요. 성관계 검사는 음성으로 나왔는데 이제는 이렇게 나오니. 내 말은 방에는 사향냄새가 가득했었거든요.

쟈키 프랑코: 그럼 그가 다른 사람과 성관계를 가진 거겠죠. 세번째 사람의 지문이 발견됐어요. 지문검색기를 돌려봤는데 일치하는 사람이 경찰이네요. 또 다른 사람요.

101 Breaking Bad 1-6

양질의 마약제조를 하는 위험을 감수하는데 비해 제시 핑크맨의 판매량이 월터는 마음에 안 든다며…

Walter: I am breaking the law here. **This return is too little for the risk.** I thought **you'd be ready for another pound today.**

Pinkman: **You may know a lot about chemistry, but** you don't know jack about **slinging dope.**

Walter: **Well,** I'll tell you, **I know a lack of motivation when I see it. You've got to be more imaginative, you know?** Just think outside the box here. **We have to move our product in bulk, wholesale, now.**

월터: 불법을 저지르는데 대가가 위험에 비해 너무 적어. 난 네가 오늘 1파운드 양의 마약을 팔 수 있을거라고 생각했어.

핑크맨: 선생님은 화학에 대해서는 잘 알겠지만 마약판매에 대해서는 아무것도 모르잖아요.

월터: 내가 보기에는 넌 의욕이 부족해보여. 머리를 굴려봐야 해. 창의적으로 생각을 해보라고. 이제 우린 대량으로 생산을 해서 도매로 팔아야 해.

102 Friends 3-11

모니카의 아파트. 위층에서 소음이 들리자 피비가 못참고 올라가서 얘기를 하려 한다.

Phoebe: **Why don't you go up there and ask him to 'step lightly, please?'**

Monica: **I have like five times, but the guy is so charming, that I go up there to yell and then I end up apologizing to him.**

Phoebe: **Ooh, that is silly. I'll go up there, I'll tell him to keep it down.**

Monica: **All right, be my guest.**

피비: 올라가서 좀 조용히 걸으라고 말하지 그래.
모니카: 내가 한 다섯번인가 올라갔는데 남자가 너무 매력적이어서 소리치러 올라갔다가 결국 사과하고 돌아왔어.
피비: 말도 안돼. 내가 올라가볼게. 조용히 하라고 할게.
모니카: 좋아, 그렇게 해봐.

103 Desperate Housewives 1-4

르넷의 쌍둥이는 학교에서 꼭 붙어만 다니려고 해서 선생님이 르넷을 호출한다.

Lynette: **They refuse? They're six years old. Make them.**

Ms. Butters: **Well, school regulations are pretty strict about me wrestling with the boys. But if you want to give it a shot, be my guest.**

르넷: 걔네들이 거부한다고요? 겨우 여섯살이잖아. 그렇게 하도록 하세요.
버터스 부인: 학교 규정이 까다로와서 억지로 그렇게 할 수가 없어요. 하지만 어머님께서 해보시겠다면 그렇게 해보세요.

104 Desperate Housewives 1-14

전직 모델인 가브리엘은 곤궁해진 삶에서 벗어나기 위해 모델 일을 다시 하려고 하는데…

Gabrielle: **No, Mikki, you're wrong. I wasn't acting like a diva. I left the boat show because that coordinator was making passes at me. It's not my fault. Yao Lin? You missed a spot. No, spare me the lecture and just book me another job quick. Carlos and I are up to our asses in bills and we can't pay them.**

가브리엘: 아냐, 미키. 네가 잘못안거야. 난 공주처럼 굴지 않았어. 보트쇼 진행자가 자꾸 추파를 던져서 내가 그만둔거야. 내 잘못이 아냐. 야오린? 저기 얼룩이 있네요. 아냐, 그런 설교는 그만두고 다른 일 좀 빨리 알아봐줘. 카를로스와 내게 청구서가 턱밑까지 밀려왔는데 낼 돈이 없다고

105 Game of Thrones 1-4

난쟁이 티리온은 윈터펠에 들러서 브랜에게 말을 탈 수 있는 장치의 도면을 건네준다.

Robb: **Is this some kind of trick? Why do you want to help him?**

Tyrion: **I have a tender spot in my heart for cripples, bastards and broken things.**

Robb: **You've done my brother a kindness. The hospitality of Winterfell is yours.**

Tyrion: **Spare me your false courtesies, Lord Stark. There's a brothel outside your walls. There I'll find a bed and both of us can sleep easier.**

롭: 이게 무슨 속임수인가요? 왜 브랜을 돕는 것이오?
티리온: 난 장애인, 서자 그리고 망가진 것들에 대해 마음이 약하오.
롭: 내 동생에게 친절을 베풀었으니 윈터펠에서 편안히 지내십시오.
티리온: 마음에 없는 친절은 거두시지요, 스타크 경. 성밖에 창녀촌이 있으니 거기서 잠자리를 청할겁니다. 그래야 우리 둘 다 편히 잘 수 있으니까요.

106 Sex and the City 2-17

햄튼으로 휴가를 가기 위해서 버스를 타려고 하는데 샬롯이 그렉을 소개한다.

Charlotte: **Everyone, this is Greg. This is Samantha, Carrie and Miranda. Greg's been going to the Hamptons every summer for 20 years.**

Greg: **Since I was six.**

Miranda: **You do the math.**

샬롯: 여러분, 여기 그렉이야. 여기는 사만다, 캐리 그리고 미란다. 그렉은 20년간 매년 여름에 햄튼에 가고 있대.
그렉: 6살 때부터요.
미란다: 계산해봐.

107 CSI: Las Vegas 4-9

호텔 살인사건조사를 위해 룸서비스를 한 웨이터에게 질문을 던지는 워릭.

Warrick: **We just want to know what happened the other night. Did you open the bottle for her?**

Waiter: **Hey, Amelia requested me. I was up there every night. I hooked her up. And she wasn't drinking no Italian Rotgut either. She was ordering '93 pinot from Russian River Valley. That's three-fifty a bottle, twenty percent delivery charge. You do the math.**

Sara: **Was anyone there with her?**

워릭: 우리는 단지 그날 밤 무슨 일이 있었는지 알고 싶을 뿐입니다. 그녀에게 술병을 따줬나요?
웨이터: 아멜리아가 부탁한거예요. 전 매일 저녁 거기에 갑니다. 그녀를 단골로 만들었죠. 그리고 그녀는 이탈리아산 싸구려 술을 마시지도 않았어요. 그녀는 93년산 러시아 리버밸리의 피노를 주문했어요. 그건 병당 350불 정도 하고요 20%는 배달료로 받아요. 계산해보세요.
새라: 그녀와 함께 있었던 사람이 있나요?

108 Sex and the City 1-7

빅과 파티에 간 캐리는 빅의 여행친구인 멜리사와 인사를 나누게 된다.

Big: **Melissa. This is Carrie Bradshaw.**

Melissa: **Hi, love your column, never miss it.**

Carrie: **Oh, wow, thanks.**

Melissa: **I've been trying to call you. You still have my passport.**

Big: **She's a friend I once traveled with.**

빅: 멜리사. 여기는 캐리 브래드쇼야.
멜리사: 안녕하세요. 당신이 쓴 칼럼 좋아해요. 절대 놓치지 않죠.
캐리: 와우, 고마워요.
멜리사: 안그래도 전화하려고 했어. 아직 내 여권을 갖고 있잖아.
빅: 예전에 한번 함께 여행을 한 친구야.

109 Desperate Housewives 8-8

별거중인 르넷이 결혼기념일 날 톰을 만나러 가려고 머리를 새로 하고 나타나는 장면.

Perry: **Is it permanent?**

Lynette: **No.**

Perry: **Then I love it! Especially if it means you're finally ready to put yourself out there again.**

Lynette: **Not so much out there as back there with Tom.**

페리: 파마한거야?
르넷: 아니.
페리: 그럼 맘에 든다! 특히 네가 다시 당당하게 나설 준비가 되었다는 것을 의미한다면 말야.
르넷: 톰과 함께 한 시절 이상으로 나가지 않을거야.

110 Sex and the City 2-16

샬롯의 섹스상대가 도중에 잠이 드는 것으로 시작하는 에피소드로 이 문제에 대해 캐리와 사만다가 대화를 나누고 있다.

Samantha: **It won't matter if you're sleeping with men or women. It'll be about sleeping with individuals.**

Carrie: **Or in your case, twos or threes.**

Samantha: **Soon everyone will be pansexual. It won't matter if you're gay or straight.**

Carrie: **Just if you're good or bad in bed.**

Samantha: **Exactly.**

Carrie: **That night I got to thinking about bed. Are we secretly being graded every time we invite someone to join us in it? A plus, B, D, incomplete. Is making love really nothing more than a pop quiz? If sex is a test, how do we know if we're passing or failing? How do you know if you're good in bed?**

사만다: 네가 남자와 자든 여자와 자든 문제되지 않을거야. 그건 개인들과의 잠자리가 될거야.

캐리: 네 경우에는, 두명이나 세명이고.

사만다: 곧 모든 사람은 범성애자가 될거야. 게이든 게이가 아니든 문제가 되지 않을거야.

캐리: 잠자리에서 잘하느냐 못하느냐가 문제가 될거라고.

사만다: 그렇지.

캐리: 그날 저녁, 난 잠자리에 대해 생각을 해봤다. 우리는 함께 관계를 하자고 초대한 사람들로부터 은밀하게 등급이 매겨지는걸까? A플러스, B, D, 낙제. 사랑을 나누는 것이 쪽지시험에 불과한 것일까? 섹스가 만약 테스트라면, 우리가 합격했는지 여부를 어떻게 알까? 잠자리에서 잘하는지 못하는지 우리는 어떻게 아는걸까?

111 Friends 8-17

챈들러와 모니카는 레이첼을 좋아하게 된 조이에게 한번 시도는 해보라고 하는데…

Monica: **Honey, you gotta talk to her.**

Joey: **I can't! Y'know? You guys don't know what it's like to put yourself out there like that and just get shot down.**

Chandler: **I don't know what that's like?! Up until I was 25 I thought the only response to, "I love you," was, "Oh crap!"**

모니카: 자기야, 레이첼에게 얘기해봐.
조이: 난 못해! 저 말이야? 너희들은 그렇게 자신있게 나섰다가 거절당하는게 어떤건지 몰라서 그래.
챈들러: 내가 그게 어떤 건지 모른다고? 25살까지 "널 사랑해"에 대한 답은 "오, 젠장!"이라는 것 뿐였어.

112 Sex and the City 6-16

캐리의 집에서 러시아 예술가인 알렉산더와 커피를 마시려는 장면이다.

Alexander: **Now we'll have espresso?**

Carrie: **Great. Where? I don't have an espresso machine.**

Alexander: **And you call yourself a writer, yeah?**

Carrie: **Well. I may have an old Mr. Coffee One Cup but, don't hold your breath.**

알렉산더: 이제 에스프레소를 먹을까?
캐리: 좋지. 어디서? 에스프레소 기계가 없는데.
알렉산더: 그러고도 스스로 작가라고 할 수 있는거야, 응?
캐리: 저기, 오래된 커피믹스가 있는데 기대는 하지마.

113 CSI: Las Vegas 2-5

그리섬과 브래스 경감이 용의자 심문을 하고 있다.

Grissom: **We just came from your old apartment. We found some disturbing evidence there. Would you care to explain that?**

Clifford Renteria: **Hey, he had it coming. I'll tell you that right now. Apartment stank, there were flies everywhere, no water. So I trashed the place.**

Brass: **Who had it coming?**

그리섬: 우리는 당신이 살던 옛 아파트에서 오는 길인데 그곳에서 좀 혼란케하는 증거를 발견했습니다. 설명해주시겠습니까?

클리포드 렌테리아 : 그가 초래한거예요. 지금 바로 말할게요. 아파트는 냄새가 지독했고, 어디가도 파리가 있었고 물도 안나왔어요. 그래서 내가 그 아파트를 엉망으로 만들었어요.

브래스: 누가 자초한거라구요?

114 Breaking Bad 4-10

상처투성이의 아버지를 찾아온 아들이 무슨 일인지 묻는다.

Walter: **If you tell your mother, God, I just would-- I would never, never hear the end of it, so please can we just keep this between us? Would you do that for me? Just keep it to yourself.**

Walter Jr.: **I don't understand. How'd you get into a fight? And with who?**

Walter: **I made a mistake. And it's my own fault. I had it coming.**

월터: 네가 엄마에게 얘기를 하면, 난 끊임없이 잔소리를 듣게 될거야. 그러니 제발 이건 우리 사이 비밀로 하자. 날 위해서 그래 줄 수 있겠니? 비밀로 간직해.

월터 주니어: 이해가 안돼요. 어떻게 하다 싸우게 된거예요? 누구하고요?

월터: 내가 실수를 했어. 그리고 내 잘못이야. 내가 자초한거야.

115 Desperate Housewives 2-10

식료품점에서 수잔이 장을 보고 있는데 수잔 아버지의 부인인 캐롤이 물건을 마구 던지기 시작한다.

Susan: **No, wait! It's not what you think.**

Carol: **He hasn't touched me for three years because of, of sluts like you!**

Susan: **Carol, if you would just stop throwing things at me, I'll explain!**

Carol: **How, how can you explain? You're screwing my husband!**

Susan: **No, I'm not screwing him! He's my father!**

수잔: 생각하시는게 그런게 아녜요.
캐롤: 너같은 년들 때문에 그이가 3년간 내게 손도 대지 않았어!
수잔: 캐롤, 그만 던지시면 제가 설명할게요.
캐롤: 어떻게 설명한다는거야? 내 남편과 바람폈잖아!
수잔: 아녜요, 난 바람핀게 아녜요! 아버지예요!

116 Prison Break 1-2

씨노트와 마이클의 대화장면.

C-Note: **Do you think I'm a fool?**

Michael: **What are you talking about?**

C-Note: **I see you out there with the Hitler Youth. You know, I gotta good mind to slash you open right now.**

Michael: **It's not what you think. He's got something I need.**

씨노트: 내가 바보로 보여?
마이클: 무슨 말하는거야?
씨노트: 네가 나치청년단과 함께 있는 것을 봤어. 당장 베고 싶은 마음이 꿀떡같아.
마이클: 네가 생각하는 그런게 아냐. 그는 내가 필요로 하는 것을 갖고 있어서.

117 Law & Order: SVU 1-14

증언을 하지 않으려는 강간피해자가 감방에 들어가자 경찰서장 모리스가 반장을 찾아온다.

Cragen: **She's our only witness and she won't talk. Our back is against the wall.**

Morris: **I just wanted to ensure that we proceed in a way that allows the victim to retain her dignity.**

Cragen: **You want to cover your ass in case we don't bust this guy, which is increasingly likely seeing as we have almost no time left.**

크레이건: 그녀는 유일한 증인인데 말을 안하려고 해요. 우린 궁지에 몰려있다고요.
모리스: 내가 원하는 건 그녀의 존엄성을 지켜주는 범위내에서 수사를 진행해달라는거네.
크레이건: 우리가 범인을 못잡을 경우를 대비하고 싶은거군요. 남은 시간이 얼마 없으니 그럴 가능성이 점점 더 높아지고 있고요.

118 Desperate Housewives 3-17

이디는 카를로스와 잠자리를 하려고 들이대지만 거절당하고 만다.

Carlos: **Look, Edie, um...what I said about you the other day was...**

Edie: **Dead-on. You nailed me, Carlos. Maybe not the way that I wanted you to, but still...**

Carlos: **But I had no right to judge you. Besides, the guys, the clothes, the partying. That's you. I mean, that's the Edie that we love.**

Edie: **Well, I'm glad you love her, because I'm getting pretty tired of her.**

카를로스: 저기, 이디. 음, 요전날 내가 말한 것은…
이디: 아주 정확했어요. 내가 한방 먹었지요, 카를로스. 내가 당신한테 바라던대로는 아닐지 몰라도 하지만 그래도…
카를로스: 하지만 난 당신을 비난할 권리가 없었어요. 게다가, 남자들, 의상들, 그리고 파티들. 바로 그게 당신예요. 내 말은 우리가 사랑하는건 바로 그런 이디라고요.

119 Sex and the City 6-1

미란다가 아기를 데리고 캐리 집을 방문하는 장면.

Miranda: **Hey. I'm in love with Steve. Hold this.**

Carrie: **Oh my god, I can't believe it.**

Miranda: **Come on, are you seriously telling me you didn't know?**

Carrie: **Oh I knew. I just can't believe you admitted it.**

Miranda: **I need a drink. What have you got?**

미란다: 나 스티브를 사랑하고 있나봐. 애 좀 들어줘.
캐리: 맙소사, 놀랄 일이네.
미란다: 그러지마, 정말 너 몰랐다고 말하는거야?
캐리: 알고 있었지. 네가 인정하는게 놀랍다는거지.
미란다: 뭐 좀 마셔야겠어. 뭐 있어?

120 Desperate Housewives 3-20

이디는 자기 전화를 씹는 르넷이 차에서 내리는 것을 보고 다시 전화를 해보는데…

Carlos: **Hey, who you spying on?**

Edie: **Lynette. She hasn't returned my last two phone calls. I think something's up.**

Carlos: **She's probably just busy.**

Edie: **Yeah, we'll see about that. I am calling her right...now.**

카를로스: 누굴 엿보고 있는거야?
이디: 르넷. 두번이나 전화했는데 씹더라고. 무슨 일이 있는 것 같아.
카를로스: 아마도 바쁘겠지.
이디: 그래, 어디 그런가 보자고. 지금 당장 전화해봐야지….

121 Desperate Housewives 3-18

르넷은 톰이 허리를 다치자 맥클러스키 부인에게 다섯 아이와 톰을 맡기고 피자가게를 혼자 운영하는데…

Mrs. McCluskey: **Well, here's a surprise for you... I quit.**

Lynette: **What? What? Why? Why? What happened?**

Mrs. McCluskey: **Five kids are tough enough, but your husband makes six. And that's where I draw the line.**

Lynette: **Okay, I know that, uh, Tom has been a little cranky lately.**

Mrs. McCluskey: **No, I'm cranky. He's insufferable. I hate to admit this, Lynette, but every time that man screams out in pain, I do a little jig inside.**

Lynette: **Look, I'll talk to Tom--**

Mrs. McCluskey: **No, my mind's made up.**

Lynette: **Wait, wait, wait! Please don't do this. Please. I am at the end of my rope.**

맥클러스키 부인: 저기, 깜짝 선물이야… 나 그만뒀어.
르넷: 뭐라구요? 왜요? 무슨 일인데요?
맥클러스키 부인: 아이 다섯도 아주 힘든 일인데, 자네 남편까지 합하면 여섯이야. 그리고 여기까지가 내 한계야.
르넷: 그래요, 알고 있어요. 톰이 최근에 좀 괴팍하게 굴죠.
맥클러스키 부인: 아니, 내가 괴팍한거고 톰은 참을 수 없을 정도야. 이걸 인정하기 싫지만, 르넷, 그 인간이 아프다고 소리지를 때마다 난 속이 부글부글 끓어.
르넷: 톰에게 얘기를 할게요.
맥클러스키 부인: 아냐, 내 맘은 결정됐어.
르넷: 잠깐만요! 제발 이러지 마세요. 제발요. 저도 죽을 지경예요.

122 Sex and the City 6-20

캐리를 찾아 파리에 온 빅은 어느 호텔 로비에서 그녀를 만나게 된다.

Carrie: **What? No. It's not like that. You've got it completely wrong.**

Big: **We'll see about that.**

Carrie: **I don't need you to do this. Stop. This is totally unnecessary. What do you think you're doing?**

캐리: 뭐라고? 아냐. 그런게 아냐. 네가 잘못 알고 있는거야.
빅: 어디 그런가 보자고.
캐리: 네가 그렇게 할 필요는 없어. 멈춰. 그럴 필요가 없어. 뭐하는 짓이야?

123 Game of Thrones 2-1

모르몬트 사령관 일행이 나이트워치와 협력관계인 크래스터의 움막에서 정보를 수집하고 있다.

Craster: **I haven't seen Benjen Stark in three years. Haven't missed him. Always treated me like scum. Haven't had any good wine for a long time. You Southerners make good wine, I'll give you that.**

Mormont: **We're not Southerners.**

크래스터: 난 3년동안 벤젠 스타크를 보지 못했네. 보고 싶지도 않았고. 항상 날 쓰레기로 취급했거든. 오랫동안 좋은 와인을 먹지 못했네. 너희 남부인들은 와인을 잘만들어. 당신들 그점은 인정해.
모르몬트: 우리는 남부인이 아닐세.

124 Big Bang Theory 4-9

페니의 아버지는 페니와 식사하러 가는데 레너드에게 같이 가자고 한다.

Penny: **Oh, dad, that's nice, but Leonard has to work. Right, Leonard?**

Leonard: **Uh, I do, I have to work. But I'm gonna blow that off to spend the evening with my sweetie and her father.**

페니: 어, 아빠. 좋죠 하지만 레너드는 일해야 돼요. 맞지, 레너드?
레너드: 그래, 일해야 돼. 하지만 일을 제끼고 여친과 그 아버지와 함께 저녁을 보내겠어.

125 Desperate Housewives 2-13

가브리엘은 자신과 카를로스 사이를 멀어지게 하는 수녀를 찾아온다.

Sister Mary: **What are you doing here?**

Gabrielle: **I heard you were being transferred so I came to say good-bye.**

Sister Mary: **Come to gloat is more like it.**

메리 수녀: 여기 어쩐 일이세요?
가브리엘: 다른 곳으로 가신다고 해서 인사드리러 왔어요.
메리 수녀: 조롱하러 왔다고 하는 것이 더 맞겠네요.

126 NCIS 7-20

토니와 맥기가 탐문수사를 하는 도중 나누는 이야기.

Tony: **She's a nice girl.**

McGee: **That's very adult of you.**

Tony: **Hmm. It's not me. It's her. Something about her. I can't put my finger on it, but I think she's got a really nice butt underneath those long blouses.**

McGee: **That is more like it.**

토니: 그녀는 멋진 여자야.
맥기: 상당히 어른스러운 말이네요.
토니: 음, 내가 아니고 그녀가 그렇지. 그녀에 대해서 뭔가 꼬집어 말할 수 없지만, 그 긴 블라우스 밑에 멋진 엉덩이가 있을 것 같아.
맥기: 그러니 더 토니 답네요.

127 Friends 9-13

로스가 레이첼에게 온 남자의 전화 메시지를 전해주지 않은게 밝혀지자…

Ross: **I never gave it to you.**

Rachel: **Why?**

Ross: **I don't know.**

Rachel: **Oh God. You know what? Who do you think you are? Who are you to decide what messages I should or should not get?**

로스: 내가 네게 전해주지 않았어.
레이첼: 왜?
로스: 몰라.
레이첼: 맙소사. 저 말이야? 네가 누구라고 생각하는거야? 네가 뭔데 내 메시지를 선별해서 주고 말고 하는거야?

128 Big Bang Theory 2-14

레너드는 페니가 옛친구 커트로부터 받을 돈이 있다고 하자 친구들에게 같이 가서 받아내자고 하는데…

Leonard: **Do you guys remember Penny's ex-boyfriend Kurt? Yeah, that's him. It turns out he owes Penny a lot of money, and I'm gonna go get it from him. Who's with me? Really? You're just gonna let me go by myself? I could use some help.**

레너드: 페니의 옛친구 커트 기억나? 어, 그 친구야. 그 친구가 페니에게 돈을 많이 빌려갔더라고. 내가 가서 받아올려고 하는데, 나와 같이 갈 사람? 정말? 너희들 나 혼자가 가게 둘거야? 좀 도움을 받았으면 좋겠는데.

129 CSI: Las Vegas 2-5

사인을 알아내기 위해 시신 앞에서 로빈스 박사와 닉, 캐서린이 대화를 나누고 있다.

Nick: **Oh, he was dumped, all right ... out of a chopper. Right, doctor?**

Robbins: **Victim's injuries are inconsistent with a fall of that magnitude. No fracture of the pelvis no compression of the lumbar vertebrae no shortening of the body.**

Catherine: **There goes your theory, Nick. Good try, though. So what was the cause of death?**

닉: 그가 버려진 것은 맞죠, 헬리곱터에서요. 맞죠, 박사님?
로빈스: 피살자의 상처는 그 정도의 높이에서 떨어질 때의 상처와 일치하지 않아. 골반의 골절도 없고, 요추에 압박도 없고, 몸이 줄어들지도 않았어.
캐서린: 닉, 네 생각이 틀렸네. 그래도 시도는 좋았어. 그럼 사인은 뭐예요?

130 NCIS 4-2

깁스가 애비와 사건에 관한 이야기를 나누고 있다.

Gibbs: **What do you got for me, Abby?**

Abby: **Paulson's fingerprints on the gun case and on Mickey's computer.**

Female: **And he's also visited over a dozen People Search sites. I think he was looking for someone.**

Gibbs: **Yeah, I got that part.**

깁스: 애비, 뭐 나온거 있어?
애비: 총지갑과 미키의 컴퓨터에서 폴슨의 지문이 나왔어요.
여자: 그리고 인명검색사이트들을 여러번 들렸어요. 누군가를 찾는 것 같아요.
깁스: 그래, 그건 나도 알겠네.

131 Shameless 4-1

술집을 운영하는 케빈의 아내인 베로니카는 임신을 하게 돼 병원을 찾는다.

Vernoica: **How is that possible?**

Doctor: **Well, when a man's penis goes into a woman's...**

Veronica: **Yeah, I got that part. I mean, how is it possible now, after everything we've tried for the last two years?**

베로니카: 어떻게 이럴 수 있죠?
여의사: 남자의 성기가 여자의…
베로니카: 그 부분은 나도 알아요. 내 말은 지난 2년간 임신하려고 별 짓을 다했는데, 어떻게 이제 가능한거냐는 거죠?

132 Desperate Housewives 2-10

회사에 놀이방을 만들고 싶어하는 르넷은 정원을 채우기 위해 사장의 딸이 필요하다고 하고 사장은 부인 몰래 아이를 회사로 데려오는데…

Fran: **I thought Mindy had been kidnapped!**

Ed: **I left a sticky note.**

Fran: **I wasn't looking for a sticky note, Ed! I was looking for my missing child!**

Ed: **She's my child, too, and she's staying here, just a few hours a day.**

Fran: **You, give her to me.**

Ed: **No, I made a decision.**

Fran: **Yeah? Okay, watch me make a decision. I'm done with this marriage. I'm taking my baby and I'm getting on a plane to Pittsburgh.**

Ed: **You wouldn't dare!**

프랜: 민디가 납치된 줄 알았잖아!
에드: 포스트잇 붙여놨는데.
프랜: 난 포스트잇을 찾지 않았어, 에드! 난 잃어버린 아이를 찾고 있었다고!
에드: 걘 내 자식이기도 해, 그리고 걘 하루에 몇시간씩 여기에 있을거야.
프랜: 딸 내놔.
에드: 안돼, 난 결정했어.
프랜: 그래, 좋아, 내가 결정을 하는 걸 봐. 이 결혼 끝이야. 내 아이 데리고 피츠버그로 가는 비행기를 탈거야.
에드: 감히 그렇게는 못하겠지!

133 NCIS 7-13

밴스 국장이 홀리 스노우를 심문하고 있다.

Vance: **The account clients use to send you the money-- let's have it.**

Holy Snow: **W-what, no foreplay, No seduction? My deal came through, then.**

Vance: **Just needs a judge's signature.**

Holy Snow: **Hmm, well, why don't you come back when you have it?**

밴스: 고객이 당신에게 돈을 보낼 때 사용하는 계좌, 이제 말해봐요.
홀리 스노우: 뭐예요, 전희도 없고 유혹도 없는거예요? 그럼 내 제안이 통과되었나 보네요.
밴스: 판사의 사인만 남았어요.
홀리 스노우: 그럼 사인을 받고 다시 오시죠.

134 Friends 5-18

조이는 오디션에 떨어지는데…

Ross: **Yeah y'know what? Maybe-maybe you didn't mess up your audition because you suck, maybe you messed up because you care more about uh, your godson.**

Joey: **What you do mean?**

Ross: **I think, sub-consciously...**

Joey: **Wait-whoa-whoa, you lost me.**

로스: 저기 말야. 아마도 네가 실력이 없어서 오디션에 떨어진게 아니라 벤의 대부로서 벤을 더 사랑한다는 뜻일 수도 있겠어.
조이: 그게 무슨 말이야?
로스: 내 생각에 무의식적으로…
조이: 잠깐, 난 이해 못했어.

135 House 7-2

하우스와 커디가 침대에 누워있는데 포맨의 전화가 온다.

House: **Cuddy and I are naked. So I'm having trouble focusing. Use small words.**

Foreman: **Kidney biopsy was clean, so we rechecked the piece of her lung from the O.R.**

House: **You lost me. Sorry, who is this calling again?**

하우스: 커디와 난 다 벗고 있어. 그러니 나 집중하기가 힘들어. 쉽게 말해.
포맨: 신장 생검은 깨끗하게 나와서 수술할 때 나온 폐조각을 다시 검사했어요.
하우스: 이해 못했어. 미안, 전화거는 사람이 누구야?

136 Sex and the City 6-1

캐리가 윌리와 데이트하는 장면으로 정원이 있는 카페에서 만나고 있다.

Carrie: **It's a cute place.**

Willie: **Yeah, I hope it's okay. I didn't know. You know, can't go wrong with a garden, right?**

Carrie: **Yeah, it's great.**

Willie: **I hope it's okay. I didn't know. I just said that.**

캐리: 멋진 곳이네요.
윌리: 괜찮기를 바래요. 난 몰랐어요. 저기, 정원이 있으면 괜찮잖아요, 맞죠?
캐리: 그래요, 아주 멋져요.
윌리: 괜찮기를 바래요. 난 몰랐어요. 내가 방금 말했죠.

137 Desperate Housewives 3-19

침대에 누워있는 톰에게 딸 케일라가 신문을 들고 뛰어 들어온다.

Kayla: **Daddy! The paper has a story about your restaurant.**

Tom: **You're kidding! Well, come--come here. What does it say?**

케일라: 아빠! 신문에 우리 레스토랑 얘기가 나왔어요.
톰: 정말이야! 이리와라. 뭐라고 쓰여 있니?

138 Friends 2-3

피비는 로스의 진화론에 대해서 회의적인데…

Phoebe: **Yeah, I just don't buy it.**

Ross: **Uh, excuse me. Evolution is not for you to buy, Phoebe. Evolution is scientific fact, like, like, like the air we breathe, like gravity.**

Phoebe: **OK, don't get me started on gravity.**

피비: 어, 난 받아들일 수 없어.
로스: 이봐. 진화는 네가 믿고 안믿고의 문제가 아냐, 피비. 진화는 과학적인 사실이야, 우리 숨쉬는 공기나 중력처럼 말야.
피비: 그래, 중력얘기는 꺼내지도마.

139 Modern Family 3-4

학교에 가는 길에 헤일리와 알렉스가 칼리라는 학생의 뒷담화를 하자 엄마 클레어가 가세하는데…

Claire: **Girls, let's cool it on the gossip. Okay? It's not right and Carly's got enough problems.**

Haley: **What do you mean?**

Claire: **Well ... her mom can't get through soccer practice without a thermos of Chardonnay... And don't get me started on the dad. That guy is...**

클레어: 얘들아, 뒷담화는 그만하자. 옳지도 않고 칼리에게 문제가 많잖니.
헤일리: 그게 무슨 말이예요?
클레어: 저기, 걔 엄마는 올 때 꼭 보온병에 와인을 넣어오고…. 그리고 그 집 아버지 얘기는 말도 꺼내지도 마라. 그 남자는…

140 The Good Wife 6-6

알리시아 플로릭과 다이앤이 텅빈 사무실로 들어오면서 새롭게 방을 꾸미자고 한다.

Diane: **Well, Cary says he's fine with David Lee's office, so I guess this is you and me. No, take mine.**

Alicia: **No, Diane.**

Diane: **I could use a fresh start. You take my office.**

Alicia: **I won't hear of it.**

다이앤: 캐리는 데이비드의 사물이 좋다고 하니 여기는 우리가 쓰면 돼. 아니, 내 사무실을 써.
알리샤: 아뇨, 다이앤.
다이앤: 난 새로운 출발이 필요하니까 내 사무실을 써.
알리샤: 그렇게는 안돼요.

141 Desperate Housewives 3-10

올슨의 사무실에서 브리는 올슨의 전부인 앨마에 대해서 물어본다.

Orson: **Alma miscarried a month after the wedding. I was trapped.**

Bree: **Well, you could've left her.**

Orson: **Mother wouldn't hear of it. Divorce is a sin.**

올슨: 앨마는 결혼 한달 후에 유산했어. 난 덫에 걸린 셈이지.
브리: 앨마를 떠날 수도 있었잖아.
올슨: 엄마가 들으려 하지 않았어. 이혼은 죄라고.

142 CSI: Las Vegas 1-18

그리섬과 닉이 얘기를 나누고 있는데 브래스 경감이 들어온다.

Grissom: **I think Shepherd planned the murder of his wife.**

Nick: **I'm with you. Why'd he end up dead?**

Brass: **Bad karma. Jessica and this Shepherd guy had been phoning each other day and night for the past two years. What does that tell you?**

그리섬: 쉐퍼드가 자기 아내의 살인을 계획한 것 같아.
닉: 저도 그런데요 왜 그도 죽었죠?
브래스: 악연이네. 제시카와 이 쉐퍼드란 작자는 지난 2년간 밤낮으로 서로 통화를 하고 있었네. 이거 어떻게 생각해?

143 Big Bang Theory 2-18

레슬리는 레너드의 집에서 4중주 연습을 끝내고 레너드를 유혹하는 장면이다.

Lesley: **Just so we're clear,** you understand that me hanging back to practice with you is a pretext for letting you know that I'm sexually available.

Leonard: Really?

Lesley: Yeah, **I'm good to go**.

Leonard: **I thought** you weren't interested in me.

Lesley: That was before I saw you handling that beautiful piece of wood between your legs.

Leonard: **You mean** my cello?

Lesley: No, **I mean** the obvious crude double entendre. I'm seducing you.

Leonard: **No kidding?**

Lesley: **What can I say,** I'm a passionate and impulsive woman. **So how about it?**

레슬리: 확실히 하고자 하는데 내가 남아서 연습을 하고자 한 것은 네가 나와 섹스를 할 수 있다는 것을 알려주기 위한 구실인거 알고 있지.
레너드: 정말?
레슬리: 그럼, 난 준비됐어.
레너드: 넌 나한테 관심없는 줄 알았는데.
레슬리: 너의 두 다리사이에 아름다운 목재품을 다루는 것을 보기 전이었지.
레너드: 내 첼로를 말하는거야?
레슬리: 아니, 내 말은 누가봐도 뻔한 중의법을 쓴 것이야. 지금 널 유혹하는 중이야.
레너드: 정말?
레슬리: 어쩌겠어. 난 열정적이고 충동적인 여자인걸. 그럼 하는게 어때?

144 Desperate Housewives 3-10

앨마의 살해범이 올슨인지 마이크인지 모르는 상황에서 수잔과 브리의 다툼이 시작되려고 하자 르넷과 개비가 화제를 돌린다.

Susan: **What are you saying? You think Mike is guilty?**

Lynette: **Hey, why don't we start that girl talk?**

Gabrielle: **I'll get the ball rolling. Anybody have a yeast infection?**

수잔: 무슨 말이야? 마이크가 범인이라고 생각하는거야?
르넷: 여자들 수다나 떨자.
가브리엘: 내가 시작할게. 누구 질염에 걸린 사람있어?

145 Desperate Housewives 7-1

폴 영은 석방되어 위스테리아 가로 다시 돌아오고, 펠리시아 틸먼은 감방에 들어가 같은 방을 쓰는 재소자와 이야기를 나누고 있다.

A woman: **That the guy you were talkin' about? The one that killed your sister?**

Felicia Tillman: **It certainly is.**

A woman: **He looks like a killer. It's a shame they let him out.**

Felicia Tillman: **As it turns out, it's all for the best. Paul can now receive the punishment he's entitled to.**

A woman: **What do you mean?**

Felicia Tillman: **Just between us girls, Paul Young will be dead within six months.**

A woman: **How you gonna make that happen? You're in here at least two years.**

재소자: 저 사람이 네가 말하던 사람이야? 네 동생을 죽인 놈?
펠리시아 틸먼: 확실하지.
재소자: 범죄자처럼 생겼네. 석방돼서 안됐네.
펠리시아 틸먼: 알고보면 일이 더 잘되려고 그러는거야. 폴은 이제 자신이 받아야 할 벌을 받게 될거야.
재소자: 그게 무슨 말이야?
펠리시아 틸먼: 우리끼리 얘기인데, 폴 영은 6개월안에 죽게 될거야.
재소자: 어떻게 그렇게 만들 수 있어. 넌 적어도 2년 여기서 살아야 하는데.

146 Desperate Housewives 1-19

브리는 앤드류가 자기가 게이일 수도 있다고 하자 캠프에서 당장 빼내려고 하고…

Rex: **I don't know. I think we may be making a huge mistake.**

Bree: **We made our decision. Let's just stick to it.**

Rex: **Let's say we leave him here three more weeks. What's the worst that could happen?**

렉스: 모르겠어. 우리가 큰 실수를 하는 것 같아.
브리: 우린 결정을 했잖아. 고수하자고.
렉스: 앤드류를 여기에 3주 더 둔다고 해보자. 무슨 나쁜 일이 있겠어?

147 Sex and the City 6-19

캐리는 파리로 떠났고 뒤늦게 자신의 실수를 깨달은 빅이 남은 친구들을 찾아와 조언을 구한다.

Big: **Well, I know I haven't been your favorite over the few years.**

Charlotte: **I wouldn't say that.**

Samantha: **I would.**

Big: **Well, god knows I've made a lot of mistakes with Carrie. I fucked it up. Many times. I know that. Look, I need your advice.**

빅: 지난 몇 년간 날 좋게 보지 않은 걸 알고 있어요.
샬롯: 그렇지 않은 걸요.
사만다: 난 그렇게 생각해요.
빅: 정말이지 캐리에게 많은 실수를 했어요. 내가 망쳐버렸죠. 여러번요. 알고 있어요. 저기, 여러분의 조언이 필요해요.

148 Desperate Housewives 2-9

카톨릭 단체의 도움으로 석방된 카를로스가 성당에 몸과 마음이 기울자 이를 제지하기 위해서 수녀에게 도움을 청하지만 단칼에 거절당하자…

Gabrielle: **What the hell kind of nun are you? Look, if you try to come between me and my husband, I will take you down.**

Sister Mary: **I grew up on the south side of Chicago. If you wanna threaten me, you're gonna have to do a lot better than that.**

Gabrielle: **You listen to me, you little bitch. You do not want to start a war with me.**

Sister Mary: **Well, I have God on my side. Bring it on.**

가브리엘: 무슨 수녀가 이래요? 이봐요. 나와 내 남편 사이에 끼려고 하면 가만두지 않을거예요.
메리수녀: 난 시카고 남부에서 자랐어요. 날 협박하려면 그거 갖고는 부족하죠.
가브리엘: 내 말들어. 이 못된 년아. 나와 싸움을 시작하지 않는게 좋을거야.
메리수녀: 하나님이 내 편인 걸요. 어디 한번 해봐요.

149 Modern Family 3-6

매니는 여자들이 좋아하게끔 키를 키우려고 꺼꾸로 매달리는 기구를 사고 이를 본 제이는 매니에게…

Jay: **It's just one of those things. You get taller when you get taller. Why don't you get ready for bed? Ah, jeez. You know, when I was your age, I started working out to get the girls.**

Manny: **You think that would help?**

Jay: **Yeah. So tomorrow, we start working out.**

제이: 흔히 있는 일이야. 키는 네가 커지면 커지는거야. 잠잘 준비해라. 이런, 저기, 내가 네 나이일 때는 여자들한테 인기를 얻으려고 운동을 했었어.
매니: 그게 도움이 될거라 생각해요?
제이: 그럼. 내일부터 우리 운동하는거다.

150 Big Bang Theory 4-1

하워드는 로봇 손으로 자위하다 풀리지 않자 병원에 친구들과 가게 된다.

Leonard: **Excuse me, could you help us out?**

Nurse: **My, my, my. What do we have here?**

Howard: **I slipped and fell.**

Nurse: **Yeah, we get that a lot. What is this?**

레너드: 저기요, 좀 도와주실래요?
간호사: 이런, 이게 무슨 일인가요?
하워드: 미끄러져 넘어졌어요.
간호사: 그런 말 많이 듣지요. 이게 뭐예요?

151 Friends 8-3

챈들러와 모니카가 신혼여행을 가기 위해 공항에서 수속을 밟고 있다.

Ticket Agent: **Oh, let me see what I can do. There are some first class seats available.**

Monica: **Did you hear that?! They bumped them up to first class because they are on their honeymoon! Come on! Let's act like we're on our honeymoon.**

Chandler: **We are on our honeymoon.**

수속직원: 무슨 방법이 있나 알아볼게요. 일등석이 좀 남아있네요.
모니카: 들었어?! 저 사람들 신혼여행이라고 추가요금없이 좌석을 업그레이드 해줬어! 자! 우리도 신혼여행인 것처럼 하자.
챈들러: 우리 신혼여행이거든.

152 Desperate Housewives 2-3

파커가 학교가는 첫날, 출근하는 엄마 르넷에게 데려가달라고 떼를 쓴다.

Parker: **But I thought mommy was taking me.**

Lynette: **Yeah, well, honey, I have to work. Mommy's boss is a mean, mean lady and if I miss work, I'll lose my job and then we won't have any money to buy food. Honey, you gotta believe me, if I could be there, you know that I would. All right. I didn't know it was that important to you. I will talk to my boss and I will see what I can do.**

파커: 하지만 난 엄마가 데려다주는 줄 알았어요.

르넷: 얘야, 난 출근해야 돼. 엄마의 상사가 아주 비열한 여자여서 내가 결근하면 내가 직장을 잃게 될거야. 그럼 우리는 음식을 살 돈이 없을거야. 얘야, 내 말을 믿어야 돼. 내가 갈 수만 있다면 내가 갈거라는 걸. 좋아. 이게 네게 그렇게 중요한지 몰랐어. 상사에게 얘기해서 내가 어떻게든 해볼게.

153 Gossip Girl 1-2

호텔 정문에서 부딪힌 댄과 네이트가 대화를 나누고 있다.

Dan: **So, ah, what do you need to talk to Serena about?**

Nate: **Nothing, just in the neighborhood. You?**

Dan: **I... I'm nowhere near the neighborhood but I'm working on a better excuse.**

댄: 그럼.. 세레나를 왜 만나러 온거야?

네이트: 아냐, 근처에 있다가. 넌?

댄: 난… 이 근처엔 살지도 않지만 더 나은 변명거리를 찾고 있어.

154 Big Bang Theory 3-23

쉘든이 소개팅을 하게 해서 에이미라는 괴짜를 만나는데…. 두 괴짜가 서로 잘 어울리자 하워드가 탄식하듯 내뱉는 말이…

Amy: **If that was slang, I'm unfamiliar with it. If it was literal, I share your aversion to soiled hosiery. In any case, I'm here because my mother and I have agreed that I will date at least once a year.**

Sheldon: **Interesting. My mother and I have the same agreement about church.**

Amy: **I don't object to the concept of a deity, but I'm baffled by the notion of one that takes attendance.**

Sheldon: **Well, then you might want to avoid East Texas.**

Amy: **Noted. Now, before this goes any further, you should know that all forms of physical contact up to and including coitus are off the table.**

Sheldon: **May I buy you a beverage?**

Amy: **Tepid water, please.**

Howard: **Good God, what have we done?**

에이미: 그게 슬랭이라면 난 처음 들어봐요. 그리고 그게 문자 그대로라면 더러운 양말은 나도 질색이예요. 어쨌건 내가 여기에 나온 이유는 엄마와 일년에 한번씩 데이트하기로 약속해서예요.

쉘든: 흥미롭군요. 저희 엄마와 저도 교회에 대해서 같은 약속을 했는데요.

에이미: 신이라는 개념에 반대하지는 않지만, 교회에 출석을 해야 된다는 생각에는 당황스럽네요.

쉘든: 그럼 동부 텍사스는 피하는게 좋겠어요.

에이미: 알았어요. 이제 우리가 더 진전되기 전에 성교를 포함한 모든 신체적 접촉은 없는거예요.

쉘든: 음료수 내가 사도 될까요?

에이미: 미지근한 물로 부탁해요.

하워드: 맙소사, 우리가 무슨 짓을 한거야?

155 Desperate Housewives 1-3

수잔은 집밖에서 나체인 상태로 마이크와 마주쳤고 이후 함께 브리 집에 가는 길에 마이크가 조크를 한다.

Mike: **Pants wouldn't hurt.**

Susan: **Okay. I know what just happened is funny, in theory. But I'm nowhere near ready to laugh about it, so please, no jokes.**

마이크: (방충망을 달 때) 바지를 입으면 다치지 않을거예요.
수잔: 그래요. 좀 전에 일어난 일이 재미있다는 것을 나도 알아요. 하지만 난 그 일에 관해 아직 웃을 상태가 아니니 제발 놀리지 마요.

156 The Good Wife 5-16

윌의 사망소식을 직원들에게 전하는 다이앤.

Diane: **We had a situation. At the courthouse.**

Man: **What, what, what'd I miss?**

Diane: **Will was shot.**

David: **What? He, he was what?**

Diane: **I've just come from the hospital.**

다이앤: 문제가 발생했어요. 법정에서요.
남자: 뭐라구요, 무슨 일인데요?
다이앤: 윌이 총격당했어요.
데이빗: 뭐라고요? 그가 어떻게 됐다고요?
다이앤: 방금 병원에서 오는 길입니다.

157 Desperate Housewives 2-22

수잔은 녹음기를 가슴에 차고 이디로부터 방화사실을 녹음하려고 하다 들키고 달아나기 시작한다.

Edie: **Ahhhhh! You can't outrun me, Mayer. I'll in the best shape of my life!**

Susan: **Oh good. Then you'll be prime meat picking when you go to jail!!**

Edie: **You bitch!**

Susan: **Bite me!**

이디: 아, 넌 도망가지 못해, 수잔. 요즘 내 컨디션이 최고거든!
수잔: 잘됐네. 그럼 감방에 가면 최상급 고기가 될 수 있겠네!!
이디: 이 나쁜년!
수잔: 맘대로 해!

158 Big Bang Theory 6-16

레너드와 페니 그리고 하워드 부부가 함께 식당에서 식사를 하려 한다.

Leonard: **Mmm, would you like some wine?**

Bernadette: **Yeah, fill her up. I'll tell you when to stop.**

Penny: **Is everything okay?**

Howard: **Terrific. Couldn't be better.**

Bernadette: **Oh, bite me.**

레너드: 와인 좀 마실래?
버나뎃: 그래, 따라줘. 그만하라고 할 때까지 따라.
페니: 뭔 일 있어?
하워드: 아주 좋아. 더 없이 좋아.
버나뎃: 맘대로 생각해.

159 Friends 4-16

파티장면. 레이첼이 애인 조슈아와 멀리 떨어져 있자 챈들러가 다가온다.

Chandler: **Why are you in here if Joshua is all the way over there?**

Rachel: **Uhh, because I'm trying to play hard to get. Oh, quick! He's looking over here, say something funny.**

Chandler: **Like what?**

챈들러: 조슈아는 저쪽에 있는데 왜 여기에 있는거야?
레이첼: 지금 튕기는 중이야. 어 빨리! 여기 쳐다본다. 뭔가 웃기는 얘기해봐.
챈들러: 예를 들면?

160 Desperate Housewives 1-4

설거지하면서 넋을 잃고 건너편 배관공 톰을 쳐다보고 있는 수잔에게 딸 줄리가…

Julie: **Mom, the dish is clean.**

Susan: **Huh? Oh.**

Julie: **I still don't understand why you don't just ask him out on an official date!**

Susan: **Oh, I'm trying a new strategy. I'm playing hard to get.**

줄리: 엄마, 그릇 깨끗하거든.
수잔: 어, 그래.
줄리: 공식적으로 데이트 신청을 하지 않는 이유를 모르겠어.
수잔: 어, 새로운 전략을 시도하고 있어. 일부러 빼고 있는거야.

161 Breaking Bad 1-7

한증막에 갔다 온다고 하면서 마약제조를 하고 온 월터가 스카일러와 얘기하는 장면.

Walter: **What would you do if it were me?**

Skyler: **What do you mean if it were you?**

Walter: **If it were me, what would you do? Would you divorce me? Would you turn me in to the police?**

Skyler: **You don't want to find out.**

월터: 나라면 당신은 어떻게 하겠어?
스카일러: 그게 당신이라면 이라는게 무슨 뜻이야?
월터: 그게 나라면 어떻게 하겠어? 나랑 이혼하려고 했을까? 경찰에 신고했을까?
스카일러: 모르는게 나아.

162 Desperate Housewives 2-6

감방에서 풀려난 폴 영이 수잔에게 통에 든 파이필링을 돌려주려고 한다.

Susan: **I don't want my pie filling.**

Paul: **Oh, come on. Just take it.**

Susan: **No, stop! Put that pie filling down. Slowly. I'm calling nine-one-one.**

Paul: **You don't want to do that.**

수잔: 파이 속 원치 않아요.
폴: 그러지 마요. 이거 받아요.
수잔: 아뇨, 멈춰요! 파이 속 내려놔요. 천천히. 911에 전화할거예요.
폴: 그러지 마요.

163 Big Bang Theory 5-9

친구처럼 지내자며 레너드와 페니는 영화를 함께 보게 되는데, 결국 서로 싸우게 되고 레너드가 사과하게 된다.

Leonard: **I know, I, I, I crossed a line. And I'm sorry. No, no, no, hang on. I really mean it. And it's not like when we were going out, I'd just apologize for everything so we could end up in bed. This is a 100% sex-is-off-the-table I'm sorry.**

Penny: **All right. Thank you. I'm sorry, too.**

Leonard: **Just to be clear, sex is off the table, right?**

레너드: 알아, 내가 심했어. 미안해. 잠깐. 진심이야. 데이트할 때 섹스하기 위해서 무조건 사과하는 것과는 달라. 이건 100% 섹스를 배제한 사과야.
페니: 좋아. 고마워. 나도 미안해.
레너드: 분명히 해두기 위한건데, 섹스는 고려 대상이 아니지, 맞아?

164 Desperate Housewives 3-13

막대한 유산을 물려받은 잭은 마이크의 변호사비를 대는 조건으로 가브리엘과의 하루를 원한다.

Zach: **Here's how it's gonna work. It's gonna be three meals with dessert, activities of my choosing and, uh...a good night kiss. Now do we...do we have a deal?**

Gabrielle: **Not quite. The day starts with lunch, and that kiss, off the table.**

잭: 이렇게 할거예요. 3번 식사와 디저트, 그리고 제가 고르는 세가지 활동 그리고 굿나잇 키스. 이제 거래 하실거예요?
가브리엘: 그렇게는 안되고. 하루는 점심하면서 시작되고 키스는 논의대상에서 제외하자.

165 Breaking Bad 4-6

월터의 목숨이 위험에 처해있다는 것을 알고 스카일러는 경찰에 가서 자수하자고 한다.

Skyler: **A schoolteacher, cancer, desperate for money?**

Walter: **Okay, we're done here.**

Skyler: **Roped into working for-- Unable to even quit? You told me that yourself, Walt. Jesus, what was I thinking? Walt, please. Let's both of us stop trying to justify this whole thing and admit you're in danger.**

Walter: **Who are you talking to right now? Who is it you think you see? Do you know how much I make a year? I mean, even if I told you, you wouldn't believe it. Do you know what would happen if I suddenly decided to stop going in to work? A business big enough that it could be listed on the NASDAQ goes belly-up, disappears. It ceases to exist without me. No. You clearly don't know who you're talking to, so let me clue you in. I am not in danger, Skyler. I am the danger.**

스카일러: 학교 교사가 암에 걸려서 돈이 절박해져서 그런거라고?
월터: 됐어, 얘기 그만하자고.
스카일러: 꾀임에 속아 일을 시작했는데 그만 둘 수 없었다? 그렇게 내게 말했잖아, 월트. 맙소사, 내가 무슨 생각이었지? 월트, 제발. 우리 둘 다 이 모든 일을 합리화하지 말고 네가 위험에 처해있다는 것을 인정하자.
월터: 지금 누구랑 얘기하는 줄이나 알아? 네가 보는 사람이 누구라고 생각해? 내가 일년에 얼마를 버는 줄 알아? 말해도 믿지 못할거야. 내가 일을 관두면 어떤 일이 생길 줄 알아? 나스닥에 상장될 정도의 큰 기업체가 망해서 없어질거야. 나 없이는 존재하지도 않아. 안되지. 당신이 지금 누구하고 얘기하는 줄 모르니 힌트를 줄게. 난 위험에 빠진게 아냐, 내 자신이 바로 위험이라고.

166 Desperate Housewives 3-6

톰은 피자가게를 하겠다고 하고 르넷은 반대하고…

Tom: **Listen, something happened tonight and it got me thinking and you mean more to me than any restaurant ever could.**

Lynette: **Oh, stop right there. I am the one who should apologize. I have been a bad wife.**

톰: 저기, 오늘 밤에 무슨 일이 있었는데, 그 때문에 생각하게 된게 있어. 그 어떤 식당보다도 당신이 더 소중해.
르넷: 어, 그만해. 사과해야 할 사람은 나야. 내가 나쁜 아내였어.

167 CSI: Las Vegas 6-1

시즌 5에서 닉이 죽을 고비를 넘긴 것을 본 워릭은 약혼 반지를 끼고 캐서린에게 말을 건다.

Warrick: **You know, what happened to Nick ... it just got me thinking. Life is so short, you know? It's almost ... it's almost shorter than we want to ever believe.**

Catherine: **Live for the day.**

워릭: 저기, 닉에게 일어난 일 알잖아요. 그 때문에 생각하게 되었는데. 인생은 너무 짧아요. 우리가 믿고 싶어하는 시간보다도 짧죠.
캐서린: 하루 하루 살아야죠.

168 Friends 5-4

피비와 조이가 다투는 장면.

Joey: **I'm sorry Pheebs, I just, y'know, I just wanted to do a good deed. Like-like you did with the babies.**

Phoebe: **This isn't a good deed, you just wanted to get on TV! This is totally selfish.**

Joey: **Whoa! Whoa! Whoa! What about you, having those babies for your brother? Talk about selfish!**

조이: 미안해, 피비. 난 단지 좋은 일을 하고 싶었어. 네가 아기를 낳아준 것처럼.
피비: 이건 좋은 일이 아냐, 네가 TV에 나가고 싶어한거잖아. 이건 완전히 이기적인거야.
조이: 뭐라고? 네 동생을 위해서 아이를 낳은 너는 어떻고? 정말 이기적이야!

169 Sex and the City 6-16

브루클린으로 이사가서 가정을 꾸리는 미란다가 초대하자…

Carrie: **It was clear that Miranda's life as we knew it, was over.**

Miranda: **Brooklyn. I can't even say it, let alone live in it. You'll all come visit, right?**

Carrie: **Talk about denial.**

캐리: 우리가 알고 있는 미란다의 삶은 끝나버렸어.
미란다: 브루클린. 그 안에서 사는 것은 말할 것도 없이 말조차 꺼낼 수가 없지만, 다들 놀러 올거지?
캐리: 정말 가기 싫은데.

170 Desperate Housewives 3-16

교통사고로 기억상실증에 걸린 마이크가 병원에 와서 자신의 물건들을 챙긴다.

Mike: **I got hit by a car. I don't remember anything about that night.**

Nurse: **Well, it looks like you were gonna propose to someone. "Susan, be mine forever. Mike." Does that ring a bell?**

마이크: 차에 치여서. 그날 일을 전혀 기억하지 못해요.
간호사: 누군가에게 청혼하려는 것 같은데요. "수잔, 영원히 나의 사람이 되어줘, 마이크." 뭐 기억나는 것 없어요?

171 Desperate Housewives 3-21

당선된 시장과 약혼한 가브리엘이 주차단속요원에게 갑질을 하는 장면.

Meter Man: **You know, I could give you another ticket for littering.**

Gabrielle: **You could try, but you might not want to. See, I'm engaged to Victor Lang. Ring a bell? The mayor? Your new boss?**

Meter Man: **I don't follow politics.**

주차요원: 쓰레기 무단투기로 딱지 한장 더 끊을 수도 있어요.
가브리엘: 그럴 수는 있겠지만, 안그러는게 좋을거요. 봐요, 난 빅터 랭과 약혼했어. 기억나는 것 없어요? 시장? 당신의 새로운 보스?
주차요원: 난 정치에 관심없어요.

172 Sex and the City 1-11

샬롯은 새로 생긴 남친 케빈을 캐리에게 소개시켜주는데…. 케빈과 캐리는 예전에 서로 사귀었던 사이이다.

Charlotte: **Okay, when?**

Carrie: **Um, 3 years ago.**

Charlotte: **3 years. I can live with that. Serious?**

Carrie: **No.**

샬롯: 좋아, 언제?
캐리: 한 3년 전에.
샬롯: 3년이라. 그 정도 괜찮아. 진지했어?
캐리: 아니.

173 Sex and the City 1-10

술집에서 친구 네명이 술을 마시고 있는데 샬롯은 화장실에 가고 없다.

Miranda: **I was once ten days late.**

Carrie: **Really? Were you having sex?**

Miranda: **No. What are you gonna do? Are you gonna tell Mr. Big?**

Carrie: **No, I'm not going to tell him until I know what I... Until I know how I...No, I'm not going to tell him until I know how to finish this sentence.**

Charlotte: **What did I miss?**

미란다: 한번은 열흘 늦은 적도 있어.
캐리: 정말? 섹스를 하고도?
미란다: 아니. 어떻게 할거야? 빅에게 얘기할거야?
캐리: 내가 알기 전까지는 말하지 않을거야. 어떻게 내가… 아니. 이 문장을 어떻게 마무리할 때까지 말하지 않을거야.
샬롯: 무슨 얘기하고 있었어?

174 Big Bang Theory 3-7

페니의 옛친구인 한 남자가 페니집에서 잔다는 말에 레너드는 안절부절 못하는데…

Penny: **I hear you don't like my stuffed animals, my driving or my punctuality.**

Leonard: **What? Who would tell you something like that? Why would you tell her something like that?**

Penny: **It doesn't matter why he told me. It's true, isn't it?**

Leonard: **Okay, yeah, it's true, but I can live with that stuff. What I can't live with is you casually informing me that some guy's going to be staying in your apartment without even asking me first!**

페니: 네가 동물인형, 운전습관 혹은 약속시간 안지키는거 싫어한다고 들었어.
레너드: 뭐라고? 누가 그런 것을 네게 얘기하겠어? 왜 그런 얘기를 하는거야?
페니: 내게 말한 이유는 중요하지 않아. 그게 사실이지, 그렇지 않아?
레너드: 그래. 사실이야. 하지만 난 그런 것은 참을 만해. 내가 참을 수 없는 것은 네가 아무렇지도 않게 내게 먼저 물어보지도 않고 어떤 남자 친구를 네 아파트에 머물게 할거라고 알려주는거야.

175 Game of Thrones 2-8

존 스노우는 야인들에게 체포되고 야인들은 존 스노우를 죽이자고 하지만 이그리트는 맨스 레이더에게 산 채로 데려가자고 한다.

Ygritte: **He's a bastard of Winterfell, Ned Stark's son. Mance will want him.**

Man: **What does Mance want with a dead man's bastard?**

Ygritte: **I don't know. I think he'll want to decide for himself.**

이그리트: 그는 윈터펠의 서자예요, 네드 스타크의 아들. 맨스가 그를 원할거예요.
남자: 맨스가 죽은 사람의 서자에게 무슨 볼 일이 있겠어?
이그리트: 몰라요. 맨스가 직접 결정하고 싶어하실거예요.

176 Big Bang Theory 4-16

엄마를 버리고 버나뎃을 선택한 하워드는 버나뎃에게 치과에 데려가달라고 하는데…

Bernadette: **Wait a minute. Are you telling me your mother usually takes you to the dentist?**

Howard: **It's not weird. There's lots of kids there with their moms.**

Bernadette: **I can't believe this.**

Howard: **What? It's fun. If I have no cavities, afterwards, we go out for a treat.**

Bernadette: **All right, Howard, let's get something straight right now. I'm not going to be your mother.**

Howard: **Whoa, whoa, whoa! Where did that come from?**

버나뎃: 잠깐. 자기 엄마는 보통 자기를 치과에 데려다주셨다는거야?
하워드: 이상하지 않아. 엄마와 함께 온 아이들이 많아.
버나뎃: 말도 안돼.
하워드: 뭐라고? 재미있잖아. 충치도 없으면 끝나고 사탕받으러 갈 수도 있어.
버나뎃: 좋아, 하워드, 뭐하나 지금 분명히 해두자고. 난 자기의 엄마가 되지 않을거야.
하워드: 뭐라고! 도대체 무슨 얘기를 하는거야?

177 Friends 3-2

로스의 박물관 연설날 로스는 레이첼에게 옷을 빨리 입으라고 재촉하고 이에 화난 레이첼이 안가겠다고 하는데…

Rachel: **I think you should drink the fat.**

Ross: **Okay, okay. If that is what it takes to show you how much you mean to me, and how much I want you there. Then that's what I'll do.**

레이첼: 네가 기름을 마셔야 된다고 생각해.
로스: 그래. 그게 네가 내게 얼마나 큰 의미가 있는지 그리고 얼마나 네가 함께 가기를 보여주는거라면. 그럼 내가 그렇게 할게.

178 Desperate Housewives 2-17

가브리엘과 카를로스는 아이를 입양하려고 하는데, 산모 디앤나를 보고서는 가브리엘은…

Deanna: **Mostly, I just want to feel like I'm giving my baby to people who have what it takes to be really great parents.**

Carlos: **Well, you won't find another couple with more love for a child. Isn't that right, honey? Honey?**

Gabrielle: **What? Right, lots of love. Honey, can I talk to you for a second?**

디앤나: 대체로, 저는 훌륭한 부모가 될 자질이 있는 사람들에게 아이를 줄 생각예요.
카를로스: 우리보다 더 아기를 사랑하는 부부를 찾기 힘들겁니다. 그렇지 않아, 자기야? 자기야?
가브리엘: 뭐라고? 맞아요, 많은 사랑. 자기야, 잠깐 얘기 좀 할까?

179 Big Bang Theory 6-20

Kripke가 한 노교수의 사망소식과 함께 정년보장 교수직자리가 하나 생겼다고 말해주는데…. 크립키는 Janine Davis에게 아이를 봐주겠다고 아부를 떤다. 여기서 wove는 love를 웃기기 위해서 일부러 쓴 단어이다.

Sheldon: **What do you think I should do?**

Amy: **Well, you'll always be an academic success, but I seriously question whether you'll make any more friends.**

Sheldon: **I don't want any more, but let's go.**

Barry: **Are you kidding? I would wove to baby-sit for you.**

Janine: **I could not ask you to do that.**

쉘든: 내가 어떻게 해야 된다고 생각해?
에이미: 넌 항상 학문적으로는 성공하겠지만 네가 더 많은 친구를 사귈지는 의문이야.
쉘든: 난 더 이상 필요없어, 가자.
배리(크립키): 그걸 말이라고 해요? 제가 아이들을 봐줄게요.
재닌: 그렇게 할 수는 없죠.

180 Desperate Housewives 2-7

톰과 르넷은 이웃의 아이를 봐주다가 짐에 딸려온 이웃부부의 섹스비디오를 보게 된다. 톰과 르넷은 그 일로 인연이 끊기지 않기를 바라는 맘에서 이웃의 집으로 찾아간다.

Tom: **I can't believe we're doing this. If Leonard and Norma want to cut ties with us, who are we to stop them?**

Lynette: **They need to know we don't judge them for what they do in the privacy of their own home. And, well, it's not unheard of to tape yourself while you're having sex.**

톰: 우리가 이렇게까지 하다니. 레너드와 노마가 관계를 끊겠다고 하면 우리가 어떻게 막아?
르넷: 그들이 자기 집에서 은밀하게 한 일을 우리가 비난하지 않는다는 것을 알려줘야 해. 그리고, 자신들 섹스 하는 것을 녹화하는 것도 드문 일은 아니잖아.

181 Desperate Housewives 1-15

빨래통에서 콘돔을 발견한 브리는 남편 렉스를 다그치다 앤드류의 것이라고 생각이 된다.

Rex: **He's sixteen. It's not unheard of.**

Bree: **Honey, you have to talk to him.**

Rex: **And tell him what?**

Bree: **Tell him that we found his condom and that he is forbidden from - y'know.**

렉스: 걘 16살이야. 드문 일도 아니잖아.
브리: 여보, 걔하고 얘기해봐.
렉스: 뭐라고 얘기해?
브리: 네 콘돔을 발견했는데 그런 건 하면 안된다고.

182 Sex and the City 6-9

미란다는 주민들과 함께 새로 이사오는 로버트를 면접하는데 그만 첫눈에 반해버려서…

Miranda: **So, Robert, you're a doctor for the Knicks?**

Robert: **Yeah. Guilty as charged.**

Miranda: **Hey, you've had a great season.**

Robert: **I take it you're not a basketball fan.**

Miranda: **Well, you've got me there. I'm a baseball person.**

미란다: 그래요, 로버트, 닉스 팀 주치의라고요?
로버트: 예, 맞습니다.
미란다: 이번 시즌에 잘했잖아요.
로버트: 농구팬은 아니시군요.
미란다: 맞아요. 난 야구를 좋아해요.

183 Breaking Bad 1-7

월터는 행크가 시가를 피려고 하자 한 대 달라고 한다.

Walter: **You mind if I have one?**

Hank: **You think it's a good idea?**

Walter: **Hank, I've already got lung cancer.**

Hank: **Okay. You got me there.**

월터: 나도 하나 주게나.
행크: 그래도 괜찮겠어?
월터: 행크, 난 이미 폐암에 걸렸잖아.
행크: 좋아, 내가 졌네.

184 Sex and the City 6-15

신혼여행을 간 미란다와 스티브와의 대화장면.

Miranda: **So do you think we should get dressed?**

Steve: **I plan on being naked for the next four days.**

Miranda: **I'm gonna unpack.**

Steve: **Knock yourself out.**

미란다: 옷을 입어야 할까?
스티브: 앞으로 4일간 옷을 벗고 있을거야.
미란다: 난 짐을 풀게.
스티브: 그렇게 하세요.

185 Desperate Housewives 2-11

존과 바람핀 걸 들킨 가브리엘이 카를로스에게 맞바람을 피라고 하는 장면.

Gabrielle: **Carlos, go have an affair.**

Carlos: **What?**

Gabrielle: **I had my little indiscretion. So you go have yours. Get it out of your system. I know you want to.**

Carlos: **I do not.**

Gabrielle: **Sure you do. Knock yourself out.**

가브리엘: 카를로스, 가서 바람을 펴.
카를로스: 뭐라고?
가브리엘: 내가 작은 실수를 했으니 당신도 가서 그렇게 해. 쌓인게 있으면 다 털어놔. 그러길 원하잖아.
카를로스: 안그래.
가브리엘: 아냐 당신은 그래. 마음대로 해봐.

186 CSI: Las Vegas 1-20

캐서린이 그리섬에게 학회참석서류에 결재를 해달라고 하는 장면이다.

Catherine: **Hey, remember about three months ago I applied to the American Academy meeting in Chicago? Well, the deadline for your approval is end of shift today.**

Grissom: **It's not a problem.**

Catherine: **There's important papers to be presented...**

Grissom: **You don't have to explain -- Consider it done.**

캐서린: 3개월전 쯤에 시카고에서 열리는 전국학회에 참가 신청했던거 기억나요? 오늘 교대 마감전까지 반장님이 결재해주셔야 해요.
그리섬: 물론이지.
캐서린: 제출할 중요한 서류가 있는데…
그리섬: 설명할 필요없어. 그렇게 처리할게.

187 Sex and the City 1-9

게이인 스탠포드는 자신이 게이세계에서 인기남이 아닌 것을 한탄하는데…

Stanford: **It's so brutal out there. Even guys like me don't want guys like me. I just don't have that gay look.**

Carrie: **I don't know. You look pretty gay to me. Come on, maybe it's just a phase.**

Stanford: **Puberty is a phase. Fifteen years of rejection is a lifestyle. I mean, sometimes I think, I should just marry a woman and get all the money.**

스탠포드: 정말 잔인한 세계야. 나처럼 대머리인 게이들도 나같은 남자를 싫어한다니까. 난 게이처럼 보이지 않나봐.

캐리: 몰라. 내 눈에 분명 게이인데. 그러지마, 일시적인거겠지.

스탠포드: 사춘기가 지나가는 과정이지. 15년간 거절당한 것은 생활방식이지. 내 말은, 가끔은 생각을 하는데, 그냥 여자와 결혼해서 돈을 많이 (유산) 받을까봐.

188 Desperate Housewives 5-22

톰은 대학 1학년 때의 룸메이트를 만난다.

Tom: **God, you look fantastic. You haven't aged a day.**

Bill Brown: **Hey, right back at ya.**

Tom: **Liar. You didn't even recognize me.**

톰: 맙소사, 너 멋져 보인다. 하나도 안늙었네.
빌 브라운: 너도 마찬가지야.
톰: 거짓말. 날 알아보지도 못했으면서.

189 Friends 8-2

똑같은 붉은 스웨터 입은 로스와 태그가 거리에서 우연히 마주친다.

Ross: **Hey! How you doing?**

Tag: **Good! Good, long time no see. Like your sweater.**

Ross: **Right back at ya.**

Tag: **It's crazy about Rachel huh?**

Ross: **Yeah. Well, she's one crazy lady.**

로스: 안녕, 잘 지내?
태그: 좋아! 오랜만이네. 스웨터 맘에 드네.
로스: 너도 마찬가지야.
태그: 레이첼 소식은 충격적이야.
로스: 그래, 걔가 원래 좀 그렇잖아.

190 Friends 1-8

로스의 아버지 겔러는 모니카에게 죽으면 수장을 하고 싶다고 한다.

Mr. Geller: **Everyone thinks they know me. Everyone says 'Jack Geller, so predictable.' Maybe after I'm gone, they'll say 'Buried at sea! Huh!.'**

Monica: **That's probably what they'll say.**

겔러: 다들 날 안다고 생각하겠지. 다들, 잭 겔러, 너무 평범한 사람이라고 말할거야. 내가 죽고 나면, "수장했다고! 허!"이라고 말할거야.

모니카: 다들 그렇게들 말하겠죠.

191 CSI: Miami 1-2

델코가 용의자 탐문수사를 하고 있다.

Delko: **Is this, uh, is this a restricted area?**

Charlie Berenger: **Sure. Doesn't mean there's no access though. Security guards, dock workers, plus any number of federal inspectors through here on a regular basis.**

Delko: **Any of them have it in for a guy named Aurelio Moreno?**

델코: 여기는 제한금지구역인가요?

찰리 베린저: 물론요. 그렇다고 접근하지 못한다는 뜻은 아녜요. 경비원들, 부두근로자들, 게다가 연방감사원들이 정기적으로 여기에 오죠.

델코: 그 사람들 중에 아우렐리오 모레노라는 사람에게 앙심을 품은 사람이 있나요?

192 Big Bang Theory 2-12

하워드가 페니에게 느끼하게 치근대자 하워드에게 가차없이 융단폭격을 가하는데…

Howard: **Wait a minute. This isn't flirting, you're serious.**

Penny: **Flirting? You think I'm flirting with you? I am not flirting with you, no woman is ever gonna flirt with you, you're just gonna grow old and die alone.**

하워드: 잠깐만. 이거 장난이 아니라 진심이네.
페니: 장난한다고? 내가 장난한다고 생각해? 난 너와 장난하는게 아냐. 어떤 여자도 너와 장난하지 않을거야. 넌 나이 들어 외롭게 혼자 죽을거야.

193 Modern Family 4-17

필은 아들의 온라인 데이트 신청을 대신해주고 상대로 나온 학부모 발레리도 자신이 대신 써줬다고 하면서…

Valery: **If my husband were more like you maybe I'd still be married.**

Phil: **Well, if my wife were here, she'd want me to be clear that I'm fully committed to her. You know that, right?**

Valery: **What?**

Phil: **No, I just wanna make sure, because you unbuttoned a button, and I love my wife, so...**

Valery: **You were the one who was flirting and saying we're on a date.**

발레리: 내 남편이 조금만 당신같아도 내가 이혼하지 않았을텐데요.
필: 내 아내가 여기 있다면 내가 자기에게 완전히 충실하다는 것을 분명히 하길 바랄거예요. 아시겠죠?
발레리: 뭐라구요?
필: 아뇨, 그냥 확실히 하려구요. 왜냐면 당신이 좀 풀어지고, 난 내 아내를 사랑하니까…
발레리: 집적댄 건 당신예요, 그리고 우리가 데이트하는 셈이라고 말했잖아요.

194 Desperate Housewives 3-6

피자가게를 하겠다는 톰은 르넷 몰래 허름한 반지하 가게를 계약하고 보여주는데…

Lynette: **Tom, you know how I feel about this pizza thing.**

Tom: **Well, hopefully, it'll grow on you.**

Lynette: **Don't tell me you didn't sign a lease.**

르넷: 톰, 내가 피자가게 하는거에 대해 어떻게 생각하는지 알잖아.
톰: 당신 마음에 점점 들거야.
르넷: 임대계약을 했다는 말은 아니겠지.

195 Friends 5-14

챈들러가 피비가 자기를 유혹했다고 하자 모니카는 피비가 자신들이 사귀는 것을 안다고 추론하는데…

Chandler: **Okay, so now do you believe that she's attracted to me?**

Monica: **Oh my God! Oh my God! She knows about us!**

Chandler: **Are you serious?**

Monica: **Phoebe knows and she's just trying to freak us out! That's the only explanation for it!**

챈들러: 그래, 그럼 이제 피비가 내게 끌렸다는 것을 믿어?
모니카: 맙소사! 걔가 우리들에 대해서 아는거야!
챈들러: 정말?
모니카: 피비가 알고 우리를 놀래주려고 하는거야! 그렇게 밖에는 설명이 안돼.

196 Desperate Housewives 3-7

르넷은 톰이 결혼 전 낳은 아이인 Kayla를 엄마인 Nora 대신 양육하겠다고 하자…

Lynette: **Kayla will be much better off without "crazy" in her life. And so will we.**

Tom: **I am right there with you. I just, I never thought you'd want a fifth kid.**

Lynette: **I don't, but I didn't want the first four, and they're starting to grow on me.**

르넷: 케일라의 인생은 "미침"이 없어야 더 나을거야, 우리도 마찬가지이고.
톰: 나도 당신과 동감이야. 난 당신이 다섯번째 아이를 원치 않는 줄 알았지.
르넷: 원치 않아, 하지만 첫 네명의 아이도 원치않았지만 점점 좋아지기 시작하더라고.

197 Desperate Housewives 3-16

이디는 아들 트래버스를 데리고 카를로스를 찾아간다.

Edie: **I have a little visitor that I thought you might get a kick out of seeing. Remember my little boy?**

Carlos: **Hey, Travers. How you doing?**

이디: 내게 손님이 왔는데 당신이 만나보면 좋아할 것 같아서요. 내 아이 기억해요?
카를로스: 안녕, 트래버스. 잘 있었어?

198 Modern Family 2-18

제이는 게이인 아들 친구들과 술을 먹다 술김에 한 친구인 페퍼와 쇼핑을 하기로 한다. 담날 아침 이를 안 제이는 글로리아에게 응급상황이 발생한 것처럼 해달라고 부탁하는데…

Gloria: **Ay, Jay! I... I think you'll have to take me now to the hospital. My head is in pain. Do you mean like that?**

Jay: **Yes, thank you. Okay, it's showtime. And with this guy, I mean that literally.**

Pepper: **I'm here! Oh, my God. What I could do with this house. Hello, Jay.**

Mwah. **Mwah. Chop, chop... it's a two-hour drive, not counting our stop at the outlet mall.**

Jay: **Oh, okay. Um, Gloria, we're leaving!**

Gloria: **Hello. You must be Pepper. Ay, ay, ay. My head.**

Jay: **What's the matter, Gloria?**

Gloria: **Oh, nothing. I just had a little ice cream. He hasn't stopped talking about you all day long.**

글로리아: 아, 제이! 나 병원에 데려가야 될 것 같아. 머리가 아파요. 이렇게 말야?
제이: 어, 고마워. 자 이제 쇼우타임이야. 그리고 이 친구와는 말그대로야.
페퍼: 저 왔어요! 맙소사. 이런 집이 있었으면 좋겠다. 안녕하세요, 제이. 차로 2시간예요, 우리가 아울렛 매장에 들르는 걸 뺀 시간예요.
제이: 좋아, 글로리아, 우리 간다!
글로리아: 안녕하세요. 페퍼 씨군요. 아, 머리가.
제이: 글로리아, 무슨 문제야?
글로리아: 아무것도 아냐. 아이스크림을 좀 먹었어. 하루종일 당신 얘기를 끊이지 않고 했어요.

199 Breaking Bad 3-5

월터는 다시 마약을 제조하기로 하고 이를 제시에게 통보한다.

Walter: **That is the last money you'll ever earn in this business.**

Jesse: **What the hell is that supposed to mean?**

Walter: **Well, I hate to break it to you, Jesse, but our mutual associate was only using you to get to me.**

Jesse: **What are you talking about?**

월터: 네가 이 사업에서 벌 마지막 돈이야.
제시: 도대체 그게 무슨 의미예요?
월터: 이런 소식 전하기 싫지만, 제시, 우리의 공동 동업자는 나에게 접촉하기 위해서 너를 이용한거란다.
제시: 그게 무슨 말예요?

200 CSI: Las Vegas 6-11

닉은 브렌트 모이어와 함께 대화를 나누고 있다.

Nick: **I tried to call her cell phone and...**

Brent Moyer: **She's at my parents, in Pahrump. Her cell phone's probably out of range.**

Nick: **But you can get me their home number, address, all that?**

Brent Moyer: **Sure. But if it's okay, I'd... I should break the news to her in person.**

닉: 그녀의 핸드폰으로 전화를 하려고 했는데…
브렌트 모이어: 그 애는 파럼프에 있는 부모님 집에 있어요. 핸드폰이 안 터질거예요.
닉: 그럼 부모님의 집전화와 주소 등을 알려주시겠습니까?
브렌트 모이어: 그럼요. 하지만 괜찮다면, 제가 그 애에게 직접 소식을 전하고 싶군요.

201 Friends 8-9

조이가 임신한 레이첼을 골려 먹고 있는 장면.

Joey: **Hey, Rach, did you know that during pregnancy, your hands can swell up to twice their size and never go back?**

Rachel: **Oh my God, lemme see that!!**

Joey: **You fall for it every time!**

조이: 레이첼, 임신하게 되면 손이 두배로 부어올라 예전으로 다시 안돌아간다는거 알고 있어?
레이첼: 맙소사, 어디 보자!!
조이: 넌 매번 넘어가더라!

202 Desperate Housewives 3-16

빅터의 예상대로 개비는 빅터가 서명을 안한 수표를 갖고 빅터에게 온다.

Victor: **Ms. Solis, what a nice surprise. Are you here to make a contribution to my campaign?**

Gabrielle: **Not exactly.**

Victor: **Oh, no. Did I forget to s...I'm so sorry. Let me make it up to you. I'll take you to dinner. My treat.**

Gabrielle: **It would be your treat. I'm a hot date. What's in it for me?**

빅터: 솔리스 부인, 이렇게 찾아오시다니 반가워요. 제 선거운동에 기부하시려고 오셨나요?
가브리엘: 그런 건 아니예요.
빅터: 이런, 제가 깜빡 사인을… 미안해요. 제가 보상해드릴게요. 저녁식사 사드릴게요.
가브리엘: 당신이 내야 되겠지만. 난 핫한 데이트 상대인데, 내가 무슨 이득이 있죠?

203 Desperate Housewives 3-22

톰은 르넷이 주방장 릭에게 감정이 있었냐고 추궁한다.

Lynette: **I said that it was totally inappropriate, and then I fired him.**

Tom: **Do you have feelings for him, Lynette? Do you have feelings for Rick?**

Lynette: **I would never cheat on you. You know that.**

Tom: **That's not what I asked. Did you fall for him?**

르넷: 말도 안되게 부적절하다고 말하고 해고했어.
톰: 르넷, 그 남자한테 맘이 갔었어? 릭에게 감정이 생겼어?
르넷: 난 부정을 절대 저지르지 않았어. 그거 알잖아.
톰: 내가 묻는 것은 그게 아냐. 그 남자를 사랑했냐고?

204 Friends 4-10

레이첼이 카페에서 가볍게 놀 남자라도 필요하다고 외치는 장면.

Rachel: **I want somebody! Y'know, I want a man!! I mean, it doesn't even have to be a big relationship, y'know, just like a fling would be great.**

Chandler: **Really?! I didn't think girls ever just wanted a fling.**

Rachel: **Well, believe me, it's been a long time since I've been flung.**

레이첼: 난 누군가가 필요해. 남자가 필요해. 내 말은 거창한 관계를 맺을 필요없이 그냥 가볍게 즐기는 것이라도 좋겠어.
챈들러: 정말?! 여자들은 가볍게 만나는 것을 싫어하는 줄 알았는데.
레이첼: 정말이야, 가볍게 즐겨본지 정말 오래됐어.

205 Friends 5-14

피비와 챈들러의 결전장면. 피비가 로션을 자기 몸에 발라달라고 하자 챈들러가 놀라 모니카에게…

Phoebe: **No. No! It's just y'know first, I wanna take off all my clothes and have you rub lotion on me.**

Chandler: **Well that would be nice. I'll go get the lotion.** *(to Monica)* **Listen, this is totally getting out of hand! Okay? She wants me to put lotion on her!**

피비: 아니야! 먼저 내가 옷을 다 벗고 네가 로션을 발라주기를 바래.
챈들러: 그럼 좋겠네. 가서 로션을 가져올게. 이봐, 일이 걷잡을 수 없게 되었어. 피비가 자기 몸에 로션을 발라달라고 해!

206 Modern Family 3-5

헤일리가 돈을 빌려준 피터를 찾아가 돈을 받아내려는 제이와 필.

Jay: **You Peter?**

Peter: **What do you want?**

Jay: **You know Haley Dunphy? You owe her $900. We're here to collect.**

Phil: **You dig?**

Peter: **I tried to call that girl, like, ten times, but her voice mail was always... full.**

Phil: **That does sound like Haley.**

제이: 네가 피터냐?
피터: 뭘 원하시죠?
제이: 너 헤일리 던피라고 알지. 걔한테 900달러 빚졌다며. 우리 수금하러 왔다.
필: 알겠어?
피터: 전화하려고 했는데, 열번이나, 근데 음성사서함은 항상 꽉차있더라구요.
필: 헤일리답네.

207 Friends 5-14

챈들러와 피비가 키스하려는 명장면.

Chandler: **It's very, very nice. Well, come here. I'm very happy were gonna have all the sex.**

Phoebe: **You should be. I'm very bendy. I'm gonna kiss you now.**

Chandler: **Not if I kiss you first.**

챈들러: 아주 좋지. 이리로 와. 우리가 섹스를 하게 돼 무척 기뻐.
피비: 그래야지. 나 아주 유연하거든. 이제 내가 네게 키스할게.
챈들러: 내가 먼저 네게 키스안해야 그렇지.

208 Friends 4-10

남자가 필요하다고 부르짖는 레이첼에게 남자를 소개시켜줄까라고 하는 챈들러.

Chandler: **There's some nice guys at my office, do you want me to set you up?**

Rachel: **Yeah! Wait a minute, it's been a long time that I've been single. How come you never offered this before?**

Chandler: **Well, I have a girlfriend, I'm-I'm happy. So, I no longer feel the need to go out of my way to stop others from being happy.**

챈들러: 사무실에 멋진 남자가 있는데, 소개시켜줄까?
레이첼: 그래! 잠깐, 내가 혼자인지가 오래됐는데 왜 이제서야 제안을 하는거야?
챈들러: 난 여친이 있어서 행복하잖아. 그러니, 이제는 남의 행복을 애써 막을 이유가 없게 된거지.

209 Friends 4-20

로스가 에밀리와 한달 후에 결혼식을 올린다고 하자 레이첼은 네번 밖에 만나지 않은 조슈아에게 정서불안인 상태에서 결혼하자고 하는데…

Rachel: **'Cause I am really happy about us. I think we are, I think we are so on the right track! Y'know? I mean, I think we are working, I think we are clicking. Y'know?**

Joshua: **Yeah, sure-sure, yeah, we're-we're-we're-we're-we're clicking.**

Rachel: **Yeah-yeah, y'know if-if there was just like one little area where I think we would need to work on; I-I would think it was we're just not crazy enough!**

Joshua: **I gotta say, I'm not too sure I agree with that.**

Rachel: **Well, yeah, right, y'know what? Yeah, you're right, I mean, we have our fun. Yeah! But if I mean, I mean like crazy! Y'know? Okay, all right. This is gonna, this is gonna sound y'know, a little hasty, but uh, just go with it. What if we got married?**

레이첼: 난 정말 우리 만남이 기쁘기 때문이야. 난 우리가 제대로 가고 있다고 생각해! 내 말은 우리가 잘 돌아가고 마음이 서로 통한다고 생각해.

조슈아: 어, 물론, 그래. 우리는 서로 마음이 통하지.

레이첼: 근데 우리 사이에 아쉬운 부분이 있다면 우리가 그렇게 열정적이지는 않다는거야.

조슈아: 근데 말야, 난 동의하기 힘든데.

레이첼: 저기, 그래 저말야? 네 말이 맞아. 우리 나름대로 재미있게 지내고 있어. 하지만 내 말은, 내 말은 좀 열정적으로란 말야! 좋아. 이건 좀 성급하게 들릴지 모르겠지만 그냥 말할게. 우리 결혼하면 어때?

210 Desperate Housewives 2-1

브리는 렉스의 장례식에 렉스의 어머니를 못오게 하는데…

Andrew: **Look, I'm sure she was a real bitch, okay? But she's family. That makes her our bitch. Let her say good-bye to dad.**

Bree: **She went out of her way to be cruel to me. I don't want her at the funeral.**

앤드류: 저기, 할머니가 못됐다는 건 확실해요, 그죠? 하지만 가족이잖아요. 우리의 못된 할머니라구요. 아빠에게 작별 인사를 하게 해줘요.

브리: 나에게 못되게 굴려고 애를 많이 썼어. 장례식에서 보고 싶지 않아.

211 Big Bang Theory 1-13

볼링 팀에서 쉘든이 빠지자 친구들을 레너드에게 레슬리 윙클에게 부탁하자고 하는데…

Raj: **Why? Because you slept together and when she was done with you she discarded you like last night's chutney?**

Leonard: **Yes.**

Howard: **Sometimes you've got to take one for the team.**

라지: 왜? 같이 잤는데 끝나자마자 걔가 널 저녁에 먹은 처트니처럼 버렸어?

레너드: 어.

하워드: 가끔은 팀을 위해서 희생해야지.

212 Big Bang Theory 4-16

레너드가 노부인과 잠자리를 한 다음날 학교 구내식당에 레너드가 들어오자 총장은…

Seibert: **Ah, there he is! The man of the hour! He took one for the team!**

Leonard: **I didn't do it for the money!**

Seibert: **Keep telling yourself that, it makes it easier. Trust me, I know.**

사이버트: 아, 여기 오네. 화제의 인물! 전체를 위해 몸을 바쳤어요!
레너드: 돈 때문에 그렇게 한 게 아녜요!
사이버트: 계속 그렇게 생각해. 그러면 좀 더 쉬워져. 정말야. 내가 알아.

213 Desperate Housewives 1-17

수잔이 줄리에게 자신의 연애사 고충을 토로하고 있다.

Susan: **I can't believe Edie. She doesn't have dibs on every man on the planet. If I want to go out with Bill I should be able to.**

Julie: **I thought you weren't even into him.**

수잔: 이디를 믿을 수가 없어. 걔가 세상의 모든 남자를 찜해 놓을 수는 없잖아. 내가 빌하고 데이트하고 싶으면 내가 할 수 있어야 되지.
줄리: 난 엄마가 그 남자에게 관심 없다고 생각했는데.

214 Big Bang Theory 1-14

레너드는 페니가 자신이 pathetic하다는 말에 충격을 받고 소장품을 팔려고 한다.

Raj: **Too bad, I called dibs.**

Howard: **Well you can't just call dibs.**

Raj: **I can and I did, look up dibs on Wikipedia.**

Sheldon: **Dibs doesn't apply in a bidding war.**

라지: 안됐네. 내가 찜했는데.
하워드: 그냥 말로 찜하는게 어디있어.
라지: 할 수 있고 내가 했지. 위키피디아에서 dibs를 찾아봐.
쉘든: 경매전쟁을 할 때는 dibs가 적용되지 않아.

215 Sex and the City 4-17

해군 파티에 온 캐리는 샬롯이 한 장교에게 가슴보여주는 것을 보고 그만 나가려고 하는데…

Samantha: **Carrie! There you are. Where's Charlotte?**

Carrie: **Believe it or not, she's involved in a peep show upstairs.**

Samantha: **I'm starting to have a new-found respect for that girl.**

Carrie: **What is it about today? I've seen Miranda's boobs, Charlotte's boob. Why not show me yours and get it over with?**

사만다: 캐리! 여기 있구나. 샬롯은 어디있어?
캐리: 믿기지 않겠지만, 윗층에서 핍쇼를 하고 있어.
사만다: 샬롯이 존경스러워지기 시작하네.
캐리: 오늘 왜 이러지? 미란다의 가슴, 샬롯의 가슴을 봤어. 네 것도 보여주고 빨리 끝내버리자.

216 Big Bang Theory 4-10

페니는 horny한 에이미에게 쉘든이 할 수 있는게 있다고 말해주는데…

Sheldon: **Oh. Oh! You mean something I could do.**

Penny: **Exactly.**

Sheldon: **Well, I was hoping to avoid this. But I might as well get it over with. Thank you, Penny. I'll let you know what happens.**

쉘든: 오! 내가 할 수 있는 뭔가를 말하는거지.
페니: 바로 그거야.
쉘든: 이건 피하고 싶었는데. 하지만 빨리 해치우는게 나을 것 같아. 고마워. 페니. 결과 알려줄게.

217 Desperate Housewives 3-15

회상장면으로 배관공 마이크가 올슨의 집에 와서 싱크대를 수리하려고 한다.

Orson: **I'm Monique's boyfriend. She's upstairs lying down. She wasn't feeling well.**

Mike: **Well, I'll just finish up with the sink and get out of your hair.**

Orson: **Look, why don't you let me take care of that? I mean, I'm pretty handy, and it's getting late.**

올슨: 난 모니크의 남친예요. 그녀는 위층에서 쉬고 있어요. 몸이 좀 안좋아서요.
마이크: 그럼 싱크대 빨리 고치고 가겠습니다.
올슨: 저기, 내가 하는게 어떨까요? 내 말은 내가 손재주가 있고 날도 늦어서요.

218 Friends 5-2

챈들러는 자신도 모르게 모니카에게 딥키스를 하고 나서 자신의 관계가 들키지 않기 위해 레이첼과 피비에게 도 딥키스를 한다.

Rachel: **Hey-whoa-whoa-whoa!! Ho-ho-hold on a sec there, Mr. Kissey! Y'know, I've been meaning to talk to you about this whole, little, new European thing you got going on, and I just need to tell you that it makes me very uncomfortable and I just, y'know, stop it!**

레이첼: 잠깐! 키스하는 양반 잠깐 멈추라니까. 네가 벌이고 있는 이 새로운 유럽식 키스에 대해서 내가 말하려던 참이었어. 내가 정말 불편하니까 그만 하라고 네게 말해야겠어

219 Desperate Housewives 2-12

음주운전으로 유치장에 있는 브리에게 옆에 있던 창녀가 오해하고 언제부터 일을 시작했냐고 묻는다.

Prostitute: **I bet the guys go crazy with your whole classy, repressed thing you got going on, huh? I mean, your skin has, like, no pores.**

Bree: **I am not sure, but I think there was a compliment in there somewhere, so thank you. But I am not an escort.**

매춘부: 당신한테서 풍기는 고상하고 억제된거에 남성네들이 미칠거예요? 당신 피부에는 저기, 모공도 없잖아요.
브리: 잘모르겠지만, 그래도 칭찬하는 것 같으니 고마워요. 하지만 난 고급접대부가 아녜요.

220 Desperate Housewives 3-7

식료품점에서의 인질극 장면. 노라가 죽자 르넷은 분노해서 캐롤린을 쳐다본다.

Carolyn: **Oh, don't look at me that way. You know you wanted her dead.**

Lynette: **How can you say that?**

Carolyn: **Well, you told me about her and your husband after I made it pretty clear where I stand on whores.**

Lynette: **I did not want this. Don't you dare say that I wanted this.**

Carolyn: **Shut up!**

Lynette: **No, I will not shut up! What's the matter with you?!**

Carolyn: **Have you not been paying attention? My husband cheated on me!**

Lynette: **Who cares?! Who cares? We all have pain! Everyone in here has pain, but we deal with it! We swallow it and get going with our lives! What we don't do is go around shooting strangers!**

캐롤린: 그런 식으로 날 쳐다보지마. 재가 죽기를 바란걸 알아.
르넷: 어떻게 그렇게 말할 수 있어?
캐롤린: 내가 창녀들을 어떻게 생각하는지 분명히 말한 후에 넌 재와 남편에 대해서 말했어.
르넷: 난 이걸 원하지 않았어. 어떻게 감히 내가 이걸 원했다고 말하는거야?
캐롤린: 닥쳐!
르넷: 아니, 난 입다물지 않을거야. 넌 도대체 뭐가 문제야?
캐롤린: 지금까지 내 말 못들었어? 내 남편이 바람을 폈다고!
르넷: 누가 신경이나 쓴대? 우리 모두 아픔을 갖고 있어. 여기 있는 모든 사람은 아픔이 있지만 헤쳐나가고 있다고. 우리는 맘속으로 삼키고 삶을 살아가고 있다고. 우리가 하지 않는 일은 돌아다니면서 총을 쏘는 일이라고!

221 Sex and the City 6-13

사만다는 스미스와 함께 파티에 갔다가 옛애인 리차드를 만난다.

Richard: **So, how long have you been babysitting?**

Samantha: **Said the man who's hosting a Teen Posse party.**

Richard: **Don't rub it in. The hotels have to stay hip. So I have to bend over backwards.**

리차드: 그래, 보모 일을 한지는 얼마나 됐어?
사만다: 당신이야말로 '십대들' 파티를 주최하면서 말야.
리차드: 그만 들먹이고. 호텔은 유행의 상징이니 난 최선의 노력을 해야 돼.

222 Desperate Housewives 1-9

정원사 존의 집 앞에서 존이 친구와 자신의 연애사에 대해 얘기하고 있다.

Friend: **I still don't get while you're not with Danielle anymore. She looked so slutty at Ray's party.**

John: **She's not my type, I guess.**

Friend: **What? Oh, you still hung up on your mysterious married lady?**

친구: 네가 더 이상 다니엘과 사귀지 않는 걸 이해못하겠어. 레이의 파티에서는 헤프게 보이던데.
존: 내 타입이 아닌가봐.
친구: 뭐라고? 네 숨겨둔 유부녀를 잊지 못하고 있는거야?

223 Desperate Housewives 1-11

마이크는 수잔에게 아직도 전남편에 대한 애정이 남아있냐고 물어본다.

Mike: **I'm sure part of you does hate him, but, you know, maybe part of you is still hung up on him.**

Susan: **Where are you getting this?**

마이크: 맘속에 조금은 그를 싫어하겠지만 또 당신 맘속 일부는 아직도 그를 잊지 못하고 있을 수도 있어.
수잔: 왜 그렇게 생각해?

224 Desperate Housewives 3-19

빅터와 개비는 엘리베이터에서 섹스를 하게 되고 그들의 사진이 노출되게 되는데…

Gabrielle: **Look, I know this is my fault, so if you wanna bite my head off, go ahead.**

Victor: **You know, Gaby, there are only two things that matter to me these days-- my campaign and you.**

가브리엘: 내 잘못이니까 내게 화를 내고 싶다면 그렇게 해요.
빅터: 저 말이야, 개비, 요즘 내게 중요한 것은 딱 두가지가 있는데 하나는 내 선거운동이고 다른 하나는 당신이야.

225 CSI: Las Vegas 1-21

놀이기구에서 아이가 사망한 사건을 맡고 있는 캐서린과 새라의 대화.

Sara: **You worried you tipped your hand in there?**

Catherine: **No.**

Sara: **Look, don't bite my head off, but any chance you're going after this guy because you're a mother?**

새라: 아까 정보를 흘려서 걱정돼요?
캐서린: 아니.
새라: 저기, 뭐라고 하지 말고요, 캐서린이 엄마라서 이 남자를 쫓는거 아니예요?

226 Sex and the City 5-2

사만다는 애인인 리차드와 대화를 나누고 있다.

Samantha: **My friends don't believe you.**

Richard: **Am I dating your friends?**

Samantha: **I wouldn't put it past you.**

사만다: 내 친구들은 당신을 믿지 않아.
리차드: 내가 당신 친구들과 데이트하는거야?
사만다: 당신은 그러고도 남을 사람이지.

227 Criminal Minds 5-14

집 안에 있는 범인을 잡으러 들어가는 로시와 하치의 대화

Rossi: **We got a car down the street and one in the driveway.**

Hotch: **Both plates match the wife's name. Remember, there's a 9-year-old boy in there and I wouldn't put it past him to hurt his own family. Or himself.**

로시: 차는 길가에 한대, 주차장 입구에 한대가 있어.
하치: 두 차 모두 아내명의로 되어있네. 기억하라고, 저 안에는 9살 먹은 아이가 있다는 걸. 그리고 범인은 자기 가족이나 혹은 자신에게 해를 끼치고도 남을 사람이야.

228 Friends 7-11

피비가 조이와 한달에 한번 만나서 다른 친구들 얘기를 한다고 하니까…

Phoebe: **Oh, I have dinner plans with Joey. We get together about once a month to discuss the rest of you guys.**

Ross: **Wow, did not know that! May I say how lovely you look today?**

Phoebe: **Duly noted.**

피비: 어, 나 조이랑 저녁먹어. 한 달에 한번씩 만나서 너희들 얘기를 해.
로스: 와, 난 몰랐네! 오늘 네가 얼마나 예쁜지 말해도 될까?
피비: 잘 알아들었어.

229 Big Bang Theory 4-12

셸든은 어플을 개발하자고 하고 친구들에게 일을 분담하는데…

Raj: **Hey, why am I in charge of phone support? Seems a bit racist.**

Sheldon: **A customer service representative with an Indian accent will create the impression we're a vast enterprise that uses overseas call centers.**

Raj: **Oh. Very clever. But still racist.**

Sheldon: **Duly noted.**

라지: 왜 내가 전화지원 담당이야? 인종차별같은데.
셸든: 인도 억양의 고객지원 담당자가 있으면 해외 콜센터를 이용하는 커다란 기업이라는 인상을 줄 수 있을거야.
라지: 아. 알겠어. 그래도 인종차별적이야.
셸든: 잘 알아들었어.

230 Desperate Housewives 1-13

르넷은 바람피우고 있는 아버지 로드니에게 질타를 하는데…

Lynette: **It's not complicated. It's completely irresponsible.**

Rodney: **For years, I have stayed married to a woman that I don't love because I made a vow to God. So don't talk to me about responsibilities!**

Lynette: **But your take on this is you're the victim?**

르넷: 복잡한게 아니라 완전히 무책임한거죠.
로드니: 오랫동안, 신께 맹세했다는 이유로 해서 사랑하지 않은 여자와 결혼생활을 유지해왔다. 그러니 내게 책임감 운운하지마라!
르넷: 그럼 이거에 대한 아버지 생각은 아버지가 피해자라는거예요?

231 Big Bang Theory 5-9

레너드와 페니가 영화관에서 표를 사고 있다.

Penny: **Oh, hey, if we hurry, we can make the new Jennifer Aniston movie.**

Leonard: **Oh, yeah, sure. There's also an amazing documentary about building a dam on river in South America.**

Penny: **Okay, but the Jennifer Aniston movie has Jennifer Aniston, and she's not building a dam.**

Leonard: **Can't argue with that. I'll get the tickets.**

Penny: **Okay.**

Leonard: **Actually, you know what? I think it's about time I pick a movie we see.**

Penny: **You pick plenty of movies.**

페니: 서두르면 제니퍼 애니스톤의 신작 영화를 볼 수 있어.
레너드: 그래 물론. 남아메리카 강에 댐 건설에 관한 멋진 다큐멘터리도 있는데.
페니: 그래, 하지만 제니퍼 애니스톤의 영화에는 제니퍼 애니스톤이 있어, 그리고 그녀는 댐을 건설하지는 않아.
레너드: 두말하면 잔소리지. 내가 표를 사올게.
페니: 좋아.
레너드: 실은, 저기 말야? 내가 볼 영화를 고를 차례인 것 같은데.
페니: 네가 지금까지 많은 영화 골랐잖아.

232 Friends 7-11

모니카가 런던에서 하룻밤 자려고 한 상대는 원래 챈들러가 아니라는 사실을 피비가 얼떨결에 말하고 마는데…

Phoebe: **Tell him who you originally wanted to hook up with that night.**

Monica: **What?!**

Chandler: **What?**

Phoebe: **What?!**

Chandler: **Who did you originally want to hook up with?**

피비: 그날밤에 원래 누구랑 보낼려고 했는지 챈들러에게 말해.
모니카: 뭐라고?!
챈들러: 뭐라고?!
피비: 뭐라고?!
챈들러: 원래 누구랑 자려고 했는데?

233 CSI: Las Vegas : 1-14

브래스 경감과 그리섬 그리고 캐서린이 모여서 사건을 어떻게 처리할지 토의한다.

Brass: **I don't know. You're the lab guys. What is the evidence telling you?**

Grissom: **Forensically, we can't prove if Mel took the digoxin overdose or if she forced it on him.**

Catherine: **So that leaves us with one choice.**

브래스: 난 몰라. 당신들이 연구실팀이잖아. 증거가 뭐라고 하고 있어?
그리섬: 증거상으로 보면 멜이 스스로 디곡신을 과다복용했는지 아니면 부인이 강제로 먹였는지 증명할 수 없어.
캐서린: 그럼 한가지 선택만이 남네요.

234 Friends 7-2

모니카는 성대한 결혼식을 원해서 챈들러가 모은 돈을 다 쓰자고 하는데…

Chandler: **I realize that honey, but I'm not gonna spend all of the money on one party.**

Monica: **Honey, I love you, but if you call our wedding a party one more time, you may not get invited. Okay? Listen, we could always earn more money, okay? But uh, we're only gonna get married once.**

Chandler: **Look, I understand, but I have to put my foot down. Okay? The answer is no.**

Monica: **You-you're gonna have to put your foot down?**

챈들러: 그건 나도 알아 하지만 한 파티에 돈을 다 쓰지는 않을거야.
모니카: 자기야, 널 사랑하지만, 우리의 결혼식을 파티라고 한번 더 부르면 넌 초대받지 못할 수도 있어. 알았어? 이봐, 우리는 앞으로 계속 더 많은 돈을 모을 수 있지만, 결혼은 오직 한번 뿐이야.
챈들러: 저기, 이해해, 하지만 난 반대야. 알겠어? 대답은 노야.
모니카: 네가 반대할거라고?

235 Game of Thrones 2-7

티리온과 세르세이의 대화. 세르세이가 근친상간의 대가를 두려워하며 타르가르엔의 반이 미쳤다고 하고 자식들을 걱정하자, 티리온은 나머지 두 남매는 온전하지 않냐고 위로한다.

Tyrion: **You've beaten the odds. Tommen and Myrcella are good, decent children, both of 'them.**

티리온: 누나는 확률을 이겨냈잖아. (세명의 자식 중 두명인) 토멘과 마르셀라는 선하고 근사한 아이들이야, 둘 다

236 Friends 5-6

로스는 결혼식에서 실수를 하고 나서 에밀리를 뉴욕으로 데려오고 싶은데…

Ross: **Look, if I can just do what Emily wants and get her to New York, I'm sure everything will be fine.**

Chandler: **Okay, but don't you think this is a little extreme?**

Ross: **After what I did? Can you blame her?**

Phoebe: **Oh my God! You got off easy! When my friend Silvie's husband said someone else's name in bed, she cursed him and turned his thingy green.**

로스: 에밀리가 원하는 걸 해서 뉴욕으로 오게 할 수 있다면, 뭔들 못하겠어.
챈들러: 그래 하지만 좀 심한 것 같지 않아?
로스: 내가 한 짓이 있는데 에밀리를 비난할 수는 없지.
피비: 맙소사! 넌 가볍게 끝나는거야! 내 친구 실비는 자기 남편이 침대에서 다른 사람 이름을 말했다고 해서 저주를 퍼붓고 그 사람 고추를 녹색으로 만들었대.

237 Desperate Housewives 1-13

브리의 남편 렉스는 브리가 사귀는 약사 조지에게 찾아와 경고한다.

Rex: **I just want you to know that she'd only be using you to even the score with me. Don't fall for it.**

George: **Bree would never do anything like that. She's a lady.**

렉스: 브리는 오직 나에게 복수하려고 당신을 이용하고 있다는 것을 알았으면 해요. 넘어가지 마요.
조지: 브리는 절대로 그런 짓을 할 사람이 아녜요. 숙녀인데요.

238 Sex and the City 2-17

친구들은 남녀관계와 우정에 대해서 이야기를 주고 받고 있다.

Carrie: **If you don't make it as a couple, you withhold your friendship as a punishment?**

Charlotte: **Oh, you make it sound so bad.**

Samantha: **Black Widow spiders bite their heads off of their mates when they're through with them. I think withholding friendship is letting them off easy.**

캐리: 연인이 되어 주지 않으면 벌로 우정을 거부하는거야?
샬롯: 그렇게 말하니까 이상하다.
사만다: 블랙 위도우 거미들은 교미가 끝나면 상대를 먹어치운대. 우정을 주지 않는 것은 쉽게 봐주는거지.

239 NCIS 4-10

검시관 덕은 깁스를 아래층으로 내려오라고 하는데…

Gibbs: **Couldn't have told me that on the phone, Duck?**

Duck: **Yes, I could have, Jethro, but that's not the reason I asked you down here. I took the liberty of reviewing the profile that the FBI prepared on our serial killer eight years ago.**

깁스: 덕, 전화로 말할 수 없는 거였어요?
덕: 아니, 할 수 있었지, 제스로. 하지만 이리로 내려오라고 한 이유는 그게 아냐. 내가 임의로 FBI가 8년 전에 우리가 찾는 연쇄살인범에 대해 한 프로파일을 훑어봤네.

240 Big Bang Theory 3-16

속도위반으로 딱지를 끊긴 셸든과 페니는 법정으로 가야 하는데…

Sheldon: **I've taken the liberty of scripting your appearance on the witness stand because, let's face it, you're somewhat of a loose cannon. Now, don't worry, it's written in your vernacular. So shall we rehearse?**

Penny: **Do I have a choice?**

셸든: 증언대에서의 네 역할에 대해 스크립트를 임의로 준비했어. 인정하자고, 넌 좀 통제불능이잖아. 걱정마, 이건 네 수준에 맞게 적은거야. 자, 예행연습을 시작할까?

페니: 내게 선택권이 있어?

241 Friends 7-8

레이첼은 비서 태그가 여친과 헤어지자 작업에 들어가기 시작하는데…

Rachel: **How are you holding up?**

Tag: **Not bad.**

Rachel: **Yeah? I'm sorry about your girlfriend.**

Tag: **Thanks.**

레이첼: 어떻게 지내?

태그: 괜찮아요.

레이첼: 그래? 여친 문제는 유감이야.

태그: 고마워요.

242 Desperate Housewives 1-21

임신한 가브리엘을 찾아온 정원사 존은 자기의 아들일 수도 있다고 하면서…

Gabrielle: **John, what are you doing here?**

John: **I've been doing some serious thinking about the baby.**

Gabrielle: **Really? Why?**

John: **Because, there's a good chance that it's mine. And if it is, I want to do the right thing.**

Gabrielle: **No, no, no. Nobody expects you to do the right thing.**

John: **Yeah, I kinda figured you'd try to blow me off. That's why I'm going directly to Mr. Solis.**

가브리엘: 존, 여기서 뭐하는거야?
존: 아기에 대해 진지하게 생각 좀 해봤어요.
가브리엘: 정말? 왜?
존: 왜냐면 내 아이일 가능성이 많잖아요. 그리고 만약 그렇다면 올바른 일을 하고 싶어요.
가브리엘: 아냐, 아무도 네가 올바른 일을 하기를 기대하지 않아.
존: 날 제쳐놓으려고 할 줄 알았어요. 바로 그래서 솔리스 씨에게 직접 이야기하려구요

243 Desperate Housewives 1-2

수잔의 실수로 집을 날린 이디에게 마이크가 안부인사를 한다.

Mike: **Hey, I'm sorry about your house. How you holding up?**

Edie: **All right, I guess. Oh! Is somebody having a party?**

Mike: **No, Susan is just throwing me one of her traditional welcome to the neighborhood dinners.**

마이크: 집 일은 정말 안됐어요. 어떻게 잘 지내고 있어요?
이디: 괜찮아요. 오! 누가 파티하나요?
마이크: 아뇨, 수잔이 관습대로 이웃환영 저녁식사를 해준다고 해서요.

244 CSI: Las Vegas 6-13

캐서린이 아버지 샘에게 사건에 관해 물어본다. stag는 속어 go alone이라는 뜻.

Catherine: **You always were a sucker for a hot dancer, weren't you, Sam?**

Sam Braun: **Me and Lois -- I love her, but I like to be in the driver's seat. Like this dancer I'm seeing now -- she's working tonight; that's why I came stag.**

캐서린: 아버지는 항상 섹시한 댄서에는 사족을 못쓰잖아요, 그렇지 않았어요?
샘 브라운: 나와 로이스… 그녀를 사랑하지만 난 내가 주도하는 것을 좋아한단다. 내가 요즘 만나는 댄서처럼 말이다. 오늘밤에 일한다고 해서 그래서 혼자 왔지.

245 Desperate Housewives 1-11

몰에서 알바를 하는 개비는 톰과 르넷을 보고 숨으려하다 그만 옷이 회전대에 끼고 만다.

Gabrielle: **Just doing a little shopping, trying to get my mind off things.**

Sarah: **Hey Gabby, you need help, it looks like you're stuck here.**

Gabrielle: **Uh! I guess I am.**

Sarah: **No worries, I got it.**

Gabrielle: **I guess I got too close to the turn table. I'm a sucker for these Buicks.**

가브리엘: 머리 좀 식히느라 쇼핑 좀 하고 있었어.
새라: 개비, 도와줄게, 네 옷이 끼인 것 같아.
가브리엘: 그런 것 같아.
새라: 걱정마, 내가 처리했어.
가브리엘: 내가 회전대에 너무 가까이 갔나봐. 내가 이 뷰익에는 사족을 못쓰잖아.

246 Sex and the City 1-7

빅과의 연애에 빠져서 친구들과 소원해지자 미란다가 전화를 한다.

Miranda: **Hi, I'm trying to get a hold of a Miss Carrie Bradshaw. She used to be a friend of mine.**

Carrie: **Good morning.**

Miranda: **Wait. I think I recognize that voice.**

미란다: 안녕, 한때 내 친구였던 캐리 브래드쇼 양이라는 사람과 통화하고 싶은데요.
캐리: 안녕.
미란다: 잠깐. 목소리를 알아볼 것 같아.

247 Sex and the City 4-17

보그지에 연재하게 된 캐리가 에니드와 나누는 대화.

Enid: **This shows improvement, but still reeks of you. This magazine doesn't care what you say about shoes. What do you know about shoes?**

Carrie: **Enid, with all due respect, men I may not know, but shoes... ... shoes, I know.**

에니드: 훨씬 나아졌지만 아직도 당신 냄새가 나요. 이 잡지는 당신이 구두에 대해 뭐라하든 관심없어요. 구두에 대해서 뭘 알아요?
캐리: 에니드, 그렇기는 하지만, 내가 남자는 모를지라도 구두에 대해서는 알아요.

248 Desperate Housewives 1-4

수잔이 이디의 집에 불질렀다는 사실을 알고 있는 후버부인과 얘기나누고 있다.

Mrs. Huber: **I hope it works out with you and Mike. You've been so desperate to land him.**

Susan: **I am not desperate.**

Mrs. Huber: **Oh, good Lord, Susan. You burned your rival's house down. If that isn't desperate, I don't know what is.**

Susan: **Mrs. Huber, with all due respect, you're crazy.**

후버부인: 너와 마이크가 잘되기를 바래. 마이크를 잡기 위해 그렇게 절박했잖아.
수잔: 난 절박하지 않은데요.
후버부인: 이런, 수잔. 넌 경쟁자의 집을 불태웠는데, 그게 절박한게 아니라면 뭐가 절박하다는 건지 모르겠네.
수잔: 후버부인, 죄송하지만 당신 미쳤네요.

249 Desperate Housewives 2-13

카를로스는 결혼무효선언자료를 가지고 와서 가브리엘에게서 약속을 받아내려고 한다.

Gabrielle: **You are threatening me with an annulment? That conniving little bitch put you up to this, didn't she? Didn't she?**

Carlos: **This fight could be over right now if you'd just make me a promise.**

가브리엘: 결혼을 무효로 하겠다고 협박하는거야? 그 앙큼하고 못된 년이 당신한테 이러라고 시켰지, 그렇지 않아?

카를로스: 이 싸움은 당신이 약속만 해줬으면 벌써 끝났을거야.

250 Big Bang Theory 5-2

쉘든은 페니의 지저분한 의자를 버리게 하려고 에이미를 이용하는데…

Amy: **I just have one question about the chair.**

Penny: **And what's that?**

Amy: **Aren't you worried about it being unhygienic?**

Penny: **No, it's completely fine. Hmm. I get it. Sheldon sent you. He put you up to this.**

에이미: 의자에 대해 물어볼게 하나 있어.

페니: 그게 뭔데?

에이미: 의자가 비위생적이라고 생각하지 않아?

페니: 응, 전혀 괜찮어. 음. 알겠어. 쉘든이 널 보냈구나. 쉘든이 너보고 이렇게 하라고 시켰어.

251 Desperate Housewives 3-22

개비가 조깅중에 수잔을 보고 와서 인사한다.

Gabrielle: **Oh, Susan! Julie told me about Ian. I am so sorry. You must be devastated.**

Mike: **Hey, Gaby.**

Gabrielle: **I see you've picked up the pieces.**

Susan: **We got engaged last night. We're getting married!**

가브리엘: 오 수잔! 줄리한테 이안소식 들었어. 안됐어. 상심이 크겠어.
마이크: 안녕, 개비.
가브리엘: 다시 일어섰구나.
수잔: 간밤에 약혼했어. 우리 결혼해!

252 Game of Thrones 1-4

세르세이가 네드 스타크를 찾아온다.

Stark: **The King called on me to serve him and the realm, and that's what I'll do until he tells me otherwise.**

Cersei: **You can't change him. You can't help him. He'll do what he wants, which is all he's ever done. You'll try your best to pick up the pieces.**

Stark: **If that's my job, then so be it.**

스타크: 왕이 제가 왕과 왕국을 위해 일하라고 하셨습니다. 다른 말씀이 있기 전까지는 그 일을 할 겁니다.
세르세이: 왕을 변화시킬 수는 없어요. 왕을 도울 수도 없어요. 왕은 지금까지 그래왔던 것처럼 자기 맘대로 할거예요. 당신은 최선의 노력을 다해서 사태를 수습하는게 다일거예요.
스타크: 그게 저의 일이라면 그렇게 하지요.

253 Big Bang Theory 2-10

스테파니와 동거중인 레너드는 페니에게 동거를 취소할 수 있는 방법을 물어본다.

Leonard: **Okay, here's the thing, I'm afraid that if I ask her to move out, she'll just dump me.**

Penny: **Well, it's a chance you have to take. I mean, look, if it's meant to be, it'll be.**

Leonard: **Very comforting. Okay, so what do I say to her?**

Penny: **I don't know. I mean, what have women said to you when they wanted to slow a relationship down?**

Leonard: **I really like you, but I want to see how things go with Mark?**

Penny: **Yeah, that'll slow it down.**

레너드: 그래, 문제는 이거야. 집에서 나가라고 한다면 걔가 날 차버릴 것 같아.
페니: 그 정도 위험은 감수해야지. 어차피 그렇게 될거라면 언제가는 그렇게 될 일이야.
레너드: 참 위로가 된다. 그래, 그럼 내가 그녀에게 뭐라고 해야 돼?
페니: 몰라. 내 말은 여자들이 너와 관계를 천천히 하자고 할 때 뭐라고 네게 말했어?
레너드: 정말 네가 좋지만, 마크와도 잘 맞을지 알고 싶어?
페니: 그러면 되겠네.

254 Sex and the City 1-5

프랑스인 건축가인 질은 캐리에게 함께 파리에 가자고 제안한다.

Carrie: **I thought you were spending the next six months in Brazil?**

Gilles: **You can join me there first.**

Carrie: **Don't tempt me. I'm so broke, I might take you up on that just to save in rent.**

캐리: 앞으로 6개월 동안은 브라질에 있는 걸로 알고 있는데요.
질: 먼저 거기서 만나면 돼요.
캐리: 유혹하지마요. 요즘 돈이 없어서 집세 아끼려고 당신 말을 들을지 모르니까요.

255 Friends 5-16

모니카와 연인이 되는 꿈을 꾼 조이가 챈들러에게 이를 말하는데…

Chandler: **Joey, look, are you attracted to Monica? Right here, right now, are you attracted to her?**

Joey: **Not really.**

Chandler: **Well there you have it!**

Monica: **Well sure! I'm just wearing sweats!**

챈들러: 조이, 모니카에게 끌려? 지금 여기서, 모니카에게 끌리냐고?
조이: 그렇지 않아.
챈들러: 그래 바로 그런거야.
모니카: 당연하지! 난 운동복을 입고 있는데!

256 CSI: Miami 1-15

델코는 지폐에 놀린 자국의 숫자를 발견하는데…

Horatio: **Could lead us straight back to him hopefully, huh?**

Delko: **Yeah. Looks like sixteen numbers.**

Horatio: **Eric, your genius knows no bounds. There you have it. Nice going.**

호라시오: 잘하면 누군지 바로 알아낼 수도 있겠네, 그렇지?
델코: 예,16자리 숫자인 것 같아요.
호라시오: 에릭, 자네 능력은 정말 대단해. 그런 줄 알아. 잘했어.

257 CSI: Las Vegas 4-7

워릭이 뭔가 발견하고 그리섬에게 물어본다.

Warrick: **Grissom, what do you make of this? We noted a similar type substance on the girl's wrists.**

Grissom: **Doesn't look like it belongs on the victim or her sheets.**

워릭: 반장님, 이거 어떻게 생각해요? 그 여자애의 손목에서도 비슷한 유형의 물질을 봤잖아요.
그리섬: 이건 피해자나 그녀의 시트에서 나올 그런 물질은 아닌 것 같아.

258 CSI: Las Vegas 1-13

닉은 검의관 로빈스 박사에게 자신이 시신을 제대로 묻어주고 싶다고 하는데…

Dr. Albert Robbins: **Sure that's prudent, given the circumstances?**

Nick: **Doc, I'm giving this girl a proper burial. I don't much care about my career right now. Someone wants to throw me in jail for that so be it.**

로빈스 박사: 주변환경을 고려할 때 그게 신중한 행동일까?
닉: 박사님, 이 소녀에게 제대로 매장을 해주는거예요. 지금 내 경력은 신경쓰지 않아요. 이걸로 날 감방에 넣고 싶어한다면 그러라고 해요.

259 Big Bang Theory 4-15

총장이 레이섬 부인에게 3명을 소개하는데, 하워드만이 박사가 아니다.

Seibert: **Mrs. Latham, I'd like you to meet three of our outstanding young researchers. This is Dr. Leonard Hofstadter, Dr. Rajesh Koothrappali and Howard Wolowitz.**

Mrs. Latham: **Well, what happened to you, Wolowitz, couldn't stick with it long enough to get your PhD?**

시버트: 레이섬 부인, 우리의 뛰어난 젊은 연구가 3명을 만나보시죠. 여기는 레너드 호프스태더 박사, 라제쉬 쿠트라팔리 박사, 그리고 하워드 월로위츠입니다.
레이섬 부인: 월로위츠는 어떻게 된거예요, 박사학위를 받을 정도로 계속 공부하지 못한거예요?

260 Desperate Housewives 1-17

르넷은 어설프게 남의 가정사에 끼어들었다가 된통 당하는데…

Lily: **Where the hell do you come off telling people to stop going to counseling?**

Lynette: **I didn't mean that you…**

Lily: **Sure, we have our share of problems. Financial, emotional, sexual… but we we're solving them.**

릴리: 당신이 뭔데 나타나서 사람들에게 상담가는걸 멈추라고 하는거예요?
르넷: 난 그 뜻이 아니라…
릴리: 그래요, 우린 우리들의 문제점들이 있어요. 재정적, 정서적, 그리고 성적인 문제들요. 하지만 우리는 그 문제들을 풀고 있어요.

261 Sex and the City 5-4

표지모델로 선정된 캐리는 옷을 선정하는데 사만다와 함께 간다.

Carrie: **Nice to meet you. I don't usually dress like a high class hooker.**

Samantha: **That is not a hooker look.**

Carrie: **Please, this screams hooker. What respectable New York woman would be caught dead wearing this?**

캐리: 반가워요. 보통 고급창녀같은 옷을 입지 않아요.
사만다: 창녀처럼 보이지 않아.
캐리: 창녀라고 외치고 있잖아. 인텔리 뉴욕 여성은 절대 이런 옷을 입지 않을거야.

262 Desperate Housewives 1-9

개비는 자선행사로 집에서 패션쇼를 연다.

Bree: **So, why isn't Mrs. Huber here?**

Edie: **Last I heard, she went to visit her sister. I just can't believe that Martha would agree to wear this.**

브리: 왜 후버 부인은 왜 안오는거야?
이디: 최근에 듣기론 언니 만나러 갔어. 후버부인이 이걸 입겠다고 했다니 놀랍네.

263 Desperate Housewives 3-5

르넷이 톰의 꿈인 피자가게 여는 걸 도와준다고 하자 친구들이…

Lynette: **I know, but I said that I would support him and help him follow his dream.**

Susan: **Well, he can't hold you to that, not if the dream is pizza.**

Gabrielle: **She promised to stand by him, and once you make that commitment you have to see it through.**

르넷: 알아요 하지만 남편이 꿈을 이루는데 지지하고 도와주기로 했어요.
수잔: 그 꿈이 피자가 아니라면 몰라도 너한테 그 약속을 지키라고 할 수는 없지.
가브리엘: 르넷이 톰을 지지한다고 약속했잖아. 한번 약속을 하면 끝까지 그 약속을 지켜야 돼.

264 Breaking Bad 5-1

거스가 죽었다는 소식을 듣고 차를 몰고 가는 마이크와 역시 마이크를 찾아 차를 모는 월터와 제시가 중간에 만난다.

Mike: **What is it with you guys? Honest to God.**

Walter: **May I? Look. Whatever differences you and I have, they'll keep. Right now we've got bigger fish to fry.**

Mike: **Bigger fish.**

Jesse: **The video cameras.**

Walter: **Gus kept cameras on us at the lab, at the laundry, God only knows where else. And, of course, when I say "us," including you.**

마이크: 도대체 너희 둘은 왜 그러는거야?
월터: 내가 말해도 될까? 자, 우리 서로 다른 점은 무엇이든 접어두고 현재는 더 큰 문제가 있어.
마이크: 더 큰 문제라.
제시: 비디오 카메라.
월터: 거스는 실험실, 세탁소 그리고 어딘지 모를 곳에서 우리들을 카메라에 담았고, 물론 내가 '우리'라고 할 때는 당신도 포함해.

265 Desperate Housewives 3-7

Grocery에서 남편이 바람폈다고 총으로 인질을 잡고 있는 캐롤린이 노라를 죽이고 나서…

Carolyn: **Oh, don't look at me that way. You know you wanted her dead.**

Lynette: **How can you say that?**

Carolyn: **Well, you told me about her and your husband after I made it pretty clear where I stand on whores.**

캐롤린: 그런 식으로 날 쳐다보지마. 너도 걔가 죽기를 원했잖아.
르넷: 어떻게 그런 말을 해요?
캐롤린: 창녀같이 바람핀 년들을 내가 어떻게 생각하는지 분명히 밝힌 후에 넌 그년과 네 남편얘기를 내게 했어.

266 Big Bang Theory 6-1

구내식당에서 쉘든이 레너드에게 질문을 던진다.

Sheldon: **Leonard, where do you stand on the anthropic principle?**

Leonard: **Interesting question. On the one hand, I always thought…**

Sheldon: **You don't even know what it is, do you?**

쉘든: 레너드, 인본원리에 대한 너의 생각은 뭐야?
레너드: 흥미로운 질문이네. 한편으로는 난 항상 생각을…
쉘든: 넌 그게 뭔지도 모르지, 그렇지?

267 Sex and the City 2-11

샬롯은 애인이 게이가 아닌지 스탠포드에 평가를 내리게 하는데…

Standford: **I find him very attractive. Which, of course, means he's straight. He's obviously choosing to be straight… …because he seems to be head over heels about her.**

Charlotte: **What if he's gay and he doesn't know it yet?**

스탠포드: 매우 매력적이야. 물론 이 말은 그는 게이가 아니라는거야. 그는 샬롯을 무척 좋아해서 이성애자가 되기로 선택한게 분명해.

샬롯: 자신이 게이인데 아직 모르고 있으면 어떻게?

268 Desperate Housewives 3-22

이디는 카를로스와 관계를 발전시키고 싶어하지만…

Carlos: **Edie, nobody wants a kid more than me. It's just…**

Edie: **Yeah, yeah, we're not head over heels in love. We like each other, right? I mean, that's more than a lot of parents have going for them.**

카를로스: 이디, 나만큼 아이를 원하는 사람은 없을거야. 그건 단지…

이디: 그래, 그래. 우린 깊이 사랑을 하지 않지. 서로 좋아는 하잖아, 맞지? 내 말은 그거면 웬만한 부모들 사이보다 훨씬 나은거야.

269 Desperate Housewives 1-15

존의 친구 저스틴은 특별한(?) 정원사가 되겠다고 간청하는데…

Justin: **Mrs. Solis, please.**

Gabrielle: **Did I mention why my husband's home a lot? He's under house arrest. He has a lot of anger toward the government right now and he's just dying to find someone to take it out on.**

저스틴: 솔리스 부인, 부탁해요.
가브리엘: 내가 남편이 집에 많이 있다고 말했나? 가택연금중이야. 지금 정부에 분노가 많아서 분풀이 할 사람을 눈씻고 찾고 있다고.

270 Desperate Housewives 3-2

브리의 결혼식장. 르넷은 노라를 카를로스에게 소개시켜주고 둘은 춤추며 키스하는데 개비가 달려온다.

Tom: **This is not going to end well.**

Lynette: **They are just two random people who met at a wedding. Can't pin it on me.**

톰: 좋게 끝나지 않겠는데.
르넷: 결혼식장에서 두명이 우연히 만났을 뿐이데. 나한테 뒤집어 씌울 수는 없지.

271 CSI: Las Vegas 2-1

캐서린이 용의자 재닌을 심문하고 있다.

Catherine: **We found fifty Xanax in Tony's stomach.**

Janine: **Don't pin that on me. I'd left.**

Catherine: **I'll tell you what you left -- your fingerprints all over the prescription bottle.**

캐서린: 토니의 위에서 자낙스 50알을 발견했어.
재닌: 나한테 뒤집어 씌우지마요. 난 이미 나갔다구요.
캐서린: 당신이 남기고 한 것을 말해주지. 조제약병에 곳곳에 지문이 묻어 있어.

272 Desperate Housewives 3-6

르넷은 집앞 그네에 앉아 술을 마시고 있고 지나가던 수잔이 인사를 한다.

Susan: **Hey, you. Whatcha doing?**

Lynette: **I suckered McCluskey into taking the kids for a while so I could kick back and catch up with my old friend margarita. You care to join us?**

수잔: 안녕, 뭐하는거야?
르넷: 맥클러스키 부인을 꼬득여서 잠시 아이들 봐달라고 했어. 좀 쉬면서 내 오랜 친구인 마가리타와 회포를 풀 수 있게 말야. 함께 할래?

273 Desperate Housewives 1-3

메리의 자살로 메리가 주최하기로 한 파티는 없었던 일로 되어 버리는데…

Susan: **How could we have all forgotten about this?**

Lynette: **We didn't exactly forget. It's just usually, when the hostess dies, the party is off.**

Bree: **Lynette!**

Lynette: **I'm not being flip, I'm just pointing out a reality.**

Gabrielle: **Mary Alice was so excited about it. It's so sad.**

수잔: 어떻게 우리 모두가 이걸 잊어버릴 수 있지?
르넷: 정확히 말하면 잊은게 아냐. 그냥 보통 파티 주최하는 사람이 끝나면 파티는 없는거지.
브리: 르넷!
르넷: 진심이야, 난 현실을 얘기했을 뿐이야.
가브리엘: 메리 앨리스가 무척 좋아했었는데. 정말 슬프다.

274 Desperate Housewives 1-17

브리 부부가 아들 앤드류를 캠프에 넣을 것인가 대화하고 있다.

Bree: **We have to admit that we need help. If we can't get through to Andrew then we have to find someone who can.**

Rex: **You really want to send our son away to some prison camp?**

브리: 우리는 도움이 필요하다는 사실을 인정해야 돼. 우리가 앤드류와 의사소통이 안되면 할 수 있는 누군가를 찾아야 돼.
렉스: 정말 우리 아들을 감옥 같은 캠프로 보내고 싶어

275 Sex and the City 3-5

사만다의 흑인 애인인 Chivon의 누나가 둘의 만남을 용인하지 않는다.

Charlotte: **Maybe you should stop seeing him, Samantha. Race is a very big issue.**

Samantha: **No. There is no reason to bring race into this. Chivon is a sweet man. We have great sex, and he happens to have the biggest...**

Charlotte: **Black cock! We know he has a big black cock!**

Samantha: **I was about to say biggest heart. But now that you're so interested, yes. He does have a big black cock.**

Miranda: **It's big African-American cock. Right, Charlotte?**

Charlotte: **Don't make fun of me. My chin hurts.**

샬롯: 사만다, 그를 그만 만나는게 어때. 인종은 큰 문제잖아.
사만다: 아니. 우리 사귀는데 인종문제를 끌어들일 이유는 없어. 쉬본은 달콤한 남자야. 우리는 아주 멋진 섹스를 했고 공교롭게도 아주 큰…
샬롯: 흑인의 고추! 우리는 그가 커다란 흑인고추를 갖고 있는 것을 알아!
사만다: 난 아주 맘이 넓다고 말하려고 했는데. 하지만 관심이 그렇게 있다면야, 그는 커다란 흑인 고추를 갖고 있어.
미란다: 커다란 아프리카 미국인 고추라고 해야지. 맞지, 샬롯?
샬롯: 나 놀리지마. 턱이 아프네.

276 Modern Family 1-16

미첼과 카메론은 입양한 딸 릴리에게 엄마가 없는거에 고민하다 소아과 의사인 미우라 박사와 대화를 나눈다.

Dr. Miura: **Guys, listen. I had a very complicated relationship with my mother. She was born in Japan crazy-traditional. She didn't want me to become a doctor. She wanted me to get married and have kids. But my father... we would talk, and he would actually listen to what I wanted. Anyway, what I'm trying to say is, having a mother isn't always what it's cracked up to be.**

미우라 박사: 들어봐요. 난 엄마와 매우 복잡한 관계였어요. 엄마는 일본태생으로 아주 전통적이셨어요. 엄마는 제가 의사가 되는 걸 원치 않았죠. 결혼해서 아이들 낳는 것을 바랬어요. 하지만 아버지는, 우린 대화를 하게 되었고 아버지는 마침내 내가 원하는 것에 귀를 기울이셨죠. 어쨌든, 내가 말하려고 하는 것은 엄마가 있다는게 항상 좋은 것만은 아니예요

277 Desperate Housewives 1-10

르넷과 이디의 대화장면.

Lynette: **They're with the new nanny.**

Edie: **Wow! Your own personal nanny? Smell you.**

Lynette: **Well, trust me, it's not all it's cracked up to be.**

르넷: 아이들은 새로운 보모와 있어.
이디: 와, 개인 보모야? 이제 알겠네.
르넷: 내 말 믿어. 그게 생각보다 그리 좋지 않아.

278 Desperate Housewives 1-18

렉스는 예약한 부부상담에 가자고 하지만 브리는…

Rex: **We can't cancel now. It's two days away.**

Bree: **Rex, I'm not going. That's all there is to it.**

Rex: **Counseling is part of the treatment at Camp Hennessey. You knew that.**

렉스: 이제 와서 취소할 수는 없어. 이틀 남았잖아.
브리: 렉스, 난 안가. 더 이상 할 말없어.
렉스: 상담은 헤네시 캠프의 치료과정 중의 하나야. 당신도 알잖아.

279 Desperate Housewives 1-20

파티에서 렉스에게 모욕을 당한 조지에게 브리가 찾아와 사과한다.

Bree: **Well, I decide who I need in my life, and I've decided that I need you, and that's all there is to it.**

George: **He could make it awfully difficult for you to spend time with me.**

브리: 내 인생에 누가 필요한지는 내가 결정하고요, 난 당신이 필요하다고 결정했어요. 그게 다예요.
조지: 렉스 때문에 당신이 나랑 같이 시간을 보내는게 무척 어려워질 수도 있어요.

280 Shameless 3-7

칼은 양부모 집에 있고, TV를 켜려고 하는데…

Man: **Put the remote down. It's time for your bath.**

Karl: **How many damn times do I have to smell like mango and pomegranate?**

Man: **Uh, if you think I'm gonna let you near your tutor without one, you got another thing coming, young man.**

남자: 리모콘 내려놓고. 씻을 시간이다.
칼: 몇번이나 망고나 석류같은 냄새를 풍겨야 하나요?
남자: 내가 너의 가정교사랑 단둘이 있도록 허락해줄거라고 생각하면 큰 코 다칠 수 있어.

281 Big Bang Theory 5-6

쉘든의 어머니는 교회에 가서 다들 기도를 하게 하는데 페니의 차례이다.

Penny: **Okay, um, hey, God. What's up? Um, I'm good, but, uh, it would be a big help to my family if you could get my brother to stop cooking meth. But no cops. Be cool.**

Mrs. Cooper: **She also goes a little overboard on the love thy neighbour.**

페니: 좋아요. 하느님, 안녕? 전 괜찮은데 내 동생이 마약제조하는 것을 그만두게 해주실 수 있다면 우리 가족에게 큰 도움이 될거예요. 경찰은 빼주세요.
쿠퍼부인: 이 아이는 또한 이웃을 지나치게 사랑하는게 문제예요.

282 Friends 6-10

송년파티에서 조이는 라이벌 남자를 내쫓기 위해 화장실에서 그 남자 중요부위에 물을 뿌리는데…

Joey: **Uh, take a look at the guy's pants! I mean, I know you told us to show excitement, but don't you think he went a little overboard?**

Director: **What's the matter with you? Get out of here!**

Joey: **Yeah, take a hike, wet pants!**

조이: 저 친구의 바지를 봐요! 내 말은 열띤 분위기를 만들라고 했지만 저 친구는 너무 지나쳤다고 생각하지 않아요?
감독: 당신 왜그래? 나가요!
조이: 그래, 가버려, 오줌싸개야!

283 Sex and the City 6-19

빅은 파리에 간 캐리를 잊지 못하고 세친구를 찾아와 자신이 파리에 가도 되는지 물어본다.

Big: **But I do love her. And if you think I have the slightest chance, I'll be on the next plane to Paris, I'll roam the streets until I find her. I'll do anything. But if you think that she really is happy, well, I wouldn't want to wreck that for her. And I'll be history.**

Miranda: **Go get our girl.**

빅: 하지만 난 캐리를 사랑해요. 가능성이 조금이라도 있다면 다음 비행기로 파리에 갈거예요. 찾을 때까지 거리를 돌아다닐거예요. 뭐든지 할거예요. 하지만 그녀가 정말 행복하다면 괜히 방해하지 않을게요. 그리고 잊혀질게요.
미란다: 가서 잡아요.

284 Desperate Housewives 2-23

올슨의 치과에 온 마이크가 서로 대화를 한다.

Mike: **Diploma says you graduated from Minnesota.**

Orson: **I'm licensed in three states. Open wide, please. Don't talk. I wouldn't want to hurt you.**

마이크: 학위증에 보면 미네소타에서 졸업했다고 되어 있는데요.
올슨: 3개주에서 면허증을 갖고 있어요. 입을 크게 벌려요. 말하지 말고요. 다치게 하고 싶지 않으니까요.

285 Desperate Housewives 1-19

존은 찾아온 개비에게 신용카드를 쥐어주는데…

John: **Yes, you can.**

Gabrielle: **I'll pay it off.**

John: **If you want. But you don't have to. Mrs. Solis…to take care of you… it's my dream.**

Gabrielle: **Well, far be it from me to stand in the way of a young man's dream.**

존: 받아도 돼요.
가브리엘: 나중에 갚을게.
존: 그러고 싶으면요. 하지만 그러지 않아도 돼요. 솔리스 부인, 당신을 돌봐주는게 나의 꿈예요.
가브리엘: 그럼, 젊은이의 꿈을 방해할 생각은 추호도 없어.

286 Sex and the City 2-12

술에 취한 캐리는 파리로 간다는 빅에게 전화해서 따지는데…

Carrie: **I would like to know how you could even think of going to Paris and not even think about discussing it with me. Huh? I think about you all the time. What's he doing? What's he thinking? But you, no. I mean, when... When were you planning to tell me? Are you still there?**

Big: **Yes.**

Carrie: **Okay, well, because I think about you all the time. No, no. Correction, correction. I think about us all the time.**

Big: **Can we get into this another time? I was sleeping.**

캐리: 당신이 어떻게 나하고 상의할 생각도 하지 않고 파리에 갈 생각을 했는지 알고 싶어. 난 항상 당신 생각뿐인데. 뭐하고 있을까? 뭘 생각하고 있을까? 하지만 당신은 아냐. 내 말은 언제 말하려고 했어? 전화받고 있어?

빅: 어.

캐리: 좋아, 난 당신을 항상 생각하고 있기 때문에. 아냐, 다시 말할게. 난 항상 우리에 대해 생각을 하고 있다고.

빅: 이 문제는 다음 기회에 얘기하면 안될까? 난 자는 중이었는데.

287 Desperate Housewives 8-18

르네는 애인의 몸을 뒤진 후 반지를 발견하고서는 형사들에게…

Renee: **Wait! He's not my boyfriend. He's my fiance.**

Mary(narration): **Yes, Renee Perry had waited a long time for a proposal.**

Renee: **Okay. Now you can take him.**

Mary(narration): **And she wasn't about to let it slip through her fingers.**

르네: 잠깐! 이 사람은 내 남친이 아녜요. 내 약혼남예요.
메리(나레이션): 르네 페리는 오랫동안 프로포즈를 기다렸어요.
르네: 이제 데려가도 돼요.
메리(나레이션): 그리고 그녀는 그 반지를 손가락에서 놓칠 마음이 없었습니다.

288 Game of Thrones 1-8

투옥된 네드 스타크를 바리스 경이 찾아온다.

Varys: **I trust you know you are a dead man, Lord Eddard?**

Ned: **The Queen can't kill me. Cat holds her brother.**

Varys: **The wrong brother sadly. And lost to her. Your wife has let the imp slip through her fingers.**

바리스: 죽은 목숨이라는 건 알고 계시겠죠, 스타크 경?
네드: 왕비는 날 죽일 수 없소. 내 아내가 왕비의 동생을 데리고 있잖소.
바리스: 아쉽게도 동생을 잘못 골랐지요. 그리고 놓쳤구요. 경의 부인은 난쟁이를 놓쳤어요.

289 Friends 2-16

조이가 다른 아파트를 생각하는 것 같자 룸메이트인 챈들러가 흥분하기 시작한다.

Chandler: **Woah, woah, woah. I don't need a roommate either, OK? I can afford to live here by myself. Ya know, I may have to bring in somebody once a week to lick the silverware.**

Joey: **What're you gettin' so bent out of shape for, huh? It's not like we agreed to live together forever.**

챈들러: 나도 룸메이트가 필요없어, 알았어? 나 혼자 여기서 살 여력도 되고. 은 숟가락을 핥아 줄 친구는 일주일에 한 번만 부르면 돼.
조이: 왜 그렇게 화를 내는거야? 영원히 함께 살기로 약속한 것도 아니잖아.

290 Big Bang Theory 2-17

기차를 타고 가는데 여배우가 나타나자 하워드가 작업들어가려고 한다.

Raj: **Hang on a sec. Why do you get first crack at her?**

Howard: **Um, well, let's see, couple reasons. One, I saw her first.**

Raj: **No, you didn't. I did.**

Howard: **Fair enough. But then let me move on to number two, unlike you, I can actually talk to women when I'm sober.**

라지: 잠깐만. 왜 네가 먼저 저 여자에게 작업을 거는데?
하워드: 음, 몇가지 이유가 있지. 첫째, 내가 처음으로 그녀를 봤잖아.
라지: 아냐, 네가 아니라 내가 봤지.
하워드: 그렇다고 치자. 하지만 두번째 이유로 넘어가자. 너와는 달리, 난 술 안먹고 여자한테 말을 할 수 있거든.

291 Big Bang Theory 5-21

하워드가 핸드폰에 찍힌 쉘든의 사진을 버나뎃에게 보여준다.

Howard: **Check this out, I got Sheldon to wear the French maid's costume.**

Bernadette: **Oh, my God, that's terrible.**

Howard: **Hey, I gave you first crack at it.**

Bernadette: **Why are you doing that? You're being mean to him.**

하워드: 이것 봐. 쉘든에게 프랑스 하녀복을 입혔어.
버나뎃: 어머, 끔찍하다.
하워드: 너한테 먼저 기회를 줬잖아.
버나뎃: 왜 그렇게 하는데? 넌 쉘든한테 못되게 굴더라.

292 Modern Family 4-7

헤일리는 학교에서 쫓겨나 집에 오는데…

Alex: **Oh, my God. What are you doing here?**

Haley: **I got kicked out. So go ahead, make your jokes. Get it out of your system.**

Alex: **No, that's horrible. I'm so sorry.**

알렉스: 어머나, 여기는 무슨 일이야?
헤일리: 나 쫓겨났어. 어서해, 놀려먹어, 다 털어놓고 해봐.
알렉스: 아냐, 안됐네.

293 Friends 5-14

피비와 챈들러가 결전을 벌이는 순간. 레이첼은 피비의 상의 단추를 풀어주는데…

Rachel: **Okay honey, now I'm gonna try to listen from right here!**

Phoebe: **Okay.**

Rachel: **Okay? Whoa, wait!**

Phoebe: **Good idea!**

Rachel: **Yeah, oh wait!**

Phoebe: **Oh, now, don't give away the farm!**

레이첼: 그래, 난 바로 여기서 듣고 있을게!
피비: 좋아.
레이첼: 됐어? 잠깐!
피비: 좋은 생각이야!
레이첼: 그래, 잠깐!
피비: 필요이상으로 내주지는마.

294 Modern Family 1-9

여친이 없는 매니에게 엄마 글로리아가 자신감을 복돋아준다.

Manny: **I'll always love you, no matter what.**

Gloria: **Oh. You see right there? You need no tricks. Just be the sweet, wonderful little boy that you are.**

Manny: **Sweet little boy... Got it. She won't know what hit her.**

매니: 무슨 일이 있어도 항상 엄마를 사랑할거예요.
글로리아: 봤지? 트릭이 필요없어. 있는 그대로 착하고 훌륭한 소년의 모습을 보여주면 돼.
매니: 착한 소년이라…. 알았어요. 그녀는 놀라서 어쩔 줄 모를거예요

295 Desperate Housewives 1-20

수잔은 폴 영 집안의 비밀을 캐내기 위해 사설탐정을 찾아 온다.

Susan: **This family's got a secret. A bad secret. I think I'm in over my head. I need you to find out everything there is to know about Paul Young and his family. Do you think you can help me?**

Private Investigator: **As a matter of fact, I know I can.**

수잔: 이 가정엔 비밀이 있어요. 나쁜 비밀이요. 제가 해결할 수는 없어요. 폴 영과 그의 가족에 대해 알아야 될 모든 것을 알아내주세요. 도와주실 수 있나요?
사설탐정: 사실은 가능합니다.

296 Big Bang Theory 5-15

쉘든이 식사를 하면서 자기가 하고 싶은 것을 말하면서 같이 할 사람을 구하는데…

Sheldon: **Um, I need a new picture frame and I have a hankering for Swedish meatballs. Who wants to spend the day with me at IKEA?**

쉘든: 난 새 사진액자가 필요하고 스웨덴식 미트볼이 당겨. 누가 나와 함께 이케아에 갈테야?

297 NCIS 4-22

토니와 지바가 토닥거리고 있다.

Tony: **If you're going to give me advice on dating, I'm going to need to get something out of my system first, okay?**

Ziva: **Stop laughing or I will hurt you.**

토니: 내게 연애 상담을 해주겠다면, 마음을 먼저 비우는게 필요할거야, 알았어?
지바: 웃지마 그렇지 않으면 아프게 하겠어.

298 Game of Thrones 4-3

조프리왕 시해범으로 투옥된 티리온에게 종자 포드가 찾아온다.

Tyrion: **My father. Maybe Joffrey was too much work for him. Sweet Tommen will be so much easier to handle. Whenever something bad happens to me, I assume it's my sister that had a hand in it.**

티리온: 아버지일 수도 있어. 아마 조프리를 감당하기에 너무 벅찼나보지. 착한 토멘이 훨씬 다루기 쉬울거야. 언제나 내게 안좋은 일이 생기면, 내 누이가 관련되어 있었다고 생각해.

299 Desperate Housewives 2-14

톰과 르넷이 다니는 회사에서 사장 에드와 대화를 나누는 톰.

Tom: **Look, if I had a nickel for every Phi Kapppa that I tied naked to a freeway sign...**

Ed: **Scavo, if you were my pledge, I'd have made you my bitch.**

Tom: **Oh you think so?**

톰: 저기 제가 정말 수없이 많은 파이카파 클럽 회원을 나체로 고속도로 표지판에 묶어놨지요.
에드: 톰, 자네가 신입회원으로 들어왔다면 내 꼬붕으로 만들었을거야.
톰: 그럴까요?

300 House 2-12

하우스가 자신의 행동을 막는 포맨에게 강하게 반응하는데…

Foreman: **House! You can't do this!**

House: **Oh if I had a nickel for every time I've heard that. Relax. Are they going to sue us? If I'm right, I save his life. If I'm wrong, he's dead no matter what I do.**

포맨: 하우스! 이러시면 안됩니다!
하우스: 그 얘기는 지겨울 정도로 들었어. 진정해. 우리를 고소할건가? 내가 맞다면 그의 생명을 살리는 것이고, 내가 틀렸다면 내가 어떻게 하든지 죽는거지.

301 Desperate Housewives :3-3

가브리엘과 르넷은 호텔 스파에 가서 마사지를 함께 받고 있다.

Gabrielle: **Don't you love this? Oh, God bless Tom for taking the kids camping. This is exactly what we needed. Especially after everything I've been through lately. I am all about relaxing and rejuvenating..**

가브리엘: 이거 좋지 않아? 톰이 아이들을 캠핑에 데려가줘서 정말 고마워. 이거야 말로 우리가 정말 원했던거야. 특히 최근에 내가 겪은 모든 일들을 생각하면 말야. 난 오직 긴장을 풀고 재충전하는데 열중할거야

302 NCIS 4-18

깁스는 정보를 얻기 위해 모사드 출신인 지바에게 정보를 빼오려고 한다.

Gibbs: **There someone you can call?**

Ziva: **Might have a friend in Tel Aviv.**

Gibbs: **Make it happen, Ziva.**

깁스: 그곳에 누구 전화넣을 사람 있어?
지바: 텔아비브에 친구가 있을거예요.
깁스: 그렇게 해, 지바.

303 Prison Break 1-11

프랭클린이 티백에게 경고하는 말.

Franklin: **You know what? We may be a team in here, but just so that you know, the minute we get over that wall, it's every man for himself.**

프랭클린: 그거 알아? 여기 안에서는 우리가 팀일지 모르겠지만, 그냥 알아두라고 말해두는데, 우리가 저 벽을 넘는 순간, 각자 알아서 해야 돼

304 Desperate Housewives 6-8

수잔과 마이크가 침대에서 사랑놀이를 하면서 수잔이 하루종일 이렇게 있자고 제안한다.

Susan: **Listen. I have a crazy idea. Why don't we both call in sick and spend the day in bed naked together? Did I mention naked?**

Mike: **You wanna go for seconds? What's gotten into you?**

수잔: 저기, 내게 아주 좋은 생각이 있어. 우리 둘다 직장에 아프다고 병가를 내고 침대에서 벌거벗고 함께 하루를 보내는거야? 내가 발가벗고라고 했나?

마이크: 한번 더 하자고? 도대체 당신 왜 그러는거야?

305 Big Bang Theory 4-13

에이미는 페니에게 과학 컨퍼런스에 가자고 하는데…

Penny: **Oh. Oh, okay, well, you know, like I said, I have plans, so.**

Amy: **Shame. Since you're my best friend, I thought it would be a good bonding opportunity.**

페니: 알았어. 저기, 내가 말했듯이, 나 계획이 있어.

에이미: 안됐네. 넌 나의 절친이니까 친해질 수 있는 좋은 기회가 될거라 생각했거든.

306 Shameless 1-10

가출한 엄마 Loy가 애인을 데리고 와서 아버지 갤러거가 어땠는지 자식들에게 하소연한다.

Loy: **You have no idea what it was like being married to him. You have no idea how bad it is!**

Lip: **Yeah? Try me.**

로이: 넌 네 아버지와 결혼해 산다는게 어떤 건지 아무것도 몰라. 그게 얼마나 힘든 건지 넌 모를거야!

립: 그래요? 내게 말해 봐요.

307 Sex and the City 3-4

미란다와 사귀는 바텐더 스티브가 함께 동거하고 싶다고 말하는 장면.

Steve: **I'd like to move in.**

Narration: **Most single women dream of this moment. Most single women but Miranda.**

Miranda: **Wow! OK. Where did that come from?**

스티브: 나 들어와 함께 살고 싶어.
나레이션: 모든 독신녀들이 꿈꾸는 순간이다. 미란다를 제외한 모든 독신녀들 말이다.
미란다: 와! 좋아. 근데 어째서 그런 말을 하는거야?

308 Friends 1-1

같은 직장에 다니는 동료 프래니가 휴가갔다 와서 모니카의 얼굴을 보고 한 첫마디는…

Monica: **Hey Frannie, welcome back! How was Florida?**

Frannie: **You had sex, didn't you?**

Monica: **How do you do that?**

모니카: 프래니, 돌아왔구나! 플로리다는 어땠어?
프래니: 너 섹스했지, 그렇지 않아?
모니카: 그걸 어떻게 알았어?

309 Sex and the City 1-10

한 때 신나게 놀던 레이니가 이젠 가정주부가 되어서 캐리를 만나 과거를 회상한다.

Laney: **Seeing you made me remember how much fun we used to have.**

Carrie: **Yeah, we did. It's amazing how much time has gone by.**

Laney: **Tell me about it.**

레이니: 너희들을 만나니까 옛날에 얼마나 재미있었나 생각이 간절해.
캐리: 그래, 우리 그랬지. 정말 놀랍게도 시간이 많이 지났어.
레이니: 누가 아니래.

310 Sex and the City 4-3

사만다의 레즈비언 상대인 마리아가 하는 말.

Maria: **You are magnificent.** How do you say that? You kick ass! I see where this is going. **You don't do relationships and it would be very bad for me.**

마리아: 자기는 대단해. 어떻게 말하지? 아주 끝내줘! 이게 어떻게 돌아갈지 알아. 자기는 관계를 맺지를 않는 건 나에게는 아주 나쁜 일일거야.

311 Modern Family 3-5

헤일리가 사고를 친 후 해결되자 벌을 안받으려고 하자 아버지 필이…

Haley: **Well,** I will tell you one thing**.** I have learned my lesson. **Disappointing my family and friends is punishment enough.**

Phil: Nice try. **You're grounded for two weeks.**

헤일리: 한가지 말씀드릴게요. 제가 교훈을 얻었어요. 가족과 친구들을 실망시킨 건 그 자체로 충분한 벌이예요.
필: 시도는 좋았어. 넌 2주간 외출금지야.

312 Desperate Housewives 1-2

르넷은 차안에서 아이들이 난리법석을 피우자 차에서 잠깐 내려놓고 가버리는데…

Lady: Listen, it seems to me like **you have** some anger management issues**.**

Lynette: **I have four kids under the age of six. I absolutely have anger management issues.**

부인: 내가 보기에 당신에게 분노조절장애가 좀 있는 것 같아요.
르넷: 여섯살 미만인 아이가 넷이예요. 당연히 분노조절장애가 있죠.

313 Desperate Housewives 7-22

부부간에 대화를 하기 위해 간 한적한 곳에서 르넷과 톰이 다른 젊은 부부와 나누는 대화.

Lisa: **It's our third time. We love it here. And it's so quiet and intimate. What could be better, right?**

Tom : **Right.**

Lynette: **You said it.**

리사: 우린 세번째 오는 건데요 여기가 너무 좋아요. 아주 조용하고 아늑하죠. 이보다 더 어떻게 좋겠어요, 그죠?
톰: 맞아요.
르넷: 정말 그래요.

314 Desperate Housewives 1-19

앤드류는 일전에 집에 초대된 사익스 목사님을 교회로 찾아간다.

Reverend Sikes: **I swear before Almighty God I won't reveal a word that's said here today. Now, what's on your mind?**

Andrew: **Well, here's the thing. I lied to my parents. I'm not gay.**

사이크 목사님: 전지전능하신 신 앞에 맹세코 오늘 이야기는 누구에게도 말하지 않으마. 무슨 생각을 하고 있니?
앤드류: 저, 중요한 것은 제가 부모님께 거짓말을 했다는거예요. 전 게이가 아녜요.

315 CSI: Las Vegas 1-2

브래스 경감과 그리섬의 위치가 바뀌는 장면. 그리섬이 팀의 책임자가 된다.

Grissom: **Cop versus scientist. Interesting, huh?**

Brass: **Yeah.**

Grissom: **You got any advice for me?**

Brass: **Yeah, cover your ass... and hide.**

그리섬: 경찰 대 과학자라. 흥미롭네요, 그죠?
브래스: 그래요.
그리섬: 내게 줄 무슨 조언있어요?
브래스: 몸을 사려요, 나서지 말고.

316 Sex and the City 6-4

사만다는 젊은 배우 스미스와 롤플레잉 섹스를 즐기는데…

Samantha: **And then he pretended to tie my hands behind my back and the whole time he kept screaming 'shut the fuck up. I tell you, it is so refreshing to be with someone who likes to fuck outside the box.**

사만다: 그리고는 걔는 내 손을 뒤로 묶는 척했고, 그 동안 계속 "닥쳐"라고 소리질렀어. 정말이지 창의적으로 섹스하는 걸 좋아하는 사람과 함께 할 수 있어 정말 좋아.

317 CSI: Las Vegas 1-9

닉이 그렉에게 조사결과가 나왔는지 물어보는 장면.

Nick: **What have you got?**

Greg: **Well, what you got here is a nice bordeaux and a starbucks blend. No blood. No saliva.**

닉: 알아낸 거 있어?
그렉: 저기, 알아낸 건 고급 와인과 스타벅스 커피가 묻어있네요. 피나 침도 없어요.

318 Friends 4-4

조이는 건물 관리인인 트리거에게 무도회에 가서 출 춤을 가르쳐주는데…

Joey: **We did it!!**

Mr. Treeger: **I know, we did it!! Hey, that was incredible, huh?!**

Joey: **I know, it was amazing! I mean, we totally nailed it, it was beautiful.**

조이: 우리가 해냈어!
트리거: 그래, 우리가 해냈어! 굉장하다, 그지?
조이: 그래, 대단했어. 내 말은 우리가 완전히 해냈다고, 아름다웠어.

319 Friends 5-21

피비와 경찰 남친인 게리와의 대화장면.

Gary: **You look very pretty today.**

Phoebe: **Thanks! Okay.**

Gary: **Here's the thing. Y'know I really want to move this relationship forward.**

게리: 오늘 무척 예쁘네.
피비: 고마워! 그래.
게리: 실은 말야. 난 정말 우리의 관계를 좀 더 발전시켰으면 해.

320 Game of Thrones 2-2

네드 스타크가 참수당하자 아들 롭은 군사를 일으키고 서신을 보내는데 세르세이가 이를 읽는다.

Cersei: **From this time until the end of time, we are not part of your realm, but a free and independent Kingdom of the North. He has more spirit than his father, I'll give him that.**

세르세이: 이 순간부터 영원히, 우리는 너희 왕국의 일부가 아니라, 자유를 가진 독립된 왕국이다. 아버지보다는 용기가 더 있군. 그건 인정하지.

321 Big Bang Theory 3-4

쉘든과 라지의 대화장면.

Sheldon: **Of course I understand. And who are you to tell me about outer space?**

Raj: **I'm the astrophysicist. Astro means space.**

쉘든: 물론 난 이해하지. 그리고 네가 뭔데 우주 밖에 대해 이야기하는거야?
라지: 난 천체 물리학자야. 아스트로는 우주를 뜻해.

322 Friends 3-21

갈비뼈를 다친 레이첼에게 병원에 가보라고 하는 로스…

Rachel: **Well, I will go to the hospital tomorrow, it'll still be broken then. But y'know, I could use a hand getting ready. Look, either help me or go.**

Ross: **Fine. I'll go.**

레이첼: 어차피 부러진 거라면 내일 병원에 가도 돼. 하지만, 저기, 준비하는거 도와주면 좋겠어. 이봐, 날 도와주던지 가던지.

로스: 좋아. 나 갈게.

323 Sex and the City 6-3

사만다가 웨이터 출신의 스미스와 롤플레잉을 하고 있다.

Samantha: **Oh, is that right Jamie. Jerry?**

Smith: **You're right. Yeah. I'm an actor.**

Samantha: **Oh god. There goes my hard-on.**

사만다: 그래, 제이미, 제리?

스미스: 맞아. 난 배우야.

사만다: 이런. 흥분이 가시네.

324 House 6-21

하우스는 재활센터에 들어가고 정신과 상담도 받는다.

House: **Chase had the toxin idea. Maybe he's obsessed with my past.**

Nolan: **And–and now you're talking about a seizure disorder?**

하우스: 체이스가 독에 대해 얘기했죠. 아마 그는 내 과거에 집착하고 있을지도 몰라요.

놀란: 그리고 지금은 발작 장애를 말하고 있는 거예요?

325 Desperate Housewives 3-22

이디는 화장실에서 임신테스트를 해보고 있고 카를로스는 밖에서 왔다갔다하고 있다.

Carlos: **So? What does it say?**

Edie: **It's gonna take a couple more minutes.**

카를로스: 그래? 어떻게 됐어?
이디: 몇분 더 걸릴거야.

326 Desperate Housewives 3-4

카를로스는 경찰폭행으로 경찰서에 한 시간 있다가 나온 가브리엘을 차로 데려오면서 말을 시킨다.

Carlos: **I mean, why can't we just say what we really feel for a change? Fine, I'll get the ball rolling. I still love you.**

Gabrielle: **That's too bad, because I don't love you.**

카를로스: 내 말은 이번에는 우리의 진짜 감정이 어떤지 말해보는게 어때? 좋아, 내가 먼저 시작할게. 난 아직도 당신을 사랑해.
가브리엘: 안됐네. 난 당신을 사랑하지 않으니까.

327 Desperate Housewives 1-15

존의 친구 저스틴은 가브리엘을 찾아와 자기를 존처럼 많은(?) 일을 하는 정원사로 써달라고 하는데…

Justin: **Well, this is a very beautiful yard. I'm sure it could use a little extra attention.**

Gabrielle: **I'm flattered but no thank you.**

저스틴: 여기 앞마당은 정말 아름답네요. 좀 더 관리가 필요할거라 생각되는데요.
가브리엘: 칭찬은 고맙지만 사양하겠어.

328 Friends 2-1

로스를 좋아하게 된 레이첼, 그러나 로스는 애인이 생긴 상황에서 둘이 대화를 나눈다.

Ross: **Ok. Well, before I say anything, I just need to know, is this one of those things where you break up with a guy, and then I tell you what I think, and then the next day you get back together with the guy, and I look like a complete idiot?**

로스: 내가 말하기 전에 먼저 알아야 될게 있어. 네가 남친과 헤어져서 나는 내 생각을 말했는데 다음날 넌 다시 그 남자하고 합쳐지고 난 바보처럼 보이는게 흔한 일이야?

329 Friends 9-6

로스와 레이첼이 아이의 유모를 뽑는데 Sandy라는 이름의 남자를 인터뷰하게 된다.

Ross: **Are you gay?**

Rachel: **Ross!**

Sandy: **It's okay. I get that a lot doing what I do. But I am straight. I-I'm engaged actually.**

로스: 게이예요?
레이첼: 로스!
샌디: 괜찮아요. 내가 하는 일로 그런 얘기 많이 들어요. 하지만 이성애자이구요. 현재 약혼한 상태예요.

330 Homeland 1-12

부통령 저격시도 후 현장에 있던 캐리가 사울에게 전화한다.

Saul : **It's me, Saul. Uh, I-I got to call you back. Carrie, we've got a situation.**

Carrie: **I-I-I know, I'm here. Saul, you have to listen to me.**

사울: 사울입니다. 어, 나중에 전화할게. 캐리, 문제가 발생했어.
캐리: 알아요, 나도 여기 있어요. 사울, 내 말 들어야 돼요.

331 Desperate Housewives 6-1

캐서린과 사귀던 마이크는 극적으로 수잔과 결혼식을 올린다. 이때 캐서린이 등장하는데…

Katherine: **Sorry, I'm late. Did I miss anything?**

Mike: **What the hell? What are you doing here?**

Katherine: **Susan knows.**

캐서린: 미안, 늦었네. 무슨 일 있었어?
마이크: 이게 무슨? 여기서 뭐하는거야?
캐서린: 수잔은 알고 있어.

332 Desperate Housewives 8-16

카렌 맥클러스키 할머니가 브리를 찾아와 자신이 죽는 걸 도와달라고 한다.

Bree: **Well, I definitely meant what I said. Whatever you need, consider it done.**

Karen: **Good. I want you to help kill me.**

브리: 내 말은 진심이예요. 뭐가 필요하든지 그렇게 할게요.
카렌: 좋아. 내가 죽는 걸 도와줘.

333 Desperate Housewives 1-2

극성스런 아이들을 데리고 운전하다 안전벨트 미착용으로 경찰단속에 걸린 르넷…

Police: **Ma'am, you know why I pulled you over?**

Lynette: **I have a theory.**

경찰: 부인, 왜 차를 세우라고 했는지 압니까?
르넷: 짐작은 가요.

334 Desperate Housewives 3-2

브리와 올슨의 결혼식장. 올슨 전부인의 실종이 올슨의 짓이 아닌지 토론이 벌어지는데…

Bree: **He did not hack her up and dissolve the pieces in acid.**

Gabrielle: **I said it was a theory.**

브리: 올슨이 부인을 난도질해서 그 조각난 시신들을 산에 넣고 녹였을 리가 없어.
가브리엘: 그럴 수도 있다는거지.

335 Sex and the City 6-20

캐리를 찾아 파리에 온 빅은 캐리가 러시아 애인에게 뺨을 맞았다는 얘기를 듣고서…

Big: **I gotta hand it to you kid. Most people come to Paris to fall in love. You came and got slapped.**

Carrie: **What is that funny?**

빅: 나 너한테 손들었어. 대부분의 사람들은 파리에 와서 사랑에 빠지는데, 넌 와서 뺨을 맞다니.
캐리: 그게 뭐가 그렇게 우스워?

336 Friends 8-3

레이첼은 로스에게 임신했다고 말하고, 로스는 콘돔이 100% 임신을 예방하지 않는다는 사실을 알고선…

Rachel: **Listen, y'know what? I was really freaked out too when I found out…**

Ross: **Freaked out? Hey no, I'm not freaked out! I'm indignant! As a consumer!**

레이첼: 저기, 그거 알아? 나도 알았을 때 엄청 놀랐어.
로스: 놀랐다고? 아냐, 난 놀란게 아냐! 난 소비자로서 분개하는거야!

337 Criminal Minds 3-1

에밀리 프렌티스가 경찰들에게 프로파일링 결과를 설명하고 있다.

Emily: **What we need you to do is look at people who are part of the campus fabric. See if anyone fits the bill..., students, professors, support staff.**

에밀리: 여러분이 해야 되는 것은 캠퍼스 조직원들을 봐달라는 것입니다. 학생, 교수, 직원들 중에서 조건에 맞는 사람이 있는지 말이죠.

338 Desperate Housewives 8-6

자살한 메리의 나레이션이 이어지는 부분이다.

Mary: **Paranoia. It's the irrational feeling that the whole world is against you. But it's no longer paranoia when you discover that someone really is out to get you.**

메리: 편집증은 온 세상이 당신에게 적대적이라는 불합리한 감정이다. 하지만 정말 당신에게 해코지를 하려는 사람이 있다는 것을 알았을 때는 그건 편집증이 아닌 것이다.

339 Sex and the City 2-16

섹스수업을 받는 중에 캐리가 자기 애인의 문제점을 토로한다.

Carrie: **He wants to have sex all the time. It's getting a little out of hand.**

Samantha: **At least he wants to fuck you.**

캐리: 그 남자는 종일 섹스를 하고 싶어해. 통제할 수 없는 상황이라니까.
사만다: 적어도 그는 너랑 섹스하고 싶어하잖아.

340 Desperate Housewives 2-16

앤드류는 엄마 브리에게 독립하게 자신의 신탁기금을 달라고 하는데…

Andrew: **Mom, we're both so unhappy. Why not just let me take my trust fund and I'll get out of your hair forever? Please.**

앤드류: 엄마, 우린 둘 다 불행해요. 내 신탁기금을 주세요. 그러면 완전히 엄마한테서 사라질게요. 제발요.

341 CSI: Las Vegas 5-22

집에 온 캐서린에게 엄마가 불평을 늘어놓는다.

Catherine: **Can't get into this now, Mother. I'm in a jam.**

Catherine's mom: **You haven't seen your daughter all week.**

캐서린: 지금 이 문제 얘기할 수가 없어. 엄마. 난 곤경에 처했다고.
캐서린 엄마: 딸 얼굴 못본지도 일주일이나 됐잖아.

342 CSI: Las Vegas 3-16

잠복근무하고 있는 워릭과 브래스 경감의 대화장면.

Brass: **So, what's your take on this? Inside or outside job?**

Warrick: **No, I think it's just some freak with a nicotine habit and access to a laser printer.**

브래스: 그래, 이 사건 어떻게 생각해? 내부자 소행? 아니면 외부자 소행?
워릭: 아뇨. 담배피는 괴짜로 레이저 프린터를 사용하는 사람일거예요.

343 Desperate Housewives 1-1

카를로스가 출근하자 개비는 정원사 존을 유혹하는데…

John: **I really like it when we hook up, but I just gotta get my work done. I can't afford to lose this job, and...**

존: 우리가 섹스할 때 정말 좋지만 저는 제 일을 마쳐야 해요. 이 일을 잃을 수는 없거든요, 그리고…

344 Breaking Bad 3-8

행크가 병원으로 후송되자 병원에 와있는 월터에게 제시가 전화한다.

Walter: **What the hell are you thinking? Why are you calling me here?**

Jesse: **Tried your cell and it went straight to voicemail. How am I to get a hold of you?**

월터: 너 도대체 무슨 생각인거야? 왜 여기에 전화를 하고 그래?
제시: 핸드폰으로 전화했는데 음성으로 넘어가더라고요. 내가 어떻게 연락을 취하겠어요?

345 CSI: Las Vegas 4-11

캐서린이 댄서인 Davis를 심문하고 있다.

Catherine: **Did he take you up on your offer?**

Davis: **Well, if you ask me, arguing was his turn-on.**

캐서린: 그가 당신제안을 받아들였나요?
데이비스: 제가 보기엔 논쟁하는게 그를 자극하는 것 같았어요.

346 Friends 3-4

피비는 조이의 에이전트일을 그만두려고 일을 꾸미는데…

Joey: **Wait a minute. Wait a minute, did you just make up all that stuff just to get out of being my agent.**

Phoebe: **Oh, you caught me. I am so busted.**

조이: 잠깐만. 잠깐만, 내 에이전트 하기 싫어서 이 얘기들 다 꾸며낸거야?
피비: 걸렸네. 딱 걸렸어.

347 CSI: Las Vegas 3-19

새라가 대나무 조각을 발견하고 어떻게 할건지 물어본다.

Sara: **Hey, guys. What do you make of this piece of bamboo? I found it on the roof.**

Nick: **Bag it.**

새라: 이 대나무 조각 어떻게 생각해? 지붕 위에서 발견했어.
닉: 가방에 넣어.

348 Desperate Housewives 1-17

카를로스는 개비의 말대로 유죄협상을 하고 감방에 가기로 하는데, 개비에게 바람피지말 것을 약속하게 한다.

Carlos: **I love you, too. And just so you know, I'm gonna hold you to that promise.**

카를로스: 나도 사랑해. 꼭 알아두어야 할 건 난 당신이 그 약속을 지키게 할거야.

349 Desperate Housewives 3-5

기억상실증에 빠진 마이크를 깨워보려고 노력하는 수잔.

Susan: **Julie, there you are. I think I found a way to get through to Mike.**

Julie: **Let it go! He's not into you!**

수잔: 줄리, 거기 오는구나. 마이크와 의사소통하는 방법을 찾은 것 같아.
줄리: 잊어버려! 엄마를 좋아하지도 않잖아!

350 Criminal Minds 4-19

하치는 모건에게 피해자에 대한 정보를 찾으라고 하는데…

Hotch: **Morgan, call Garcia. Tell her we need to know absolutely everything there is to know about these 5 victims and we need to know it now.**

하치: 모건, 가르시아에게 전화해. 이번 사건 다섯 명의 피해자에 대해서 뭐든 지 다 조사하라고 해. 지금 당장 알아야 된다고 해.

351 Desperate Housewives 2-13

이디가 전단지를 보면서 저녁으로는 중국음식을 먹자고 하자…

Edie: **I've got a hankering for Chinese food tonight.**

Karl: **I'm so over rice. Let's do pizza.**

이디: 오늘 밤에는 중국음식이 당기는데.
칼: 쌀은 질렸어. 피자로 하자.

SUPPLEMENT

미드영어 필수표현
한 눈에 들여다보기!

**"네이티브가 영문을 2번씩 읽어줍니다.
듣는 사이에 표현의 의미를
다시 한번 되새김하기를 바랍니다."**

Are you ready to go? 갈 준비 다 됐어?

be ready to[for~]는 …할 준비가 되어 있다라는 의미로, 내가 준비되었다고 말할 때는 I'm ready to[for~], 그리고 상대방에게 준비되었냐고 할 때는 Are you ready to[for~]를 사용하면 된다. 주어 동사는 빼버리고 Ready~?로 사용하기도 한다. be all set 또한 be ready와 같은 의미.

All right 알았어, 좋아

몇 가지 뜻이 있는데 먼저 상대방의 의견이나 제안에 동의하고자 할 때는 「알았어」, 다른 얘기로 넘어가고자 할 때 하는 「좋아 얘들아」라는 뜻이 있다. 또한 문장 끝에서 ~ all right?하게 되면 자기가 한 말을 상대방에게 확인시켜주는 것으로 「알았어?」라는 의미가 된다.

Be cool 진정해라

cool은 「냉정한」, 「침착한」이라는 의미로 무슨 일인지 안절부절 못하거나 화가 나서 씩씩거리고 있는 사람에게 쓸 수 있는 표현이다. 한편 젊은이들 사이에서는 헤어질 때 인사로도 쓰인다.

Absolutely 물론이죠

부사가 단독으로 쓰이는 경우로 상대방의 물음에 강한 긍정이나 동의를 할 때 사용하면 된다. Certainly 또한 같은 맥락의 표현. 반대로 강하게 부정할 때는 not만 붙여서 Absolutely not!이라고 하면 된다.

By the way 참, 그런데, 참고로, 덧붙여서

상대방과 이야기를 하다 더 중요한 이야기가 생각났을 때 혹은 의도적으로 화제를 바꾸고자 할 때 요긴하게 써먹을 수 있는 표현. 「그런데」, 「근데 말야」 정도의 의미이다.

Be back soon 금방 돌아올게

상대방에게 이야기 도중 잠시 자리를 비우면서 하는 말로, 「다시 오겠다」라는 의미. 「빨리」오겠다고 하려면 right을 넣어 (I'll) Be right back이라고 하거나, 혹은 back 뒤에 soon, in a sec[second], in a minute 등을 붙이면 된다.

I don't understand (it) 왜 그런지 모르겠어, 알 수가 없네

understand라는 생기초동사를 이용한 표현으로 뭔가 이해가 안되는 상황에서 「정말 알 수가 없네」라는 의미로 쓰는 표현. I don't understand wh~의 형태로 궁금한 내용을 함께 쓸 수도 있다.

I'm exhausted 지쳤어

무척 피곤하고 지쳤는데 tired라는 단어로는 식상나고 그 정도가 부족하다고 할 때 사용하는 단어로, 다른 일을 할 수 없을 정도로 extremely tired하다는 의미.

Cheer up! 기운내!, 힘내!

cheer sb up하면 sb를 기운나게 해주다라는 말로 Cheer up!하게 되면 굳어진 표현으로 처져 있거나 꿀꿀한 표정의 사람에게 기운을 내라고 격려할 때 사용하는 문장이다.

I guess so 아마 그럴 걸

guess는 확실한 정보없이 단지 한번 예상을 해보는 것. 따라서 I guess so하면 예스는 예스인 것 같은데 자신이 없을 때 사용하는 표현으로, 상대방의 말에 희미하게 동의하는 것으로 I think so와 같은 의미.

I love it! 정말 좋다!, 내 맘에 꼭 들어!

매우 훌륭하고 멋져서 「내맘에 꼭 든다」는 표현으로, 좋고 싫은 감정을 확실하게 표현하는 미드에서 자주 들을 수 있다. 참고로 I'd love it하면 I would love it으로 상대방의 제안 등에 「그럼 좋지」라는 의미가 되니 조심해야 한다.

Catch you later 나중에 보자

Catch you later는 만났다 헤어질 때 「나중에 만나서 다시 이야기하자」(contact or meet to talk again soon)라고 가볍게 던지는 인사말. 「나중에 시간나면 보자구」 또는 「나중에 다시 이야기하자」라는 의미.

Excuse me 실례해요

상대방의 주의를 끌거나 사소한 실례를 범했을 때 사용하는 대표적 표현. 미안한 내용을 같이 쓰려면 excuse me for ~ing라고 하면 되고, Excuse me?하게 되면 상대방의 말을 제대로 못 들었을 때, 혹은 들었지만 말도 안 되는 소리여서 따지기 시작할 때 사용하는 표현이 된다.

Are you serious? 정말이야?, 농담 아냐?

serious가 「진지한」이라는 의미로 쓰여 Are you serious?하면 「정말이야?」, 「농담 아니야?」라는 뜻으로, 상대방의 말이 단번에 수긍이 가지 않는 좀 황당한 얘기일 때 쓸 수 있는 표현이다.

Same as always 늘 그래

상대방의 안부인사 등에 별로 특별한게 없다고 할 때 사용하는 표현으로 same as usual, same old story 등과 같은 맥락의 표현. 「늘 그렇지 뭐」라는 뜻.

Good luck to you 행운을 빌어

먼 길을 떠나는 사람이나 뭔가 중요한 일을 앞두고 있는 사람에게 쓰는 표현으로 Good luck to you!라고 한 다음 You'll need it하면 금상첨화! 또한 행운을 빌어주는 대상이 사람이 아니라 일일 경우에는 Good luck with sth!이라고 하면 된다.

A: I've got to go home. Catch you guys later.

B: OK, Hank. Give me a call sometime.

A: 집에 가야겠어. 나중에 봐, 얘들아.

B: 그래, 행크. 언제 전화 한번 해.

Could I call you? 나중에 전화해도 될까요?

상대방에게 내가 전화해도 되냐고 물어보는 표현으로 Can[Could] I call you? 단독으로도 쓰이지만 you 다음에 좀 더 구체적인 시간을 나타내는 sometime, tomorrow, later 등과 어울려 자주 쓰인다.

You're welcome 뭘요, 천만에

상대방이 고맙다는 말을 할 때 쓰는 가장 대표적인 표현으로 강조하려면 You're very[more than] welcome이라 하고, 줄여서 그냥 Welcome이라고도 한다. 또한 상대방이 당황하던, 놀라던, 바쁘던지 해서 Thank you라는 말을 해야 할 때 하지 않을 경우 이때 혼자서 You're welcome이라고 할 때가 있는데 이 때의 상황에 따라 "고맙다는 말은 됐구," "고맙다는 인사는 받을 생각도 없어" 정도로 유연하게 해석해야 한다.

Welcome home 어서 와

Welcome to~은 "…에 온 걸 환영해"라는 표현이다. to 다음에는 구체적인 장소명사 등이 오지만 추상명사인 date나 21st century 등의 단어가 올 수도 있다. Welcome home은 집에 돌아온 사람보고 "잘 왔다, 환영해, 어서 와"라는 의미.

That's great 아주 좋아

뭔가 동의하고 인정한다는 의미에서 That's good의 강조형으로 볼 수 있다. 단, That's great는 종종 칭찬의 의미로도 쓰이는데, 이때는 Good for you와 같은 의미로 봐도 된다.

Have (much) fun 즐겁게 지내

여행에서 혹은 파티에서 좋은 시간, 재미있는 시간을 보내라고 인사말을 건넬 때 쓰는 표현. much를 넣어서 강조해 줄 수 있다. 또한 We're having fun하게 되면 즐겁게 지내고 있다, Go nuts!하면 실컷 재미있게 놀아보라는 표현이 된다.

How about you? 네 생각은 어때?

How about you?는 단순히 상대방의 의견을 물어볼 때 혹은 여러 의견이 분분할 때 「네 생각은 어때?」라며 상대의 의중(what they think or want)을 떠보는 표현으로 주로 쓰인다. 물론 상대방의 상황을 물어볼 때도 사용할 수 있다.

I'm afraid so (안됐지만) 그런 것 같아

상대방의 기대하던 내용과 반대되거나 뭔가 안 좋은 이야기를 할 때 아쉽게도 그런 것 같다라고 할 때는 I'm afraid so를 쓰고, 반대로 아닌 것 같아라고 할 때는 I'm afraid not을 쓴다. 두 표현이 반대이지만 상대방에게 안 좋다라는 측면에서는 같다.

Goodbye for now 이제 그만 안녕

그냥 "바이바이"가 아니라 (Good)Bye for now하게 되면 작별의 아쉬움을 표현하면서 동시에 다음 만날 것을 기약하는 문장이 된다. 특히 TV 쇼 등에서 마무리 멘트로 많이 사용된다.

How may I help you? 어떻게 도와드릴까요?

가게 점원이나 식당종업원이 손님에게 하는 말로 가장 빈번하게 들을 수 있고, 또한 일상의 전화영어로도 많이 쓰이는 표현. 좀 더 캐주얼하게 How can I help you?라고 해도 된다.

Hurry up! 서둘러!

상대방에게 빨리 서두르라고 재촉할 때 쓰는 표현. 응용해서 서둘러 …해라라고 말하려면 hurry up and~의 형태로 쓰면 된다. 예로 "우리 서둘러 이거 하자"라고 할 때면 Let's hurry up and do this라고 하면 된다는 말씀. 또한 좀 어려운 표현으로 I haven't got all day란 것이 있는데 이는 "이럴 시간 없어"라는 문장.

Wait a minute[second] 잠깐만

일반적인 상황이나 전화상에서 상대방보고 잠깐 기다리라고 하는 표현. 비슷한 표현으로는 Just a minute, Just a sec(ond), 그리고 One moment, please 등이 있다.

Be honest 솔직히 털어놔

Be+형용사 형태의 명령문. be honest는 솔직하다라는 뜻으로 Be honest!하게 되면 "솔직하게 말해라"가 된다. …에게 솔직하다라고 하려면 뒤에 with sb를 붙이면 된다.

That's right 맞아, 그래

상대방의 말이 맞거나 상대방의 의견이나 제안에 동의할 때 사용하는 표현으로 상대방의 사과나 감사에 괜찮다고 말하는 That's all right과 구분을 잘 해야 한다.

(I am) Sorry about that 미안해

상대방에게 저지른 특정한 실수에 대해(about that) 사과하는 말로, 막연하게 I am sorry에서 그치는 것보다 공손하게 느껴지는 표현이다. I'm sorry about that[this], but~,의 형태로 혹은 That was a huge mistake. I'm sorry about that처럼 먼저 잘못한 것을 인정하고 그 잘못에 대해 미안하다고 하면서 쓸 수 있다.

(Are you) Doing okay? 잘지내?, 괜찮아?

말 그대로 잘 지내고 있다는 말로 do okay를 많이 쓴다. 내가 별일 없이 잘 지내고 있다라고 말하려면 I'm doing okay, 반대로 상대방에게 잘 지내냐고 물어볼 때는 Are you doing okay?라고 하면 된다. 또한 너 잘해내는 것 같아 보인다는 You seem to do okay라 하기도 한다.

CHECK IT OUT!

A: Are you doing okay? Is there anything I can get for you?
B: I'd like a glass of water and a cheese sandwich.

A: 잘 지내? 내가 뭐 도와줄게 있어?
B: 물 한잔하고 치즈샌드위치 좀 줘.

That's nice 좋아

nice는 멋진, 맘에 드는, 착하게 굴다 등의 의미로 That's nice는 「좋아」, 「멋져」라는 표현이 된다. nice하면 be nice of you to~로 「…해줘서 고마워」, 그리고 be nice to sb는 「…에게 잘 대해주다」라는 문구들로 기본적으로 알고 있어야 한다.

Right away 지금 당장

뭔가 행동을 지체없이(without hesitation) 즉시(immediately) 한다는 부사구로 일반적으로 많이 쓰이지만 특히 식당에서 종사하는 사람들이 손님의 주문을 받고서 「바로 갖다 드리겠습니다」라고 할 때 전형적으로 쓰는 표현이다.

I've got plans 나 계획있어

보통 약속을 잡을 때 많이 쓰이는 표현으로 I've got plans하면 「나 계획있어」, You got plans tonight?하면 「오늘밤에 계획있어?」라고 서로의 계획여부를 확인하는 탐색전 표현. 이미 계획이 있을 때는 I have other plan, I already have plans라 한다. 또한 계획의 구체적인 것을 말하려면 plans 다음에 to~를 이어쓰면 된다.

I like that 그거 좋은데, 맘에 들어

뭔가 마음에 들었을 때 하는 말로, 앞서 배운 I love it과 같은 의미. 또한 I love it과 I'd love it이 다르듯이 I like that은 그냥 마음에 든다는 것이고, I'd like that은 「그러면 좋겠다」라는 가정의 의미를 포함한 표현이라는 점을 꼭 기억해둔다.

(I'll) See you later 나중에 봐

헤어질 때 하는 인사말의 기본이다. See you later, alligator라고도 하는데 여기서 alligator는 later의 운을 맞춰 나온 단어로 특별한 의미는 없다.

(Is) Everything okay? 잘 지내지?, 일은 다 잘 되지?

상대방에게 안부인사를 하는 것으로 모든 일이 다 괜찮냐, 즉 별 일 없지라는 의미이다. 그냥 Is를 빼버리고 Everything okay?라고 줄여 말하기도 한다.

I'm cool 잘 지내, 난 괜찮아

How are you?, How's it going?, Are you okay? 등 상대방의 안부나 상태를 묻는 말에 대한 답변으로 Good이나 I'm fine 대신에 쓸 수 있는 쿨한(?) 표현.

How's the[your] family? 가족들은 다 잘 지내죠?

역시 안부인사 중의 하나로 이번에는 상대방 가족에 대한 인사를 하는 것으로 How's the family? 혹은 How's your family?라고 쓴다. 그러면 상대방은 Great!라고 대답하고 그럼 너희 가족은 잘 지내냐고 물어볼 때는 How's yours?라고 하면 된다.

It is my fault 내 잘못이야

요즘 듣기 힘든 표현이지만, 자기가 잘못한 것을 용기있게 콜하는 문장. 반대로 상대방이 잘못했을 때는 It's your fault라고 하면 된다. 강조하려면 This is all my fault, 조금 구어적이고 가벼운 표현으로는 My bad 등이 있다.

Let's talk 같이 이야기해보자

어떤 문제에 대하여 같이 이야기를 나눠보고 해결책을 찾으려고 할 때 사용하는 표현. 얘기할 대상을 언급할 때는 Let's talk about~이라고 하면 되는데, 간혹 about없이 Let's talk flowers, Let's talk law, Let's talk reality처럼 쓰이기도 한다.

(It's) My pleasure 도움이 됐다니 내가 기쁘네, 별말씀을

상대방이 고맙다고 했을 때 대답하는 You're welcome보다 더 괜찮다는 마음을 전달할 수 있는 표현으로 도움이 되어 내가 기쁘다라는 의미를 담고 있다. 과거형 It was my pleasure(나도 즐거웠어요, 제가 좋아서 한걸요)가 특히 많이 쓰임.

Long time no see 오랜만이야

Long time no see는 말 그대로 오랫동안(long time) 서로 얼굴을 보지 못하고(no see) 지내던 사람들이 만났을 때 던지는 전형적인 인사말(say hello when you have not seen someone for a long time). 같은 맥락의 표현으로는 It has been a long time since we met이나 I haven't seen you in ages 등이 있다.

Nice to see you 만나서 반가워, 만나서 반가웠어요

만날 때나 헤어질 때, 모두 사용할 수 있는 가장 기본적인 인사표현이다. to 부정사 대신 동명사를 사용한 Nice seeing you 역시 같은 맥락의 표현이다. 물론 써도 되지만 앞에 It's가 생략된 것으로 보면 된다.

Are you sure? 정말이야?

상대방으로부터 의외의 말이나 놀라운 이야기를 들었을 때 재차 확인하는 표현으로 Is that true?와 같은 맥락의 표현. 역시 그냥 Are를 빼고 You sure?라고만 써도 된다.

Anytime 언제든지, 언제라도, 별말씀을

한 단어로 된 표현이지만 문맥에 따라 상대방으로부터 초대받았을 경우 「언제든지 좋다」는 의미로, 도와준 것 등에 대해 상대방이 감사하다는 말을 했을 때 You're welcome의 의미로 「언제라도 괜찮다」는 뜻으로, 또한 언제라도 할 수 있도록 「난 준비가 다 되어있음」을 나타내는 말로 각각 쓰인다.

CHECK IT OUT!

A: You don't have to say you're sorry.

B: Sure I do. It was all my fault.

A: 미안하단 말은 할 필요 없어요.

B: 어떻게 그래요. 이게 다 제 잘못인데.

No, thank you 고맙지만 사양하겠어

상대방의 제의를 공손하게 거절하는 표현. 거절하기는 하지만 「그래도 권해줘서 고맙다」, 「그 호의는 충분히 알겠다」는 뉘앙스가 배어 있다.

Are you okay? 괜찮아?

아주 기본적인 표현으로 일상생활에서 뻔질나게 나오는 표현. okay는 대답으로도 자주 쓰이지만 여기처럼 be okay의 뜻으로 구어체에서 be all right의 의미로 많이 사용된다. "…에 괜찮냐"고 물어보거나 괜찮다고 할 때는 be okay with를 활용하면 된다.

How (are) you doing? 안녕?, 잘 지냈어?, 어때?

상대방의 안부를 묻는 대표적 구어체 인사말. How are you doing?에서 대개 are는 생략하고 How you doing? 혹은 How ya doin'? 정도로 잽싸게 말해버린다. How are you?도 그렇듯 꼭 새로 만나서만 사용하는 것은 아니고 만나서 같이 있다가도 상대방이 어떤지 물어볼 때도 쓴다는 점을 꼭 기억해두어야 한다.

(Are) You all right? 괜찮아?

상대방이 좋지 않은 일을 당했거나 표정이 어둡고 근심 걱정이 있어 보일 때 상대방이 괜찮은지(well and safe) 걱정하며 물어보는 표현.

Sure 물론, 당연하지, 뭘

역시 한 단어로 된 단어로 실제 구어체 회화에서는 아주아주 많이 쓰이는 표현. 주로 상대방의 부탁에 대해 승낙한다는 의미로,「 물론」,「 당연하지」라는 의미로 쓰인다. 또한 상대방이 감사하다고 할 때 가볍게 「괜찮아」, 「뭘」이라고 말할 때도 쓰인다는 것도 함께 알아둔다.

Same here 나도 그래

상대방이 만나서 반갑다고 할 때나 상대방의 말에 공감할 때 혹은 식당 등에서 나도 똑같은 걸로 하겠다고 할 때 사용하면 좋은 표현. 「나도 반가워」, 「나도 그렇게 생각해」, 「나도 같은 걸로 할게」 등 상대방과 같음을 간단히 나타낸다.

Not always 항상 그런 건 아니야

영어문법에서 부분부정이란 말로 학습한 것으로 여기서는 Not always가 단독으로 쓰여서 「항상 그런 것은 아니다」라고 완곡하게 부정하는 표현으로 쓰인 경우이다.

Take care! 조심하고!

take care of~로 유명한 take care란 숙어가 명령문 형태로 Take care!이라고 쓰이면 헤어질 때 하는 인사표현이 된다. See you, Goodbye와 같은 맥락이지만 훨씬 상대방을 생각하는 맘이 담겨져 있는 따뜻한 표현이 된다.

It was my mistake 내 잘못이야

용기있게 「내 잘못이에요」, 「내가 그랬어요」하고 실수를 그대로 인정하는 표현. mistake 대신에 fault를 써도 된다. 단순한 실수임을 강조하려면 simple을, 그리고 잘못이 좀 중요한 거라면 앞에 huge나 big이란 형용사를 각각 붙이면 된다. 또한 그냥 단순히 My mistake라 해도 된다.

Are you insane? 너 돌았니?

상대방이 어처구니없거나 어리석은 말이나 행동을 했을 때, 「너 제정신이냐?」, 「너 미쳤냐?」라고 놀라면서 말할 때 쓰는 표현. 미드 캐릭터 중에서는 빅뱅이론의 쉘든이 가장 많이 들을 것 같은 표현이다.

You're right 네 말이 맞아

상대방의 말이나 의견이 맞다고 직접적으로 인정하고 동조할 때 사용하는 것으로 네 말이 맞아라는 뜻. 조금 부드럽게 네 말이 맞는 것 같다고 할 때는 I think you're right, 희망을 담아 네 말이 맞길 바래라고 하려면 I hope you're right라고 응용하면 된다.

That's all right 괜찮아, 됐어

앞서 말한 것이 만족할 만해서 「받아들일 만하다」는 의미이다. 특히 상대방이 사과 및 감사 인사를 해올 경우, 이에 대한 답변으로도 많이 사용된다. 또한 It's all right?이라고 의문형이 되면 상대방의 입장에서 괜찮은지, 받아들일 수 있는지를 물어보는 표현.

What are friends for? 친구 좋다는게 뭐야?

생긴 모양은 의문문이지만 대답을 요구하는 질문이 아니다. 직역해 보면 「친구가 무엇을 위해 있는거냐?」, 즉 「친구 좋다는게 뭐야?」라는 말이다.

How's it going? 잘 지내?, 어때?

여기서 go는 「가다」가 아니라 「일이 진행되다」(progress or develop in the stated way)라는 뜻. it은 막연히 사정이나 상황을 말하는 것으로 it 대신 everything이나 things를 대신 쓰기도 하고, 간단히 How goes it?이라 하기도 한다.

You know 말야

말을 꺼내기 전에, 말을 하는 도중에 혹은 말을 하고 나서 맨 나중에 별 의미없이 집어넣는 허사중의 하나로 저말야 정도에 해당하는 표현이다. 의사소통하는데 중요한 역할을 하지는 않지만 미드에서는 자주 나오기 때문에 꼭 알아두어야 한다. 너무 자주 문장에 이 표현을 쓰면 조금은 uneducated person같은 느낌을 준다.

Don't be upset! 화내지 말고!

upset은 '속이 뒤집어지는거'라고 생각하면 이해가 빠르다. 무슨 일 때문인지는 모르겠지만 기분이 나쁘고, 걱정도 많이 되고 또 그래서 화도 나고 그런 전반적인 기분상태를 말한다.

CHECK IT OUT!

A: So, where were you today, Pam?
B: I just had to take care of a few things.

A: 그래, 팸, 오늘 어디 있었어?
B: 그냥 몇가지 일을 처리해야 했어.

Guess what? 저기 말야?, 그거 알아?

Guess what?을 직역하면 「무엇을 추측해봐라」가 되는데, 일상 회화에서는 뭔가 새로운 정보를 상대에게 전하려 할 때 본론을 말하기에 앞서 먼저 꺼내는 말로 쓰인다. 즉 대화를 시작하거나 상대방과의 대화를 유도하기 위한 기능을 갖는 표현이다. 우리말로는 「저기 말이야」, 「그거 알아?」정도로 옮기면 된다. You know what?도 같은 표현.

You have to get used to it 적응해야지

형태상 used to+V(…하곤 했다)와 유사해 시험문제에 단골로 출제되는 get used to+N는 「…에 적응하다」(be accustomed to)라는 뜻. 새로운 환경이나 생활방식에 적응해야 될 거라고 충고하는 표현.

Never mind 신경쓰지마, 맘에 두지마

상대방이 감사하다고 하거나 혹은 미안하다고 사과할 때 괜찮으니 신경쓰지마라는 의미, 혹은 상대방에게 더 이상의 정보를 주고 싶지 않거나 말하고 싶지 않을 때 쓸 수 있는 표현. That's all right, Forget it 등과 같은 맥락의 표현.

Do you have (some) time? 시간 있어요?

상대방에게 시간이 있냐고 물어보는 것으로 some은 붙여도 되고 빼도 된다. 단 주의할 것은 Do you have the time?하면 지금이 몇시인지를 묻는 문장이 되지만, Do you have (the) time to~?하게 되면 …할 시간이 있냐고 구체적으로 물어보는 표현이 된다는 점이다.

Come on! 어서!, 그러지마!, 제발!, 자 덤벼!

바빠죽겠는데 여유작작한 양반에게 「서둘러!」(Hurry up!)라는 의미, 언행이 지나친 사람에겐 억양을 내려서 「그만 좀 해!」(Stop it!)라는 뜻으로 쓴다. 또한 애교섞인 코맹맹이 소리로 말하면 「제발 좀 허락해 주세요!」라는 뜻이고, 주먹다짐 상황에서는 「자, 덤벼」라고 하는 말이 각각 된다.

Don't get mad (at me)! 열받지 말라고!

angry보다 더 화가 났다는 단어가 이 mad. 화가 난 대상을 적으려면 be[get] mad at sb라고 하고, 여기에 그 이유까지 덧붙여 말하려고 하면 be[get] mad at sb for ~ing[because S+V]의 형태를 활용하면 된다.

Don't worry 걱정마, 미안해할 것 없어

모든게 다 제대로 될거라며 걱정 근심에 휩싸인 상대방을 안심시킬 때 쓰는 표현. 뒤에 about sth의 형태로 걱정거리를 언급해주기도 한다. That's all right, 그리고 Never mind, Forget it도 같은 맥락의 표현.

No problem 문제없어, 괜찮아, 알았어

다양한 의미로 쓰이는 표현으로 상대방의 감사에 대한 인사로도 쓰이고, 상대방이 부탁할 때는 「어, 알았어」, 그리고 미안하다고 사과할 때는 「괜찮아」라는 의미로 각각 쓰인다. 줄여서 그냥 No prob라고 하기도 한다.

Watch it! 조심해!

상대방에게 조심하라고(to be careful) 할 때 사용하는 표현으로 Watch out for~의 형태로 조심하거나 잘 살펴야 할 대상이나 내용을 말해줘도 된다. Watch it은 상대방이 이미 저지른 행동이 위험했을 수도 있다며 조심하라고 주의를 줄 때 혹은 문맥에 따라 경고나 협박을 할 때 쓰면 된다.

This is for you 널 위해 준비했어, 이건 네 거야

선물을 주면서 「널 위해 준비했어」라고 하거나 우편물을 건네주면서 「너한테 왔어」라는 말. 여기서 for는 「…에게 주려고」(intended to be given to)라는 의미이다. 「너한테 전화왔어」라는 의미로 자주 쓰이는 It's for you 역시 같은 의미로 사용된다.

Excuse me? 뭐라구요?

생기초 표현같지만 의외로 다른 의미로 쓰이는 경우가 많다. 가장 기본은 뭔가 상대방에게 실례되는 행동을 하거나, 말을 걸거나 할 때 사용되지만, Excuse me?하게 되면 상대방의 말을 제대로 못 알아들었을 때 「네?」, 귀가 의심스러울 만큼 놀라운 얘기나 불쾌한 이야기 혹은 말도 안되는 얘기를 들었을 때 「뭐라구?」하는 말이 된다.

Today is my lucky day 오늘 일진 좋네

모든게 뜻대로 되고 운수가 좋은 날에 쓸 수 있는 표현. 반대로 This is not my day하면 하나도 제대로 풀리는 일이 없는 그런 날에 사용하면 된다. 「오늘은 재수가 없군」, 「오늘 정말 일진 안 좋네」 정도의 의미이다.

I have no idea 몰라

여기서 idea는 창의력이 있는 아이디어가 아니다. 숙어로 have no idea하면 I don't know의 훌륭한 대용표현이 된다. 단독으로 쓰거나 자신이 모르는 내용을 뒤에 구체적으로 이어줄 수도 있다.

You look great! 너 멋져 보인다!

You look good, You look great로 유명한 표현으로 상대방 얼굴이 좋아보일 때 혹은 멋지게 차려입었을 때 던질 수 있는 덕담. 그밖에 You look 다음에 다양한 형용사를 넣어 여러 문장을 만들어볼 수 있다. You look crazy, You look tired, You look familiar처럼 말이다.

That's not true 그렇지 않아

사실과 틀린 이야기를 하는 상대방을 바로잡아주는 표현. 반대는 That's true라고 하면 된다. 강조하려면 I'm sure that's not true, 사실이 아님을 알고 있다고 할 때는 I know that's not true라고 하면 된다.

What can I do for you? 뭘 도와드릴까요?

"내가 뭘 도와줄까?," "무슨 일이야?"라는 친절한 문장으로 일반적인 상황에서도 많이 쓰이지만 특히 상점에서 병원에서 그리고 고객센터 등 전화를 받은 사람이 상대방이 바라는 것이 무엇인지 물어볼 때 사용하는 표현이다.

A: I'm glad you're back.

B: I thought you were still mad at me.

A: 네가 돌아와서 기뻐.

B: 난 네가 아직도 나한테 화났을거라 생각했어.

What a shame! 안됐구나!

shame하면 오로지 「부끄러움」, 「수치」만 떠올리는 편협함에서 벗어나자. 여기서 shame은 「유감스럽고 딱한 상황」(something you're sorry about)을 뜻하는 것으로, 뭔가 좋지 않은 상황에 대해 「저런, 안됐구나」(That's too bad; What a pity)라며 안쓰러움을 표시하는 말이다. Shame on you(창피한 줄 알아)와 구별은 필수!!

Come on in 어서 들어와

아는 사람이 찾아와 문밖에 서있을 경우 집 주인이 공통적으로 하게 되는 말로, 「어서 들어오라」는 표현. 미드에서 아주 많이 볼 수 있다.

We'll see 좀 보자고, 두고 봐야지

지금 당장 결정을 내리거나 단정짓는 것을 피하고자 할 때 유용한 표현. 시간을 갖고 두고봐야 되는 것을 함께 말하려면 We'll see if~라 하면 된다. 또한 You'll see는 앞으로 일어날 일에 대한 자기의 말이 사실임을 확신하면서 내뱉는 말로 「곧 알게 될거야」, I'll see는 「두고 보자고」라는 뜻으로 각각 쓰인다.

Give my best to your folks 가족들에게 안부전해주세요

「…에게 인사말을 전해주세요」, 즉 「안부 전해주세요」라고 헤어질 때 하는 인사말로, 좀 더 캐주얼한 표현으로는 Say hello[hi] to sb 등이 있다.

Feel free to ask 뭐든 물어봐, 맘껏 물어봐

feel free to는 「…하는데 자유롭게 느껴라」, 「 …을 맘껏 하라」는 뜻으로, 상대방을 배려해서 어떤 것을 「허락」(permission)할 때 쓸 수 있는 전형적인 표현. Feel free to ask는 이를 이용한 대표적 문장 중의 하나로 상대방에게 언제든지 맘대로 물어보라고 할 때 사용하면 된다.

Hang on (a minute) 잠깐만요, 끊지말고 기다려요

전화통화시 상대방에게 「끊지말고 잠시만 기다려 달라」고 할 때뿐만 아니라, 전화통화시가 아닌 일반적인 상황하에서도 「기다려달라」고 할 때 자유롭게 사용해도 무방하다.

Forget (about) it! 잊어버려!, 됐어!

사과하는 상대방에게 Forget it하면 「괜찮으니까 신경쓰지 말라」는 말이 되지만, 뭔가를 계속 알려달라고 하는 등 상대방이 귀찮아 하는 경우에 Forget it하면 「신경꺼」, 「그만 이야기하고 싶어」라는 의미가 되기도 한다.

For shame 부끄러운 줄 알아야지, 창피한 일이야

부끄럽고 수치스러운 짓을 한 상대방에게 야단치며 비난하면서 하는 말. You should be ashamed, Shame on you와 같은 맥락으로 보면 된다.

Whatever! 뭐든지 간에!

상대방의 어떤 언급, 판단, 그리고 제안에 대해 무관심 혹은 나아가 비난을 나타내는 한 단어 문장. 뭐든간에, 어느 쪽이든 상관없어라는 뉘앙스를 가진다.

Give me a call 전화해

give a call은 전화하다(call sb on the phone)라는 표현으로 한 단어로 하자면 동사인 call, phone과 같다. 하지만 영어의 특성 중 하나인 한 단어보다는 그 단어를 명사로 포함한 숙어를 많이 쓰듯, give a call이 많이 쓰이는데 give sb a call의 형태로 「…에게 전화하다」라고 표현할 수 있다. call 대신 ring이나 buzz를 써도 된다.

What's up? 어때?

두가지 경우로 쓰이는데 하나는 별 의미없는 인사말로 "안녕?," "어때?"라는 뜻이고 또 하나는 특별히 어떤 상황인지 정보를 요구하는 질문이 된다. 이때는 좀 더 구체적으로 What's up with~?라는 형태로 쓰이기도 한다. 또한 What's new? 또한 인사말로 쓰이는데 이에 대한 전형적인 답으로 「그러는 넌 별일 있느냐?」라고 하려면 What's new with you?라 하면 된다.

It's not that bad 괜찮은데

생각보다, 예상보다 그리 나쁘지 않을 경우 말하면 되는 표현. 여기서 that은 앞서 언급한 나쁨의 정도를 뜻한다. 그리 나쁘지 않다, 다시 말해서, 생각보다 괜찮다라는 의미가 된다.

Hold it! 그대로 있어!

상대방에게 지금 하고 있는 행동을 멈추고 그 자리에 「꼼짝말고 있으라」고 하는 표현. 상대방이 말하는 도중에「잠깐만」하고 끼어들 때에도 사용할 수 있다.

How come? 어째서?, 왜?

상대방의 말에 대해 놀라움과 이유를 물어보는 초간단 구어체. 궁금한 내용은 How come 다음에 S+V 형태로 붙여 말해주면 된다. 의문문이지만 주어와 동사의 도치를 신경쓰지 않아도 된다는 점에서, 영어를 외국어로 배우는 우리에게 Why ~?보다 훨씬 부담이 덜한 표현이다.

That's so sweet 고맙기도 해라

상대방이 친절이나 도움을 베풀었을 때 감사하는 마음을 표현하는 문장으로 특히 여성들이 감동을 받은 후 많이 사용하는 표현이다. 이렇게 다정할 수가, 이렇게 고마울 수가, 이렇게 친절할 수가 정도의 뜻으로 쓰인다. 주어에는 This, That, It 뿐만이 아니라 You나 She 등이 올 수 있다.

CHECK IT OUT!

A: I'm really worried about starting this new job.

B: It's not that bad. You'll do fine.

A: 이번에 시작하는 새로운 일때문에 정말 걱정돼.

B: 괜찮아. 넌 잘 해낼거야.

I'll see you then 그럼 그때 보자

약속 등을 정하고 나서 그때 보자고 하는 표현. then은 그 때라는 뜻으로 서로 이미 정해진 시간을 뜻한다. 줄여서 See you then이라고 많이 쓰인다.

Hold on a second 잠깐만요

기본적으로 잠깐 기다리다(wait)라는 뜻으로 특히 전화에서 원하는 사람이나 부서로 바꿔줄테니 끊지 말고 잠시 기다리라고 쓰는 대표전화영어이다. 뒤에 잠깐이라는 의미로 Hold on a sec(ond)나 Hold on a minute라고 쓰기도 한다.

Help yourself 마음껏 들어, 어서 갖다 드세요

먹고 싶은대로 직접 갖다 먹으라(serve yourself anything you want)는 의미의 공손한 표현. 먹는 것까지 얘기하려면 뒤에 to sth을 붙이면 된다. 꼭 먹는 것과 관련된 일이 아니더라도 사용할 수 있다.

I am glad to hear it 그 얘기를 들으니 기뻐, 반가운 소리야

뭔가 상대방으로부터 좋은 소식을 듣고 그 기쁜 마음을 전달하는 기본적인 문장. I'm glad to hear it[that] 혹은 줄여서 Glad to hear it[that]이라 많이 쓰인다. 또한 I'm glad to hear (that) S+V의 형태로 반가운 소식을 좀 길게 that 이하에 말할 수 있다. 물론 이때의 that과 위의 that[it]과는 다르다.

Don't give up too easily 너무 쉽게 포기하지마

기본숙어인 give up을 이용한 표현. give sb up for dead는 죽은 것으로 찾는 것을 포기하다, give oneself up은「항복하다」혹은「…에 몰두하다」란 뜻으로 쓰인다. 또한 give up on sb는「…에 대한 기대를 포기하다」,「…의 수색을 포기하다」라는 의미.

That's a good point 좋은 지적이야, 맞는 말이야

point는 사물의 핵심, 말의 요지를 뜻하는 단어로 That's a good point라고 하면 상대방의 말이 일리가 있다고 맞장구치는 표현이 된다.

Don't waste your time 시간낭비하지마, 시간낭비야

가능성이 없거나 쓸모없는 일을 하려는 사람에게「헛수고 말라」고 충고하는 표현. 또 You're wasting my time이라고 하면 상대방이 말하고자 하는 것에 관심없으니「그만 이야기하라」는 의미이다.

What's going on? 무슨 일이야?

go on은「발생하다」,「일어나다」(happen; take place)의 뜻으로, What's going on?하면「무슨 일 있어?」라는 의미. 친구의 안색이 좋지 않거나 반대로 희색이 만면한 경우, 간접적으로 그 원인을 묻는 표현이다.

I'm looking for you 너를 찾고 있어

look for는 …을 찾다(search)라는 기본표현으로 이를 토대로 I'm looking for~하게 되면 …을 찾고 있다라는 뜻으로 for 다음에는 사람이나 사물이 다 올 수 있다. 특히 형사들이 탐문수사하거나 안내데스크에서 많이 쓰게 된다. 한편 I'm just looking은 특히 가게 등에서 그냥 둘러보는 중이라고 말할 때 사용한다.

That's too bad 저런, 안됐네, 이를 어쩌나

이 역시 위로의 말로, 상대방이 갑자기 실연을 당하거나 사고를 당했거나 혹은 이런저런 안 좋은 일을 당했을 때 유감스러움, 동정, 안타까움 등의 감정을 확실하게 표현하는 말이다.

I don't think so 그런 것 같지 않은데

상대방의 말에 동의할 수 없을 때 「내 생각은 그렇지 않은데」라며 조심스럽게 그리고 부드럽게 동의하지 않는다는 의사를 표시하는 말.

Go on 그래, 어서 계속해

What's going on?에서의 go on은 일어나다(happen)이지만 여기서의 go on (~ing)은 계속하다라는 뜻이 된다. 또한 go on to+동사의 경우는 계속해서 …가 되다라는 의미.

That's enough! 이제 그만!, 됐어 그만해!

상대가 듣기 싫은 소리를 넌더리 날 정도로 계속할 때 더 이상 참지 못하고 내뱉는 말. 한편 음식을 권하는 문맥에서는 「배가 부르다」라는 뜻. 또한 …하기에 충분하다는 뜻으로 That's enough for[to]~의 형태로도 많이 쓰인다.

Is Jerry there? 제리 있어요?

우리에게 잘 알려진 May[Can] I speak to~?보다 훨씬 캐주얼한 표현으로 Is sb there?이나 Is sb in?을 쓰면 된다. 조금 더 미드현장에서 막 쓰이는 표현들로는 Get me Chris, Give me Chris 등이 있다. 하지만 Get me sb의 경우에는 전화가 아닌 일상에서도 …데려와[불러와]라는 의미로 사용될 수 있다.

Let me see 그러니까 (내 생각엔), 저기, 어디보자

단독으로 쓰이면 무슨 말을 꺼내기 전에 「어디보자」, 「그러니까」 정도에 해당되는 의미로 허사 내지는 연결어에 가까운 기능성 표현이다. 하지만 Let me see sth하게 되면 「…을 보자」라는 의미가 되고, Let me see if~하게 되면 「…인지 한번 보자」라는 표현이 된다.

Can I (just) ask you a question? 질문 하나 해도 될까?

뭔가 물어보기 전에 꺼내는 상대방 주의끌기용 문장으로 「뭐 좀 물어보자」, 「뭐 하나 물어볼게」 정도에 해당되는 표현. Can I ask you something?이라고 해도 되고 또한 Let me ask you something[a question]이라고 해도 된다.

A: My girlfriend broke up with me this weekend.
B: That's too bad. Let me buy you a drink after work.

A: 이번 주말에 여자친구랑 깨졌어.
B: 안됐다. 내가 퇴근 후 한잔 살게.

I'll be back 다녀 올게, 금방 올게

Terminator의 명( ) 대사 I'll be back처럼 「돌아오겠으니 기다려」라고 할 때 전형적으로 쓸 수 있는 표현. 바로 돌아오겠다고 강조하려면 I'll be right back이라 하면 된다. 비슷한 표현으로는 I'll be back soon이나 I'll be right with you 등이 있다.

Are you nuts? 너 미쳤니?

nuts는 여러가지 의미로 쓰이는 단어 중의 하나. 여기서는 be nuts 혹은 go nuts의 형태로 「미치다」(go crazy) 혹은 「어리석다」(be foolish)라는 뜻으로 쓰였다.

First thing's first 중요한 것부터 먼저 하자

실용주의 시대에 걸맞는 표현. 냉정하게 판단하여 가장 급하고 중요한 것부터 처리하자고 할 때 사용하면 좋은 표현. first thing이 들어가는 다른 표현으로는 The first thing is~(우선은~), first thing in the morning(낼 아침 일찍) 등이 있다.

Phone call for you 너한테 전화왔어

원래는 There's a phone call for you로 There's a가 생략된 형태. 굳이 phone call을 사용하지 않고 간단하게 Call for you 혹은 It's for you라고 해도 된다.

I'll be right there 곧 갈게, 지금 가

be there은 go, be here은 come의 대용어로 구어체에서 많이 쓰이는 표현이다. 그래서 I'll be right there하면 바로 그곳으로 갈게라는 뜻이 되는데, 중요한 것은 I'll be there for you와의 차이점이다. I'll be right there가 Just a moment, I will arrive soon이라면 I'll be there for you는 「네 옆에 있어줄게」라는 뜻이라는 점이다.

No way! 절대 안돼!, 말도 안돼!

상대방의 말을 강하게 부정하거나 자신은 절대 하지 않겠다고 거절하거나 반대 의사를 강하게 나타낼 때 쓰는 표현. 또한 너무 놀라 믿어지지 않을 때 말도 안돼!라고 사용할 수도 있다. 안되는 내용까지 말해주려면 There's no way of ~ing[that S+V]의 형태로 써주면 된다.

So am I 나도 그래

상대방과 같다고 동조하는 표현. 상대방의 문장에서 동사가 be, be ~ing이면 So am I를, 동사가 일반동사인 경우에는 So do I를 쓰면 된다. 이런 까닭에 보는 것은 쉽지만 실제 우리가 사용하기에는 좀 어려워 보인다. 핵심어만 듣고서 문장을 이해해야 하는 바쁜 와중에 상대방이 쓴 동사가 be~인지 일반동사인지 구분하는게 어렵기 때문이다.

Not right now, thanks 지금은 됐어요, 지금은 아냐

상대방의 제안에 지금은 괜찮다고 제한적으로 공손하게 거절하는 표현. 다시 말해 다른 때는 괜찮을지 모르겠지만 지금은 됐다고 정중하게 거절하는 문장이다. 좀 정중함을 빼려면 Not right now만 써도 된다. 물론 어떤 정보를 물어보는 경우에는 지금은 아냐라고 해석하면 된다.

Good for you 잘됐네, 잘했어

복권에 당첨된 친구의 행운(luck)을, 승진한 남편의 성공(success)을 축하할 때 쓰는 표현인 Good for you는, 상대방이 한 일(something that someone has done)에 대해 「잘했어!」라고 하는 칭찬과 격려의 의미.

Look out! 조심해!, 정신 차리라고!

상대방에게 위험이 근접해있음을 경고할 때 사용하는 가장 대표적인 표현 중의 하나. 상대방에게 주의를 기울이라(pay attention)는 의미에서 하는 말이다.

I don't care (about it) (상대방의 부탁, 제안에 승낙하며) 상관없어

care가 「…에 대해 신경쓰다」 동사로 쓰인 경우. 즉 상대의 부탁·제안에 대해 I don't care (about it)란 대답은 「(어떻게 하든) 상관없어」란 말이 되어, 「편할 대로 해」라며 상대방의 부담을 덜어주는 승낙의 뜻이 되거나 혹은 관심이 없다라는 의미로 쓰인다. 이를 슬랭으로 쓰자면 I don't give a shit[damn].

It's going to be okay 잘 될거야, 괜찮을거야

비인칭주어 It과 be going to be가 합쳐진 경우로 ~be 다음에는 형용사가 오게 되는데 여기서는 괜찮다라는 의미의 okay가 왔다. going to는 역시 [gona]로 축약되어 발음되고 그리고 미드영어의 구어체문장에서는 표기까지도 gonna로 한다는 점까지 알아두자.

Just for fun 그냥 재미로

별다른 이유 없이(not for any other reason) 그냥 「장난삼아」, 「재미삼아」 한번 해보는 거라는 의미. for the fun of it이라고 하기도 한다.

I can do that 내가 할 수 있어

할 수 있다는 자신의 적극성을 드러내는 표현. that 대신에 this, it을 써서 I can do it, I can do this라고 해도 된다. 꼭 거대한 능력만 언급하는 것은 아니고 일상에서 가볍게 내가 할 시간이나 여유가 된다는 의미로 많이 쓰인다.

Let's get together (sometime) 조만간 한번 보자

캐주얼하게 「만나다」라는 의미. 만나는 사람을 구체적으로 언급할 때는 get together with+'만나는 사람'을 말하면 되고, 「만나서 …하다」라고 더 구체적으로 예정을 잡으려면 get together and+V의 형태로 써주면 된다. 또한 get-together란 형태로 「만남」이란 명사로 쓰이기도 한다.

CHECK IT OUT!

A: I finally got that promotion that I've been waiting for.

B: Good for you!

A: 드디어 기다리던 승진을 하게 됐어.

B: 잘됐네!

Please don't do that 제발 그러지마

상대방에게 뭔가를 금지하거나 신신당부하는 부정명령문의 대표적인 예. 부정명령문은 Don't be+형용사[명사] 형태이거나 혹은 Don't+일반동사로 쓰이는데, 일반동사가 쓰인 Don't do that!은 「그러지마!」, 「그거하면 안돼!」라는 의미이다.

I didn't know that 모르고 있었지 뭐야

문맥에 따라 상대방의 이야기에 약간 놀라면서 관심과 흥미를 나타내거나, 혹은 나는 몰랐었다라고 억울함을 하소연할 때 사용한다. 몰랐던 사실을 같은 문장에 이어서 말하려면 I didn't know that S+V라 하면 된다.

I'm ashamed of you 네가 부끄럽다

be ashamed of~는 뭔가 자신이 부끄러운 짓을 하였거나 혹은 다른 사람의 기대치에 못미치게 행동하였을 때 스스로 자신이 부끄러울 때 사용한다. 하지만 be ashamed of sb하게 되면 sb의 행동에 실망하거나 속이 상한다는 말씀.

Not anymore 이젠 됐어, 지금은 아니야

전에는 그랬지만 「현재는 그렇지 않다」는 말로 부분 부정의 일종. 학창시절 연계하여 외운 no longer 역시 같은 의미이나 이는 not anymore보다 딱딱한 표현이며 단독으로 쓰이지도 못한다.

Not likely 그럴 것같지 않은데

일종의 부드러운 부정의 의견을 나타내는 표현으로 It's not likely를 줄여쓴 것으로 보면 된다. 「아마도 그럴 일은 없을 것이다」, 「그렇지 않을 것이다」라는 뜻.

Me neither 나도 그래

상대방의 부정적인 의견에 동의하는 표현. Neither+동사+주어 형태를 이용하려면 상대방이 말한 문장의 동사 및 시제에 맞춰 써야 되는데 반해, Me neither는 모든 경우에 마음편히 사용할 수 있다는 편리한 장점이 있다.

Say hello to sb …에게 안부 전해줘, …에게 인사하다

헤어지면서 하는 인사이지만 상대방에게 하는 인사가 아니라 제 3자에게 안부인사를 전해달라고 하는 의미로 이때는 Give my best (regard) to sb와 동일한 표현. 하지만 상황에 따라 단순한 숙어로 「…에게 인사하다」라는 의미로도 많이 쓰이니 너무 고정관념에 사로잡히면 안된다.

Sort of 어느 정도는, 다소

sort는 동사로는 분류하다, 명사로는 종류나 성질을 뜻하는 단어이지만 sort of의 형태로 부사처럼 쓰일 때는「약간」, 「어느 정도」, 「다소」라는 뜻이 된다. 발음을 빨리하여 표기도 sorta로 하는 경우가 있다. kind 또한 명사로 종류라는 뜻이지만 kind of의 형태로 sort of와 같은 의미로 많이 쓰인다.

So what? 그래서 뭐가 어쨌다고?

So what?은 「그래서 뭐가 어쨌다는거야」라는 뜻으로 상대의 말에 무관심을 나타내는 대표적인 표현중 하나.「별로 중요하지 않다」(It's not important to me)라고 여기거나 「누가 상관이나 한데」(Why should I care?)라며 시큰둥한 의사 표시를 할 때 사용하면 된다. 같은 의미의 표현으로는 Who cares?, I don't care, I don't care less, 또는 It's no big deal 등이 있다.

Not (too) much 별일 없어, 그냥 그럭저럭

안부를 묻는 말에 대한 막연한 대답으로 쉽게 쓸 수 있는 말로, Nothing과 함께 「별일 없이 그럭저럭 지낸다」는 의미의 대표적인 대답 표현이다.

That's for sure 확실하지, 물론이지

자신있게 자신의 생각이나 주장에 대해 확실하다고 말하는 것으로 그냥 For sure라고만 해도 된다. 한단어로 하자면 Surely. 같은 표현으로 Sure thing, It sure is 등이 있다. It sure is의 경우에 sure는 형용사가 아니라 부사라는 점 기억해둔다.

Talk to you soon 또 걸게, 다음에 통화하자

전화를 끊을 때 하는 말로 「다음에 다시 전화하겠다」라는 뜻. 이외에도 전화를 끊을 때 하는 인사말로는 (It's) Good talking to you 등이 있다.

(It's) Good to see you 만나서 반가워, 만나서 반가웠어

이미 알고 있는 사람과 만날 때 사용하는 표현. 특히 다시 만나서 반갑다고 선제적으로 반가움을 표현하려면 Good to see you again이라고 하면 된다. 또한 헤어지면서도 사용할 수 있는 표현이기는 하지만 이때는 It was good to see you라고 보통 말한다.

That's (just) too much! 해도 해도 너무해!, 그럴 필요는 없는데!, 너무 재밌다!

too much는 that이 가리키는 상황이나 행동이 「터무니없는」(unreasonable), 「감당할 수 없을 정도로 너무 어렵고 힘든」(so difficult and tiring that you cannot cope with) 것을 의미. 한편 지나친 호의나 과분한 선물을 받고 「그럴 필요는 없는데」(You shouldn't have)라는 뜻으로도 쓸 수 있다.

A: Well, you know, Julia and I used to go out.

B: Oh, I didn't know that.

A: 음, 있잖아, 줄리아하고 난 예전에 사귀었어.
B: 어, 몰랐어.

That's funny 거참 이상하네

여기서 funny는「웃기는」이라기 보다는「좀 이상하다」는 말로 That's funny하면 평소 자기가 알고 있는 것과 다르게 돌아가는 상황에서 쓰는 표현. 달리 말하자면 That's strange[odd, unusual] 혹은 That's weird라 할 수 있다. 참고로 weird한 사람은 weirdo라고 한다.

What's the problem? 무슨 일인데?, 뭐가 문제야?

그냥 단순히 "네가 직면한 문제가 뭐냐?"고 물어보는 경우가 있고 또한 문맥에 따라서 "뭐가 문제냐?"고 물어보는 듯 하지만 별 문제가 될게 없는데 뭐가 문제냐하고 핀잔성 표현으로 쓰이는 경우도 있다.

What's the hurry? 왜 그렇게 서둘러? 왜 이리 급해?

뭔가 급히 서두르는 상대방에게 그 이유를 묻는 표현. 대개 순수하게 그 이유를 묻는다기 보다는「그렇게 급할 것 없지 않느냐」는 항변의 표현으로 많이 쓰인다. the 대신에 your를 써도 되고, hurry 대신에 rush를 써도 된다.

I am sorry to hear that 안됐네

여기서는「미안하다」라는 사과의 말이 아니라「안됐다」,「유감이다」라는 뜻으로,「그것 참 안됐구나」,「유감스럽게 됐구나」라는 의미. 좋지 않은 소식을 접했을 때 사용하는 전형적인 위로의 말.

It's very nice of you 정말 친절하네요

고마운 행동을 한 상대방에게 감사하다고 말하는 표현법 중의 하나로 단순히 It's very nice of you라고만 해도 되고, 아니면 고마운 행위까지 언급하려면 It's very nice of you to~라고 하면 된다. 물론 It's very까지는 생략해도 된다.

Who was it? 누군데?, 누구였어?

Who is it?은 방문객이 초인종을 눌렀을 때 혹은 전화왔다고 누가 말해줬을 때,「문밖에 있는게 누구냐?」,「전화 건 사람이 누구냐?」고 물어보는 표현이다.「누구였느냐?」고 물어보는 과거형은 Who was it?

That's another story 그건 또 다른 얘기야, 그건 또 별개야

상대방과 논쟁을 하거나 다툴 때 특히 유용한 표현으로,「문제의 핵심에서 벗어나지 말자」는 의미이다. another 대신에 a different를 써서 That's a different story라고 해도 된다.

I can't wait to do it 지금 당장이라고 하고 싶어

몹시 뭔가를 하고 싶을 때, 안달이 나 있을 때 사용할 수 있는 표현으로 I can't wait to+V를 사용한다. …하기를 기다릴 수 없을 정도로 바로 하고 싶다는 뜻으로 be eager to+동사, be dying to+동사와 같은 뜻이다.

What a coincidence! 이런 우연이!

What+(관사)+명사 형태의 감탄문으로 우연한 일치가 되는 상황에서 쓸 수 있는 표현. 비슷한 구조 그리고 비슷한 의미로 유명한 What a small world!는 뜻하지 않은 장소에서 뜻하지 않은 사람을 만나게 되면 불쑥 튀어나오게 되는 말.

Can we talk? 얘기 좀 할까?

상대방과 얘기를 나눌게 있을 때 얘기 좀 할까?라는 의미로 Can we talk?이라고 할 수 있다. 응용해서 Can we talk about~?, Can I talk to sb~?의 형태로 사용할 수도 있다.

I've got to run 서둘러 가봐야겠어

약속시간이 늦거나 뭔가 할 일이 있거나 등의 이유로 있던 자리에서 빨리 일어나 다른 곳으로 이동할 경우에 쓰는 표현. 자신의 다급함이 문장에 배어 있다. 발음나는 대로 I gotta run이라고 쓰기도 한다.

I'm cool with[about] that 난 괜찮아, 상관없어

cool을 「아주 좋다」, 「멋지다」라는 뜻으로만 알고 있으면 이해하기가 좀 당황스러울 수도 있다. 이 표현은 that에 대해 반대하거나(I don't object) 싫어하지 않는다(I have no problem with your idea), 따라서 「당황하거나(be upset), 화내지(get angry) 않고 받아들일 수 있다」라는 의미이다.

Let me (just) say 말하자면, …이지

직역하면 내가 말할게라는 뜻으로 단독으로 쓰이거나 혹은 뒤에 절을 붙여서 자신이 하고 싶은 중요한 말을 부드럽게 그리고 상대방의 긴장을 풀 수 있는 역할을 하는 표현법이다. 꼭 내가 말할게를 옮기기보다는 상황과 문맥에 따라 …이지요, …라 할 수 있지요 등으로 해석하면 자연스러워진다.

That's fine by me 난 괜찮아

That's[It's] fine이나 I'm fine은 기초영어회화에서 마스터한 것. 하지만 누구에게 괜찮은 지를 붙여 쓸 경우 보통 우리는 That's fine with me로 알려져 있지만 특이하게도 by를 써서 That's fine by me도 만만치 않게 쓰인다는 점을 기억해두어야 한다. 그냥 줄여서 Fine by me라고 자주 쓴다. by를 쓰면 좀 더 구어적인 느낌이 든다.

Sounds like a plan 좋은 생각이야

sound like는 「…같이 들리다」, plan은 「계획」, 그럼 Sounds like a plan!은 「그거 계획같은데!」라는 뜻? 아니다, 이 표현은 대개 상대방의 제안에 「그거 좋은 생각이야!」, 「그게 좋겠다!」라고 밝은 얼굴로 찬성을 표시하는 말로 쓰인다. Sounds good!, Sounds like a good idea! 정도의 의미.

A: Waiter! Come here for a moment!

B: What's the problem, sir? Is the food OK?

A: 웨이터! 잠깐 이리 와봐요!

B: 무슨 일이십니까? 음식이 이상합니까?

Something's wrong 뭔가 잘못됐어

뭔지 모르겠지만 뭔가 평소보다 이상하고 잘못된 것 같을 때 하는 말로 우리말로 뭔가 이상해, 뭔가 잘못됐어라는 뜻이다. 잘못된 것을 언급하려면 Something's wrong with~라고 이어서 말하면 된다. 이 표현은 (There's) Something wrong with~라 쓸 수도 있다.

Let me take care of it 나한테 맡겨

「…을 하게 허락하다」라는 뜻의 사역동사 let은 구어에서 let me+V의 형태로 「…하게 해달라」고 상대방에게 허락이나 양해를 구할 때 쓰이는데, 여기서는 「…을 잘 다루다[처리하다]」(deal with)라는 뜻의 take care of와 만나 「내가 처리하게 해달라」, 즉 「나한테 맡겨」(leave it to me)라는 든든한 말이 되었다.

I am not sure about that 그건 잘 모르겠는데

뭐가 뭔지 확신할 수 없거나 어떤 일을 바로 결정할 수 없을 때 쓰는 표현. sure 다음에는 확신할 수 없는 것을 that 절 혹은 what[how] 의문사절로 받거나 「…을 확신을 하지 못하지만 그럴지도 모른다」라는 의미에서 but으로 유도되는 절이 오기도 한다. 반대로「…가 틀림없어」라고 강한 확신을 표시할 때는 not만 빼주면 된다.

I can't do this 나 이건 못해

자신의 상황이나 능력 등을 고려해볼 때 할 수 없다고 말하는 것으로 I can't do that[this, it]이라 쓴다. 주어를 살짝 바꾸어서 You can't do that하면 금지의 표현으로 「이건 하면 안돼」라는 뜻이 된다.

I'm all right with that 난 괜찮아

All right의 다양한 표현은 꼭 알아 두어야 한다. 여기서는 I'm cool with that, I'm okay with that 그리고 It's fine with[by] me와 같은 맥락의 의미로 with 이하의 것에 괜찮다라는 뜻의 표현이 된다.

Neither did I 나도 안그랬어, 나도 마찬가지였어

So do I의 부정형태로 생각하면 된다. 상대방과 마찬가지라고 말하는 경우는 동일하지만, 맞장구쳐야 될 상대방의 말이 부정문일 때 쓴다는 점이 다르다. 상대방이 과거형을 썼으면 Neither did I, 미래형을 썼으면 Neither will I 라고 하면 된다.

What's wrong with you? 무슨 일이야?, 뭐 잘못됐어?

뭔가 정상적으로 돌아가지 않을 때 무슨 문제가 있냐고 단순히 물어보거나 혹은 문맥상 아무 이상없는데 뭐가 문제냐고 반문할 때나 상대방의 행동을 이해할 수 없다며 비난할 때 사용하면 된다. with 이하에는 사람이 와도 되고 사물(명사, ~ing)이 와도 된다.

You're dead wrong 넌 완전히 틀렸어

상대방의 말이나 주장이 완전히 틀렸다고 확신이 드는 경우에 사용하면 된다. dead는 구어체에서 「아주」(very)라는 의미를 지닌 단어로 따라서 「네 말은 틀렸어」에 해당하는 You are wrong에다가 dead를 삽입하면 그 틀린 정도가 심하다는 말이 된다.

I feel the same way 나도 그렇게 생각해

상대방과 의견과 같다고 말하거나 상대방의 주장에 동의할 때 쓰는 맞장구치는 표현으로 좀 더 구체적인 대상을 말하려면 ~about를 붙여 쓰면 된다. 반대로 그렇게 생각하지 않는다고 말할 때는 I don't feel the same way라고 하면 된다.

Say it again? 뭐라구요?, 다시한번 말해줄래요?

말을 못들어서 다시 한번 말해주겠니?라는 의미의 Can you say that again?의 축약형으로 Say it again?하면 상대방의 말을 잘 못알아들었 때뿐만 아니라 상대방의 말에 놀라거나 상대방이 엉뚱한 이야기를 했을 때 당황하여 말할 수 있는 표현이다. 억양이 중요하지만 Excuse me?, Come again? 그리고 What was that again?, What did you say? 등이 같은 친구들이라고 볼 수 있다.

That was close 아슬아슬했어, 큰일 날 뻔했다

어떤 큰 사고가 나거나 어떤 위험한 상황을 아슬아슬하게 벗어난 경우에 안도의 한숨을 쉬면서 던질 수 있는 표현. That was a close call과 유사한 표현으로 같은 의미로 종종 쓰인다.

Drop me a line 연락해

헤어지면서 계속 연락을 주고 받자(contact)는 내용으로 예전의 통신수단인 편지, 엽서, 뿐만아니라 전화를 하거나, 이멜을 보내거가, 아니면 문자를 포함한 SNS 등을 통해서 연락을 하자는 포괄적 의미로 쓰인다. Drop a note라고 해도 된다.

Here we go again 또 시작이군

과거에 이미 여러 번 경험한 불쾌한 일이나 귀에 못이 박히도록 들어온 잔소리가 시작되려고 할 때 「또 시작이로군」이라는 의미로 사용되는 표현. 못마땅한 어조가 담겨 있다.

How should I know? 내가 어떻게 알아?

내가 알 수 없는 일에 대해 상대방이 물어보는 경우에 사용하면 된다. 물론 문맥에 따라 짜증섞인 말투로 내뱉는 경우가 빈번하다.

Listen to me 내 말 좀 들어봐

내가 이제부터 하는 이야기에 관심을 갖고 「잘 들어보라고」(emphasizing that you want people to give their attention to what you are saying) 상대방에게 주의를 환기시키는 표현이다.

CHECK IT OUT!

A: When Sandy called, I told her she could just go to hell.
B: What's wrong with you? That's a terrible thing to say.

A: 샌디가 전화했을 때, 지옥에나 가라고 했어.
B: 왜 그랬어? 그런 끔찍한 말을 하는 게 아냐.

Don't get me wrong 오해하지마

get sb wrong은 「…의 말을 잘못 이해하거나 그로 인해 기분 나빠하다」(understand someone's remarks in the wrong way)라는 의미. 따라서 Don't get me wrong이라고 말하면 「그런게 아니야」, 「날 오해하지마」(Don't misunderstand me)라는 이야기가 된다.

Go get some rest 가서 좀 쉬어

go+동사의 용법과 get some rest의 표현이 합쳐진 것으로 상대방이 수고했거나 너무 피곤해보일 때 말하면 된다. 말 그대로 「가서 좀 쉬어」라는 의미.

I can't believe it! 설마!, 말도 안돼!, 그럴 리가!, 이럴 수가!

전혀 예상못한 일이나 말도 안되는 얘기를 들었을 때 놀라면서 「설마!」, 「그럴리가!」(be expressing shock or surprise)라고 말하는 표현이 바로 I can't believe it!이다. 놀라운 얘기까지 함께 해주려면 I can't believe that~을 쓰면 된다. 참고로 I don't believe it은 퉁명스럽게 「그건 사실이 아냐」(be saying bluntly that something is not true)라는 뜻.

Are you seeing someone? 누구 사귀는 사람 있어?

남녀간에 서로 「사귄다」고 하는 말은 거창한 표현이 따로 있는게 아니라 동사 see를 사용하여 see sb로 간단히 표현한다. 하지만 see sb에는 그냥 단순히 「만난다」는 뜻도 있기 때문에 문맥에 따라 구분을 잘 해야 한다.

Are you kidding? 농담하는거야?, 무슨 소리야?

얼토당토않은 이야기를 하는 상대방에게 「너 지금 장난하는거야?」라고 하는 표현으로 Are you kidding me?라고도 한다. 그밖에 You're kidding!하면 (불신)「그럴 리가!」, (놀람)「 정말!」, (불확실)「너 농담이지!」그리고 No kidding?은 「설마!」, No kidding!은 「너 농담해!」, 「이제야 알겠어!」 등등 kidding이 들어가는 표현들을 모아 외워 본다.

It was nothing 별일 아니야

「별거 아니다」라는 말로 상대방이 감사하다고 할 때 You're welcome, Think nothing of it 등의 대용어로 쓸 수도 있고 혹은 글자 그대로 별거 아니다라고 중요하지 않아서 신경쓰지 않아도 된다고 할 때도 쓰이는 것은 물론이다.

I don't know what to say 뭐라고 말해야 할지

말로 이루 다 표현할 수 없을 정도로 너무나 고마울 때 「뭐라고 해야 할지 모르겠어요」라고 하는데, 여기에 딱 들어맞는 표현이 바로 I don't know what to say이다. 하지만 반드시 고마움의 표시로만 쓰이는 건 아니고「딱히 뭐라 할 말이 없다」는 의미를 전달하고자 할 때도 두루 쓰는 표현이다.

It isn't worth the trouble 괜히 번거롭기만 할거야

worth the trouble은 노력이나 수고를 들일만 하다라는 표현으로 It is worth the trouble하면 「해볼만한 가치가 있다」, 「수고할 만한 가치가 있다」, 반대로 It isn't worth the trouble하면 「그럴 가치가 없다」, 「그럴 필요가 없다」라는 뜻.

Can[Could] you excuse us? 실례 좀 해도 될까요?, 자리 좀 비켜주시겠어요?

자리를 잠시 비우면서 상대방에게 양해를 구하거나 혹은, 누군가와 긴밀하고도 사적인 이야기를 나누고 싶은데 옆에 있는 사람이 방해가 될 경우 「잠시 자리 좀 비켜주시겠어요?」라고 할 때 사용하는 표현이다.

No strings (attached) 아무런 조건없이

뭔가 제안을 하거나 받으면서 혹은 돈을 빌려주거나 빌리거나 할 때 아무런 다른 조건없이 순수하게 하자고 말할 때 쓰는 것으로 attached를 빼고 그냥 No strings라고 된다.

Say what? 뭐라고?, 다시 말해줄래?

What did you say?의 축약형으로 기본적으로는 상대방의 말이 잘 안들렸거나 못알아들었을 경우에 하는 표현. 주로 상대방의 불쾌하고 기분나쁜 말에 화가 날 때 주로 많이 쓰인다. 또한 ~and say what?처럼 문장 끝이나 혹은 단독으로 쓰이면 「뭘 말하라고?」, 「뭐라고 말하라고?」라는 뜻이 된다.

One way or another 어떻게든 해서

어떤 일의 해결방안에 대해서 잘 모르거나 잘 알 수 없는 경우, 명확한 해결책이 아직은 없지만 어떻게 해서든 해보겠다는 표현. 즉 방법과 수단을 가리지 않고 뭔가 성공적으로 해보겠다는 강한 의지의 문구.

Let's get going 이젠 어서 가자, 서둘러 가봐야겠어

get going은 좀 늦어진 것을 「다시 시작하기 위해서 움직인다」는 의미로 주로 약속장소에 늦거나 비행기 시간이 빠듯한 상황 등에서 「지금이라도 빨리 서둘러서 가자」는 의미로 많이 쓰인다. I should get going도 비슷한 문맥의 표현이다.

Take your time 천천히 해

"급할수록 돌아가라"는 속담도 있듯, 「서두르지 말고 여유를 가지라」(use as much time as is necessary)는 뜻으로 할 수 있는 말로, Take your time, Relax나 Slow down 등도 비슷한 표현. "천천히 …을 하다"라고 말할 때는 take your time ~ing[with~]로 붙여 쓰면 된다.

I've had enough of you 이제 너한테 질렸어

of 이하가 예전부터 지금까지 계속 충분했다는 현재완료 문장. 그만큼 of 이하가 「지겹다」, 「질린다」라는 의미를 갖는다. 물론 of 이하에는 사람이나 사물, ~ing 다 올 수 있다.

A: Why do you think I'm such a bad person?

B: Don't get me wrong, it wasn't you I was referring to.

A: 뭣 때문에 내가 그렇게 나쁜 사람이라고 생각하는거지?

B: 내 말을 오해하지마, 널두고 한 말이 아니었어.

Nobody knows 아무도 몰라

「아무도 모른다」는 말 그대로 전혀 알 수가 없다고 말하는 표현으로 같은 유형의 동의표현으로는 Who knows, God knows 등이 있다. 모르는 내용까지 한꺼번에 말하려면 Nobody knows that[what, when~]~의 형태로 말해주면 된다.

What else is new? 뭐 더 새로운 소식은 없어?, 그게 다야?

상대방의 말이 항상 듣던 식상한 말뿐이거나 혹은 듣기 괴로운 소식일 때 화제를 바꾸고자 「다른 건 없냐?」, 의역하면 「그게 다야?」라고 물어보는 표현.

Keep trying 계속해봐

「계속 …하라」는 명령문인 Keep ~ing형 표현. 이 외에 Keep going은 직역하면 「계속 가」란 뜻이지만, 「(하던 일) 계속 해!」(continue doing something)라는 '강요'나 '격려'의 의미로 사용되며 뭘 계속하는지는 on+명사를 덧붙이면 된다.

It's gonna make a difference 차이가 있을거야

make a difference는 「…에 중요한 (좋은) 효과를 가져오다」라는 뜻으로 It's gonna make a difference하면 「(좋은 쪽으로) 달라질거야」, 「차이가 날거야」라는 표현. 반대인 It makes no difference to me는 전혀 내게 영향을 미치지 않는다는 말로 「난 아무 상관없다」라는 말이 된다.

Not that I know of 내가 알기로는 그렇지 않아

질문에 대해 부정적인 답변(negative answer)을 하되 그저 No!란 대답에 비해 좀 더 겸손한 느낌을 주는 표현. 즉, 아니긴 아닌데 정확히는 모르겠다는 의미이다. I'll go and check, I'll go make sure(가서 확인해 보겠다) 등의 부연설명이 이어지기도 한다.

You know what? 그거 알아?, 근데 말야?

대화 시작시 혹은 새로운 화제를 꺼낼 때 상대방의 주의를 집중시키기 위해 하는 말. 미드에서 많이 들을 수 있는 표현이다. Guess what과 같은 맥락의 문장이다.

If you don't mind 네가 괜찮다면

mind는 「꺼리다」, 「좋아하지 않다」라는 의미로, 이 표현은 부탁을 할 때, 특히 어렵고 거북한 부탁을 할 때 상대방에게 정중하고 예의바른 모습을 나타낼 수 있는 표현이다. 또한 어떤 제안에 대한 대답으로 동의의 의사 표시를 할 때도 사용할 수 있다.

Do you want some more? 더 먹을래?

「좀 더 먹을래?」란 말로 Would you like to have another?보다 격이 없는 구어적 표현. 식사끝날 무렵, '매너성 멘트'로도 유용하며, 음식뿐만 아니라 뭐든 더 하고 싶을 때, 더 갖고 싶을 때 등등 "좀 더…"란 아쉬움의 낌새가 느껴질 때라면 언제든 써먹을 수 있다. 더 줄여서 (Want) Some more?라고도 한다.

You turn me on 넌 내 맘에 쏘옥 들어, 넌 날 흥분시켜

예전 가전기구를 켜고 끌 때는 동그란 것을 돌려서 켜거나 껐다. 그래서 turn on은 전원을 켜다라는 의미로 쓰이며 여기서 파생하여「…을 맘에 들게 하다」,「흥분시키다」 등의 의미까지 갖게 되었다. 예로 She turns me on하면 "나 걔보면 흥분돼"라는 뜻이 된다.

Get your act together 기운차려

연기자가 자신의 연기(act)를 함께 모으다, 즉 좀 더 집중력있는 연기를 펼쳐보인다는 말에서 유래한 것으로 실망하고 낙담하여 기운이 빠져 있는 사람에게 격려용 멘트로 사용하면 된다.

What's the difference? 그게 무슨 상관이야?

무언가를 선택해야 하는 상황 혹은 어떤 일이 자신에게 미치는 영향에 대해 얘기할 때 어느 쪽이든「나에겐 아무 상관없다」,「그게 무슨 상관이야?」,「그런다고 뭐가 달라져?」라는 뉘앙스의 표현. 물론 단순히 차이점을 물어볼 때도 사용한다.

Let's just say~ …라고 생각해, …라고 해보자

뭔가 사실이 아닌 것을 한번「…라고 가정해보자」,「생각해보자」, 혹은 단순히 그냥 확정적으로 단정짓지 않기 위한 표현법으로「…라고 말해두자」,「…인 것 같다」라고 이해하면 된다. 이 두번째 의미는 앞서 나온 Let me just say와 유사하다.

Can I have a word (with you)? 잠깐 얘기 좀 할까?

have a word with sb는「…와 잠깐 얘기 좀 하다」라는 뜻이어서 Can I have a word with you?하면 You got a sec?과 같은 말이다. 아주 간단히 A word?라고만 하고 나머지는 눈빛으로 말해도 된다. 하지만 have words with하면「…와 싸우다」,「다투다」라는 표현으로 그 의미가 달라진다.

Who do you work for? 어디서 일해?

우리는 보통「어디에서 일하냐?」고 해서 Where를 떠올리기 십상이지만, 영어에서는 Where 대신 Who를 이용해「누구를 위해서 일해?」라고 말한다. work for는「…에서 일하다」라는 의미로 for 다음에는 사장 혹은 회사명을 말하면 된다. 물론 work at[in]도 쓰인다.

A: If you don't mind, I'd like to ask you a few questions.

B: Sure, go ahead.

A: 괜찮다면, 몇가지 물어보고 싶은 게 있는데.

B: 괜찮지 그럼. 어서 말해봐.

This makes me sick 역겨워

직역하면 나를 아프게 하다, 나를 역겹게 하다라는 뜻으로 사람이나 어떤 일 때문에 질리거나, 역겨울 때 요긴한 표현이다. 가끔 문맥에 따라 조크성으로 질투섞인 어조로 「부럽다」라는 뜻으로도 쓰인다.

My fingers are crossed 행운을 빌어

두 손가락으로 십자가 모양으로 만든다는 이미지에서 나온 표현으로 상대방에게 행운을 빌어준다고 하는 표현이다. 기본형은 cross one's fingers이고 좀 꼬면 keep one's fingers crossed 그리고 아주 간단히 My fingers (are) crossed라고 하면 된다.

Leave me alone 나 좀 내버려둬, 귀찮게 좀 하지마

혼자 좀 놔두라는 말로 그냥 단순히 혼자 있고 싶을 때, 귀찮게 하는 상대방에게 그만 쫌 꺼지라며 짜증내면서 하는 표현으로 「그만 좀 귀찮게 하라」라는 의미.

Let's get[keep] in touch! 연락하고 지내자!

get[keep] in touch는 「계속 연락하다」(contact constantly)라는 뜻으로 「제안」을 나타내는 let's와 함께 어울려 「서로 연락을 주고 받자」라는 표현으로 애용된다. 반대로 「연락을 끊다」는 lose touch라고 한다. 또한 be[get, keep] in touch with sth은 어떤 상황 등을 잘 알고 있다라는 의미.

I have a question for you 질문있는데, 물어볼게 있어

상대방에게 물어볼게 있을 때 본론부터 들이대기 전에 먼저 질문이 있음을 알리는 표현. I've got a questions for you로도 많이 쓰이고 강조하려면 I do have a question for you라고 하면 된다.

Are you out of your mind? 너 제정신이야?

be[go] out of one's mind은 「자기 정신이 아니다」, 즉 「미치다」, 「제정신이 아니다」(be mad[crazy])라는 표현. 또한 be out of one's mind with~하면 「…로 제정신이 아니다」, put[get] sth out of one's mind하면「…을 잊어버리다」가 되니 하나의 의미에 만족하지 말고 다 익혀두기로 한다.

I'm not sure what you mean 무슨 말인지 모르겠어

상대방이 무슨 말을 하는지 그 의미를 못 알아들었을 때 쓰는 What do you mean?(무슨 소리야?)과 기본적인 의미는 같지만 한번쯤 돌려서 조금 완곡하게 표현하는 방법. mean의 주어만 바꾸어 I'm not sure what it[he] means(그게[그 사람 얘기가] 무슨 뜻인지 잘 모르겠어) 등으로도 활용이 가능하다.

You're making fun of me? 너 지금 나 놀리냐?

make fun of sb[sth]는 「놀려대다」는 기본표현. 조금 어렵게 하려면 poke fun at이나 「놀리다」, 「난처하게 하다」라는 pull sb's leg를 쓰면 된다. 친한 사이에 격의없이 쓰려면 I'm fucking with you라고 하는데 이는 「장난친거야」, 「놀려먹은거야」 정도로 이해하면 된다.

How could you do this[that]? 어쩜 그럴 수가 있니?

상대방의 어처구니없는 말과 행동을 탓하며 난감한 목소리로 던지는 표현. 질책과 비난 그리고 실망을 가득 담은 말이다.

I must be going 그만 가봐야 될 것 같아

조동사 must를 이용하여 상황이 여의치않아 가봐야하는 나의 사정을 토로하며 양해를 구하는 말이다. 상대방이 잡기에는 비교적 무리일 정도로 확실히 가겠다는 의사표시 표현.

Got a minute? 시간 돼?

상대방에게 개인적으로 할 말이 있으니 잠깐 시간을 낼 수 있냐고 물어보는 표현. 주어(you)도 조동사(have)도 과감하게 무시해버린 초간단 표현으로, 「잠깐 얘기 좀 할 수 있을까?」 정도의 뉘앙스. 앞서 나온 Do you have time?과 같은 의미.

Here we are 자 (드디어) 도착했다, 여기 있다

봐도봐도 헷갈리는 표현. Here we are는 먼저 글자 그대로 우리가 여기에 있다라는 말로 이동을 해서 어딘가에 「드디어 도착했다」, 그리고 뭔가 보여주면서, 건네주면서 「자 여기 있어」라고 할 때 쓰는 표현이다.

Do you have a problem with me? 나한테 뭐 불만있는거야?

have a problem with sb[sth]는 그냥 단순히 문제가 있다고 할 수도 있지만 주로 서로 맘이 맞지 않을 때 「뭐 불만있냐?」, 「뭐 문제있냐?」, 「뭐 떫냐?」 정도의 의미로 시비를 걸 때 자주 쓰인다.

Don't make me laugh! 웃기지 좀 마!, 웃음 밖에 안 나온다!

상대방이 좀 말도 안되는 이야기를 할 때 「말도 안되는 소리하지마」, 「웃기지마라」라는 의미의 표현. 재미있어서 웃는게 아니라 말도 안되서 웃기지 말라는 말씀. 하지만 문맥에 따라 정말 황당한 말에 「야 웃기지마라」라는 의미로도 쓰이는 문맥을 항상 잘 봐야 한다.

Everything's gonna be all right 다 잘 될거야

곤란에 빠졌거나 고민과 걱정에 사로잡힌 상대방에게 건네는 착한 위로의 표현. 일단 결과는 아무도 알 수 없는 상황일지라도 덤담으로 다 잘 될거라 희망을 심어주는 표현. be all right 대신에 be okay, be fine을 써도 된다.

A: I plan to go skydiving in New Zealand next month.
B: Are you out of your mind? That's extremely dangerous!

A: 다음 달에 뉴질랜드로 스카이다이빙 하러 갈거야.
B: 너 제정신이니? 엄청 위험하다구!

I get along with you 나 너와 잘 지내고 있어

get along (with sb)은 주로 「(…와) 잘 지내다」, 「좋은 관계를 유지하다」라는 표현. 서로 잘 지낸다고 할 때는 get along with each other이라고 하면 된다.

I must be off 이제 가봐야겠어, 그만 일어서야겠어

be 동사와 부사 off가 만난 be off는 「떠나다」(leave), 「출발하다」(start)라는 뜻의 동사구. 집을 나서며 「나 간다」는 뜻으로 하는 말로, off 뒤에 to를 연결해 to 다음에는 목적지를 언급해주거나 이동의 목적을 나타내는 동사를 이끌 수 있다. take off를 써도 되는데 take off는 이밖에도 「옷벗다」, 「이룩하다」라는 뜻으로도 쓰인다.

Are you leaving so soon? 벌써 가려구?, 왜 이렇게 빨리 가?

파티나 모임에서 먼저 일어나겠다고 하는 사람에게 더 있으라고 진심이든, 혹은 진심은 가기를 원하면서도 형식상 잡을 때 사용하면 된다. 또한 너무 오래 머무른 사람이 일어나면서 하는 말은 I don't want to wear out my welcome으로 「너무 번거롭게 만드는 것은 아닌지 모르겠네요」라는 뜻이다.

You've got to be kidding! 농담말아!, 웃기지마!, 농담하지마!, 장난하는거지!

상대방의 말이 어처구니없거나 도저히 믿기지 않는 이야기일 때 던질 수 있는 표현. 문맥에 따라서는 뜻밖의 소식에 놀라움을 나타내거나 상대방의 의도를 잘 모르겠다며 「너 거짓말이지?」라는 의미를 갖기도 한다.

(You) Back off! 비키시지!

물리적으로 뒤로 물러나 비키라는 말. 비유적으로는 관심끊으라는 의미로도 쓰인다. back away from도 같은 표현. Back off 단독으로도 쓰이지만 from sb[sth] 을 붙여 쓸 수도 있다.

I'm telling you 정말이야, 잘 들어

지금까지 얘기한 내용이 정말임을 강조하거나 이제부터 하려는 얘기가 아주 중요하다는 것을 강조하는 표현. 「정말이야」, 「잘 들어라」는 말로 I'm telling you the truth, What I say is true, Believe me와 같은 맥락의 표현.

Can I get you something? 뭐 좀 사다줄까?, 뭐 좀 갖다줄까?

방문한 손님에게 「뭐 좀 갖다드릴까요?」라고 묻거나, 혹은 친구를 남겨두고 잠깐 뭐 사러 가면서 「네 것도 뭐 좀 사다줄까?」하고 물어볼 때 쓸 수 있는 말이다. 술집이나 식당의 종업원에게서 쉽게 들을 수 있는 말.

Please stop bugging me 나 좀 귀찮게 하지마

bug는 벌레라는 의미지만 미드에서는 「전화도청(하다)」, 「짜증나게하다」(annoy)라는 뜻으로 많이 쓰인다. 짜증나게 하는 내용도 같이 쓰려면 be bugging sb about~이라고 하면 되고 bug sb to do의 형태로 쓰면 「짜증날 정도로 …해달라」고 부탁하는 것을 말한다.

It was fun having you 같이 해서 즐거웠어

모임이나 만남을 가진 후 헤어질 때 네가 와줘서, 「너와 시간을 함께 해서 즐거웠다」고 말하는 표현. 좀 예의바르고 정중한 표현법이다.

No harm (done) 손해본건 없어, 잘못된 거 없어, 괜찮아

harm은 피해(damage)를 입거나 일이 잘못되는 것(wrong)을 뜻하는 말로, No harm done이라고 하면 이미 벌어진 일에 대하여 「손해본거 없어」, 「일이 잘못된 것은 아니야」, 그러니 걱정말라는 의미를 띄는 표현이다. 앞으로 일어날 일을 두고 「피해가 없을 것」이라고 하려면 there's no harm, it does no harm을 사용한다.

She's friends with my brother 걔 우리 형하고 친구야

잘 알려진 단어인 friends를 이용한 표현 몇 개. be friends with는 「…와 친구이다」, make new friends는「새 친구를 사귀다」라는 뜻. 특히 We're just friends는 이성친구로 오해받을 때 그냥 단순한 친구라고 말할 때 사용하는 전형적인 표현이다.

Not even close 어림도 없어

전혀 근접하지 않았다라는 말로 뭔가 「완전히 헛짚다」, 「틀리다」 혹은 「…하려면 아직 멀었다」라는 부정답변으로 사용할 수 있다. 아직 도달하지 못한 목표를 말할 때는 be not even close to~라고 하면 된다.

Get out of here! 꺼져!, 웃기지마!

보통 험악한 장면에서는 더 이상 얘기하고 싶지 않으니 「여기서 나가!」라는 말이지만, 말도 안되는 소리를 하는 사람에게 「웃기지마」(no kidding), 「내가 그 말을 믿을 것 같아?」(Don't expect me to believe that!) 라는 뜻으로도 쓰인다.

I'm for it 난 찬성이야

다양한 용법의 전치사 for가 be동사를 만나면 「…에 찬성하다」(support)라는 동사구가 된다. 반대로 「반대」할 경우에는 for 대신 against를 쓰면 되는데, 두 표현 모두 be동사와 전치사 사이에 all을 넣어 의미를 강조할 수 있다. 한편 I'm on your side도 찬성과 지지를 나타내는 표현.

Take it easy 좀 쉬어가면서 해, 진정해, 잘 지내

기본적인 의미는 「긴장을 풀고 한 템포 줄이라」는 것. 한창 열받아 있는 사람에게 Take it easy하면 화를 가라앉히고 「진정하라」는 뜻이고, 헤어지면서 이 표현을 쓰면 「편히 잘 지내라」는 작별인사가 되기도 한다.

A: Well guys, I'm gonna take off now.
B: Alright. Thanks for coming over and bringing the beer.

A: 저 여러분, 그만 일어서야겠어요.
B: 좋아요. 맥주까지 가지고 와주셔서 고마워요.

Very funny! 그래 우습기도 하겠다!

상대방이 말도 안되는 이야기를 할 때 속을 뻔했지만 믿지 않는다고 할 때 하는 말. 「웃기지마라」, 「참 우습기도 하겠다」라는 뜻이며 또한 What's so funny?는 좀 짜증난 상태로 「뭐가 그렇게 웃겨서 그렇게 웃냐」라고 반문하는 표현이다.

Do it right 제대로 해

말 그대로 「뭔가 일을 제대로 똑바로 하다」라는 말. 다만 do it right away처럼 away가 붙으면 「뭔가를 즉시 하다」라는 말이 되므로 구분해야 한다.

Easy does it 천천히 해, 조심조심, 진정해

마음만 앞서 허둥거리는 사람에게 그렇게 서두르지 말고 「천천히 정신차려서 해」(do it slowly and carefully)라는 뜻으로, 또는 어떤 일에 화가 잔뜩 난 사람에게 「진정해」(calm down)라는 의미로 쓸 수 있는 표현.

Here he comes 저기 오는구만

Here he comes는 "저기 걔가 온다"라는 의미로 Here를 강조하기 위해 앞으로 뺀 표현이다. 또한 There it is는 뭔가 건네주면서 「여기 있어」라고 할 때 혹은 만족스럽지 않은 상황이나 어쩔 수 없는 상황을 말하기도 하는데 이때는 There you are[go]와 같은 맥락의 표현이다.

He made a move on me 그 사람 내게 추근대던데

make a move하면 움직이다, 시작하다라는 뜻이지만 make a move on sb하면 「성적으로 접근하다」, 「찝적대다」라는 뜻이 된다. 비슷한 표현으로 make a pass at sb가 있는데 이는 최종목적인 섹스를 염두에 두고 수작거는 것을 말한다.

Here's to you 당신을 위해 건배, 너한테 주는 선물이야

술자리에서 애용되는 Here's to you!는 행운을 빌어주거나 감사의 맘을 전하며 「당신을 위해 건배!」(Here's a toast to you!)라고 외치는 말. 건배의 대상은 to 이하에 넣어주면 된다. 또 선물 등을 건네주며 이 말을 하면「이거 너한테 주는거야」라는 의미.

If there's anything you need, don't hesitate 필요한거 있음 바로 말해

상대방에게 친절을 베푸는 착한 표현. 「필요한게 있으면 주저하지 말고 말하라」는 호의성 발언으로 If you need me, you know where I am이나 Make yourself at home 등과 같은 맥락으로 보면 된다.

I'm just saying (that) 내 말은 단지 …라는거야

상대방이 불만을 가질 수도 있는 말을 할 때 혹은 상대방이 불만을 좀 표출했을 때 사용하는 표현. 상대의 불만이나 오해를 풀기 위해 자신이 한 또는 할 말의 진의를 전달하려는 문장이다.

Did you hear? 너 얘기 들었니?

Did you hear?는 「그 소식(소문) 들었니?」(Have you heard?)라는 뜻이고 Did you hear that?하면 뭔가 좀 이상한 이야기를 듣고 그게 사실인지 상대방에게 확인할 때 그리고 Do you hear?는 「들리니?」, 「내 말 듣고 있어?」, Do you hear me?는 「내 말 알아들었어?」, 마지막으로 Did you hear me? 역시 「내 말 이해했어?」라는 뜻이 된다.

I made it! 해냈어!

쉽지 않은 일을 성취해냈을 때 또는 어려운 시기를 극복하고 난 뒤, 열심히 노력한 결과 「목표했던 것을 이뤄냈다」는 기쁨을 나타내는 표현이다. 참고로 make it+장소는 「제시간에 도착하다」(arrive in time)라는 뜻. 또한 He didn't make it은 생사의 고비에서 해내지 못했다, 즉, 「죽었다」라는 의미로도 많이 쓰인다.

I never thought I'd be better 내가 좋아지리라고 생각도 못했어

뭔가 전혀 생각을 해보지 않았다, 생각해본 적이 없다라는 강한 부정의 표현. 한 단계 나아가 문맥에 따라서는 예상치 못한 놀람을 표현할 때도 이용할 수 있다. I never thought S+would~ 혹은 I never though of (sb) ~ing의 두가지 형태를 알아두면 된다.

Calm down 진정해

싸우거나 다투거나 등 감정이 통제되지 않고 흥분하여 날뛸 때 진정하라고(relax)하면서 상대방의 감정을 가라앉히고자 할 때 쓰는 전형적인 표현. 이런 식의 '진정하다'라는 표현으로는 cool off, cool it, cool down, take it easy, hold your horse 등이 있다.

Can I talk to you for a second? 잠깐 얘기 좀 할까?

상대의 허가 내지는 동의를 구하는 조동사 can을 써서 「얘기 좀 하자」고 청하는 표현. 그냥 Can I talk to you?라고만 해도 되고, 그리 오래 걸리지 않는다는 의미로 뒤에 for a second[sec], for a minute 등의 표현들을 붙여줘도 된다.

Come over to my place[house] 우리 집에 들려

visit보다 훨 캐주얼하게 많이 쓰이는 표현으로 주로 집에 들르다라는 의미. place의 경우 특히 소유격과 합세하여, my place, your place하면 살고 있는 집을 뜻한다. 저녁먹으러 들르다라고 하려면 come over for dinner라고 하면 된다. 참고로 drop by[in] 등은 예고없이 잠시 들르는 것을 뜻한다.

A: This is a difficult job to complete.

B: Yeah, but do it right. I don't want to come back again.

A: 이건 마무리하기 힘든 작업이에요

B: 그래요, 그래도 제대로 하세요. 처음부터 다시 하긴 싫으니까.

All set 준비 다 됐어요

set이 prepared 혹은 ready의 뜻을 가진 형용사로 쓰인 경우. 여행준비나 행사준비 등 준비가 필요한 여러 가지 상황에서 두루 사용할 수 있는 표현으로 I'm ready와 동일한 의미이다. 원래 be all set이지만 단독으로 All set이라고 많이 쓰인다.

Let me think about it 생각 좀 해볼게

잠시 생각할 시간이 필요하다(I'll have to think about it for a while)란 말로, 대화 도중 즉석에서 결론을 내리기 애매할 때 시간을 벌어주는 표현. 때에 따라서는 면전에 대놓고(in someone's presence) 안 된다고 하기가 껄끄러워서 완곡하게 거절할(reject euphemistically) 때도 쓰이므로 분위기 파악을 잘 해야 한다.

Shame on you! 부끄러운 줄 알아야지!, 창피한 일이야!

주로 아이들의 잘못된 행동이나 어린애같은 행동을 하는 철없는 어른들에게 핀잔을 주거나 잘못을 꾸짖을 때 사용하는 표현. on 이하만 바꿔서 Shame on him!(그 친구는 창피한 줄 알아야 해!) 등으로 활용할 수도 있다. 혼전임신한 딸에게 아버지가 Shame on you for getting pregnant without being married!라고 할 수 있다.

It's none of your business! 상관 말라구!

「너와는 상관없는 일」(It's none of your business)이니 상관하지 말고 「네 일이나 신경쓰시지!」라는 뜻. 다시 말해 「참견 말고 네 일이나 잘하셔!」라는 말이다. Mind your own business라고도 하는데 약어로 MYOB로 쓰기도 한다.

No wonder 당연하지

이상(wonder)하지 않다(no)고 하니 전혀 놀라거나 당황하지 않고 당연히 예상했던 거라는 말씀. It's no wonder에서 It's가 생략된 것이다.

Maybe some other time 다음을 기약하지

초대나 만나자는 제의를 받은 사람이 사정이 안되어서 다음으로 미루자고 할 때 쓰는 대표표현. 비슷한 표현으로 rain check이 있는데, 이는 경기가 우천 등으로 연기될 경우 관중들에게 다음에 다시 볼 수 있도록 나누어주는 확인표로 take a rain check하면 「약속을 미루다」라는 뜻이 된다.

We're done for the day 그만 가자, 그만 하자

오늘 일은 「다 끝냈다」, 「그만 하자」, 「그만 가자」라는 의미로 have gone for the day라는 표현과 같은 맥락이다. go 대신에 leave나 quit을 사용해서 leave for the day 혹은 quit for the day라고 해도 된다.

What's the matter with you? 무슨 일이야?, 도대체 왜 그래?

상대방에게 「안 좋은 일 있었냐」, 「어디 아프냐」고 물어보거나 혹은 상대방이 바보같거나 이해할 수 없는 행동을 할 경우에 「왜 그러냐」고 물어보는 표현. 그냥 간단히 What's the matter?라고만 해도 된다.

He has got a big mouth 입이 엄청 싸구만

입의 중요한 기능 두 가지라면 '먹는 것'과 '말하는 것'인데, 이 표현은 '말하는 것'과 관련한 표현. 「말이 너무 많다」(talk too much), 즉, 「입이 싸다」, 「저 놈은 입만 살았어」라는 의미이다.

That's no excuse 그건 변명거리가 안돼

매사에 자기의 잘못을 인정하기 보다는 변명만을 일삼는 사람에게 「변명하지마」라고 따끔하게 일침을 놓을 수 있는 말이 바로 That's no excuse이다.

Suit yourself! 네 멋대로 해!, 맘대로 해!

기본적으로 「너 하고 싶으대로 하라」는 뜻이지만 특히 명령문 형태로 구어체에서 쓰이면 좀 퉁명스럽게 난 맘에 안들지만 「네 멋대로 할래면 해라」라는 방관형 표현.

You asked for it 자업자득이지, 네가 자초한 일이잖아, 그런 일을 당해도 싸다

「네가 자초한 일이다」(You're getting what you requested), 나아가 「그런 일을 당해도 싸다」(You deserve the punishment)란 의미로 발전되기도 하는데, 뭔가 어려운 상황에 처한 사람에게 위로는 못할 망정 속을 벅벅 긁어대는 표현이다.

I'm gonna break up with her! 난 걔랑 헤어질거야!

남녀사이에 헤어졌다고 할 때는 꼭 나오는 표현이 바로 이 break up with이다. 그냥 break up이라고 해도 되고 헤어지는 사람까지 말하려면 break up with를 쓴다. 또한 이렇게 헤어져서 완전히 상대를 잊었다고 할 때는 I'm over you를 사용하면 된다.

You can't do that! 그러면 안되지!

비이성적이고 상식밖의 행동을 하는 상대방을 말릴 때 혹은 상대방의 언행이 자신에게 직접적인 피해를 끼칠 때 사용하는 표현으로 여기 can't는 금지를 나타낸다.

You won't believe this 이거 믿지 못할 걸

뭔가 이해하지 못하거나 혹은 놀랄만한 소식을 전달할 때 미리 안전대비용 혹은 호기심자극용으로 사용하기에 좋은 표현. 「너는 내가 하는 말을 믿을 수 없을 정도로 놀랄거야」라는 뜻. You won't believe what[how~]의 형태로 놀란 내용까지도 말할 수 있다.

A: Shh, they are talking about Chris and Serena.
B: Are you eavesdropping? Shame on you!

A: 쉿, 쟤네들이 크리스와 세레나 얘기를 하고 있다구.
B: 너 엿듣고 있는거야? 창피한 줄 알아!

This is a totally different situation 전혀 다른 상황야, 그러면 얘기가 달라지지

우리가 예상했던 상황과 다르다는 점에서 혹은 비슷해 보이지만 실제로는 많이 달라서 주의를 해야 한다고 하면서 사용하는 표현. 혹은 상대방의 주장과 다르다는 것을 강조할 때도 사용된다.

Carry on 계속해

명령형 형태로 Carry on!하게 되면 하고 있던 일을 「계속하라」는 의미의 문장이 된다. 특히 carry on은 carry on with~, carry on ~ing의 형태로 「뭔가 계속 하고 있다」는 의미의 표현을 만들어낸다.

I was frustrated with you! 너땜에 속이 터졌어!, 짜증났어!

먼저 frustrated란 단어의 정확한 의미를 알아야 한다. 이 단어는 자기가 원하던 목표가 다른 이유로 꺾인 상태를 말하는 단어로, 좌절된 상황을 말한다 그래서 be frustrated with sb하게 되면 sb 때문에 좌절된 상태라는 뜻이 된다. 참고로 embarrass는 「초조하게 하다」, 「난처하게 하다」라는 뜻.

How much do I owe you? 내가 얼마를 내면 되지?, 얼마죠?

상대에게 갚을 돈이 얼마인지 물을 때, 구입한 물건 값을 치를 때(when you pay for something purchased) 혹은 식당에서 음식값을 계산할 때 간단히 「얼마죠?」란 뜻으로 사용되는 활용빈도 높은 표현.

I'm not kidding 정말이야, 장난아냐

kid는 동사로 다른 사람을 「속이다」(fool)라는 뜻으로 be kidding하게 되면 「사실이 아닌 것을 말하다」라는 의미가 된다. 따라서 I'm not kidding하면 자기가 한 말을 상대방이 믿지 않을 때 자신의 말이 진실임을 강조하면서 쓰는 표현이다.

Hold your horses 서두르지마

Hold your horses는 원래 말(horse)이 흥분했을 때 "날뛰는 말을 붙잡으라"는 뜻으로 쓰던 표현. 그 뒤 말뿐만 아니라 흥분한 말처럼 안절부절 못하는 사람에게 비유적으로 사용되기 시작하면서 「진정해」(Calm down), 「서두르지마」라는 뜻으로 그 의미가 확대되었다.

God (only) knows! 누구도 알 수 없지!

신만이 안다는 이야기는 아무도 알 수 없다는 말. 앞서 나온 Who knows!와 같은 의미. God 대신에 비슷한 분위기의 Heaven, Lord, Christ 그리고 Hell을 써도 된다. 다만 God know what~ 등은 「아무도 알 수 없다」라는 뜻이지만 God know that S+V는 「정말이지 …하다」라는 강조어법이 된다는 점에 주의한다.

Can you give me a hand? 좀 도와줄래?

우리도 '손'이 도와주는 사람, 즉 「도움」을 뜻하듯 영어에서도 give me a hand하면 「도와달라」는 의미가 된다. 특히 hand는 어떤 추상적인 부탁보다는 구체적 혹은 현장에서 물리적인 힘을 이용한 도움이란 뜻으로 많이 사용된다.

Are you still there? 듣고 있는거니?, 여보세요

문자 그대로 하자면 「아직도 거기 있니?」라는 의미로도 쓰이고 또한 전화 통화시에는 Are you still on the line?과 같은 의미로 통화를 하다가 갑자기 연결 상태가 좋지 않을 때 혹은 상대방이 전화를 끊지 않았는지 확인할 때 사용한다.

You're not supposed to do that 그러면 안되는데

be supposed to+V의 형태는 「…하기로 되어 있다」로 옮겨지지만 주어가 의무, 책임, 법, 약속 및 평판 등을 근거로 「마땅히 …하리라 강하게 기대되다」라는 의미이다. 따라서 여기서처럼 부정의 형태가 되면 상대의 행동을 제약하는 「금지」의 표현이 된다.

I really appreciate this 정말 고마워

감사의 마음이 차고 흘러넘쳐 Thank you나 Thanks로는 모자랄 때, 혹은 좀 더 정중하게 말하고 싶을 때에 appreciate을 이용한다. appreciate은 「감사히 여기다」라는 타동사로 목적어를 필요로 한다는 것에 유의하자.

I am sick of this 진절머리가 나

sick은 여기서 아프다라기 보다는 of 이하의 일이나 사람에 넌더리 나거나, 역겹고 지겨울 때 사용하는 표현. be sick and tired of~라고 강조해도 된다.

Are you available? 시간돼?

「이용할 수 있는」의 뜻으로 비행기 좌석은 얼마나 있고, 호텔에 방이 얼마나 있는지, 상점이나 식당의 이용할 수 있는 시간 등을 말할 때 공식처럼 나오는 단어. 또한 손이 비어 도와줄 수 있는 경우 및 약속시간을 잡을 때 시간이 되는지 물어볼 때도 자주 사용된다.

Let's get started 자 시작하자

get started는 「뭔가 일을 시작하다」, 「첫발을 디딘다」라는 의미. 시작하는 일은 get started on~의 형태로 이어 말하면 된다. 결국 Let's begin과 같은 표현으로 get moving, get cracking과 같다고 보면 된다. 또한 Let's roll도 동일한 의미로 「착수하다」란 뜻.

Just like that 그냥 그렇게, 그렇게 순순히

뭔가 일이 매우 빠르게, 매우 쉽게 그리고 너무 간단히 일어났다는 것을 강조하기 위한 표현. Just like that?이란 의문형태로도 많이 쓰이는데 이는 말하는 사람이 상대방에게 확인하기 위해서 약간 찜찜한 표정을 지으면서 말할 때이다.

CHECK IT OUT!

A: Mr. Smith, your car repair is finished. You can pick it up now.

B: How much do I owe you?

A: 스미스 씨, 자동차 수리가 끝났습니다. 이제 가져가셔도 됩니다.
B: 얼마예요?

I'm outta here 나 갈게

여기(here)서부터 없어진다(be out of)는 의미로 「나 이제 갈게」, 「나 이제 간다」라는 뜻을 전달하는 표현이다. outta는 out of를 뜻하는데, 이는 발음나는대로 표기하는 현상 중의 하나. I'm gone 또한 「나 간다」라는 뜻이고 I'm not here은 거짓말을 시키는 것으로 「나 여기 없는거다」라는 표현.

(It) Never happened 이런 적 한번도 없었어

뭔가 놀랍고 황당한 일이 벌어졌을 때 입을 짝 벌리고 할 수 있는 말. 「이런 적이 없었는데」라는 말로 It[That] never happened!라고 말하면 된다. 물론 그냥 「그런 적[일]이 없었다」라는 단순한 정보를 전달하는 표현으로도 쓰는 것은 물론이다.

She's a smooth talker 걔는 정말 말 잘해(남을 설득 잘하는 사람)

talker하면 말을 많이 하는 사람 혹은 어떤 특정한 방식으로 말하는 사람이라는 단어. 그래서 big talker하면「수다장이」, be not much a talker는 「말수가 적은 사람」, 그리고 smooth talker하면 말을 아주 잘해서 「남 설득을 잘하는 사람」을 말한다.

Pull yourself together 기운내, 똑바로 잘해

control your feelings(감정을 잘 조절하다)는 뜻. 특히 아주 힘겨운 상황에 처해 어찌할 바를 몰라하거나 시름에 빠져있는 상대에 대한 위로·충고의 말로 자주 쓰인다. put your affairs in order(똑바로 잘 해)라는 의미를 나타내기도 하며 get it together, get your act together와도 바꿔쓸 수 있다.

Nothing for me, thanks 고맙지만 난 됐어

상대방의 권유에 대해 정중하게 거절하는 방법으로 고맙지만 "난 됐어요"라는 뜻. 하지만 일반적인 어구로 사용될 때는 (There's) Nothing for me to~라는 뜻으로 「내가 …할 것은 없다」라는 뜻이 되니 유의한다.

That makes sense 일리가 있군

상대방이 전하는 얘기나 의견이 「(논리적으로) 이해가 되거나」 혹은 「도리와 이치에 맞다」(be reasonable)라고 생각할 때 쓸 수 있는 표현으로 우리말로는 「일리가 있다」, 「말이 된다」 정도에 해당한다.

Take it or leave it 선택의 여지가 없어, 받아들이든지 말든지 알아서 해

받아들이든지(take) 아니면 그냥 놔두든지(leave)라는 말로 「양자택일해라」, 「싫으면 관두고」, 「네 맘대로 해」 등의 뉘앙스를 갖는 표현.

Well done 잘했어

Good job과 같은 말로 상대방이 뭔가 일을 잘했을 때 칭찬으로 하는 말. 어려운 말로는 Top notch!가 있다. 물론 Well done은 고기의 익힌 상태를 말하는 것으로도 유명한 표현이다.

What did you say? 뭐라고 했는데?, 뭐라고?

조금 투박한 표현이지만 그렇다고 꼭 다툴 때만 사용하는 것은 아니다. 친한 사이나 격의없을 때는 자연스럽게 다시 한번 말해달라고 할 수 있고 또 문맥상 상대방의 말에 놀라거나 화난 분위기에서는 "뭐라고?"라는 말로 쓰인다.

You are not yourself 제정신이 아니네

「너는 너 자신이 아니다」라는 재미있는 표현. 다시말해, 지금의 "You"는 「평소의 네 모습(yourself)이 아니다」라는 말로 평소와 다르게 이상한 언행을 하는 상대방에게 던지는 말.

Give it a try! 한번 해봐!

「시도」하면 떠오르는 단어인 try를 활용한 표현으로 결단을 못내리고 우유부단한 태도를 보이고 있는 상대방에 용기를 불어 넣어주는 격려의 말이다.

Don't feel so bad about it 너무 속상해하지마

feel bad는 '기분이 나쁘다'라는 말로 Don't feel so bad하면 뭔가 일이 안되어 속상하거나 화난 사람에 너무 기분 나빠하거나 낙담 말라고 위로해주는 표현. 속상한 일을 함께 말하려면 Don't feel so bad about~이라고 이어주면 된다.

Who knows? 누가 알겠어?

반어법 문장으로 아무도 모른다라는 내용을 강조하는 표현으로 God (only) knows와 같은 의미. 과거형으로 Who knew?하면 「이렇게 될지 예전에 누가 알았겠느냐?」라는 말.

Could you hold? 잠시 기다리세요

전화상에서 찾는 사람[부서]을 바꿔줄 때는 Hold on (a moment)을 쓰지만, Could you hold는 연결하는데 시간이 걸리거나 내가 잠시 다른 전화를 받을테니 기다려달라고 할 때에 쓰면 적절한 표현. 물론 hold는 잡다, 들다라는 뜻이 있어 Could you hold sth?하면 「…좀 들어줄래?」라는 뜻이 된다.

I don't believe this! 이건 말도 안돼!

앞서 나온 I can't believe it!은 예상못한 뜻밖의 일에 놀라며 하는 말이고 I don't believe this!는 이건 사실이 아닌 거짓으로, 혹은 너무 황당해서 말도 안된다고 격하게 반응하는 표현이다.

He asked me out 걔가 데이트 신청했어

ask sb out은 식사를 하든 저녁을 먹든 이성교제를 전제로 데이트를 신청하는 것을 말한다. 좀 길게 쓰면 ask sb out on a date라고도 한다.

A: My life is a mess. I don't know what to do.

B: Pull yourself together. Things will get better.

A: 사는게 엉망이야. 뭘 해야 할지 모르겠어.

B: 기운내. 좋아질거야.

How could this happen? 어떻게 이럴 수가 있니?

전혀 예상치 못한 일들이 벌어진 상황을 접하고 놀라움과 충격 속에 나오는 외침. 자신의 신세 한탄용으로도 애용되지만 그런 상황을 상대방이 초래한 경우에는 진상 규명용 및 질책용으로도 쓰인다. 따라서 의문문 형태지만 실제 의문문은 아니다.

Don't tell me what to do! 나에게 이래라 저래라 하지마!

"내가 니 셔틀이냐"를 떠올리면 쉽게 이해할 수 있는 표현. tell sb what to~를 응용한 문장으로 사사건건 이래라 저래라 하는 부모나 직장상사 혹은 친구에게 던질 수 있는 저항의식(?)이 담긴 표현이다.

Go for it 한번 시도해봐

머뭇거리거나 결정을 못내리는 사람에게 한번 해보라고 권유하는 표현. Go ahead와 같다고 보면 된다. go for it은 뭔가 목적을 달성하기 위해 「최대한 노력을 기울이다」라는 뜻이다.

He's really my type 그 사람 내 타입이네

sb is (not) one's type은 우리가 잘 하는 말로 「저 사람 딱 내 타입이야」, 「내 타입이 아니야」에 해당되는 표현.

Are you following me? 알아듣고 있지?

follow의 일차적 의미는 뒤를 쫓아가는 것이고 비유적 의미로는 상대방의 말을 따라가다, 즉 이해하다, 알아듣다라는 뜻으로 Are you following me?하면 「나를 따라오는거야?」 혹은 「내 말 이해돼?」라는 표현이 된다.

I can see that! 알겠어!, 알고 있어!, …임을 알겠다!, …이구나!

상대방이 말을 하기 전에 분위기상 이미 예상하고 있는 상황하에서 쓸 수 있는 표현. 네가 말하는 걸로 보나, 아님 상황상 「그럴거라고 생각했다」라는 뉘앙스를 풍긴다.

What are you doing here? 여긴 어쩐 일이야?

예상 못한 시간 혹은 장소에서 아는 사람을 만났을 때 하는 표현으로 상황에 따라 반가운 맘을 담아 할 수도 있고, 아니면 근무시간에 찜질방에서 만난 직원에게 던지는 말이라면 이 시간에 왜 여기 있냐는 불쾌감을 담은 표현이 될 수 있다.

Tell me something 말 좀 해봐

상대방에게 뭔가 질문을 하기 전에, 앞서 내세우는 말의 일종. 자연 바로 이어지는 문장은 의문문으로 상대방의 의견이나 견해 등을 묻게 된다.

Are you coming on to me? 지금 날 유혹하는거야?

come on to sb는 이성관계 혹은 성관계를 갖기 위해 유혹하는 것을 말하며, 비슷한 표현으로는 hit on sb가 있는데 이 역시 말이나 신체접촉을 통해 추파를 던지며 성적인 관계를 맺기 위해 유혹하는 걸 말한다.

No kidding 설마?, 너 농담하냐!, 진심야

이 표현은 상황에 따라 여러가지 미묘한 뉘앙스의 차이를 갖는데, 먼저 상대방의 말에 놀라며 「설마」, 「정말이야?」, 또한 남들 다 아는 이야기를 이제야 알았다고 말하는 사람에게 「너 농담하냐」, 「장난하냐」 그리고 마지막으로 내가 한 말이 진실임을 재차 강조하며 「진심이야」라는 뜻으로 각각 쓰인다.

Welcome aboard 함께 일하게 된 걸 환영해, 귀국[귀향]을 축하해

원래는 비행기나 선박에 탑승한 승객들에게 하는 인사말이지만, 거기서 발전하여 회사에 막 입사한 신입사원 등 뭔가 새로 함께 하게 된 사람을 환영하는 인사로 자주 사용된다.

What do you mean by that? 그게 무슨 말이야?

What do you mean by~?는 상대가 한 말의 의도를 정확히 파악하지 못했을 경우, 혹은 상대의 말에 불만을 토로할 때 사용하면 된다. by 뒤에 상대방이 방금 한 말을 그대로 옮겨 붙여 「…라니 무슨 얘기죠?」, 또는 「…라니요?」하고 상대방 말의 진의를 물을 때 쓸 수 있는 표현이다.

You have my word 내 약속하지

직역하면 네가 내 말(약속)을 갖는다, 즉 너한테 내 말(약속)을 준다는 말로 의역하면 「내가 약속할게」, 「내가 꼭 약속을 지킬게」라는 의미. I will give you my word라고 해도 된다.

What makes you think so? 왜 그렇게 생각하니?, 꼭 그런건 아니잖아?

여기서 so는 상대방이 앞에서 말한 내용을 받는 것인데, 구체적인 내용을 밝히려면 so 자리에 that 절을 이어서 What makes you think that S+V?(…라고 생각하는 이유가 뭐야?)로 나타내면 된다.

Don't be ridiculous 바보같이 굴지마

ridiculous는 「우스꽝스러운」, 그래서 「조소를 받아 마땅한」이라는 형용사. 따라서 Don't be ridiculous는 상대방에게 비난조로 충고할 때 쓰는 표현이다.

That's what I'm saying 내 말이 그 말이야

상대방이 자신의 말을 알아들었을 경우 반가운 맘으로"바로 그게 내가 하려는 말이야"라고 맞장구 치는 강조 표현. speak[talk] the same language 또한 「얘기가 되다」, 「말이 통하다」라는 문구이다.

A: I can see that he really doesn't like you.
B: I don't know why he doesn't.

A: 보니까 그 사람 널 정말 싫어하는 것 같더라.
B: 왜 그러는지 모르겠네.

What's happening? 어떻게 지내?, 잘 지내니?

일어나다, 발생하다라는 동사 happen을 이용한 인사법. 다른 인사용 표현들과 마찬가지로 일반적이고 막연한 안부를 묻는 표현이다.

Step on it! 빨리 해!, (자동차 가속 페달을) 더 밟아!

늦었기 때문에 자동차 속도를 내라는 말로 Step on the gas라고도 한다. 우리말로는 「더 밟아!」 정도에 해당된다. 여기서 발전하여 일반적으로 「서둘러」(Hurry up)이라는 뜻으로도 쓰인다.

Look at you! 얘 좀 봐라!, (어머) 얘 좀 봐!

주로 상대방이 좀 차려입었을 때나 바람직한 행동을 했을 때 감탄의 표시로 말하거나, 아니면 억양을 바꿔 말썽 핀 사람에게 「얘 좀 보게나」식의 비난으로 쓰기도 한다. 또한 Look at this는 「이것 좀 봐」, 그리고 구체적으로 뭔가 보여주려면 Look at this+N 형태를 이용한다.

What took you so long? 뭣 때문에 이렇게 오래 걸렸어?

Why가 아닌 What으로 이유를 묻는 영어의 속성을 재확인할 수 있는 부분이다. 여기서 take는 「시간이 걸리다」라는 의미로 뭔가 일이 예상보다 오래 걸렸거나 시간이 지체되었을 때 쓸 수 있는 표현이다.

It was the last thing I expected 생각도 못했어

예상보다 놀라운 소식을 접하고 나서 하는 말. 전혀 뜻밖의 일로 생각하지도 못했다는 의미를 내포하고 있다.

Not that way! 그런 식으론 안돼!

상대방의 실수나 잘못을 바로 잡아주기 위한 부정의 표현. It's not that way의 줄인 말로 봐야 하며, 우리말로는 「그런 식으로는 안돼!」, 「그런 식은 아니야!」라는 의미.

How is that possible? 어떻게 그럴 수가 있지?

예상밖의 놀라운 일이 발생했을 때 놀라며, 당황하며, 혹은 화를 내며 내뱉는 표현. 아니 「어떻게 그럴 수가 있어?」라는 의미이다.

I mean it 진심이야

자신이 말하는 내용이 농담도 거짓도 아니고 진심이라는 것을 강조하는 표현. 여기서 it은 자기가 말한 내용이다. 비슷한 표현으로는 I mean business가 있다.

I promise you! 정말이야!

자신의 말에 못미덥다는 반응을 보이는 상대에게 내 말이 사실임을 확신시키고자 할 때 사용하는 표현. 그냥 I promise라고만 해도 된다.

I'm listening 듣고 있어, 어서 말해

listen은 hear와 달리 가만히 있는데 들리는게 아니고 자신의 의지를 갖고 듣는다라는 뜻으로 I'm listening은 머뭇거리는 상대방에게 내가 듣고 있으니 어서 말해라고 하는 표현이다. 미드에서 무지무지 많이 나오는 문장.

I don't know what to do 어떻게 해야 할 지 모르겠어

난감하고 당혹스러운 상황에서 「도대체 어떻게 해야 되는거지?」란 의미로, 그리고 좌절과 체념의 상황에서는 「아… 난 어쩌란 말인가!」란 의미로 쓰인다. 유명한 동의 표현으로 I don't know what I should do가 있다.

I know what you're saying 무슨 말인지 알아

상대방이 무슨 말을 하려는 건지, 말의 의도가 뭔지 안다는 표현. 도시 무슨 말인지 모를 때는 I don't know what you're saying, 좀 확실하지 않을 때는 I'm not sure what you mean이라고 하면 된다.

I got it 알았어, 내가 할게, 받았어

만능동사 get의 가장 중요한 의미 중의 하나는 understand이다. I got it의 got 역시 「이해하다」라는 뜻으로 (I) Got it하면 「상대방이 하는 말을 알아들었다」는 가장 구어적인 표현이 된다. 물론 물리적으로 「뭔가 받았다」는 의미로도 쓰인다.

How about that! 거 근사한데!, 그거 좋은데!

How about that?과 How about that!은 의미가 다르다. 빨리 번역하다 보면 실수하기 쉬운 표현들 중 하나이다. How about that?은 의견을 묻는 것인 반면 'that'을 강하게 발음하며 How about that!하면 That's great!처럼 「대단한데!」라는 의미.

You (just) wait and see 두고 보라고

서두르지 않고 상황이 어떻게 돌아가는지 지켜보면서 판단을 하겠다는 신중한 표현. 혹은 상황이 어떻게 돌아갈지 모르니 신중히 관망해보자는 뜻을 갖는다.

I'll be there for you 내가 있잖아

Friends의 주제가. 직역하면 「내가 널 위해 거기 있을거다」라는 뜻으로 누군가가 곤경에 처해 도움을 필요로 하고 있거나 외로움을 느끼고 있을 때, 믿음직한 미소를 띠면서 말해줄 수 있는 듬직한 표현으로, 「내가 옆에 있잖아」라는 의미.

A: On our date tonight, I asked Mindy to marry me.

B: What took you so long? You guys have been going out for years.

A: 오늘밤 데이트에서 민디에게 청혼했어.

B: 왜 이렇게 오래 걸렸어. 오랫동안 데이트했잖아.

I will get better 난 좋아질거야

get better는 어떤 상황이나 사정(things) 혹은 병으로부터 점점 호전되고 있는 것을 말한다. 특히 getting better처럼 진행형으로 많이 쓰인다.

Here it comes 자 여기 있어, 또 시작이군, 올 것이 오는구만

직역하면 그게 이리로 온다는 말로 뭔가 건네 주면서, 혹은 똑같은 일이 반복될 때 「또 시작이구만」, 혹은 예상은 했었지만 「올 것이 오는구만」이라는 뜻으로 쓰인다.

I never heard of such a thing 말도 안돼, 금시초문이야

예상못한 놀라운 이야기를 들었을 때, 그런 이야기는 들어본 적이 없다며 눈이 동그래지면서 하는 문장. 문맥에 따라 단순한 놀람을 표현할 수도 있고 아니면 자신은 전혀 모른다고 강한 부정을 할 때 사용한다.

I don't see why not 그래요, 안될 이유가 없지

이중부정으로 결국 긍정의 표현이라고 생각하면 편하다. 안되는(not) 이유(why)를 모르겠다(don't see)라는 뜻이기 때문이다.

I have no problem with that 난 괜찮아

상대방이 말하는 내용에 다른 사람은 몰라도 「자신은 별 불만없다」는 것으로 동의내지는 수락의 의미. I have no problem with sb하면 「…에게 불만없다」, I have no problem with sb ~ing하면 「…가 …해도 난 괜찮다」라는 뜻.

Tell me what you're thinking 네 생각이 뭔지 말해 봐

상대방의 생각을 알고 싶을 때 쓰는 표현으로 「네 생각이 뭔지」, 「넌 어떻게 생각하는지 말해달라」는 문장이다.

I have nothing to do with this 난 아무 관련이 없어

have nothing to do with~는 「…와 아무 상관[관련]이 없다」(have no connection with)는 말. 반면 「…와 어느 정도 관계가 있다」고 하려면 nothing 자리에 something을 넣고, 「큰 상관이 있다」고 하려면 a lot을 붙이면 된다.

We need to talk (to you about that) 우리 얘기 좀 해야 돼

상대방과 뭔가 중요한 이야기를 할 필요가 있다고 말하는 것으로 We have to talk보다 상황이 진지하고 무슨 난제가 있음을 내포하고 있다. 얘기할 사람은 to sb, 얘기할 내용은 about~라 붙여 쓰면 된다.

What are you talking about? 무슨 소리야?

상대방의 이야기가, 단순히 이해가 되지 않거나, 아님 놀람과 당혹감을 주었을 때, 혹은 과도하게 신경을 거스릴 경우 등 상황에 따라 다양한 의미로 사용되는 표현이다.

Something's come up 일이 좀 생겼어

come up은 긴급한 일을 알리거나 그로 인해 부득이하게 약속을 변경해야 할 때 예기치 않은 「…일이 일어나다」(happen unexpectedly)라는 뜻. 그래서 Something's come up은 Something has come up의 줄인 형태로 「일이 생겼어」라며 약속을 못지킬 때 쓰는 유용한 표현.

That's it 바로 그거야, 그게 다야, 그만두자

내 생각을 상대가 콕 찍어서 말하거나 행동으로 옮겼을 때 「바로 그거야」(That's what I meant)하면서 하는 말. 또한 일이나 말을 맺으면서 「그게 다야」(That's all), 혹은 어떤 문제에 대해 더 이상 말하기 싫을 때에 「그만 두자!」(Don't go there again!)라는 의미로도 쓰인다.

It happens 그러는거지, 그럴 수도 있지 뭐

뜻밖의 실수 혹은 원치 않는 상황 때문에 괴로워하고 있는 사람을 위로하기 위한 표현. 살다 보면 누구에게나「그런 일은 일어날 수 있으니 걱정하지 말라」(Don't worry)는 말이다. 한편 과거형 동사를 쓴 It happened는 실제로 그 일(It)이 발생한 것으로 「어쩌다 보니 그렇게 됐다」는 전혀 다른 의미.

That's not what I mean 실은 그런 뜻이 아냐

상대방이 자신의 말을 잘못 알았들었거나 오해하고 있을 때 자기 말의 진의를 제대로 다시 전달하기 위해 사용하는 표현. 「내가 말하려는 것은 그게 아니다」, 즉 「실은 그런 뜻이 아냐」라는 말이 된다.

If you ask me 내 생각은, 내 생각을 말한다면

상대방에게 공손하게 자기의 생각을 말하고자 할 때 꺼내는 말로, 「내 의견으로는」, 「내 생각엔」이라는 의미이다. In my opinion과 같다고 간단히 생각하면 된다.

What's with you 뭐 땜에 그래?

기운없이 축 늘어져 있거나 울그락불그락한 얼굴로 펄펄 뛰는 사람에게, 혹은 잔뜩 들떠 있거나 흥분한 사람에게 「무슨 일 때문에 그러냐?」고 건네는 관심 또는 위로의 표현. 또한 What's with sth?이 되면 「…가 왜 그러냐?」고 놀라고 의아해서 묻는 말.

A: Do you think we can get away with it?

B: I don't see why not.

A: 우리 벌받지 않고 무사히 넘어갈 수 있을까?

B: 그럼.

You have no idea 넌 모를거야

상대방에게 어떤 것이 얼마나 좋은지 혹은 나쁜지를 강조하는 상황에서 곧잘 사용하는 표현으로 「너는 모를거야」, 「넌 상상도 못할거야」 정도의 뉘앙스. 단독으로 쓰기도 하지만 what절, how절 등을 덧붙여서 상대방이 이해못하는 부분을 밝혀줄 수도 있다.

You can count on me 나한테 맡겨

count는 「수를 세다」라는 뜻 외에도 「의지하다」라는 의미가 있어 You can count on me하면 도움을 요청받았거나, 무슨 힘든 일에 맞닥뜨렸을 때 자신감을 피력하고 상대에게 확신을 심어주는 표현이 된다.

What for? 왜요?

상대방에게 이유를 물어보는 표현. What are friends for?에서도 알 수 있듯이 What ~~ for?하게 되면 이유를 물어보는 문장이 된다.

What do you think? 네 생각은 어때?, 무슨 말이야?, 그걸 말이라고 해?

어떤 사안에 대해 어떻게 생각하는지, 상대방의 의견과 견해를 물어보는 가장 기본적인 표현 중의 하나. 하지만 상대방이 영 엉뚱한 소릴 할 경우 「도대체 무슨 생각으로 그런 말을 하는거야?」, 「그걸 말이라고 해?」라며 타박을 주는 표현으로도 쓰일 수 있다.

It suits me (fine) 난 좋아

상대방의 의견이나 제안에 찬성하는 표현으로 「난 좋아」, 「내 생각엔 괜찮은 것 같아」라는 의미이다.

We're almost there 거의 다 됐어, 거의 끝났어

물리적인 목표 지점에 「거의 다 도달했다」, 혹은 추상적으로 하고 있는 일을 「거의 다 끝냈다」는 뜻으로 It's almost complete나 We're nearly finished의 의미이다.

I'm out of luck 난 운이 없어

재수가 없는 사람은 뒤로 넘어져도 코가 깨진다고 했던가? 지지리도 운이 없는 사람의 unlucky한 상황을 말한다. 비슷한 표현으로 (That's) Just my luck이 있는데 이는 「내가 그렇지 뭐」라는 자조적인 뜻으로 내뱉는 하소연.

I wish I could, but I can't 그러고 싶지만 안되겠어

상대방의 제안에 대한 완곡한 거절의 표현. I wish I could는 현재와 반대되는 상황을 나타낸다. 따라서 「그러고 싶지만 현재로서는 그럴 수 없다」는 아쉬움을 표현하는 것. 뒤의 but I can't는 생략해도 상관없다.

Not a thing 전혀

not a+명사의 형태는 강한 부정을 나타내는 표현법으로 Not a thing하면 결국 Nothing을 강조한 표현으로 볼 수 있다.

Give me a break 좀 봐줘요, 그만 좀 해라

잘못하고 나서 한 번만 눈감아 달라고 하거나 만회할 수 있는 기회를 달라고 조를 때 「좀 봐주세요」(give me one more chance)하고 상대방에게 머리 조아리며 쓰는 말. 한편, 누군가 말도 안되는 소리를 할 때는 「그만 좀 해라」, 「작작 좀 해라」(do not bother me)라는 의미로도 쓴다.

Hear me out 내 말 끝까지 들어봐

상대방에게 꼭 중요한 말을 끝까지 해야 된다고 생각할 때 혹은 상대가 말을 끝까지 듣지 않으려하거나 말을 자를 때 하는 말로, 「내 말 좀 끝까지 들어봐」라는 간곡형 표현.

How could you say such a thing? 네가 어떻게 그런 말을 할 수 있니?

상대방의 말에 당황하고 놀라고 어이가 없을 때 혹은 심한 배신감을 느낄 때, 화가 나 짜증을 내면서 How can[could] you say~?라고 하면 된다. say 다음에 단순히 that을 붙일 수도 있고 such a thing이라고 강조해도 된다.

Here goes 한번 해봐야지, 자 시작한다, 자 이런거야

처음 주사를 놓는다든가, 사랑고백을 한다든가, 뭔가 힘들고 어려운 것을 시도하거나 말을 꺼낼 때 어렵지만, 그리고 어떻게 될지 모르겠지만 「한번 해보겠다」는 의미로 하는 말이다.

I am going to miss you 보고 싶을거야

웬수가 아니라면 헤어지면서 꼭 해야 되는 예의 표현. 떨어져 있으면 보고 싶고 그리울거라는 말로, 강조하려면 I'm already missing you라고 하면 된다.

I had a bad day 진짜 재수없는 날이야

모두 좋은 하루를 보내고 싶지만 현실은 어찌 그럴 수 있나. 재수없는 날을 보냈으면 have a bad day, 힘든 날을 보냈으면 have a rough[long] day, 그리고 정신없이 바빴으면 have a hectic day라고 하면 된다.

How could you not tell us? 어떻게 우리에게 말하지 않을 수 있지?

당연히 상대방이 말해줘서 알고 있어야 될 일을 배신하기 위해서 혹은 혼날까봐 겁나서 말해주지 않은 상대방에게 다그치면서 하는 말로 How could you not+동사?의 형태로 다른 다양한 문장을 만들 수 있다.

A: I'm going to be a star when I grow up!

B: Give me a break. You'll be lucky to get a job at Burger King.

A: 난 커서 스타가 될거야.

B: 아이고 그만 좀 해 두시지. 버거킹에 일자리를 구하는 것만도 행운일게다.

Not to worry 걱정 안해도 돼

중요한 문제는 아니니까 상대방에게 걱정하지 말라고 하는 말. No worries, Don't worry, There's nothing to worry about과 같은 맥락의 표현이다.

(It) Doesn't matter to me 난 아무래도 상관없어

앞서 배운 It makes no difference to me와 같은 맥락의 표현으로 「난 이러나 저러나 상관없다」는 표현이다. 그냥 (It) Doesn't matter만 써도 된다.

I know the feeling 그 심정 내가 알지

배신감에 혹은 사기당해 화나거나 우울하거나 처지가 안된 상대방을 위로하는 표현으로 「나도 그 심정을 잘 안다」라는 뜻. 달리 표현하자면 I know just how you feel이라고도 한다.

I'm doing OK 잘 지내고 있어

별 특별한 일없이 잘 지내고 있다는 표현으로 가장 많이 쓰이는 okay를 do와 결합한 기본표현.

I am happy for you 네가 잘돼서 나도 기쁘다

기쁨은 나누면 두배가 된다는 걸 보여주는 표현. 상대방이 승진을 했다거나 무슨 일을 성공적으로 끝냈다는 기쁜 소식을 들었을 때 이렇게 맞장구 쳐주면 된다. 물론 상황에 따라 비꼬는 말로도 쓸 수 있다.

I am all yours 난 24시간 대기야, 네가 원하면 언제든지

직역하면 「난 완전히 네 것」이라는 뜻인 I'm all yours는, '난 네 맘대로 해도 되는 존재'니 "얼마든지"부탁이나 도움을 청해도 된다는 호의적 표현이다. 결국 I'm ready to help you whatever[whenever] you need라는 말.

I'm so into you 나, 너한테 푹 빠져 있어

be into sb[sth]은 「…에 폭 빠져있다」라는 말로 sb가 나오면 사랑에 눈이 멀은 상태, 사물이 나오면 거기에 관심이 많이 있다, 열심히 하고 있다라는 뜻이 된다. 물론 부정으로 I'm not into it하게 되면 「난 그거에 관심없어」, 「나 그런 거 안해」라는 뜻이 된다.

He's a dead man 잰 이제 죽었다

우리말 「이제 죽었다」와 같은 맥락의 표현. 잘못을 저지른 사람에게 「아주 혼찌검을 내주겠다」는 의미이다. 바로 상대방에게 넌 죽은 목숨이야라고 하려면 You're a dead man이라 하고, It's your funeral, 그리고 문맥에 따라 Party's over 또한 비슷한 의미로 쓰이기도 한다.

Get off my back 귀찮게 굴지 말고 나 좀 내버려둬

마치 등 뒤에 달라붙은 것처럼 쫓아다니면서 괴롭히는(annoy; pick on) 찰거머리와 같은 사람에게 「저리 가란 말야!」, 「괴롭히지 좀 마!」(stop bothering me!)라고 내뱉는 slang 표현.

Could I be excused? 이만 일어나도 될까요?

대화중에 제 3자가 와서 상대방에게 잠깐 자리를 비우겠다고 할 때나 그냥 사적인 전화를 하거나, 화장실을 가거나 등의 용무로 잠시 (자리를 비우며) 「실례해도 될까요?」, 「그만 일어나도 될까요?」라는 문장. Can you excuse me for a sec?은 다시 돌아온다는 전제가 깔린 반면 May[Could] I be excused?는 잠시 후에 돌아오거나 아니면 그냥 완전히 가버린다라는 뜻으로도 쓰인다는 점이 다르다.

Don't give it a second thought 걱정하지마

걱정하고 있는 상대에게 고민하지 말라고 할 때 쓸 수 있는 표현. 사람들은 어떤 일이 생기면 그 일과 관련해서「이런 저런 불필요한 연상」, 즉 second thought를 갖게 되는 데 그런 생각을 하지 말라고 할 때 쓸 수 있는 말이다. 「별다른 걱정은 하지마」 정도의 뜻이다. a second 대신 another를 넣어주기도 한다.

Be my guest! 그럼요!, 맘대로 하세요!

상대방의 요청을 흔쾌히 허락할 때(Please feel free to do so), 또 엘리베이터 입구 등에서 옆 사람에게 기쁜 마음으로 양보할 때(Please go in front of me) 자주 쓰는 예절 표현. guest란 단어를 이용하여 허락하는 이의 기꺼운 마음을 넉넉하게 드러내는 경우라 하겠다.

You're telling me! 누가 아니래!, 정말 그래!, 나도 알아!

상대방의 말에 전적으로 동의할(showing very strong agreement) 때 맞장구치는 표현. 또한 이미 다 알고 있는 안좋은 이야기를 새삼 다시 거론하는 사람에게 「나도 안다고!」라며 짜증낼 때도 사용된다.

What do you want me to say? 무슨 말을 하라는거야?, 나보고 어쩌라고?

직역하면 "너는 내가 무슨 말을 하기를 원하느냐?"라는 말로 정말 상대방의 의중이 궁금해서 물어보는 표현이라기 보다는 살짝 험악한 분위기에서 「도대체 나보고 어찌라고요?」라고 불만과 짜증을 내는 문장으로 많이 쓰인다.

Have it your way 네 맘대로 해, 좋을 대로 해

상대방의 의견이나 행동이 썩 내키지는 않지만 조언을 해도 듣지 않으니 「네 맘대로 하라」, 「네 멋대로 해라」(do it whatever way you want to)는 뜻으로, 무관심의 표현이다.

If worse comes to worst 최악의 경우에는, 아무리 어려워도

최악의 상황이 벌어져도 자신은 예정된 것을 하겠다는 의지의 표현. if worse comes to worst 혹은 if the worst comes to the worst라 써도 된다.

CHECK IT OUT!

A: I've finally found the perfect boyfriend.
B: I'm happy for you. Why don't you give me all of the details?

A: 나 드디어 완벽한 남자친구를 만났어.
B: 어머 정말 잘됐다. 자세히 좀 말해봐.

I don't blame you 그럴 만도 해, 너도 어쩔 수 없지

blame은 「비난하다」(criticize), 「흠을 잡다」(find fault with)라는 뜻이어서 I don't blame you를 단순히 「널 비난하지 않는다」라고 해석할 수 있지만, 실제로는 「그럴만도 하지」(It is right and reasonable for you to do something)라는 의미이다. 「나라도 그랬을거야」하면서 상대방의 말이나 행동에 동조할 때 유용하게 쓰인다.

I want to try to make it up to you 내가 다 보상해줄게

make up은 돈이나 빌린 것들을 「갚는다」는 뜻. 따라서 make it up to you하면 「너한테 그것(it)을 갚다」가 되는데 여기서 it은 자신의 잘못이나 상대방의 도움 등을 가리키는 대명사로 결국 「보상[보답]하다」라는 비유적인 표현이 된다.

I get your point 무슨 말인지 알아들었어, 알겠어요

상대방이 한 말의 요지와 핵심이 무언지 이해했다(I understand what you're saying)는 말. 전체적인 문맥이나 상황을 이해한다(understand the whole situation)는 뜻의 get the picture와 같은 맥락의 표현이다.

So shoot me 그래서 어쨌다는 거야?(화자의 무관심)

상대방이 자신의 잘못을 틀렸음을 말하거나 지적할 때 자존심 때문인지, 인정하기 싫어서인지 "자신이 말한게 틀렸건 말건 그게 뭐 중요한거냐"라는 뉘앙스를 품고 「그래서」, 「뭐 어쩌라고」에 해당되는 표현이다.

(It) Works for me 난 괜찮아, 찬성이야

여기서 it은 앞서 말한 제안이나 의견의 내용 전체를 지칭하는 대명사로, Does it work for you?는 그것을 받아들이거나 동의할 수 있는지 물어보는 표현이 된다. 특히 약속잡으면서 상대방에게 시간이 괜찮냐고 할 때, Does it work for you?라는 문장을 많이 사용한다.

I know what I'm doing 내가 다 알아서 해

못미더운 눈치를 보이며 내가 하는 일마다 꼬투리를 잡고 늘어지는 사람에게 「내가 하는 일을 나 말고 누가 더 잘 알겠냐」, 「내가 하는 일에 대해선 잘 알고 있으니 걱정마라」(Don't worry, I can handle it)고 하는 표현.

Let me sleep on it 곰곰이 생각해봐야겠어

중요한 결정을 해야 하는데 그 자리에서 곧바로 결론을 내리기(make a decision)는 애매할 때, 「하룻밤 시간을 갖고 생각을 다시 해보겠다」는 표현.

Do I make myself clear? 분명히 알겠어?, 알아들었어?

잔소리를 늘어놓다가 「무슨 소린지 알아듣겠어?」라며 얘기를 마무리지으며 다짐받을 때, 혹은 얘기를 길게 하다가 상대가 제대로 이해하고 있는지 확인할 때 사용하는 표현. Do you know what I'm saying?과도 같은 의미이다.

What's the big deal? 별거 아냐?, 무슨 큰 일이라도 있는거야?

뭔가 좋지 않은 상황을 만나 지나치게 걱정 혹은 당황하고 있는 상대방을 진정시키는 표현. deal은 「사업상의 합의[거래]」를 뜻하지만 여기선 「해결해야 할 문제」(problem to be treated)란 의미. 「별거 아닌데 왜 호들갑이야?」라는 뜻. 또한 Don't worry. That's no big deal(별거 아니니까 너무 신경쓰지마)는 사소한 잘못을 사과하는 친구를 안심시키고 너그럽게 받아넘길 때 아주 유용하다.

You said it 네 말이 맞아

상대방의 말에 동의하는 표현. 물론 글자 그대로 "네가 그렇게 말했어"라는 뜻으로 쓰이기도 한다. 하지만 You said it하면 뭔가 잘못된 일을 인정할 때 혹은 상대방의 제안에 동의할 때 쓴다. I'll say, You can say that again과 같은 맥락의 표현.

Work comes first 일이 우선이다

come first하면 순위상 「첫째 가다」, 「우선하다」. Children come first라는 어머니들의 유명한 슬로건(?)으로 잘 알려진 표현.

I don't know about that 글쎄

글자 그대로 "그거에 대해서 잘 모른다"라는 말로 상대방의 의견에 명확한 의견이나 공감을 말하지 못할 때 사용하면 된다. 정말 그것에 대해 전혀 모른다고 할 때는 I don't know anything about that이라고 한다.

She gave it to me 나 걔한테 혼쭐이 났어, 나 걔하고 섹스했어

give it to me는 우선 가장 많이 쓰이는 경우로 그냥 단순히 「그것을 내게 주다」라는 의미지만 현지영어에서는「혼쭐내다」라는 뜻으로, 그리고 더 깊숙히 들어가면 남녀가 사랑놀이를 할 때 「섹스하다」, 즉 명령문 형태로 상대방에 좀 더 분발(ㅋ)하라고 할 때 사용한다.

There you go again 또 시작이군

There you go라고만 하면 「그것봐, 내 말이 맞지」, 혹은 물건 따위를 건네줄 때 「자, 이거 받아」라는 뜻. 그런데 여기에 again이 붙으면 얘기는 달라져서, 썰렁한 농담밖에 할 줄 모르는 친구가 또 재밌는 얘기 해주겠다고 나설 때, 마누라가 또 똑같은 잔소리를 시작했을 때, 미간에 주름잡으며 「또 시작이로군」이라고 할 때 쓰는 말이 된다.

So I figured it out 그래서 (연유를) 알게 되었지

figure out은 어떤 문제나 어려움에 대해 해결 방안을 「생각해내다」, 「이해하다」, 문맥에 따라서는 「…을 계산해내다」라는 뜻으로 사용되는 것으로 So I figured it out하게 되면 그래서 결국 "알아내다," "해결했다," "이제 알았어"라는 표현이 된다.

A: Are you interested in joining our country club?
B: Let me sleep on it and I'll let you know soon.

A: 우리 골프클럽에 회원으로 가입할 생각 있으세요?
B: 생각 좀 해보고 곧 알려드리죠.

See what I'm saying? 무슨 말인지 알지?

상대방이 내 말을 이해했는지 혹은 나와 같은 생각인지 물어볼 때 쓰는 표현. 비슷한 표현으로 You know what I mean?이 있는데 이는, 평서문으로 문두에 나올 때는「너도 알겠지만」,「너도 알잖아」의 의미로 자기가 앞으로 하는 말에 대해 상대방의 동의를 구하는 다른 표현이 된다.

We aren't buying your story 네 얘기 믿을 수 없어

buy가「사다」라는 뜻 외에「믿다」라는 뜻으로 쓰인다면? 못 믿겠다고? 그렇다. 바로 그렇게 상대의 말을「못믿겠어」(I don't believe it)라고 할 때 구어체에서 자주 쓰이는 표현이 바로 I don't buy it. 여기서 buy는 believe 또는 accept의 뜻이다.

Mum's the word 입 꼭 다물고 있어

여기서 mum은 두 입술을 꽉 다물 때 나는 소리를 흉내낸 단어로 Mum's the word하면 지금 하는 이야기는「비밀이니까 함구하라」는 말이 된다. 간단히 Mum!이라고만 하기도 한다.

You can say that again 그렇고 말고, 당근이지

"말 되는 소리는 더 해도 돼"라는 지당하신 말씀이 바로 You can say that again. 이는 that이 가리키는 것, 즉 앞서 내놓은 상대방의 의견에 대해「전적인 동의」(strong agreement)를 나타내어「그렇고 말고」(that's certainly true)라는 뜻으로 사용된다.

I'm pissed off 열받아, 진절머리나

piss는 동사로 오줌싸다라는 배설동사 중 하나이지만 비유적으로는「화나게 하다」,「짜증나게 하다」(annoy)의 의미로 자주 쓰인다. 특히 off와 결탁하여 piss sb off, be[get] pissed off의 형태로 미드에 자주 나오는 슬랭이다.

It doesn't make any sense 무슨 소리야, 말도 안돼

make sense는 상대방이 전하는 얘기나 의견이「(논리적으로) 이해가 되거나」(be comprehensible),「도리와 이치에 맞다」(be reasonable)는 것으로「일리가 있다」,「말이 된다」 정도에 해당된다. 반대로 말도 안되는 얘기를 떠들어댈 때는 It doesn't make any sense(무슨 소리야, 말도 안돼)라 한다.

Like what? 예를 들면?

상대방의 이야기를 좀 더 이해하기 위해 혹은 확인하기 위해 구체적인 예를 들어달라고 하는 말. Such as?와 같은 맥락의 표현이다. 한편, Like this?라고 하면「이렇게 하면 돼?」라고 상대방의 의견을 물어보는 문장이 된다.

It works! 제대로 되네!, 효과가 있네!

work은 문맥에 따라 여러가지 뜻을 가지고 있는데 여기서는 work가 (계획한 바가)「잘 되어가다」,「제대로 작동되다」 또는「효과가 있다」란 의미로 쓰이는 경우. 반대로「효과가 없다」고 하려면 It doesn't work라고 하면 된다.

Are you with me? 내 말 이해 돼?, 내 편이 돼줄테야?

자기가 말한 걸 상대방이 이해하고 있는지(Do you see my point?) 혹은 동의하고 있는지(Do you agree?)를 물어보는 표현. 뒤에 on this라고 붙여 말하는 경우도 많다. 문맥에 따라 「나와 같은 입장에 서주겠냐」라고 도움을 청하는 의미가 되기도 한다.

Are you in? 너도 할래?

참 간단한 표현이지만 실상 쓸려면 잘 나오지 않는 표현. 우리말로도 In할거야?, Out할거야?라고 쓰듯이 상대방보고 같이 할거냐고 물어보려면 (Are) You in?, 나도 하겠다고 하면 I'm in이라고 하면 된다. Count me in(나껴줘), Count me out(난 빼줘)도 같은 맥락의 표현이다.

I've had it with you guys 너희들한테 질려버렸어

「더 이상은 못참아」, 「이제 더 이상 상대하지 않겠다」는 폭발직전의 외침이다. 치가 떨리는 인간이나 일은 with 이하에 연결하여 have it with sb[sth]라 쓴다. 또한 I've had it에 up to here를 붙여 쓰면 의미가 더욱 강조된다.

Give it a break! 그만 좀 하지 그래!

그것을(it)을 그만 두라(a break)라는 의미로 주로 상대방이 짜증나는 이야기나 행동을 할 때, 「그만 둬라」, 「내버려 둬라」라고 할 때 사용하는 표현. give it a rest라고 해도 된다.

I am totally burned out 완전히 뻗었어

burn(타다, 태우다)에 「완전히」(completely)란 의미의 부사 out이 붙어 만들어진 표현으로 「기력을 완전히 소진하다」라는 뜻. 주로 장기간에 걸친 과로나 스트레스 등이 원인이 될 경우 사용한다.

How should I put it? 뭐랄까?

대화시 갑자기 말문이 막히거나 생각이 머리 속에서만 맴돌고 나오지 않을 때 우리말로 「어떻게 얘기해야 할까?」라고 하는데, 이에 대한 영어표현이 바로 How should I put it?이다. 여기서 put은 「표현하다」(express)라는 의미.

I'm done with this 이거 다 끝냈다

be done with는 be finished with와 마찬가지로 with 이하를 「끝냈다」라는 기본적인 의미를 갖는다. 하지만 이 표현은 미드영어에서 무척 단골로 등장하는데 with 이하에 다양한 사람이나 사물 등이 오며 문맥에 따라 맞춰 이해를 해야 한다. 끝내다라는 맥락에서 「더 이상 못참겠다」라는 의미도 갖는다.

A: I refuse to accept the salary cut that we are supposed to get.
B: I'm with you. I can't afford a lower salary.

A: 난 예정된 봉급 삭감을 받아들일 수 없어.
B: 나도 너와 같은 생각이야. 더 낮은 봉급으론 살 수가 없어.

Don't be so hard on yourself 너무 자책하지마

Don't be too hard on me는 너무 못 살게 굴지 좀 말아달라는 뜻으로 Don't give me a hard time이란 표현과 같다. 여기서는 sb 대신 oneself를 써서 「스스로를 탓하지 마라」, 즉 「자책하지 말라」는 의미.

I can't take it anymore 더 이상 못 견디겠어

take는 「참다」, 「견디다」(endure), 「감내하다」란 의미로 I can't take it anymore는 견딜 수 없을 정도로 화가 나는 상황에서 사용하면 된다.

You're just saying that 그냥 해보는 소리지, 괜한 소리지

상대방이 나를 위로하거나 그냥 기분좋게 하기 위해 과장을 해서 말을 할 때, 너 맘에 없지만 그냥 해보는 소리지, 의미없이 하는 괜한 소리지라는 뜻의 표현. 단독으로 쓰이기도 하고 괜한 소리를 that 이하에 써서 You're just saying that~ 이라고 써도 된다.

How can I tell? 내가 어찌 알아?

tell은 말하다라는 기본 뜻 외에도 「구분하다」라는 뜻도 있다. How can I tell?에서 쓰인 tell은 「구분하다」, 「알아채다」라는 뜻으로 「내가 어떻게 알 수 있느냐?」라고 단순질문일 수도 있고 혹은 짜증을 내면서 「내가 어찌 알아?」라는 의미로도 쓰인다.

Could you lay off, please? 그만 좀 할래요?

lay off는 일반적으로 경기불황에서 일시적으로 근로자를 해고하는 뜻으로 유명하나 구어체에서 상대방의 잔소리 등 날 「짜증나게 하는 것을 그만두라고」, 「그만 좀 하라」고 할 때 많이 쓰이는 표현이다.

I don't know what else to do 달리 어떻게 해야 할 지 모르겠어

I don't know what to do에서 what 다음에 else만 하나 더 붙은 문장으로 I don't know what to do(어떻게 해야 할 지 모르겠어)보다 좀 당황함을 강조한 표현이다. 미드영어에서 무척 많이 나오는 표현이니 잘 기억해두기로 한다.

How'd it go? 어떻게 됐어?, 어땠어?

어떤 일(it)의 진전 상태를 물어보는 표현. 또한 누군가와의 관계가 어떻게 되어가는지를 물어보려면 How did it go with sb?라 말하면 된다.

That can't wait 이건 급해

아주 기본단어로 구성된 몇단어 안되는 짧은 표현이지만 미드에서는 무척 많이 쓰이는 문장이다. 일단 주어는 This, That, It, 혹은 사물명사가 나오며 다음에 can wait나 can't wait를 쓰면 된다. 의미는 「급하다」, 「급하지 않다」이며 대명사 주어는 생략되기도 한다.

She is on a roll 그 여자 한창 잘나가고 있어

도박에서 연속해서 돈을 따는 것을 말하는 것으로 비유적으로 운이나 성공적인 일들이 연이어 이어질 때 이 표현을 쓰면 된다. 「요즘[한창] 잘나가고 있다」, 「잘 풀리고 있다」라는 의미.

Take my word for it 진짜야, 내말 믿어

상대방에게 자신이 하는 말을 강조하는 표현으로 「진짜라니깐, 내 말을 믿어줘」(I'm telling you the truth)라는 뜻. 같은 표현으로 Trust me나 Believe me, You have my word 등이 있다.

You'll get the hang of it 금방 손에 익을거야, 요령이 금방 붙을거예요

매달다라는 뜻의 동사 hang은 명사로 「일을 하는 방법」을 말한다. 따라서 get the hang of는 물건의 사용법이나 일하는 「요령을 터득하다」(acquire the ability to use or do)라는 의미. 「요령」이란 뜻의 knack을 써서 get the knack of라고 하거나, 우리말 「감 잡았어!」에 해당하는 get a feel for라고 해도 같은 의미.

I swear 맹세해

자기 한 말이 진심이고 꼭 그렇게 하겠다고 약속하고 다짐하는 표현. I swear 단독으로 문장 처음이나 문장 끝에 써도 되고 I swear S+V의 형태로 써도 된다. 강조하려면 I swear to you[God] (that~)이라고 해도 된다.

If anything happens 무슨 일이 생기면

어떤 일이 벌어지다(occur)라는 의미의 동사 happen을 이용하여 만약의 경우를 가정하는 표현으로, 만약 무슨 일이라도 생기면이란 의미. 누구에게 「만약 …일이 생긴다면」이라는 뜻으로 if anything happens to sb의 형태로 많이 쓰인다.

You never learn 넌 구제불능이야

늘상 문제만 일으키고 다니는 주제에 마이동풍격으로 남의 말은 죽어도 안 듣는 고집불통에게 던지는 악담. 한마디로 You're impossible이란 말씀.

That's no big deal 별거 아냐

뭔가 좋지 않은 상황을 만나 지나치게 걱정 혹은 당황하고 있는 상대방을 진정시키기 위한 표현으로, deal은 여기선 「해결해야 할 문제」(problem to be treated)란 의미이다. 잘못을 사과하는 사람에게 Don't worry. That's no big deal이라고 하면 매우 퍼펙트한 영어!

Why would you say that? 왜 그런 말을 하는거야?

상대방이 납득할 수 없는 말을 하였을 때, 「왜 네가 무슨 근거로 그런 말을 하는지 모르겠다」며 그 연유를 따지는 표현. 즉 상대방의 의견에 동의할 수 없음을 말한다.

A: I finally met my girlfriend's parents.

B: Well, how'd it go?

A: 드디어 여자친구 부모님을 뵈었어.
B: 그래, 어떻게 됐어?

We're just goofing around 우린 그냥 빈둥거리고 있어

별로 바람직하지 않은 표현. 게임을 하거나, 술을 먹거나, 아니면 잠을 자거나 전혀 생산적인 일을 하지 않고 시간을 보내는 것을 뜻한다. fool around, jerk around 등과 같은 맥락의 표현. 하지만 fool around와 마찬가지로 성적인 의미가 있어 「섹스하다」라는 뜻으로 쓰일 때도 있다.

There you are 여기 있어[왔네], 왔구나, 그것 봐, 내가 뭐랬어

상황에 따라 다양한 의미로 쓰이는 표현으로 제일 먼저 뭔가 건네 주면서 혹은 기다렸던 사람이 돌아올 때 이 문장을 쓰면 된다. 또한 뻔한 일이 다시 반복되었을 때 「그것 봐」,「 내가 뭐랬어」라는 의미로도 쓰인다.

You don't say! 설마!, 아무려면!, 정말?, 뻔한거 아냐?

이런 표현은 억양이 중요하다. 직역해서 너는 말하지 않는다고 이해한다면 어찌할 수 없지요. 이 표현은 역설적으로 두가지 의미인데 첫째는 상대방의 말에 놀라서 「설마 그럴리가!」라고 놀라는 것이고 또 하나는 전혀 놀라지 않았다는 말로 「뻔한거 아냐」라고 되받아치는 뜻이다.

Isn't it amazing? 대단하지 않냐?, 정말 놀랍구나!

미드가 좋아하는 형용사 중의 하나인 amazing을 활용한 표현. amazing 자체가 「놀랍다」라는 의미가 있지만 자신의 놀라움을 더 강조하기 위해 여기서는 부정의문문 형태를 취하고 있다.

Big time 그렇고 말고, 많이

어떤 말에 「전적으로 동의한다」(agree absolutely)고 응수할 때뿐만 아니라 주로 문장의 뒤에서 「아주 많이」(a lot)라는 뜻의 부사적 용법으로도 자주 사용된다.

You're right on 좋아!, 맞아!

뒤에 붙은 on 때문에 좀 생소해 보일 수도 있는데, 이 역시 상대방의 말에 「좋아!」, 「맞아!」(Exactly correct!)하며 전적인 동의나 찬성을 나타내는 말.

You got it 맞아, 바로 그거야, 알았어

대표적인 의미는 상대방이 제대로 이해했다는 말로 You're right, That's correct이란 뜻. 또한 상대방의 말에 동의하는 것으로 「알았어」, 「알겠어」라는 의미로도 쓰인다.

It completely slipped my mind 깜박 잊었어

사람이 살다보면 또 나이가 들다보면 이런저런 일을 곧잘 잊어버리는 수가 있다. 이때 쓸 수 있는 표현이 바로 It slipped my mind. 「아, 참 내 정신 좀 봐, 깜빡했네」 정도의 말이다. 비슷한 표현으로 I totally forgot이 있다. 주의할 점은 forget 동사와 달리 slip은 잊어버린 사람이 아니라 「잊어버린 내용」을 주어로 쓴다는 것이다.

I'm not in the mood 그럴 기분이 아냐

mood는 일시적인 기분을 말하는 것으로 be in the mood to+V가 되면 「…하고 싶은 기분이 든다」라는 의미이다. 같은 맥락에서 be in the mood for+N는 「…가 좋다」는 표현. 또한 mood 자체가 안좋은 기분, 화난 상태를 뜻해 be in a mood하면 「기분이 꿀꿀하다」라는 의미.

I just can't stand your friends 네 친구들은 정말 지겨워

can't stand sb[sth]는 「…을 매우 싫어하는」것을 뜻한다. 의미보다는 쓰이는 형태를 잘 알아두었다가 써먹는게 중요하다. sb[sth] 대신에 can't stand ~ing, can't stand sb ~ing, can't stand the sight of~, can't stand to do sth 등 다양하게 쓰인다.

if you know what I mean 내가 무슨 말 하는지 안다면 말야

상대방에게 뭔가 충고나 조언 혹은 무슨 말을 하고 나서 상대방이 내가 하는 말의 진의를 잘 파악했냐고 가볍게 확인하는 문구로 I think you understand what I'm hinting at 정도로 생각하면 된다.

I get the picture 알겠어, 무슨 얘긴지 알겠어

상대방이 말하는 것을 알아들었다고 말하는 것으로 상대방의 말이 직접적일 수도 있고 간접적일 수도 있다. 우리말에도 "그림이 이해된다"라는 말이 있듯이「이해하다」는 표현이다.

Don't let me down 기대를 저버리지마, 실망시키지마

let sb down은 「…를 실망시키다」(disappoint someone), 「기대를 저버리다」(fail to meet one's expectations)란 의미. 따라서 Don't let me down하면 「나를 실망시키지 말라」는 뜻의 부정명령문이 된다.

Have a heart 한번만 봐줘, 온정을 베풀라구

우리말에도 "넌 심장도 없냐"라는 말이 있다. 어려움에 처한 사람들이 이성적으로 생각해서 「온정을 베풀어달라」고, 「한번만 봐달라」고 쓰는 표현이 바로 have a heart이다. 물론 의학미드에서는 이식용 심장이 있다라는 뜻이 될 수도 있다.

He made love to me 그 사람과 난 사랑을 나눴어

have sex를 아름답게 표현한게 make love to sb이다. make love는 정신적인 사랑을 육체적인 사랑으로 확인하는 것으로 "My girlfriend and I don't fuck, we make love"라는 문장이 나오게 된다. 속어로는 do it, get it on, make out, fuck 등이 있다.

Don't take it personally 기분 나쁘게 받아들이진마

상대방의 기분이 상할 만한 이야기를 꺼내면서(when criticizing someone) 기분 나쁘게 받아들이진 말아 달라고 운을 떼는 말. 개인적인 감정이 있어서 하는 말은 아니니까, 「나쁘게 받아들이지 말라」는 의미이다.

CHECK IT OUT!

A: Can you take care of my children tomorrow?
B: You got it. I'll pick them up in the morning.

A: 내일 우리 애들 좀 봐줄래?
B: 그러지 뭐. 아침에 데리러 갈게.

I can't say 잘 몰라

확신이 없거나 괜히 잘못 말해서 해코지를 당할 가능성이 있을 때는 말을 조심스럽게 해야 하는 법. 이럴 때 I can't say는 잘 모르겠어, I can't say S+V하면 「…라고는 할 수 없다」라는 자제형 표현이 된다.

Am I getting warm? (정답 등에) 가까워지고 있는거야?

warm은 '따스한'이라는 기본형용사이지만 구어체에서 get warm하면 뭔가 「숨겨져 있는 곳에 근접하다」, 「사실을 밝혀내기 직전이다」라는 뜻으로 쓰인다. 특히 퀴즈놀이를 하면서 내가 정답에 근접했는지 여부를 물을 때 사용할 수 있다.

I can't complain 잘 지내

서로 인사를 주고받을 때 쓰는 표현 중의 하나. 직역하면 "불평을 할 수 없다"로 다시 말하면 「잘 지내고 있다」라는 내용이다. No complaints, Nothing to complain about라 해도 된다.

Get a life! 정신차려!

현실 감각없이 허황된 꿈을 쫓는 사람, 사소한 일에 목숨거는 사람, 하는 일없이 빈둥거리는 사람에게 현실로 돌아와서 「제발 좀 정신차려!」, 「철 좀 들어라」, 「인생 똑바로 살아라」 등의 의미로 한마디 해줄 수 있는 표현.

(I) Couldn't agree with you more 정말 네 말이 맞아

부정어(not, never)와 비교급이 함께 쓰이면 강한 긍정이 된다. 여기서는 not과 more가 함께 나와서 "나는 너에게 이보다 더 동의할 수 없을게다"라는 뜻으로 정말 「네 말이 맞아」라는 문장이 된다. 강한 동의를 나타내는 것으로 I'll drink to that도 있다.

If it's not too much trouble 수고스럽지 않다면

상대방에게 뭔가 물어보거나 부탁을 할 때 미안한 마음을 품고서 하는 인사성 표현. if you don't mind, if it is okay for you와 같은 맥락의 문장으로 우리말로는 「너무 폐가 되지 않는다면」, 「너무 힘들게 하는게 아니라면」 정도에 해당되는 표현이다.

Is this some kind of joke? 장난하는거지?

상대방이 말도 안되는 소리나 불쾌한 이야기에 받아치는 문장으로 미드에서 무척 많이 들리는 표현. 살짝 짜증낸 얼굴로 이 문장을 말하면 금상첨화이다.

It was a slip of the tongue 실언했네

말하면 안되는 비밀이나 정보 등을 실수로 입밖에 내놓았을 때 수습하기 위한 구차한 변명. 실수로 입에서 「말이 잘못 나왔다」, 「말실수했네」, 「실언했네」라는 의미. 하지만 한번 엎지른 물 어찌할 수 있남…

Keep your mouth shut 누구한테도 말하면 안돼

입이 싼(have a big mouth) 사람들이 얼떨결에 하지 말아야 될 말을 하는(it was a slip of the tongue) 경우가 너무 많기 때문에 중요한 이야기를 하면서 비밀유지를 약속받을 때 사용하면 된다.

The way I see it 내가 보기엔

분명한 사실을 단정적으로 말하는 게 아니라 자신의 관점에서 봤을 때의 의견임을 강조해서 말할 때 사용하는 표현. 「내가 보기엔」이라는 뜻으로 As I see it과 같은 의미.

Bottoms up! 위하여!, 원샷!

술자리에서 쓰는 말로 글자 그대로 해석하면 잔을 끝까지 비우자는 말로 우리식의 "원샷"에 해당되지만 문맥에 따라 그냥 「위하여!」라는 Cheers!와 같은 의미로도 많이 쓰인다. 하지만 대부분 일반적으로 잔을 다 비우자고 할 때 쓰는 표현이다.

Let me tell you something 내가 하나 말할게 있는데, 정말이지

뒤에 안좋은 이야기나 진지한 이야기를 꺼낼 때, 특히 화자가 「자기주장」이나 「자기입장」 그리고 「속마음」 등을 털어놓는 상황에서 말 첫머리에 사용한다. 비슷한 표현인 I have to tell you는 말하기 꺼리는 것을 솔직히 말하겠다는 뉘앙스가 있다.

Not again 어휴 또야!, 어떻게 또 그럴 수 있어!

귀찮고 짜증나는 일이 계속해서 일어나는 경우 짜증섞인 말투로 「어휴, 또야!」라고 내뱉는 말이 Not again!이다. 푸념뿐만 아니라 다시는 그러지 말았으면 하는 심정도 담고 있다.

She got drunk! 걔 취했어!

get[be] drunk는 가장 일반적으로 취했다라는 의미의 표현. 약간 취했을 때는 get tipsy를, 고주망태가 되었을 때는 be dead drunk, be drunk as a fish 등을 쓰면 된다. 참고로 「음주운전」(drunk driving)은 DUI라고 하는데 Driving Under the Influence의 약자이다.

Let me get this straight 이건 분명히 해두자, 얘기를 정리해보자고

상식적으로는 이해하기 힘든 말, 무리한 요구사항에 대해 「이건 분명하게 짚고 넘어가자」는 말. get sth straight은 「…을 제대로 해놓다」라는 뜻이며, 분명히 해둘 내용(this)은 그 뒤에 덧붙이면 된다.

That (all) depends 상황에 따라 다르지, 경우에 따라 달라

상대방의 질문에 분명한 답변을 해줄 수 없을 때 유용한 표현으로 의미는 상황이나 경우에 따라 다르다라는 것이다. 답변을 유보하는 것으로 좀 더 구체적으로 말해주려면 That[It] depends wh~[how~]로 표현하면 된다.

A: How are things since you got divorced?
B: Everything is OK. I can't complain.

A: 이혼한 뒤로 어떻게 지내?
B: 다 좋아. 잘 지내.

You win 내가 졌어

영어는 부정의문문 답변에서도 보듯히 다분히 상대를 기준으로 표현을 할 때가 많다. 그래서 그런지 「내가 졌다」고 할 때도 You win이란 형태의 문장을 참 많이 쓴다. 물론 내가 이겼을 때는 I win[won]이다.

(Things) Could be better 별로야, 그냥 그래

먼저 Things는 생략될 수도 있고 혹은 다른 명사가 올 수가 있다. 이에 따라 단순한 안부인사가 될 수가 있고 아니면 어떤 상황에 대한 답변일 수도 있다. 문제는 Could be better인데 직역하면 더 좋아질 수도 있다, 하지만 현재는 그렇지 않다, 즉 「별로이거나」, 「문제가 많다」라는 부정적 표현이다.

We're on a break 잠시 떨어져 있는거야

break는 명사로 Prison Break에서 보듯 탈출을 뜻하기도 하고 coffee break에서 보듯 하던 일을 잠시 쉬는 것을 말한다. be on a break하면 특히 「연인사이의 냉각기」를 말한다. take some time apart란 말씀. 이러다 누가 차면(dump, ditch) 둘은 break up with하게 되는 거지요.

I couldn't care less 알게 뭐람 (전혀 관심없다)

I don't care보다 관심없는 정도의 강도가 센 것으로 「전혀 관심이 없다」라는 뜻을 갖는다. 관심없는 일까지 같이 말하려면 뒤에 about~, if~ 등을 붙여 쓰면 된다. 또한 Who cares! 또한 「전혀 신경쓰지 않겠다」라는 말씀. I could care less(~)도 같은 의미.

It couldn't be better 최고야

문자 그대로 옮기면 「더 좋을 수가 없다」는 얘기. 부정+비교급=최상급을 적용하면 「더할 나위 없이 좋다」(be in the best condition)는 의미임을 바로 알 수 있다.

There's no way to tell 알 길이 없어

어떤 일이 도저히 불가능하다고 할 때는 There's no way to~ 혹은 There's no way that S+V의 형태를 쓴다. 여기서는 to 다음에 tell을 써서 There's no way to tell하게 되면 도저히 알 길이 없다라는 말이 된다. 물론 There's는 생략할 수도 있다.

I keep bumping into you 우리 자꾸 마주치네요

우연히 길에서 아는 사람을 만났을 때 하는 말. 한 번이면 모르겠는데 자주 마주쳤을 때는 keep ~ing을 써서 keep bumping into을 쓰면 된다. 그밖에 come across, run across, run into 등이 「우연히 마주치다」라는 표현들이다.

I'm just flirting 좀 추근거린 것뿐이야, 작업 좀 들어간 것뿐인데

flirt은 진지하게 사귀어보겠다거나 상대방을 반드시 사로잡아야겠다는 굳은 결의없이 「가볍게 작업(?)에 들어가다」, 「재미삼아 집적거리다」라는 의미로 대개 flirt with sb의 형태로 쓰인다.

Believe me 정말이야

자신의 말이 사실임을 믿어달라고 상대방에게 호소하는 표현. 강조하려면 Believe you me라고 하면 된다.

That's not the point 핵심은 그게 아니라고

열심히 설명을 했는데 상대방이 못 알아듣거나 딴소리할 때, 「내가 말하려고 하는건 그게 아니라니까」(That's not what I mean)라고 사용하는 표현. 상대방 역시 point를 이용해서 「그럼, 무슨 말을 하고 싶은 건데?」라는 뜻으로 What's the point?라고 물어볼 수 있다.

How dare you+V ~? 어떻게 …할 수가 있냐?

dare는 「감히 …하다」라는 상당히 당돌한 단어이다. 그래서 How dare you~?하게 되면 상대방의 당돌하고 염치없는 행동을 보고 「어떻게 …할 수가 있냐?」라고 반은 놀라면서, 반은 화를 내면서 말하는 표현이 된다. 단독으로 How dare you!란 표현이 미드에서는 무척 많이 들린다.

That reminds me 그러고 보니 생각나네

remind A of B로 유명한 remind를 이용한 표현으로 That reminds me 혹은 That reminds me of~라고 써도 된다. 「그러고보니(That) (…가) 생각나네」라는 뜻으로 That으로 뭔가 기억이 떠올랐을 때 쓰는 표현이다.

Don't even think about (doing) it 꿈도 꾸지마, 절대 안되니까 헛된 생각하지마

상대방의 황당하고 올바르지 못한 말에 강하게 반대, 부정하거나 혹은 정신차리라고 혼내는 표현. 「절대 하지 말라」고 하는 것으로, 그냥 Don't even think about it, 혹은 구체적으로 말해서 Don't even think about ~ing라고 말하면 된다.

Go easy on me 좀 봐줘

한 유명한 게임의 여자 캐릭터가 싸움 전에 하는 말로 유명한 표현. 「살살 좀 해라」, 즉 「넘 심하게 하지 말라」는 표현. 단 go easy on sth의 경우에는 「적당히 …해라」라는 뜻이 된다.

He doesn't (even) have a clue 걘 하나도 몰라

clue란 뭔가 알아내기 위한 혹은 사건 등을 해결하기 위한 단서란 뜻으로 not have a clue란 말은 「전혀 모른다」라는 뜻. have no idea와 같은 의미이다.

Don't tell me 설마, 그런 말마, 말하지마

상대방이 말도 안되는 이야기나 도저히 믿을 수 없는 이야기를 하려는 것이 예상될 때 미리 「그런 말마」라고 차단하는 표현. Never tell me라고 해도 된다. 말도 안되는 내용을 함께 말하려면 Don't tell me that~로 이어서 말하면 된다.

A: How are you doing?

B: Couldn't be better! I've got a date with Jane this evening.

A: 좀 어때?

B: 최고야! 오늘 저녁에 제인이랑 데이트하기로 했거든.

Don't ask me 나한테 묻지마

입에 담기도 싫고 또 답이 무엇이든 난 상관하지 않을 정도로 무관심하니까 내게 묻지말라는 표현. 「나한테 묻지마」, 「내가 어찌 알아」 정도의 의미이다.

Lucky for you 다행이다, 잘됐다

상대방에게 좋은 일이 일어났을 때 그 이야기를 꺼내기 앞서 먼저 하는 인사말. 「다행이다, 야」, 「잘됐다, 야」 정도에 해당한다고 보면 된다. 단독으로 쓰이기도 하지만 한 문장에 표현할 때는 (It's) Lucky for sb to[that~]으로 하면 된다.

He set me up with her 걔가 그녀를 소개시켜줬어

미드보다 보면 많이 나오는 You set me up!은 "날 함정에 빠트렸다"는 말이지만 set sb up with sb하게 되면 「이성을 소개해주다」, 「사람을 연결시켜주다」는 표현이다. set 대신에 fix를 써서 fix sb up with sb라고 해도 된다.

That's not my cup of tea 내 취향이 아냐

어떤 사람이나 사물이 내 취향과 맞지 않을 때 쓰는 표현으로 It isn't to my taste라고도 한다. 물론 간단히 Not my cup of tea라고 해도 된다.

Why not? 왜 안해?, 왜 안되는거야?, 그러지 뭐

먼저 상대방의 부정적인 답변에 대해 「왜 안 된다는거야?」(Please, explain your negative answer)라며 이유를 묻는 표현이기도 하고, 또는 어떤 제의에 대해 「그러지 못할 이유가 어디 있느냐」(I can't think of any reason not to do)고 반문하는, 즉 강한 yes를 의미하는 표현이기도 하다.

He is Mr. Right 걘 내 이상형이야

결혼해서 평생을 해로할 「천생연분」, 즉 「이상형」을 영어에서는 right이란 단어를 사용해 표현하는데 the right man[guy, woman], 혹은 Mr. Right, Miss Right, be right one이 바로 그것.

I have (got) to go 이제 가봐야겠어, 이제 끊어야겠어

have to, have got to 등의 표현을 사용하여 가야 되는 상황을 완곡하게 나타낸다. 전화를 끊으려고 할 때도 사용할 수 있는 말이다.

That's anybody's guess 아무도 몰라, 모르긴 나도 매한가지야

누구나(anybody) 추측(guess)만 할뿐이지 그것이 사실인지 거짓인지, 답이 맞는지 안 맞는지「아무도 모른다」는 말.

I owe you one 신세가 많구나

I owe you는 상대방의 도움에 깊이 고마움을 느낄 때 「당신에게 한가지 빚을 졌다」라고 말하는 표현. one 대신 money나 apology와 같은 명사를 쓸 수 있다. 신세를 크게 졌을 때는 I owe you a lot, I owe you a big favor 혹은 I owe you a big one이라고 한다.

They really hit it off 쟤네들은 바로 좋아하더라고

hit it off하게 되면 만난지 얼마 안되서 그만 친구로 친해진 상황을 말하는 것으로 우리말로는 「죽이 잘 맞다」 정도로 생각하면 된다.

Bring it on 한번 덤벼봐, 어디 한번 해보자구

원래 스포츠 경기에서 유래된 표현으로 「어디 한번 덤벼봐라」, 「내가 다 상대해주지」라는 뉘앙스를 띤 표현이다. 다투거나 싸울 때 쓰는 말로 You want a piece of me?(내 맛 좀 볼래?)와 함께 알아둔다.

I('ve) got to get moving 가봐야겠어

get moving은 일을 시작하거나(get started) 일을 열심히 하는 것을 말하는 것으로 I gotta get moving이나 You'd better get moving은 「뭔가 늦어 빨리 가봐야겠다」라는 의미로 쓰인다.

Let's call it a day 퇴근합시다

Let's call it a day는 할 일이 다 끝나진 않았지만 하던 일을 그만 멈추고(stop the work we are doing)「여기까지만 합시다」라는 뜻으로 일반적으로는 「퇴근 합시다」라는 의미로 사용된다. Let's call it a night 혹은 Let's call it quits라해도 된다.

It's on me 내가 낼게

시쳇말로 「내가 쏜다」에 해당하는 것으로, 식당이나 술집 등에서 일어설 때 테이블의 「계산서를 집으며」(pick up the tab) 「자신이 계산하겠다」(I'll pay for it)라고 하는 표현. This one is on me도 같은 말이다. 반면 It's on the house는 가게(house)에서 내겠다는 흐뭇한 이야기.

What's cooking? 무슨 일이야?, 뭐가 문제야?

cook은 여기서 어떤 사건이나 일이 「발생하다」(happen; take place)라는 뜻의 동사. 따라서 What's cooking?하면 What's happening? 혹은 What's going on?과 동일하게 상대방의 현재 상태나 근황을 묻는 표현이 된다.

What can I say? 난 할 말이 없네, 나더러 어쩌라는거야, 뭐랄까?

상황에 따라 다양한 의미로 해석되는 표현. 먼저 뭐라고 이야기해야 할지 모를 경우 난감함을 표시하는 말이 될 수 있고, 때론 그런 상황에서 「뭐랄까?」하며 뜸을 들이는 말로도 쓰인다. 가끔은 「도대체 어쩌란 말이야」하며 짜증난다는 식의 뉘앙스를 풍길 수도 있다.

CHECK IT OUT!

A: Would you like a cup of coffee?

B: Why not? I still have a few hours before I have to go home.

A: 커피 한 잔 하실래요?

B: 좋죠. 퇴근하려면 몇 시간 더 있어야 하니까요.

What's your point? 요점이 뭔가?, 하고 싶은 말이 뭔가?

상대방의 말을 잘 이해못했거나 아니면 그 말의 진의를 다시한번 확인하고 싶을 때 "너 하고 싶은 이야기가 뭐냐?"고 단도직입적으로 물어보는 문장. 문맥에 따라서는 상대의 진의를 알고 나서도 짜증섞인 목소리로 내뱉을 수 있는 표현.

I'd have to say no 안되겠는데

I'd have to say~는 조동사 would를 넣어서 I have to say보다 한결 내용을 부드럽게 전달하는 방법이다. 그래서 I'd have say no하게 되면 상대방이 기분나쁘지 않게 거절하는 것으로 나도 어쩔 수 없음을 어필하는 표현법이다.

No offense 악의는 없었어, 기분 나빠하지마

자신이 한 말 혹은 할 말로 상대방이 오해하거나 상처받을 수도 있을 것 같을 때, 바로 내가 한 말에 기분나쁠 수도 있겠지만 악의는 아니다로 자신의 진심을 얘기하는 표현. 오해방지용이라고 할 수 있다.

You did it! 해냈구나!

I did it!은 I made it!과 유사하지만 I made it!이 주로 일정 시간내에 뭔가 목표를 달성했다는 기쁨이 배어 있는 표현인 반면 I did it!은 좀 더 포괄적으로 쓰이는 것으로 자기가 정한 「목표를 성공적으로 달성할」 때 쓰인다. 「상대방이 해냈구나」라고 하려면 You did it!이라고 하면 된다. "또한 네가 그랬다"라는 글자 그대로의 의미로도 쓰이는 것은 물론이다.

You don't know the first thing about it 쥐뿔도 모르면서

글 그대로 해석하면 어렵지 않게 이해할 수 있는 표현. 「그거에 관해 아무것도 모르다」, 「쥐뿔도 모르다」라는 뜻이 된다. about 다음에는 명사나 ~ing가 온다. 비슷한 표현으로 You don't know the half of it하면 「넌 그거에 관해 잘 모른다」라는 의미이다.

Hang in there 끝까지 버텨

어려운 상황에 처한 사람에게 아무리 힘들더라도 「포기하지 마라」, 「끝까지 버텨라!」(remain brave)고 기운을 북돋아주는 표현.

Don't call me names! 욕하지마!

여기서 중요한 것은 names 앞에서 my가 아니라 me라는 점이다. 즉 「…의 이름을 단순히 부르는」게 아니다. call sb names하면 「욕하다」, 「험담하다」라는 표현이 되니 주의해서 봐야 한다.

I am all ears 귀 쫑긋 세우고 들을게

「네 말에 귀 쫑긋 세우며 열심히 듣고 있다 (그러니 계속 말해라)」는 의미. 상대방의 말에 집중하고 있다는 것을 비유적으로 표현한 것으로, You have my attention이나 I'm listening carefully와 같은 뜻이 된다.

What do you want from me? 나보고 어쩌라는거야?

상대방 말의 진의가 뭔지, 상대방이 뭘 생각하고 내게 요구하는지 단도직입적으로 「그럼 내가 어떻게 하기를 바라는 거지?」, 「날더러 어쩌라는거야」라고 물어보는 표현이다. 미드에 무척 많이 나오니 달달 외워두자.

I don't know how to tell you this, but~ 어떻게 이걸 말해야 할지 모르겠지만…

뭔가 어렵고 힘든 이야기를 꺼낼 수밖에 없는 상황에서 문두에 이 표현을 먼저 말해주면 상대방의 놀람과 충격을 줄여주는 효과를 갖는다.

I don't get it[that] 모르겠어, 이해가 안돼

여기서 get은「이해하다」(understand),「듣다」(hear). 상대방이 말한 것(it)을 제대로 이해하지 못했을 때(I don't understand it)나 못알아 들었을 때(I can't hear you) 구어에서는 get을 이용하여 I don't get it이라고 하고 반대로 잘 알아들었을 때는 I got it.

Let's get down to business 자 일을 시작합시다

잠시 쉬다가 다시 일을 시작할 때 사용하며 to 이하에는 주로 work, business, case 등이 오게 된다. 의미는「진지하게 일에 착수하다」(begin to work on something seriously).

Stop saying that! 닥치라고!, 그만좀 얘기해!

늘상 반복되는 이야기를 하거나 듣기 싫은 이야기만을 골라서 하는 상대방에게 이제 지겨우니까 그 얘기는 작작하라고 짜증을 확 내면서 하는 말. 좀더 정중하게 하려면 Would you stop that!, You gotta stop that!이라고 하면 된다.

You tell me 그거야 네가 알지

상대방이 더 잘 알고 그래서 상대방이 결정하고 판단해야 할 일을 고민한답시고 말할 때 "야, 그거야 네가 더 잘 알지, 내가 어떻게 알아"의 뉘앙스로 말하는 표현. 역시 미드에서 많이 들을 수 있는 표현 중 하나. You tell me~의 경우는 단순히 말하라는 경우가 많으니 구분해야 한다.

I will try my luck (되든 안되든) 한번 해봐야겠어

「자신의 운을 시험해본다」라는 try one's luck at[with]은 결과가 잘 되든 혹은 실패하든「내 운에 맡기고 한번 해보겠다」는 호연지기 있는 표현이다.

It could happen 그럴 수도 있겠지

상대방을 위로하거나 혹은 세상사 아무도 모른다라는 맥락으로 사용할 수 있는 표현이다.「그럴 수도 있다」는 말로 그럴 수 있는 대상은 It could happen to~라고 이어주면 된다.

A: **You don't know the first thing about me.**

B: Well, I know that you've been lying to us for three days.

A: 넌 나에 대해 아무것도 모르잖아.

B: 음, 네가 3일간 우리를 속여왔다는 것은 알고 있지.

Level with me 솔직히 말해봐

우리에겐 명사로 익숙한 level의 동사적 용법을 활용한 표현. level은 보통 level with sb의 형태로 쓰여 speak truly and honestly with sb(…에게 거짓없이, 솔직하게 다 털어놓다)라는 의미를 나타낸다. 「솔직한」이란 뜻의 숙어 on the level도 함께 알아둔다.

It's stuff like that 그 비슷한거야

예를 들거나 혹은 말하고 싶은 정확한 단어가 떠오르지 않거나 구체적으로 말하고 싶지 않을 때 긴요한 단어가 바로 이 stuff. something like that처럼 stuff like that하면 「뭐 그런 비슷한 것」이라는 뜻이 된다.

I'll get right on it 당장 그렇게 하겠습니다

어떤 일을 당장 실행에 옮기겠다는 말. 주로 직장에서 자주 하게 되는 말로 상사의 지시에 따라 「바로 일을 착수하겠다」는 의미의 표현이다.

Wish me luck 행운을 빌어줘

wish sb luck은 sb에게 「행운을 빌어주다」라는 것으로 좀 더 구체적으로 행운이 필요한 일을 말하려면 wish sb luck on[with] sth이라고 하면 된다. Wish me luck이라고 할 때 답은 Good luck이라고 하면 된다.

Look who's here! 아니 이게 누구야!

뜻밖의 장소에서 생각지도 못했던 사람을 만났을 때 쓰는 표현. 「아니 이게 누구야」, 「누가 왔는지 좀 봐」라는 의미로 놀랍고 반가운(I'm surprised to see you here) 감정이 담겨 있다.

It doesn't work 제대로 안돼, 그렇겐 안돼

앞서 배운 It works의 부정표현으로 「뭔가 제대로 작동이 안된다」, 「효과가 없다」, 「그렇게 돌아가지 않는다」 등의 의미로 무척 많이 쓰이는 미드표현이다. 간단한 단어로 구성된 표현이지만 그 의미가 문맥에 따라 조금씩 다르기 때문에 많은 미드를 보면서 몸으로 직접 익혀야 한다.

She thinks she can dance 제 딴에는 춤 좀 춘다고 생각해

그냥 평면적으로 문장을 봐서는 전혀 반대되는 해석이 가능한 경우. 우리말도 상황과 억양에 따라 긍정적인 표현이 비꼬는 표현이 되듯이 영어도 마찬가지이다. 특히 살아있는 미드에서는 더욱 그러니 많은 가능성을 열어두고 문장을 접해야 한다.

Could be worse 그럭저럭 잘 지내지

안부인사에 대한 답 혹은 자기 상황에 대해 설명하는 표현으로 더 나쁠 수도 있는데 「최악은 아니다」, 즉 「사소한 문제는 있지만 그다지 못지내는 편은 아니다」라는 다소 긍정적인 표현. worse란 단어 때문에 부정적인 표현으로 생각하면 안된다.

I'm talking to you! 내가 하는 말 좀 잘 들어봐!

자신의 말에 도무지 집중을 하지 않는 상대방에게 「주의깊게 내 말을 들어라」(listen carefully what I'm saying) 하며 주의를 환기시킬 때 쓸 수 있는 관용적인 표현이다. 진행형으로 쓰인다는 점과 talk with가 아니라 talk to의 형태가 된다는 점에 주의한다.

Don't push (me)! 몰아 붙이지마!, 독촉하지마!

물리적으로 밀어붙이는게 아니라 상대방이 뭔가 하라고 재촉하고 다그치면서 스트레스를 줄 때 저항하는 표현. Don't push!라고 해도 되고 Don't push me!라고 해도 된다.

That can't be 뭔가 잘못된거야, 그럴 리가 없어

That's impossible보다 강도가 약한 표현으로 「뭔가 잘못되었다」(must be wrong)거나 「그럴 리가 없다」고 생각될 때 사용하는 표현. That 대신에 It을 써도 된다.

That's the way it is 원래 다 그런거야, 사는게 다 그런거지

어떤 일의 발생이나 상황이 필연적인 경우를 가리키는 말. 흔히 일이 맘먹은 대로 안되거나, 혹은 체념하는 상황에서 사용되는 표현으로 「살다보면 누구나 다 겪을 수 있는 일이다」라는 의미.

What do you take me for? 날 뭘로 보는거야?

take는 「간주하다」, 「생각하다」(consider)로, take A for B하면 「A를 B로 여기다」란 뜻이 된다. 따라서 What do you take me for?하면 「날 뭐라고 생각하는거야?」란 의미로 상대방에게 불쾌감을 드러내며 따지듯이 하는 말이 된다.

I'll tell you what 이게 어때?, 이러면 어떨까?

대화 도중 더 좋은 생각이나 주제가 떠올라서 이를 제안할(to introduce a suggestion or a new topic of conversation) 때 사용하는 표현. 앞에 OK나 Alright이 오는 경우가 많고 뒤로는 I am going to / I'll ~ / Why don't you ~ / Let's + V~ 등의 문장이 자연스레 따라온다.

What's the catch? 속셈이 뭐야?, 무슨 꿍꿍이야?

상대방이 좀 의외의 이야기를 하거나 예상과 다른 제안을 할 경우 좀 이상한 생각이 들어서 상대방의 「속셈」이나 「꿍꿍이」가 뭔지 혹은 말 못할 무슨 어려움이 있는지 물어보는 표현. catch는 또한 「놓치기 아까운 이성」을 말하기도 한다.

I am nobody's fool 날 물로 보지마

nobody's fool은 어느 누구에게도 속아 넘어가지 않는 사람이라는 뜻으로 I'm nobody's fool하게 되면 상대에게 「날 우습게 보지 말라」고, 「물로 보지 말라」고 하는 경계성 발언.

A: Have you taken your medicine?
B: Yes, but it doesn't work.

A: 약은 먹었어?
B: 응, 근데 잘 안듣더라.

You up for it? 하고 싶어?

단어 그대로 하나하나 풀어보면 의미가 이해되는 표현. 그것(it)을 할려고(for) 준비태세를 갖추고 있냐(up)는 말로 「무엇을 할 마음이 있냐?」고 물어보는 표현이다. 물론 앞에 Are가 생략된 경우이다.

Let me get back to you (on that) 나중에 이야기하자

get back to는 「나중에 전화하다」(call someone later), 「나중에 논의하다」(discuss it later)라는 뜻으로 바쁜 와중에 전화가 걸려오거나 혹은 사정상 논의를 미뤄야 할 때 쓸 수 있는 구어체 표현. 특히, 자동 응답기(answering machine)의 부재중 안내 메세지에서 자주 접할 수 있다.

Please get it done by tomorrow 내일까지 마무리해

get sth done의 형태는 finish sth과 같은 의미. 단 뭔가 좀 늦었거나 빨리 마무리를 해야 되는 경우에 쓰는 경향이 있다. 주로 get it done, get things done, get this done의 형태로 쓰이고 뒤에는 마감시간을 나타내는 경우가 있다.

It was just one night thing 하룻밤 잔 것뿐이야

진지한 관계가 아니고 그냥 서로 몸과 정신을 맑게 하기 위해 몇 번인지는 모르겠지만 부담없이 성관계를 갖는 것을 one night stand[thing], one night together, 혹은 one night이라고 한다. 물론 일반적인 의미로 하룻밤 걸리는 일이라는 뜻으로도 쓰인다.

She's very supportive 걘 도움이 많이 되고 있어

support의 형용사형이 의외로 미드에서는 많이 쓰인다. helpful과 같은 의미로 be supportive는 도움이 되다, be supportive of sb하면 「…에게 도움이 되다」라는 뜻으로 쓰인다.

Let's hit the road 출발하자고

「도로(road)를 박차고(hit) 나가다」란 뉘앙스. 굳이 여행 같은 긴 여정이 아니더라도 친구 집에서 놀다가 「그만 집에 돌아가 봐야겠다」라고 한다거나 「(공연 등을) 시작하자」라고 할 때도 쓸 수 있다.

So, tell me 자 말해봐

상대방에게 뭔가 답이나 계획 등의 이야기를 듣고자 할 때 쓰는 표현으로 단독으로 문두에 So, tell me라고 사용하거나 아니면 So, tell me about[wh~]의 문장 형태로 만들어 쓸 수 있다.

That has never happened before 난생 처음 겪는 일이야

방금 발생한 일이 자기가 살면서 한번도 경험해보지 못한 새로운 일이라는 걸 강조하는 표현. 많은 경우 to me 뒤에 before란 말을 덧붙여주기도 하지만, 간단히 That never happened라고만 해도 OK!

That's (just) the way it goes 다 그런거지 뭐, 어쩔 수 없는 일이야

That's the way it is와 유사한 표현으로 직역하면 그게 돌아가는 방식이다라는 뜻. 세상 어떻게 돌아가는지 인생을 좀 살아본 사람이라면 금방 피부에 와닿을 말. 「다 그런거야」, 「어쩔 수 없지」 정도로 생각하면 된다.

You don't know the half of it 얼마나 심각한지 네가 아직 몰라서 그래

You don't know the first thing about it(넌 아무것도 몰라)보다 좀 나은(?) 표현. 직역하면 "반도 모른다"로 의역하면 「네가 잘 몰라서 그래」, 「얼마나 사태가 나쁜지 모르고 하는 소리야」 정도에 해당된다.

You name it 말만 해

어떤 것을 주욱 열거하다가, 일일이 나열하지 못할 정도로 많다는 뜻으로 「뭐든지 말만 해봐」라는 어감을 전달하는 표현이 바로 You name it. 비슷한 표현인 To name a few는 formal한 문장으로 「몇가지 거론하면」이라는 뜻.

Just hang out with me 나랑 그냥 놀자

hang out 또는 hang around는 뒤에 with가 붙어 「…와 어울리다」, 「…와 어울려 시간을 보내다」라는 뜻. 단 hangout처럼 붙여 쓰면 명사로 「단골술집」 등 자주 가서 친구들을 만나며 시간 때우는 곳을 뜻한다.

Just try me 나한테 한번 (얘기)해봐, 기회를 한번 줘봐

역시 간단한 것 같지만 문맥에 따라 의미가 다르니 감각적으로 이해해야 한다. 먼저 일반적으로는 「내게 얘기해봐」, 「내가 의견을 줄게」(Tell me about something and I'll give you my opinion)라는 것이고 두번째 의미는 어떤 목표를 이루기 위해 「기회를 달라」는 표현으로 쓰인다.

Listen to yourself 멍청한 소리 그만해, 틀릴 수도 있으니 다시 한번 생각해봐

listen to는 「…의 말을 귀담아 듣는다」라는 뜻으로 이번에는 to 다음에 자기 자신이 와서 결국 네 자신에 귀를 기울여라는 뜻으로 「정신나간 소리나 멍청한 소리하지마라」라는 표현이 된다. Listen to you라고 해도 된다.

Here's the deal 이렇게 하자, 이런 거야

Here's~가 뭔가를 건네주면서 「여기 있어요」라고 하는 말이니, Here's the deal도 뭔가를 제시하면서 쓰는 표현이라는 것을 짐작할 수 있다. 이는 상대방에게 「이렇게 하자」고 뭔가를 제안할 때나, 어떻게 된 상황인지 자초지종을 설명을 할 때 쓸 수 있는 문장이다. 단 Here's a deal은 가격을 협상할 때 사용하는 표현이다.

You have gone too far 네가 너무했어, 심했다

go too far하면 지나치게 많이 나가다라는 말로 정도를 벗어나 「너무하다」, 「도가 지나치다」라는 비유적 의미로 많이 쓰인다.

CHECK IT OUT!

A: It's about ten more miles to the end of the trail. Are you up for it?
B: I don't know if my legs can make it!

A: 코스 끝까지는 10마일 정도야. 할 수 있겠니?
B: 내 다리가 배겨낼 수 있을지 모르겠네!

I blew it (기회 등을) 망쳤다, 날려버렸다

blow는 「날려버리다」라는 뜻으로 I blew it!하게 되면 뭔가 성공할 수 있는 일을 망치거나 아주 좋은 기회 등을 날려버렸을 경우, 자책을 하면서 내뱉는 말.

Give it a shot 한번 해봐

shot은 총의 발사를 말하는 것으로 「한번 쏴봐라」는 뜻. 여기서 출발하여 상대방에게 한번 시도해볼 것을 권유하는 표현이 된다. 실패하든 성공하든 확실하지 않아도 「최선을 다해보다」라는 의미가 된다. It was a long shot(가능성이 적다), call the shots(명령을 내리다)도 함께 외워둔다.

Tell me about it! 그 얘기 좀 해봐!, 그러게 말야!, 누가 아니래!

글자 그대로 해석하여 그 얘기를 해달라는 의미로도 쓰이지만 상대방의 말에 동의하면서 앞부분에 엑센트를 강하게 주면 「누가 아니래」, 「그러게 말야」(I know just what you mean!, You don't have to explain it to me!)라는 의미가 된다.

Can't beat that 짱이야, 완벽해

(You) Can't beat that은 누구도 that을 능가할 수 없다라는 말로 「최고다」라는 의미가 된다. 반면 일인칭 주어로 I can't beat that하면 I am beaten, I am defeated로 「내가 졌다」, 「내가 못하다」라는 표현이 된다.

Don't mess with me 나 건드리지마, 까불지마, 장난치지마

mess with sb는 「…을 화나게 하다」, 「방해하다」, 「문제를 일으키다」라는 뜻이지만 mess with sth하면 「뭔가 안좋은 일에 연루되다」라는 의미가 된다. 이 mess는 다양한 의미로 미드에서 자주 쓰이는데 정말 이해하기에 messy하다.

I am so busted 딱 걸렸어

bust는 「체포하다」 등의 부정적인 뜻으로 쓰이고 여기서처럼 get[be] busted for하면 뭔가 「잘못된 일을 하다 들켰다」, 「딱 걸렸다」라는 의미. 또한 bust one's chops는 「분투하다」, bust sb's chops하면 「괴롭히다」, 그리고 명사로는 「경찰불시단속」 혹은 「완전한 실패」를 뜻한다.

I'm going with it 난 그것으로 하겠다

go with하면 「어울리다」, 「…와 함께 가다」라는 기본적인 뜻도 있지만 미드에서는 go with it하면 선택의 의미로 「내가 하겠다」(Let me do that), 「난 그것으로 하겠다」라는 표현으로도 쓰이니 조심해야 한다. 또한 Go with it하면 Go with the flow와 같은 말로 「대세에 따르라」, 「자신의 운을 받아들여라」라는 조언.

What do you say? 어때?

상대방에게 제안이나 의향을 물어보는 전형적인 표현. 제안내용을 미리 말하고 나서 What do you say?라고 해도 되고 아니면 같은 문장에 What do you say to+명사[~ing, S+V]?로 말해주면 된다.

Spare me! 집어치워!, 그만둬!

여기서 spare는 뭔가 불쾌하고 언짢은 것을 「피하다」, 「겪지않다」라는 말. Spare me!하면 상대방의 말이 지겹고, 거짓같아 듣고 싶지 않으니 「그만두라」고 하는 표현이다. spare sb the details도 같은 맥락의 문구이다.

You've got it all wrong 잘못 알고 있는거야

이번에는 get sth wrong 구문. 목적어인 사물을 「잘못 이해하다」라는 의미로, 보통 자신의 의도를 상대방이 나쁜 쪽으로 오해할 때 쓸 수 있는 표현이다. 참고로 여기서 wrong은 부사.

I'm not into it 그런 건 안해요

안으로의 이동을 나타내는 전치사 into가 be 동사와 결합한 be into sth은 「…에 열중하다」, 「푹 빠져 있다」는 의미. 즉 뒤에 오는 대상(sth)에 「관심이 많다」, 「열중하다」, 「푹 빠져 있다」는 말인데 여기서 그 부정으로 관심이 없음을 말할 때 사용한다.

It sucks! 밥맛이야!, 젠장할!

suck을 자동사로 쓴 sth+sucks!는 자신이 처한 상황에 화가 나거나 부당하다고 생각될 때 요긴하게 사용할 수 있는 표현으로 「…는 정말 싫다」, 「…때문에 열 받는다」라는 뜻. It stinks 또한 많이 들리는데 이 또한 같은 맥락의 표현이지만 원래 의미인 「악취가 난다」라는 의미로도 쓰인다.

That rings a bell 얼핏 기억이 나네

누가 머릿속에서 딸랑딸랑 벨을 울려주기라도 한 듯, 뭔가가 불현듯 떠오르는 것을 비유적으로 나타낸 표현. 직접 말하기 뭐한 내용을 전달할 때, 상대에게 힌트를 주면서 Does it ring a bell?(뭐 생각나는거 없어?)이라며 재치를 발휘할 때도 쓰이고, 확실하게 설명하긴 어려워도 「감이 와」라고 말할 때 역시 It rings a bell이라는 표현을 쓸 수 있다.

How are you holding up? 어떻게 견디고 있어?

미드를 보다 보면 수없이 들을 수 있는 인사성 표현. 하지만 단순한 안부를 묻는게 아니라 상대방이 어려움을 겪고 있거나 겪었던 사람에게 그 어려움을 어떻게 버티고 있는지 물어보는 문장이다.

You got me 난 모르겠는데, 내가 졌어

기본적으로 「모르겠다」(I don't know), 「내가 졌다」(You beat me or I lose)라는 뜻으로 쓰이는 경우이다. 반면 You got me there는 마찬가지로 「모르겠어」라는 의미와, 「네 말이 맞아」(You're right)라는 의미를 갖는다. 하지만 You got me sth의 일반적인 문장과 헷갈리면 안된다.

Show me what you got 네 실력을 보여봐

그냥 글자 그대로 「네가 가지고 있는 것을 보여달라」고 할 때 쓰는 표현. 비유적으로 상황에 따라 싸움질 직전 혹은 격려용 문장으로 네가 가진 것, 즉 「네 실력을 보여줘봐」라고 하는 문장이다.

CHECK IT OUT!

A: The prices in this store are sure expensive.
B: Tell me about it. I don't want to buy anything here.

A: 이 가게는 너무 비싸.
B: 내 말이 그 말이야. 여기선 아무것도 안 살래.

What's there to know? 뻔한거 아냐?

뭘 아냐고 물어보는 문장이 아니다. 당연한 이야기를 물어보는 사람에게 핀잔을 줄 때 사용하는 반어적인 의문문으로 「거 물어볼게 뭐 있냐?」라는 뉘앙스로 「뻔한거 아냐?」라고 반문하는 표현이다. there은 써도 되고 안써도 된다.

You go back out there 다시 뛰어야지, 다시 그곳으로 돌아가다

직장에서 학교에서 그리고 연애계(?)에서 열심히 뛰다보면 지치고 피곤해서 이것저것 다 그만두고 싶을 때가 있다. You go back out there는 이렇게 치열한 경쟁에 지쳐 힘들어 하는 사람들에게 「다시 돌아가서 열심히 뛰라」고 격려하는 말.

Let's move on 다음으로 넘어가자, 다른 곳으로 가자

move on 또한 미드에서 무척 자주 들리는 표현. 그냥 단순히 「다음 단계로 넘어가자」고 할 때도 있고 문맥과 상황에 따라 힘든 상황이나 경험은 「잊어버리고 다시 시작하자」는 의미이다. 넘어가는 단계까지 말하려면 move on to로 하면 된다.

He didn't make it 해내지 못했다, 살아나지 못했어

make it은 많은 의미로 쓰이는 문구. 「성공하다」, 「제 시간에 도착하다」는 이미 앞서 나왔었다. 여기서는 미드에서 범죄현장이나 병원에서 많이 사용하는 표현으로 He didn't make it하면 해내지 못했다, 즉 「죽었다」라는 말이 된다.

I never wanted to put you through this 네가 이걸 겪게 할 생각없었어

put sb through 또한 참 미드에서 많이 쓰이는 표현이다. 기본적으로 「전화로 연결시켜주다」, 「학교다니는데 돈을 대다」라는 뜻이 있지만 미드에서는 좀 「힘들고 어려운 일을 겪게 하다」(make sb experience some trouble)라는 뜻으로 자주 볼 수 있다.

You screwed me! 날 속였군!

미드영어를 말하면서 screw를 빼먹을 순 없지요…. 「성관계하다」부터 screw up하면 「망치다」, 그리고 screw (over)하면 「속이다」(do a number on sb)라는 뜻이 돼, I got screwed하면 「망신당하다」라는 의미가 된다.

You heard me 명심해, 내가 말했잖아

대개는 윗사람이 아랫사람에게 화내거나 타이를 때 완고하고 강압적 분위기에서 하는 말로, 「내가 말했지, 명심해」 정도의 의미. You heard+사람[직책/대명사]이 와서 「명령이므로 입다물고 말 들어라」라는 얘기가 된다.

You gotta get back in the game 다시 뛰어야지, 다시 한번 싸워야지

앞서 나온 You go back out there와 같은 의미로 정말 문자 그대로 게임에 다시 나가야 된다고 할 수도 있지만 비유적으로 상처받은 사람, 어려움을 겪은 사람, 실연당한 사람에게 「다시 일어나 활동을 해야 된다」고 충고하는 표현이다.

Consider it done 걱정마, 그렇게 할게, 문제없어

상대방이 뭔가 부탁하거나 지시를 할 때의 답변으로 「문제없다」(No problem), 「그렇게 처리할게」라는 의미의 미드냄새 팍팍 풍기는 표현. 이는 답변으로 상대에게 질문할 때는 쓰지 못하며 상대방의 부탁 등에 대한 답변으로만 쓰인다.

We're going in 우리가 맡을게

여러 사람이 모인 자리에서는 사람들 눈치를 보느라 말을 꺼내기도 어떤 행동을 취하기도 쉽지가 않다. 이런 상태에서「누가 먼저 (이야기 혹은 행동) 할래」(Who's gonna take the first shot?; Who is going to speak first?)라는 질문에 선뜻「하겠다」고 나설 때 사용하는 표현. 물론 물리적으로 그냥 들어가겠다는 뜻도 된다.

How do you do that? 어쩜 그렇게 잘하니?, 어떻게 해낸거야?

생각지도 못했던 놀라운 능력을 보이는 사람에게「어떻게 그렇게 잘할 수 있는거야?」,「어떻게 그것을 해낸거야?」라고 말하는 놀람과 감탄의 표현.

Nice try (목적은 실패했지만) 잘했어, 가상하다, 넘어갈 뻔 했네

잘했다가 아니라 시도만 좋았다라는 말. 상황에 따라 열심히 했지만 목적달성을 못한 상대방을 위로할 때 혹은 잘하긴 했지만「내 상대는 안돼」,「내가 안 속아넘어가」등 비아냥거릴 때도 사용된다.

Blow me! 제기랄!, 빌어먹을!

Blow me에서 blow는 blow job의 blow로 blow job의 명령형이자 상당히 상스러운 욕으로 쓰이는 표현이다. 또한 Up yours 또한 Go to hell!, Fuck you!에 해당되는, 역시 차마 입에 담을 수 없는, 그러나 살다보면 쓰지 않을 수 없는 욕지거리이다.

You're excused 그러세요, 괜찮다, 그만 나가 보거라(꾸지람)

앞서 나온 excuse oneself나 May I be excused가 자리를 잠시 비울 때 사용하는 것인 반면 You're excused는 그에 대한 대답으로「가도 좋다」, 혹은「일이 다 끝났으니 가셔도 된다」라는 뜻이다. 또한「상대를 꾸짖고 나서 그만 나가봐」라 할 때는 이 표현을 쓰면 제격이다.

Let it go 그냥 잊어버려, 그냥 놔둬

사소한 일로 고민 삼매경인 상대에게 빨리 잊으라고 하는 충고. Let it go 자체에 It's not a big deal(별거 아니야)이 함축되어 있다고 보면 이해가 더 쉬울 것이다. 한편 let it go를 이용하여 I'll let it go, You'll let it go, He couldn't let it go 등 다양한 문장을 만들 수 있다는 점도 알아둔다.

I have company 일행이 있어

일상회화에서 company는「회사」라는 뜻보다는「동료」,「친구」,「일행」이란 의미로 더 많이 쓰인다. keep sb company, have[expect] company, enjoy sb's company 등이 대표적인 경우이다.

CHECK IT OUT!

A: Why are you bringing it up again?

B: I'm trying to move on, live with it somehow.

A: 왜 그 얘기는 다시 꺼내는거야?

B: 잊으려고 했는데, 어쨌거나 계속 생각하고 있는 셈이지.

I don't feel up to it 내 능력으론 안돼

feel up to는 to 이하를 하기에 충분한 능력이 되고 준비가 잘 되어있다라는 말로, I don't feel up to it하면「내 능력 밖이거나 그럴 기분이 아니다」라고 거절하는 표현이다. to 다음에 명사나 ~ing를 쓰면 된다.

Don't give me that! 그런 말 마!, 정말 시치미떼기야!

직역하면「그걸 내게 주지 말라!」라는 뜻으로 상대방이 말도 안되는 이야기, 상식 밖의 이야기, 얼토당토않는 변명을 늘어놓을 때 따끔하게 하는 충고.「그런 말도 안되는 소리는 하지마」라는게 이 표현의 핵심이다.

Cut me some slack 좀 봐줘요, 여유를 좀 줘, 너무 몰아세우지마

명사일 때 slack은 뭔가「느슨하게 풀어진 상태」,「여유로움」을 뜻한다. 따라서 cut me some slack은 나에게도 느슨함을 좀 나눠줘라, 즉 너무 빡빡하게 굴지 말고「여유를 좀 달라」라는 말. 앞에서 나온 Go easy on me와 비슷한 표현이다.

That figures 그럴 줄 알았어, 그럼 그렇지

figure는「사리에 합당하다」,「당연한 것으로 여겨지다」라는 뜻으로, 사전에 충분히 예상할 수 있었던 그래서 전혀 놀랍지 않은 일이 벌어졌을 때 사용하는 표현. 따라서 문맥에 따라서는 비아냥거릴 때도 자주 사용된다.

You lost me 못 알아듣겠는데

대화를 하다가 상대방이 갑자기 난이도(?) 높은 이야기를 꺼내거나 납득하기 어려운 이야기를 한 경우에「(지금까진 계속 당신 말을 이해했는데) 방금 한 말은 무슨 말인지 모르겠다」, 그러니「다시 말해달라」는 뜻으로 쓰는 표현.

I screwed up! 완전히 망했네!

screw up은 ruin, spoil, mess up 등과 같은 맥락의 표현으로「(일 등을) 망치다」라는 뜻. 한편, 명사 screwup은「실수」, 혹은「실수를 연발하는 사람」, 즉 idiot 정도의 의미를 나타내는 말이라는 것도 참고로 알아두자.

Beats me 잘 모르겠는데, 내가 어떻게 알아?

앞서 이야기한 내용을 가리키는 대명사 It이 생략된 형태로, (It) Beats me는 어떤 말이 전혀 이해가 안 되거나 상대방의 질문에 대한 답을 모를 때,「내가 그걸 어떻게 알겠냐」는 의미로 사용되는 구어체 표현.

Don't let it happen again 다신 그러지 마

땡땡이치다 들켰을 때, 술 마시고 늦게 귀가했을 때 엄마나 아내에게「다신 안 그럴게, 한번만 봐줘요」(I won't do it again, I promise!)라고 두 손 싹싹빌며 용서를 구할 때 쓸 수 있는 표현. 문두에 I swear(맹세할게)를 덧붙이면 의미를 더욱 강조할 수 있다.

I am bummed out 실망이야

be bummed out은「실망하다」,「낙담하다」라는 뜻으로 out은 생략되기도 한다. 또한 실망한 이유는 ~ about that 등과 같이 붙여주면 된다.

Don't go there 그 얘기하지마

오역하기 쉬운 표현. 거기에 가지 말라는 뜻이기는 하지만 미드에서는 가끔 대화 중에 상대방이 자신이 얘기하고 싶지 않은 토픽을 꺼내려 할 때 그 얘기하지 말라고 말을 끊거나 짜증내면서 던질 때 사용된다. 꽤 많이 쓰이는 슬랭이나, 점점 사용빈도수는 줄어드는 추세이다.

Cut the crap 바보 같은 소리마, 쓸데없는 이야기 좀 그만둬

별로 중요하지도 않고 거짓말 같은 소리를 해대는 상대방에게 「그만 좀 해라」라고 면박을 주는 표현이다. crap이란 단어로 짐작이 가겠지만 매우 무례한 표현이다. 이보다는 좀 점잖게 하려면 Come off it!이라고 하면 된다.

How do you like that? 저것 좀 봐, 황당하지 않냐?, 어때?

뜻밖의 상황이 발생했을 때(someone does something unexpected or something unexpected happens) 「황당하지 않냐?」, 「이상하지 않냐?」고 놀라면서 하는 말. 또한 뭔가 보여주면서 「맘에 드느냐」고 혹은 처벌해놓고「(매) 맛이 어떠냐」고 물을 때도 사용된다.

That's not how it works 그렇게는 안돼, 그렇게 하는게 아니야

방법이 틀렸음을 지적해 주는 표현으로 That's not how we do things here(여기서는 그렇게 하는게 아냐)라는 표현도 비슷한 의미로 많이 쓰인다. how를 the way로 대체할 수도 있다.

I'm calling the shots 내가 결정할래

직장생활 해본 사람들은 사장의 한마디가 얼마나 막강한 힘을 갖는지 알 것이다. 이 표현은 사장이나 상사 등이 「내가 결정하겠다」, 「내가 시키는대로 해라」라는 의미.

That's not my thing 난 그런 건 질색이야

That's my thing은 내가 잘하는거, 즉 「내 전공이야」라는 말이고 반대로 That's not my thing은 「난 그런 것은 질색이야」, 「내가 잘하는게 아냐」라고 손사레를 치는 표현이다. That 대신에 It 혹은 다른 명사가 와도 된다.

or words to that effect 뭐 그 비슷한 말이었어

상대방과 예전에 했던 말을 상기시켜주거나 어디서 전해들은 말을 전달할 때 100% 확실하지는 않지만 「뭐 그와 같은 비슷한 말」이었어라고 하는 표현. 조금 틀릴 수도 있다는 여지를 남겨두는 문장이다.

A: I'm sure that he is the smartest employee that we have.
B: You lost me there. Why do you think that he is smart?

A: 그 사람이 우리 중에서 제일 똑똑한 직원이라고 믿어요.
B: 그 부분을 이해못하겠어요. 왜 그 사람이 똑똑하다고 생각하죠?

I've got to hand it to you! 너 정말 대단하구나!, 나 너한테 두손 들었다!

상대방이 자기보다 더 잘했다고, 더 낫다고 인정하는 표현. 역시 문맥에 따라 칭찬을 할 수도 있으나 비꼴 때 쓰이기도 한다는 점을 유념한다.

What would you say? 어떻게 할거야?, 넌 뭐라고 할래?

would가 쓰인 가정법 문장으로 어떤 일이 발생했을 때「넌 뭐라고 말하겠니?」라는 의미. 제한된 조건에서 상대방 의견을 물어보는 표현으로 이런 상황이라면「넌 어떻게 생각하겠느냐」라는 것이다.「…한다면」의 조건은 if+과거동사 등으로 나타낸다.

I'll see what I can do 어떻게든 해보다

직역해보면 내가 할 수 있는 것을 알아보겠다라는 말. 상대방이 어려운 부탁을 했을때 대답하는 문장으로 미드에서 자주 볼 수 있는 표현으로 의역하면「내가 한번 알아보겠다」,「내가 어떻게든 해보겠다」라는 의미를 갖는다.

Suck it up 참아라

suck은 원래의 의미 외에도 다른 뜻으로도 많이 쓰인다. suck it up은「싫어도 어쩔 수 없이 불쾌한 상황을 참다」라는 의미. 그리고 suck up to는「아부하다」라는 표현.

The hell with that! 알게 뭐람!, 맘대로 해!, 말도 안돼!

the hell with sth은 난 누가 뭐라고 하든 개의치 않고 내 하고 싶은대로 하겠다는 다소 안하무인적 표현이다.「맘대로 해라」,「알게 뭐냐」,「난 내 할 일 하겠다」는 의미로 with 이하에 거부감있는 대상을 넣으면 된다.

It all adds up 계산이 맞다, 앞뒤가 들어 맞아

add up은 원래「계산이 맞다」라는 뜻인데,「이치에 맞다」,「논리적이다」라는 비유적인 의미로도 사용된다. 그래서 어떤 일이 앞뒤 논리가 딱 맞아 떨어질 경우에 It adds up이라고 하면 된다. 이해가 잘 안되는 상황에서 그걸 듣고 보니 이해가 된 다라는 That explains it도 비슷한 표현.

I can't get over it 정말 놀라웠어요, 놀랍군

get over sth은 뭔가「극복하거나」, get over sb는「…을 잊다」라는 의미. 그래서 can't get over sth 혹은 can't get over sb ~ing하게 되면 너무 놀라서 극복할 수 없다, 즉「정말 놀라다」라는 의미가 된다. 또한 Get over it의 형태로「그만 걱정, 불평하라」고 할 때 사용하면 된다.

He went overboard 걔가 좀 너무했어

go overboard는 너무 극단으로 가다, 특히 너무 열정적으로 혹은 화가 나서 선을 넘어「너무 무리하게 뭔가를 하다 혹은 말하다」라는 뜻이 된다. go too far와 같은 맥락의 표현이다.

Would you believe it? 그게 정말이냐?, 믿겨져?

「그게 정말이야?」라고 상대방에게 사실 확인을 하거나 혹은 놀라움을 표시하는 표현. 또한 Would you believe!는「그걸 믿으라고」,「그걸 말이라고 해!」에 해당하는 것으로 말도 안된다거나 혹은 역시 놀라움을 뜻하는 표현이다.

Been there done that (전에도 해본 것이어서) 뻔할 뻔자지

have been there는 상대방이 겪은 좋지 않은 경험에 대해서 「나도 그런 적이 있다」(I have had the same experience)며 상대의 처지에 대한 동감(sympathy)을 표할 때 흔히 쓰는 표현이다. 여기서 발전한 것이 Been there, done that으로 「전에도 해봐서 뻔하다」라는 의미.

I'd better get a move on 빨리 서둘러야겠어

뭔가 「시작하거나 서두르다」(hurry up)라는 의미. get started나 get going과 같은 말. 명령문으로 Get a move on!하면 상대방에게 「일을 빨리 서두르라」고 재촉하는 표현이 된다.

I'm on it 내가 할게, 내가 하고 있어

미드족이라면 참 많이 듣는 표현. 거의"온잇"이라고 들릴 때가 많을 것이다. 의미는 내가 맡아서 한다라는 의미이지만 문맥과 상황에 따라 「내가 할게」, 「내가 하고 있어」처럼 앞으로 하겠다 혹은 지금 하고 있다라는 뜻을 갖는다.

Deep down 사실은 말야

마음 속 저 깊은 곳에 도사리고 있는 진솔한 감정을 털어놓거나, 표면적인 진실 밑바닥에 숨어있는 정보를 언급하면서 사용하는 표현. deep inside라고 해도 같은 의미이며, 뒤에 언급하는 사실에 대해 「평소 미처 깨닫지 못하고 있었다거나 인정하고 싶진 않지만」이라는 뉘앙스를 전달한다.

I get that a lot 그런 얘기 많이 들어

보고 나니 참 간단한 표현이지만 「그런 얘기 많이 들어」를 영어로 말하려면 결코 쉽지 않을 것이다. 미드는 정말 어려운 단어나 문장도 나오지만 교과서나 참고서에서는 배울 수 없는 이런 쉬운 그러나 결코 쉽지 않은 편한 표현들을 많이 접할 수 있는 황금같은 공간이다.

What do you see in him? 걔가 뭐가 좋아?, 어디가 좋은거야?

이성의 어떤 면이 맘에 들었냐고 단순하게 물어보거나 기대치에 못해서 답답한 맘에 짜증내며 하는 문장이다. 문제는 항상 문맥과 상황에 따라 그 뉘앙스를 파악해야 한다.

Don't let it bother you! 너무 신경쓰지마!

bother는 「성가시게 하다」, 「괴롭히다」란 뜻. 따라서 Don't let it bother you하게 되면 「그것이 너를 괴롭히게 하지 말아라」, 즉 「그 일로 더이상 괴로워하지마라」, 「더 이상 신경쓰지마라」는 의미가 된다. 직장동료가 상사때문에 죽겠다고 할 때 Don't let him bother you라고 쓸 수 있다.

CHECK IT OUT!

A: I do not hate him!

B: Of course you do! I helped him! You're mad at me! It all adds up!

A: 난 걜 싫어하지 않아!

B: 틀림없이 싫어해! 내가 걜 도와줘서 나한테 화가 났잖아. 앞뒤가 딱 들어 맞네!

Better left unsaid 말 안하는게 좋겠어, 입다물고 있는 게 도움이 될 때가 있어

입다물고 있으면 중간이라도 갈텐데 괜히 말을 꺼냈다가 긁어 부스럼 만드는 상황에 적합한 표현. 맨 앞에는 It is, That is, The details are, Somethings are 정도가 생략되어 있다고 보면 된다.

Now there you have me 그건 정확한 지적이다, 내가 졌다, 모르겠다

상대방의 정확하고 날카로운 지적에 대해,「그래, 내가 그 부분은 솔직히 인정하마」 정도의 뉘앙스를 담고 있는 표현으로 특히, 내기나 경쟁에서 패배를 인정할 경우에는 「내가 졌다」, 그리고 적절한 답을 찾지 못한 경우에는「모르겠다」의 의미로 자주 사용된다.

He's not all there 걘 정신나갔나봐

be not all there는 평소에 다르게 행동하는 사람을 묘사할 때 사용하는 표현으로 「맛이 가다」, 「정신이 나가다」라는 의미. be not oneself 또한 자기 자신이 아니다, 즉 평소의 자신과 다르게 행동하는 정신나간 경우를 말한다.

I can live with that 괜찮아, 참을 만해, 견딜 수 있어

여기서 live with는 「참고 견디다」(be patient with)라는 의미로 상대방이 제시한 조건이나 상황(that)에 대해「그 정도면 받아들일 수 있겠다」고 수용하는 표현. I'm cool with that, It's okay with me와 같다고 생각하면 쉽다.

I don't see that happening 그렇게는 안될걸

not see+that[목적어]+동사의 ~ing 형태로 「that이 일어나는 것을 못본다」라는 말. 결국 그런 일은 일어나지 않을 것이다, 즉 그럴 일은 없을 것이다라는 표현이다. 너무 어렵게 접근하지 말고 쉽게쉽게 생각해야 한다.

Say no more 더 말 안해도 돼, 알았어 무슨 말인지

상대방 말의 진의를 알았으니 더 말 안해도 된다고 말짜르는 표현. 상황에 따라 긍정으로 「알았어」, 「물론이지」, 혹은 부정의 의미로 「알아들었으니 그만해」, 즉 무슨 말인지 알았으니 그만하라고 짜증내는 문장이 될 수도 있다.

I want my team back 내 팀을 돌려줘

돌려달라는 단어를 떠올리면 return가 제일 먼저 생각나는게 우리의 현실. 하지만 미드영어 등 실용영어에서는 want sb[sth] back을 쓰고 이렇게 해서 돌려받는 것은 get sth back이라고 한다.

You do that 그렇게 해

역시 아주 간단한 단어로 간단한 문장을 만드는 경우. You do that은 「그렇게 해라」, 「네가 해라」라는 뜻으로 상황에 따라 지시, 허가, 상관없음을 의미할 수 있다.

She is not marriage material 그 여자는 결혼상대는 아냐

material이 독해에서는 재료나 자료 정도로 알고 있으면 되었지만 현지영어에서는 어떤 상황이나 어떤 재목감으로 적당한 사람을 뜻하는 단어로 많이 쓰인다. 그래서 marriage material하면 「결혼감」, girlfriend material하면 「애인감」이 된다.

Look who's talking 사돈 남말하네

똥 묻은 개가 겨 묻은 개 나무라는 경우처럼 자기도 결점투성이인 주제에 남의 단점을 들춰내며 왈가왈부하는 사람들에게 던질 수 있는 말이다. 비슷한 표현으로 You're one to talk이란 문장도 있다.

What's got into you? 뭣 때문에 이러는거야?

get into sb는 「…가 이상한 행동을 하게 하다」(make someone act strangely)라는 뜻으로, What's got into you?는 평소와 달리 이상하게 구는 사람에게 「뭣 때문에 이러는거냐?」고 그 이유 또는 원인을 다그치는 말.

Let's have it 어서 말해봐, 내게 줘

글자 그대로 내가 가져보자라는 말로 「내게 줘」(give it to me)라는 일차적 의미를 갖으며 이차적으로는 tell me something, 즉 「어서 말해봐」라는 비유적 의미로 쓰인다.

That's your call 네가 결정할 문제야, 네 뜻에 따를게

네가 콜하는 것이다, 즉 「네가 결정한 문제다」, 한발 더 나아가 그렇기 때문에 나나 「우리는 네 뜻에 따르겠다」라는 의미이다. It's your call이라고도 많이 쓰인다. 또한 유명한 It's up to you가 있는데 이는 「…가 책임질 일이다」(be the responsibility of)라는 의미.

That's more like it 그게 더 낫네

여기서 like는 '…같은,' '…다운'이라는 의미로 That's more like it하게 되면 그게 더 좋은 방법처럼 보인다라는 뜻. 결국 이러니 「훨씬 낫다」, 「더 좋다」라는 표현이 된다. 상대방의 답변이 더 좋아졌을 경우 혹은 상대방의 제안이나 시도를 듣고서 되받을 때 쓴다.

I may be way out on a limb here 이게 맞는 말인지 모르겠지만

out on a limb은 숙어로 다른 사람의 도움이나 동조없이라는 말로 지금 내가 하는 말을 정중하게 포장하여 상대로부터의 공격이나 오해를 선제적으로 방어하는 표현이다. 「나만 이렇게 생각하는 것인지는 모르겠지만」, 「내가 잘못 생각하는 것인지는 몰라도」라는 의미이다. 여기서 limb은 나뭇가지를 뜻한다.

He got worked up 걔 열 받았어, 걔 대단했어

동사 work의 다양한 용례를 새삼 실감하게 하는 표현. It works(효과가 있다), work out(문제 등이 해결되다) 외에 work sb up하면 「…의 감정을 고조시키다」(excite sb's feelings), 특히 get worked up하면 get excited(흥분하다, 푹 빠지다)의 뜻이 된다. 문맥에 따라 긍정, 부정적 의미를 다 가질 수 있다

CHECK IT OUT!

A: If you clean the living room, I'll clean the bedrooms.
B: Sure, I can live with that.

A: 네가 거실을 청소하면 내가 방 청소를 할게.
B: 좋아, 그렇다면 좋아.

I was somewhere else 잠시 딴 생각했어, 다른 곳에 있었어

물리적으로 다른 곳에 있었다고 말하거나 비유적으로 상대방과 얘기하다가 잠시 딴 생각을 했다고 말하는 표현. 또한 Where was I?나 Where were we?는 자기가 얘기하다 다른 일로 화제가 바뀐 후 다시 예전 화제로 돌아올 때 「내가 무슨 얘길 했더라?」 혹은 수업시간에 「지난 시간에 어디까지 했지?」라는 의미가 된다.

It's not what you think 그건 네 생각과 달라, 속단하지 마라

상대방이 잘못 오해하고 있거나 그럴 여지가 많은 경우 이를 정정해주기 위해서 하는 말. 그건 단지 너의 생각일 뿐 실제는 그렇지 않다는 의미.

That can't happen 말도 안돼, 그렇지 않아

happen은 역시 많은 미드표현을 만들어내는 핵심어. That can't happen은 That's impossible이란 말로「말도 안돼」, 「그렇지 않아」라는 부정적인 의견을 나타내는 표현이다.

I was way off (base) 내가 완전히 잘못 짚었네, 내 생각[행동]이 틀렸네

off base는 한마디로 wrong이란 숙어로 주어의 생각이나 말 또는 행동이 틀렸다는 것을 말할 때 사용한다. 특히 앞에 강조부사 be way off base란 형태로 많이 쓰인다. 참고로 be way off sth가 되면 「…로부터 많이 다른」, 「틀린」이라는 표현.

What do you know? 놀랍군!, 네가 뭘 안다고!

몰랐던 사실에 대해 「정말 대단해」라고 놀라움과 감탄을 나타내기도 하지만 경우에 따라서는 문자 그대로 「네가 아는 게 뭐가 있냐」, 「살다 보니 별일이 다 있네」라는 비아냥거리는 의미를 갖기도 한다.

Says who? 누가 그래?, 누가 어쨌다구?

별로 유쾌하지 못한 소식을 접했을 때 혹은 놀란 소식을 듣고 「누가 그렇게 말했냐」, 「그럴 리가 있냐」, 「정말이야」라고 되묻는 표현. 그런가 하면 신경거슬리는 말을 듣고 「그 말이 누구 들으라고 한 말이냐」고 따질 때도 유용하게 사용된다. Says you?라고 해도 된다.

We'll see about that 두고 봐야지

직역하면 그거에 대해 두고 보자, 즉 그게 어떻게 되는지 두고보겠다라는 말로 문맥에 따라 단순히 「두고봐야지」라고 쓰일 때도 있고 아니면 의미가 발전하여 「그렇게 되도록 두고 보지는 않을게다」라는 표현으로도 쓴다. 두고 보기는 하지만 방해나 경쟁을 한다는 의미에서 다소 부정적인 의미다.

Don't try to pin it on me! 나한테 뒤집어 씌우지마!

pin sth on sb는 「…에게 …에 대한 책임 혹은 죄를 뒤집어 씌우다」(to place the blame for something on someone)라는 뜻으로 특히 범죄미드에서 많이 등장하는 표현이다. 참고로 pin은 동사로 핀으로 고정시키듯이 사람을 꼼짝 못하게 한다는 뜻으로도 사용된다.

You'll never get away with it 넌 그걸 피할 수 없어

get away with는 with 이하의 나쁜 일을 하고도 잡히지 않고 도망갈(get away) 수 있다는 숙어. 따라서 부정문으로 된 이 표현은 「나쁜 일을 하면 반드시 벌을 받게 될 거다」라는 의미. get away with murder 또한 살인을 저지르고도 벌을 받지 않다라는 것으로 비유적으로 「나쁜 짓하고도 벌받지 않다」라는 의미로 쓰인다.

Now you're talking! 그래 바로 그거야!, 그렇지!

「이제야 말이 통하는군!」, 상대방이 내가 말하고자 했던 바를 그대로 이해하고 원하던 반응을 보일 때 「그래, 바로 그거야」, 「이제야 말이 통하는군」하며 만족감을 나타내는 표현. "드뎌 말을 하는구나"라고 해석하지 말 것.

I wish I was dead (잘못을 저지르고 미안해서) 죽었으면 좋겠어, 이제 죽었다

우리도 뭔가 잘못하고 큰 실수를 하고 혼날 생각에 "아이고 죽었으면 좋겠다"라고하듯 미드에서도 같은 의미로 쓰이는 표현이 바로 I wish I was dead이다. 미안함과 괴로움, 그리고 도망가고 싶은 맘이 복합적으로 섞인 문장.

for what it's worth 그렇다 치고, 모르긴 해도

자기가 하는 말이 자신이 없거나 확실하지 않을 때 하지만 말할 가치가 있다고 생각될 때 자기 의견을 말하기 앞서 먼저 꺼내는 표현. 「모르긴 해도」, 「어쨌든」 정도에 해당하는 의미이다.

Here's the thing 내 말인 즉은, 그게 말야, 문제는 이거야

앞에서 얘기한 내용에 대한 이유를 대거나 지금 말하려고 하는게 핵심사항이다라고 하며 분위기를 잡으면 상대방의 귀를 쫑긋하게 만드는 표현이다.

I could live without it 없어도 돼, 필요없어

그것이 없더라도 난 살 수 있는데라는 뜻으로 쉽게 말하자면 없어도 사는데 지장없고 괜찮은데라는 의미가 된다. 그래서 「없어도 돼」, 「난 필요없어」라는 뜻으로도 쓰인다. 크게 보면 「괜찮다」라는 의미의 I can live with that과 같은 맥락으로 볼 수 있다.

~ or what? 그게 아니면 뭐야?, 그렇지 않아?, 그런거 아냐?

자기가 하는 말에 대해 상대방에게 「그게 아님 뭐냐」고 강력한 동의를 구하는 것으로 "Don't you agree?"라는 의미. 또한 단순히 자기도 정확히 모르지만 「혹은 어떤 다른 이유」(or some other reason that is not stated)라는 뜻으로 쓰인다.

A: You'd look better if you bought some new clothes.
B: That's what you think. These old clothes are just fine.

A: 새 옷 좀 사서 입으면 더 좋아보이겠다.
B: 그건 네 생각이구. 여기 옛날 옷도 괜찮아.

I'm probably out of line here 이렇게 말해도 좋을지 모르겠지만

말하는 사람 자신도 백퍼센트 장담할 수 없는 문제, 그것도 상대방의 심기를 건드릴 수도 있는 민감한 그런 문제를 아주 조심스럽게 꺼낼 때 말문을 여는 표현. 이런 말을 미리 꺼냄으로써 오해나 싸움을 미연에 방지할 수 있다.

It's really getting to me 진짜 짜증나게 하네

아무리 만능동사라지만 get의 쓰임새는 알면 알 수록 놀라면서도 동시에 또 짜증도 나는게 사실이다. get sb의 형태로 짜증나게 하는 표현도 있지만 get to sb 형태로도 「…을 화나게 하다」라는 뜻으로 쓰인다는 점을 알아둔다. 별 수 있남. 나올 때마다 이해하면서 암기해야쥐~.

Run it[that] by (me) again 다시 한번 설명해줘

run sth by sb는 "…한테 ~에 대한 의견(opinion)"을 물어보거나, "허락(permission)을 구하기" 위해 「말하다」, 「설명하다」라는 뜻. 참고로 Run it by me again은 이해할 수 있도록 「다시 한번 말해[설명해]달라」는 관용 표현.

Stick with it 포기하지마, 계속해

stick with sb하면 "…가 보호해줄테니 가까이 붙어있으라"는 말이고 stick with sth하게 되면 바꾸거나 떠나거나 포기하지 말고 sth을 계속하다라는 뜻이다. 특히 Stick with it!은 관용표현으로 「포기하지마」, 「하던 일을 계속해」라는 의미.

You never know 그야 모르잖아, 그야 알 수없지

「앞으로 무슨 일이 일어날지 누가 알겠느냐」는 의미. 문맥에 따라 지금 상황이 좋지 않더라도 미래 일은 어떻게 달라질지 아무도 모르기 때문에 희망이 있다, 즉 그럴 것 같지는 않지만 가능성은 있다는 의미를 담고 있는 표현이다.

I want to have a fling 번개 좀 해야겠어

fling은 애시당초 진지하게 사귀지 않은 두 사람이 스트레스나 그냥 단순히 육체적인 성적욕구를 풀기 위해 몇 차례 맺는 성관계를 말한다. 따라서 one night stand보다는 횟수가 많지만 그렇다고 affair라고 할 정도는 아닌 경우를 말한다.

Where did that come from? 왜 그런 말을 하는거야?

이유를 물어보는 표현. why 대신에 How come~, What makes you~ 등이 있다고 했는데 이번에는 Where이 Why처럼 쓰인 경우이다. come from이 왔으니 무조건 출처나 고향을 묻는다고 생각하면 미드그만!! 상대방의 말을 이해 못해 「왜 그런 말을 하는거야?」라고 물어보는 표현이 된다.

You see that? 봤지?, 내 말이 맞지?

Do나 Did가 앞에서 생략된 문장으로 봐야 한다. 자기 말이나 주장이 맞았을 때 스스로 감탄하며 상대방에 으쓱하며 할 수 있는 말로 「봤지?」, 「내 말 맞지?」라는 의미. See, I told you와 같은 맥락의 표현이다.

He's going out with Jane 걘 제인하고 사귀는 중이야

go out (with)는 외출하다, 나가다라는 일차적 의미로도 많이 쓰이며 비유적으로는 남녀가 같이 시간을 많이 보내면서 사귀거나 데이트하는 것을 말하는 표현으로 이때는 진행형으로 쓰일 때가 많다. with는 꼭 있어야 되는 것은 아니라 대상을 말할 때만 쓴다.

How did it happen? 이게 어떻게 된거야?

어떤 일이 벌어진 연유와 과정을 물어보는 표현이며 종종 How'd it happen?으로 축약되어 발음된다. 또한 What happened?는 이해할 수 없는 일이 벌어지는 상황에서 어떤 일로 해서 이런 상황이 되었는지를 물어보는 표현.

We're having second thoughts about it 다시 생각해보고 있어

이미 자신이 내린 결정에 "자신이 없을 때 다시 한번 생각해봐야겠다"고 내린 결정을 유보할 때 사용하면 된다. thoughts가 복수임에 주의한다. 또한 on second thoughts는 금방 말한 내용을 반대로 번복할 때 서두에 꺼내는 표현이다.

What are you up to? 뭐해?, 무슨 수작이야?

be up to는 「어떤 일을 하고 있다」, 혹은 「꾸미다」라는 의미. 따라서 What are you up to?하면 단순히 「지금 뭐하냐?」는 의미도 되고 문맥에 따라서 상대방이 어떤 나쁜 일을 꾀하고 있을 거라는 판단 하에 「무슨 짓을 꾸미는거냐?」는 뜻도 된다. What have you been up to?는 근황을 묻는 말.

I am working on it 지금 하고 있어

여기서 work on은 어떤 일을 「열심히 하다」(make an effort to do something)라는 의미. on 다음에는 사람이 오기도 하는데, 그 경우 의사가 환자를 「치료하거나」 상대를 「설득하다」라는 뜻이 된다. be working on은 음료나 음식을 「먹고 있는 중」이라고 할 때도 자주 사용된다.

What do you think you're doing? 무슨 짓야, 너 정신 나갔냐?

어처구니없고 말도 안되는 일을 하는 상대방에게 혼을 내는 말. 직역하면 「넌 지금 네가 무엇을 하고 있다고 생각하느냐?」, 의역하면 「너 제정신이야?」, 「너 이게 무슨 짓이야?」라는 표현이다. Who do you think you are?하면 「네가 도대체 뭔데 그래?」라는 의미.

Cut it out! 그만둬!, 닥쳐!

상대의 언행이 너무 지나쳐서 신경을 거스를 때 「그만해!」란 의미로 하는 말. 잔뜩 긁는 인상과 짜증나는 어투는 이 표현 사용시 필수사항.

A: I'm thinking of quitting my job.

B: Stick with it. It's hard to get a good job these days.

A: 일 그만둘까봐

B: 포기하지마. 요즘같은 땐 좋은 직장 잡기가 힘들다구.

Can you believe this is already happening? 벌써 이렇게 됐나?

역시 happen을 이용해서 만드는 미드문장. 주말이 어제였던 것 같은데 다시 벌써 새로운 금요일이 오는 것처럼 특히 세월의 빠름에 놀라면서 얘기할 때 사용하는 표현이다. 「언제 벌써 이렇게 되었지?」라는 뜻으로 시간의 흐름, 아이들의 빠른 성장 등 을 말할 때 긴요하다.

You did a good job! 아주 잘했어!

상대방이 일을 잘했다고 칭찬할 때 쓰는 표현. good 대신에 nice을 쓰기도 하고 그냥 간단히 Good job!이라고 해도 된다. 잘한 일까지 말하려면 You did a good job with[~ing]라고 하면 된다. 강조하려면 good 대신 great, super, excellent 등을 쓰면 된다.

That's the stuff 바로 그거야, 잘했어

상대방의 어떤 행동이나 조치에 대해 그것이 매우 타당하고 자신의 기대에 흡족하게 맞아 떨어졌을 때, 「암 그래야지!」, 「잘 했어!」라고 기분좋게 내뱉는 말.

Things will work out all right 잘 해결될거야

비록 지금 상황이 안 좋지만 앞으로 상황이 호전되면서 결국에 「좋은 결과로 끝날거」라는, 혹은 「문제가 잘 해결되리라」는 좋은 뜻을 담고 있는 덕담성 표현. 그냥 all right 빼고 쓰기도 하며 with sb의 형태로 일이 잘 해결되는 사람을 표현할 수도 있다.

Keep up the good work 계속 열심히 해, 계속 잘 하렴

keep up은 「유지하다」라는 뜻. keep it up하면 「계속 열심히 하라」고 상대방을 격려해주는 말이고 관용의 it 대신 the good work가 쓰인 keep up the good work은 과거에 잘해왔던 것처럼 「앞으로도 계속 잘하라」는 뉘앙스가 담겨져 있다.

It's a[That's a] Deal 그러기로 한 거야, 내 약속하지

deal은 여기서 명사로 「거래 협정」이라는 의미. 따라서 (It's a[That's a]) Deal하면 「그러기로 한거다」, 「내 약속하마」, 그리고 (It's a) Deal?하면 제안한 양측 모두에게 이익이 되는 어떤 거래를 할 것에 동의하는지를 묻는 표현이다.

That'll teach her! 그래도 싸지!, 당연한 대가야!

teach의 특이한 용법으로 사물명사나 That, This, It 등이 앞의 내용을 받아, 그것으로 어떻게 해야 되는지를 호되게 깨닫다라는 뜻으로 쓰인다. 그냥 단순히 That'll teach her하면 "당해 싸다," That'll teach sb to~하면 "어떻게 되는지 이제 알겠구만"이라는 뜻.

Would you get that? 문 좀 열어줄래?, 전화 좀 받아줄래?

미드보다가 많이 볼 수 있는 장면. 누가 초인종을 누를 때 TV보고 있으면서 다른 사람에게 문열어달라고 하거나, 핸드폰으로 통화 중인데 집전화 올 때 다른 사람에게 대신 받아달라고 할 때 자주 들리는 표현. 「내가 받을게」, 「내가 열게」라고 하려면 I'll get it이라 한다.

You're right on time 제 때 왔구나

in time은 「늦지 않게」(early or soon enough), 「때를 맞춰」라는 말이고, on time은 「딱 정해진 시간에」(at the exact time), 「시간을 어기지 않고」라는 의미. 그래서 You're right on time은 늦지 않게 딱 약속한 시간에 왔다라는 말이 된다. 여기서 right은 on time을 강조하는 부사.

What do you got? 무슨 일이야?

특히 범죄미드에서 많이 들을 수 있는 표현. 문법적으로는 틀린 문장이다. What do you have?나 What have you got?이라고 해야 한다. 하지만 닥치고 영어를 쓰는 미드에서는 줄여서 What do you got? 혹은 What you got?이라고 한다. 문맥에 따라 「무슨 일이야?」, 「어떻게 된거야?」, 「결과는 어때?」, 「뭐가 있는데?」 등 다양하게 의미를 갖는다.

That's probably what they'll say 모두 그러겠죠

좀 낯설게 느껴질 수도 있으나 은근히 많이 나오는 표현. That's probably what they'll say는 「모두들 그러겠지」라고 예상하는 문장이고, they 대신에 we all이라고 해도 된다. 그리고 Just see what they all say는「걔네들 의견이 어떤지 물어봐라」라는 뜻이 된다.

I got this 내가 할게, 내가 맡아서 처리할게

get이 뭐 안끼는데가 없기는 하지만 I got this 또한 아주 쉬운 문장으로 많은 상황에서 자주 쓰이는 표현이다. 보통은 「내가 할게」(Let me do this, I'll do it)라는 뜻이다. 내가 맡아서 처리하겠다는 의미를 기본적으로 생각하고 문맥에 맞게 그때그때 맞춰서 해석하면 된다.

Don't blow me off 무시하지마, 피하지마

blow off는 약속 시간에 나타나지 않아 「바람맞히다」(stand sb up), 나아가 「무시하다」(ignore)라는 의미로도 쓰인다. 단 blow sth off는 sth를 「일부러 빼먹다」, 「건너뛰다」라는 말이 된다.

Tell me another 거짓말마, 말이 되는 소리를 해라

뻔히 드러나는 거짓말을 천연덕스럽게 늘어놓는 사람에게, 어디 「다른 거짓말(another one)도 한번 해보라」는 식으로 비꼬는 말이다. 결국 말도 안되는 「뻥은 그만 치라」는 말씀.

A: Who is going to work overtime this weekend?

B: I got this. It's my turn to work a weekend shift.

A: 이번 주말에 누가 야근을 할거야?

B: 내가 할게. 내가 주말근무할 차례야.

You have no chance of scoring with her 넌 재랑 섹스할 가능성은 전혀 없어

score는 경기에서 득점하다, 성공을 거두다라는 뜻에서 score with sb하면 원래 섹스를 하던 사이가 아닌 사람과 「섹스를 하다」, 즉, 「한건하다」라는 속어가 된다. 즉 have sex with~이란 말씀.

You bet 확실해, 물론이지

You bet?하면 「내기할 수 있어?」, 즉 「진짜야?」, 「틀림없어?」하고 진위를 확인하는 것이고, 반대로 You bet하고 끝을 내리면 「내기를 해도 좋다」, 즉 「확실하다」(That's right), 「물론이지」(Sure), 「틀림없어」하며 강한 확신의 표현. 또한 I'(ll) bet하면 상대의 말에 수긍한다는 의미. 종종 빈정대는 문맥에서도 쓰인다. 또한 I'(ll) bet that S+V의 형태로 자기가 말하는 내용이 틀림없는 사실임을 강조할 수도 있다.

You done? 다 했니?

상대방에게 주어진 일을 「다 마쳤느냐?」(be through with)고 물어보는 표현이다. 더 줄여서 Done?이라고만 해도 된다. You done ~ing?처럼 해서 「…을 다 끝냈니?」라고 물어볼 수도 있다.

I'm flattered 그렇게 말해주면 고맙지, 과찬의 말씀을

flatter가 「우쭐하게 하다」, 「치켜세우다」라는 뜻이므로 I'm flattered하면 「당신의 칭찬으로 내가 우쭐해졌다」, 즉 「과찬이세요」, 「그렇지도 못해요」 정도의 의미가 된다. 왜 기분이 으쓱한 지를 말하려면 I'm flattered (that) S+V이라 써주면 된다.

She's gonna totally freak out! 걔, 완전히 빡 돌아버릴걸!

freak out의 가장 기본적인 출발점은 "overwhelming feelings," 즉 「감정의 과다분출」에 있다. 슬픔, 두려움, 분노, 기쁨 등 어떠한 감정이든 상관없이 그것이 strong feelings인 경우에는 두루 쓸 수 있는 다용도 표현. 따라서 이 표현을 문맥과 상황 속에서 판단해야지 따로 독립적으로 해석을 하는 것은 무리이다. 또한 freak은 명사로 외모나 생각 행동 등이 「괴짜」인 사람을 뜻한다. 그래서 control freak하게 되면 "통제광"을 의미한다.

Speak for yourself! 그건 그쪽 얘기죠!, 당신이나 그렇지!

speak for sb는 「…위해 대변해 말을 하다」라는 뜻으로 speak for yourself하면 너 자신을 위해 말하다라는 뜻이 된다. 따라서 Speak for yourself!라는 문장으로 쓰이면 너의 의견은 다른 사람들과 다르다, 즉 「너나 그렇다」라는 핀잔성 표현이다.

I've got a crush on you 난 네가 맘에 들어

주로 상대방이 아직 모르는 상태에서 좋아하는 감정에 휩싸이는 걸 말하며 아직 실제 만나는 관계도 아니고 그리고 진지한 사랑(love)이 싹트지도 않은 걸 말한다. 또한 have a thing for[about]는 「…을 무척 좋아하다」, We're kind of a thing now는 마치 하나같은(kind of a thing) 사이를, have feelings for는 '마음이 있다,' 그리고 「천생연분」은 It was meant to be라고 한다.

I don't know what you are getting at 무슨 말을 하려는건지 모르겠어

진짜로 말귀를 못 알아들어서라기 보다는, 상대방의 말이 불쾌하거나 진실되지 않다고 생각될 경우 그 말의 진의를 되묻는 표현이다. 직접적으로 What are you getting at?이라고 물어볼 수도 있다.

I need to hook up with a woman 여자가 있어야겠어

hook up with sb하면 「함께 일하다」, 「만나다」, 「섹스하다」등 어떻게든 엮이는 것을 말한다. 요즘에는 주로 '성'과 관련된 의미로 많이 쓰인다. 명사로 hookup하면 부담없이 만나서 하는 casual sex를 말한다.

It's never gonna happen 절대 그런 일 없을거야

「절대 그 일은 일어나지 않을 것이다」라는 뜻. 즉 앞으로 절대 일어나지 않을 일을 강조해서 말하는 표현법으로 예로 들면 남녀관계에서 둘이 사귀게 될 일은 없을 것이라고 말할 때도 이 문장을 사용하면 된다.

Don't fall for it (속아) 넘어가지마, 사랑에 빠지면 안돼

교묘한 속임수나 거짓말에 멍청하게 「속아 넘어(get fooled) 가지 말라」는 경고성 표현이며, fall for는 또한 문맥에 따라 「사랑에 빠지다」라는 동사구로도 사용된다.

CHECK IT OUT!

A: I'm about ready to go. You done?
B: Just a second and I'll be ready.

A: 갈 준비 다 됐어. 넌 다 됐어?
B: 잠시만 기다려주면 다 될거야.